에듀윌과 함께 시작하면,
당신도 합격할 수 있습니다!

비전공자여서 망설였지만
한 달 만에 합격해 자신감을 얻은 20대

새로운 도전으로 ERP MASTER 자격증을 취득해
취업에 성공한 30대

아이들에게 당당한 모습을 보여주고 싶어
ERP, 전산세무회계 자격증 9개를 취득한 40대 주부

누구나 합격할 수 있습니다.
시작하겠다는 '다짐' 하나면 충분합니다.

마지막 페이지를 덮으면,

에듀윌과 함께
ERP 정보관리사 합격이 시작됩니다.

eduwill

ERP 정보관리사 생산 1·2급

합격 플래너

		차례	페이지	공부한 날
이론	PART 01	CHAPTER 01 경영혁신과 ERP	p.14	____월 ____일
		CHAPTER 01 기출&확인 문제	p.30	____월 ____일
	PART 02	CHAPTER 01 생산계획 및 통제	p.40	____월 ____일
		CHAPTER 01 기출&확인 문제	p.58	____월 ____일
		CHAPTER 02 공정관리	p.65	____월 ____일
		CHAPTER 02 기출&확인 문제	p.75	____월 ____일
		CHAPTER 03 자재소요계획/생산능력계획	p.82	____월 ____일
		CHAPTER 03 기출&확인 문제	p.89	____월 ____일
		CHAPTER 04 품질관리 (1급에만 해당)	p.95	____월 ____일
		CHAPTER 04 기출&확인 문제	p.105	____월 ____일
실무	PART 03	CHAPTER 01 iCUBE 핵심ERP 프로그램 설치 방법	p.112	____월 ____일
		CHAPTER 02 시스템관리	p.117	____월 ____일
		CHAPTER 03 생산관리공통	p.138	____월 ____일
기출	PART 04	1급 l 2025년 1회	p.182	____월 ____일
		1급 l 2024년 6회	p.192	____월 ____일
		1급 l 2024년 5회	p.203	____월 ____일
		2급 l 2025년 1회	p.212	____월 ____일
		2급 l 2024년 6회	p.219	____월 ____일
		2급 l 2024년 5회	p.226	____월 ____일

수험생 빈출 질문 모음!
실무 프로그램 FAQ

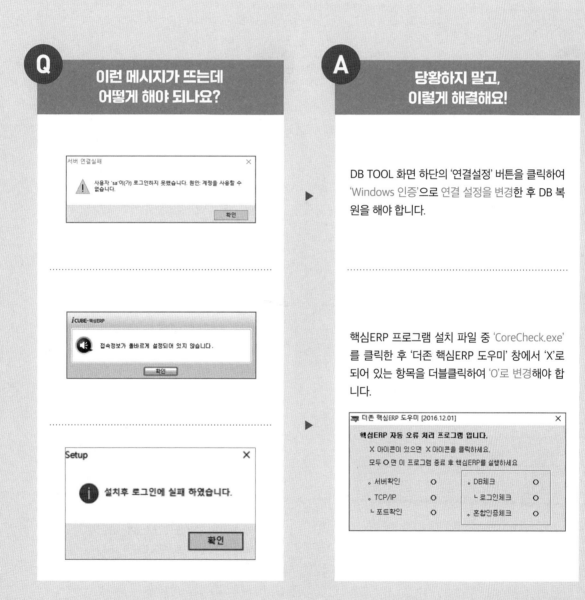

Q 이런 메시지가 뜨는데 어떻게 해야 되나요?

A 당황하지 말고, 이렇게 해결해요!

서버 연결실패 ✕

⚠ 사용자 'sa'이(가) 로그인하지 못했습니다. 원인: 계정을 사용할 수 없습니다.

확인

▶ DB TOOL 화면 하단의 '연결설정' 버튼을 클릭하여 'Windows 인증'으로 연결 설정을 변경한 후 DB 복원을 해야 합니다.

---

iCUBE-핵심ERP

🔊 접속정보가 올바르게 설정되어 있지 않습니다.

확인

핵심ERP 프로그램 설치 파일 중 'CoreCheck.exe'를 클릭한 후 '더존 핵심ERP 도우미' 창에서 'X'로 되어 있는 항목을 더블클릭하여 'O'로 변경해야 합니다.

🖥 더존 핵심ERP 도우미 [2016.12.01] ✕

핵심ERP 자동 오류 처리 프로그램 입니다.
X 아이콘이 있으면 X 아이콘을 클릭하세요.
모두 O 면 이 프로그램 종료 후 핵심ERP를 실행하세요

서버확인	O	DB체크	O
TCP/IP	O	└ 로그인체크	O
└ 포트확인	O	혼합인증체크	O

Setup ✕

ⓘ 설치후 로그인에 실패 하였습니다.

확인

▶

Q 이런 메시지가 뜨는데 어떻게 해야 되나요?

사용자정보를 가져오지 못하였습니다. 잠시 후 조회 또는 실행 해 주십시오.
동일한 해세지가 계속 발생될 경우 회사 내 네트워크 또는 시스템 관리자에게 문의 하시기 바랍니다.

확인

핵심ERP사양체크 ✕

설치 파일이 없습니다.

확인

---

iCUBE 핵심ERP 2021 - InstallShield Wizard ✕

✕ Microsoft SQL Server 2008 R2 SP2 Express Install failed.

OK

A 당황하지 말고, 이렇게 해결해요!

▶ 최신 버전의 프로그램에서 이전 연도의 DB를 복원했기 때문입니다. 교재 내 실무 시뮬레이션 DB는 2025 버전, 기출문제 DB는 2024 버전 프로그램을 사용해야 합니다.

▶ 다운로드한 프로그램 설치 파일은 반드시 압축을 해제한 다음에 'CoreCubeSetup.exe'를 실행해야 합니다.

▶ ERP 프로그램 설치 파일 SQLEXPRESS 폴더에서 PC 운영체제에 맞는 SQL 파일을 확인하고 더블클릭하여 직접 설치해야 합니다.
- Win7, 8, 10 32비트: SQLEXPR_x86
- Win7, 8, 10 64비트: SQLEXPR_x64

에듀윌
ERP 정보관리사

생산 1·2급 한권끝장+무료특강

"ERP 시스템의 이해 및 활용이 가능한, 미래지향적 인력 양성을 위한 자격증"

현대 기업의 업무는 유기적으로 연결되어 있어 여러 업무를 통합하고 전사적으로 관리할 수 있는 시스템이 필요하고, 이를 위해 많은 기업들이 ERP를 도입하고 있습니다. 이에 한국생산성본부에서는 ERP 정보관리사 자격시험제도를 도입하고 그 능력과 수준을 평가하여 국가공인자격으로 인정해주고 있습니다.

이 책의 특징은 다음과 같습니다.

첫째, 이론을 챕터별로 정리하고 보조단에 TIP, 용어설명, 보충설명을 기재하여 필요한 내용을 한눈에 볼 수 있도록 하였습니다. 또한 챕터별로 기출&확인 문제를 수록하여 이론 학습 후 곧바로 확인 학습이 가능하도록 하였습니다.

둘째, 실제 시험과 최대한 비슷한 환경에서 연습할 수 있도록 백데이터(DB)를 구성하였으며, 교재의 실무 시뮬레이션 부분은 ERP 프로그램 순서대로 구성하였습니다. 교재에 수록된 실무 연습문제만 잘 학습한다면 시험뿐만 아니라 업무의 흐름도 충분히 파악할 수 있습니다.

셋째, 충분한 연습을 위해 1급과 2급의 최신 기출문제 6회분을 수록하였고, 상세한 정답 및 해설도 제공합니다. 특히 기출문제의 실무 시뮬레이션 부분의 해설은 빠른 이해를 위해 화면을 함께 수록하였습니다.

본서를 통해 ERP 정보관리사 자격시험에서 요구하는 이론과 실무의 주요 내용을 효율적으로 학습하고, 빠르게 합격할 수 있기를 바라겠습니다. 열심히 하는 여러분을 항상 응원합니다!

최주영

| 약력 |
- (현) 한국생산성본부 ERP 공인 강사
- (현) ERP 정보관리사 회계, 인사, 물류, 생산 1급 MASTER
- (현) 에듀윌 물류관리사 전임 교수
- (현) (주)한국공동주택교육진흥원 전임 강사
- (현) 주식회사아파트장터 시스템 연구원
- (전) 선문대학교 경영회계아카데미 ERP 전문가 양성 과정 부원장
- (전) 주식회사엘티에듀 교육지원 팀장, 전임 강사
- (전) 순천향대학교 전산회계 과정 강사
- (전) 대림대학교 세무회계학과 과정 강사
- (전) 백석대학교 회계세무 과정 강사
- (전) (주)마이에듀 회계세무 과정 전임 강사
- (전) 특성화고등학교 ERP 및 회계세무 과정 강사
- (전) 회계세무 관련 자격시험 출제위원

1. 시험 방법

시험 과목	응시교시	응시교시	비고
회계 1·2급	1교시	• 입실: 08:50 • 이론: 09:00~09:40(40분) • 실무: 09:45~10:25(40분)	※ 시험시간은 정기시험기준으로 시험 일정에 따라 변경될 수 있습니다. ※ 같은 교시의 과목은 동시 응시 불가(예: 회계, 생산 모듈은 동시 응시 불가) ※ 시험 준비물: 수험표, 신분증, 필기구, 계산기(공학용, 윈도우 계산기 사용 불가)
생산 1·2급			
인사 1·2급	2교시	• 입실: 10:50 • 이론: 11:00~11:40(40분) • 실무: 11:45~12:25(40분)	
물류 1·2급			

2. 합격기준

구분	합격점수	문항 수
1급	70점 이상(이론, 실무형 각 60점 이상)	이론 32문항(인사 33문항), 실무 25문항(이론문제는 해당 과목의 심화 내용 수준 출제)
2급	60점 이상(이론, 실무형 각 40점 이상)	이론 20문항, 실무 20문항(이론문제는 해당 과목의 기본 내용 수준 출제)

3. 응시료

구분	1과목	2과목	납부방법	비고
1급	40,000원	70,000원	전자결제	※ 동일 등급 2과목 응시 시 응시료 할인 (단, 등급이 다를 경우 할인 불가) ※ 최대 2과목 접수 가능 (단, 같은 교시의 과목은 1과목만 접수 가능)
2급	28,000원	50,000원		

4. 2025 시험일정

회차	원서접수		수험표 공고	시험일	성적 공고
	온라인	방문			
제1회	24.12.26.~25.01.02.	25.01.02.	01.16.~01.25.	01.25.	02.11.~02.18.
제2회	02.19.~02.26.	02.26.	03.13.~03.22.	03.22.	04.08.~04.15.
제3회	04.23.~04.30.	04.30.	05.15.~05.24.	05.24.	06.10.~06.17.
제4회	06.25.~07.02.	07.02.	07.17.~07.26.	07.26.	08.12.~08.19.
제5회	08.27.~09.03.	09.03.	09.18.~09.27.	09.27.	10.14.~10.21.
제6회	10.22.~10.29.	10.29.	11.13.~11.22.	11.22.	12.09.~12.16.

※ ERP 영림원은 5월, 11월 정기 시험 시 시행
※ 시험주관처에 따라 시험일정이 변동될 수 있습니다.

5. 이론 세부 출제범위

구분		내용
생산계획 및 통제	1. 생산을 위한 기초정보	(1) 생산에 관련된 기본적인 용어
		(2) BOM
	2. 수요예측	
	3. 생산 시스템	(1) 생산 시스템의 기본구조
		(2) 다양한 생산 시스템
	4. 총괄계획의 개념	
	5. 기준생산계획(Master Production Scheduling)	
	6. 작업의 우선순위 구성 방법	
	7. 일정계획	
	8. 프로젝트의 일정계획	
공정관리	1. 공정(절차)계획(Routing)	
	2. 공정분석	
	3. 공수계획	
	4. 간트차트(Gantt Chart)	
	5. 작업의 우선순위 결정	
	6. 애로공정(Bottleneck Operation) Management	
	7. JIT 생산 방식(Kanban 방식)	
자재소요계획 /생산능력계획	1. 재고관리	(1) 재고의 종류
		(2) 경제적 주문량(EOQ)
	2. RCCP(Rough Cut Capacity Planning)	
	3. CRP(Capacity Requirement Planning)	
	4. SCM(Supply Chain Management)의 개념	
품질관리	1. TQC와 TQM	
	2. QC 7가지 도구(Tool)	
	3. 6시그마	
	4. 통계적 품질관리	

6. 실제 시험 프로그램 화면

ERP 정보관리사는 이론, 실무 모두 시험이 CBT(Computer Based Testing) 방식으로 진행되며, 컴퓨터상에서 문제를 읽고 풀며 답안을 작성한다. 단, 계산문제가 있으므로 기본형 계산기와 간단한 필기구를 준비하는 게 좋다.

• ERP 정보관리사 시험 로그인 화면

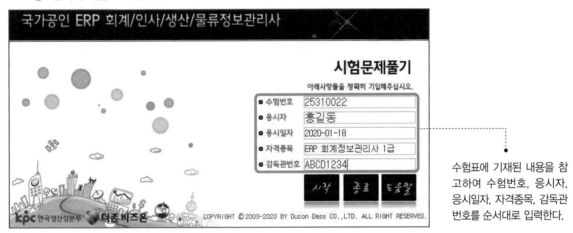

수험표에 기재된 내용을 참고하여 수험번호, 응시자, 응시일자, 자격종목, 감독관 번호를 순서대로 입력한다.

• ERP 정보관리사 로그인 후 화면

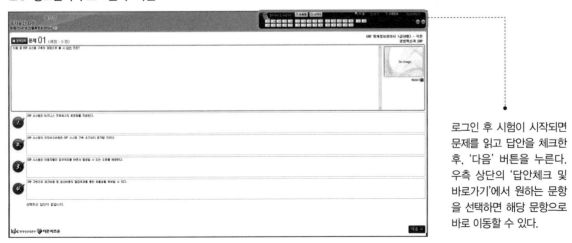

로그인 후 시험이 시작되면 문제를 읽고 답안을 체크한 후, '다음' 버튼을 누른다. 우측 상단의 '답안체크 및 바로가기'에서 원하는 문항을 선택하면 해당 문항으로 바로 이동할 수 있다.

구성과 특징

시험에 출제된 내용만 담은 이론!

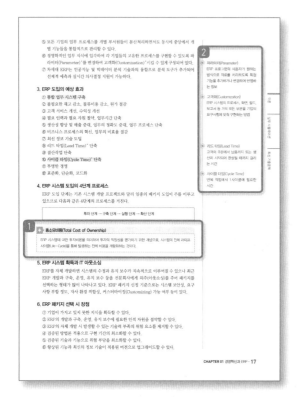

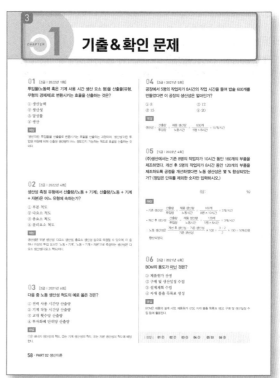

1 부가 이론 설명

기본 이론과 더불어 학습자의 이해를 돕는 부가적인
내용을 수록하였다.

2 용어 및 개념 설명

어려운 용어 및 개념은 바로 설명하여 해당 내용을
이해하는 데 어려움이 없도록 하였다.

3 기출&확인 문제

각 CHAPTER별로 기출&확인 문제를 수록하여 기출
유형을 파악하고 학습 내용을 점검할 수 있다.

➕ 시험 직전, 최종 점검할 수 있는 FINAL 핵심노트(PDF 제공)

다운로드 경로: 에듀윌 도서몰(book.eduwill.net) > 도서자료실 > 부가학습자료 > 'ERP 정보관리사 생산 1·2급' 검색

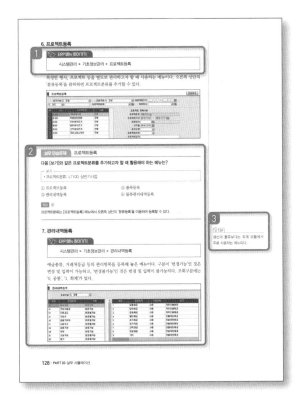

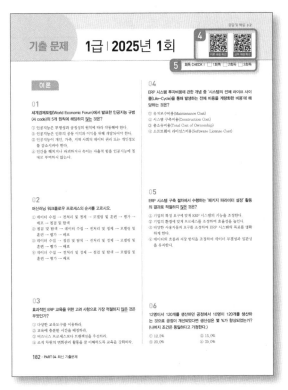

1 ERP 메뉴 찾아가기

생소한 프로그램을 보다 빠르게 익힐 수 있도록 해당
메뉴의 경로를 제시하였다.

2 실무 연습문제

실무 연습문제를 통해 ERP 프로그램에 익숙해질 수
있도록 하여 실전에 대비할 수 있다.

3 저자 TIP

저자가 직접 제시하는 TIP을 수록하여 효율적인 학습
을 할 수 있다.

4 기출문제 해설 특강

2025년 1회부터 2024년 5회까지 최신 기출문제 6회분의
해설 특강을 수록하였다.

5 회독 CHECK

3회독이 가능한 회독 CHECK표를 활용하여 최신 기출
문제가 익숙해질 때까지 충분히 학습할 수 있다.

CONTENTS
차 례

이 론

PART 01 | 경영혁신과 ERP

| CHAPTER 01 | 경영혁신과 ERP | 14 |

PART 02 | 생산이론

CHAPTER 01	생산계획 및 통제	40
CHAPTER 02	공정관리	65
CHAPTER 03	자재소요계획/생산능력계획	82
CHAPTER 04	품질관리 1급에만 해당	95

실무 시뮬레이션

PART 03 | 실무 시뮬레이션

CHAPTER 01	iCUBE 핵심ERP 프로그램 설치 방법	112
CHAPTER 02	시스템관리	117
CHAPTER 03	생산관리공통	138

최신 기출문제

PART 04 l 최신 기출문제	문제	정답
1급 l 2025년 1회	182	2
1급 l 2024년 6회	192	26
1급 l 2024년 5회	203	50
2급 l 2025년 1회	212	74
2급 l 2024년 6회	219	90
2급 l 2024년 5회	226	106

PART

01

경영혁신과 ERP

CHAPTER 01 경영혁신과 ERP

Enterprise
Resource
Planning

경영혁신과 ERP

1 경영혁신

1. 경영혁신의 정의

조직의 목적을 달성하기 위하여 새로운 생각이나 방법으로 기존 업무를 다시 계획하고 실천 및 평가하는 것을 말한다. 고객 욕구의 다양화, 기업 활동의 세계화, 정보 기술의 급격한 발전 등 급변하는 기업환경 속에서 기업들은 생존 및 경쟁 우위 확보 전략으로 ERP를 포함한 다양한 경영혁신 운동을 전개해 왔다.

2. 다운사이징(Downsizing)

① 조직의 규모를 줄이는 것이 목적이며 기업의 감량 경영을 통칭하는 개념이다.
② 인력 축소, 조직 재설계, 시스템 재설계 등이 있으며, 다운사이징의 결과로 비정규직 근로자가 출현하게 되었다.

3. 아웃소싱(Outsourcing)

① 경영 효과 및 효율의 극대화를 위한 방안으로 기업의 핵심 업무를 제외한 일부 기능을 제3자에게 위탁하여 처리하는 개념이다.
② 기업은 핵심 업무에만 집중하고 나머지 부수적인 부분은 외주에 의존함으로써 생산성을 극대화할 수 있다.

4. JIT(Just In Time)

필요한 것을 필요할 때, 필요한 만큼 만드는 생산 방식이다.

5. 리엔지니어링(Re-engineering)

주로 정보 기술을 통해 기업경영의 핵심과 과정을 전면 개편함으로써 경영 성과를 향상시키기 위한 경영 기법으로, 매우 신속하고 극단적이며 전면적인 혁신을 강조한다.

6. BPR(Business Process Re-engineering) 중요

원가, 품질, 서비스, 속도와 같은 핵심적인 부분에서 극적인 성과를 이루기 위하여 기업의 업무 프로세스를 기본적으로 다시 생각하고 급진적으로 재설계하는 것으로, 현재 하고 있는 일을 개선하는 것이 아니라 처음부터 다시 시작하는 혁명적인 개념에서 출발한다. ERP 도입의 성공 여부는 BPR을 통한 업무 개선에 달려 있다.

(1) BPR이 필요한 이유

① 복잡한 조직 및 경영 기능의 효율화
② 지속적인 경영환경 변화에 대한 대응
③ 정보 IT 기술을 통한 새로운 기회 창출

(2) ERP 패키지 도입 시 시스템 구축 방법(Best Practice 도입 목적)

① BPR과 ERP 시스템 구축을 병행하는 방법
② ERP 패키지에 맞추어 BPR을 추진하는 방법
③ BPR을 실시한 후에 이에 맞도록 ERP 시스템을 구축하는 방법

> **+ BPI (Business Process Improvement)**
>
> BPI는 ERP 구축 전에 수행되며, 단계적으로 시간의 흐름에 따라 비즈니스 프로세스를 개선해 가는 점증적인 방법론이다. BPR이 급진적으로 비즈니스 프로세스를 개선하는 방식인 반면에 BPI는 점증적으로 비즈니스 프로세스를 개선하는 방식이다.

TIP
기존 업무 개선을 위해 ERP를 도입하는 것이지, 기존 업무처리에 따라 ERP 패키지를 수정하는 것은 아니다.

2 ERP(Enterprise Resource Planning)

1. ERP의 정의

기업의 업무 프로세스 재구축(BPR)을 통해 기업 내 분산된 모든 자원을 효율적으로 통합 관리해 줄 수 있는 부서 간 전산 통합용 프로그램인 ERP 소프트웨어가 경영혁신의 새로운 도구로 주목받게 되었다. 미국의 가트너 그룹에서 처음 불린 ERP는 선진 업무 프로세스를 기반으로 최신의 정보 기술을 통해 설계한 고기능성 업무용 소프트웨어로, 최신의 IT 기술을 활용하여 생산, 판매, 인사, 회계 등 기업 내 모든 업무를 통합적으로 관리하도록 도와주는 전사적 자원관리 시스템이다. 즉, 영업에서 생산 및 출하에 이르는 기업의 모든 업무 과정을 유기적으로 연결할 뿐만 아니라 실시간으로 관리하여 신속한 의사결정을 지원하는 최신의 경영정보 시스템이다.

2. ERP의 역할

① 기업 내에 분산된 모든 자원을 부서 단위가 아닌 기업 전체의 흐름에서 최적의 관리할 수 있도록 하는 통합 시스템이다.
② 통합 업무 시스템으로 중복 업무에 들어가는 불필요한 요소를 줄일 수 있다.
③ 각종 업무에서 발생하는 데이터를 하나의 데이터베이스로 저장하여 정보 공유에 용이하다.
④ 투명경영의 수단으로 활용되며, 실시간으로 경영 현황이 처리되는 경영정보 제공 및 경영조기경비 체계를 구축한다.
⑤ 다양한 운영체제하에서도 운영이 가능하고 시스템을 확장하거나 다른 시스템과의 연계도 가능하다(개방성, 확장성, 유연성).
⑥ ERP가 구축되어 성공하기 위해서는 경영자의 관심과 기업 구성원 전원의 참여가 필요하다.

3. ERP의 목표 중요

ERP 도입의 최종 목표는 고객만족과 이윤 극대화 실현에 있다.
① 통합 정보 시스템 구축, 선진 비즈니스 프로세스의 도입
② 잘못된 관행 제거, 비부가가치 업무 제거, 단순화, 표준화(복잡하지 않음)
③ 재고비용 절감, 납기 단축, 정보 공유, 매출액 증대 등
④ 경쟁력 강화 및 투명경영의 가능
⑤ 글로벌 경쟁 체제에 적절히 대응

4. MIS(기존 정보 시스템)와 ERP의 차이점

구분	MIS	ERP
업무 범위	단위 업무	통합 업무
전산화 형태	중앙집중식	분산처리 구조
업무 처리	수직적	수평적
데이터베이스 형태	파일 시스템	관계형 데이터베이스 시스템(RDBMS), 원장형 통합 데이터베이스
의사결정 방식	Bottom-Up, 상사	Top-Down, 담당자

➕ 원장형 통합 데이터베이스

ERP에서는 중복 업무를 줄이기 위해서 하나의 정보는 한 번만 입력되고, 입력된 정보는 어떤 업무에서나 참조할 수 있도록 원장형 통합 데이터베이스에 보관된다. 원장형 통합 데이터베이스는 중앙에서 기업의 회계, 인사, 생산, 물류 등의 데이터베이스를 통합하여 기업 활동 전반에 걸쳐 있다(데이터가 자동으로 가공되지는 않음).

5. 효과적인 ERP 교육을 위한 고려 사항

① 다양한 교육도구를 이용한다.
② 교육에 충분한 시간을 배정한다.
③ 트랜잭션(Transaction)*이 아닌 비즈니스 프로세스에 초점을 맞춘다.
④ 조직차원의 변화관리 활동을 잘 이해하도록 교육을 강화한다.
⑤ 사용자에게 시스템 사용법과 새로운 업무 처리 방식을 모두 교육한다.

3 ERP의 도입

1. ERP 선택 및 사용 시의 유의점

① 도입하려는 기업의 상황에 맞는 패키지를 선택한다(다른 기업에서 사용하는 것 ×).
② TFT(Task Force Team)*는 최고의 엘리트 사원으로 구성한다.
③ 경영진의 확고한 의지가 있어야 한다.
④ 현업 중심의 프로젝트를 진행한다(경영진 중심 ×, IT 중심 ×).
⑤ 경험 있고 유능한 컨설턴트를 활용한다.
⑥ 구축 방법론에 따라 체계적으로 프로젝트를 진행한다.
⑦ 커스터마이징(Customizing)*을 최소화한다(커스터마이징의 최대화 ×).
⑧ 전사적인 참여를 유도한다.
⑨ 지속적인 교육 및 워크숍 등 원활한 사용을 위해 노력한다.
⑩ 자료의 신뢰도를 높이기 위한 철저한 관리가 필요하다.
⑪ ERP 시스템이 구축되기 전에 업무 재설계인 BPR을 수행해야 ERP 구축 성과가 극대화될 수 있다.

2. ERP 도입의 장점 및 효과

① 다양한 산업에 대한 최적의 업무 관행인 Best Practice를 담고 있다.
② 비즈니스 프로세스의 표준화를 지원한다.
③ 이용자들이 업무 처리를 하면서 발생할 수 있는 오류를 예방할 수 있다.
④ 재고비용 및 생산비용의 절감 효과를 통해 효율성을 확보할 수 있다.

⊛ 트랜잭션(Transaction)
컴퓨터로 처리하는 작업의 단위로 작업의 수행을 위해 데이터베이스의 연산들을 모아놓고 처리하는 것

⊛ TFT(Task Force Team)
회사의 새로운 프로젝트 추진 시 각 부서에서 인재를 선발하여 만든 임시 팀

⊛ 커스터마이징(Customizing)
커스터마이제이션(Customization)이라고도 하며 ERP 시스템의 프로세스, 화면, 필드, 보고서 등 거의 모든 부분을 기업의 요구사항에 맞춰 구현하는 방법

⑤ 모든 기업의 업무 프로세스를 개별 부서원들이 분산처리하면서도 동시에 중앙에서 개별 기능들을 통합적으로 관리할 수 있다.

⑥ 경영학적인 업무 지식에 입각하여 각 기업들의 고유한 프로세스를 구현할 수 있도록 파라미터(Parameter)*를 변경하여 고객화(Customization)*시킬 수 있게 구성되어 있다.

⑦ 차세대 ERP는 인공지능 및 빅데이터 분석 기술과의 융합으로 분석 도구가 추가되어 선제적 예측과 실시간 의사결정 지원이 가능하다.

3. ERP 도입의 예상 효과

① 통합 업무 시스템 구축
② 불필요한 재고 감소, 물류비용 감소, 원가 절감
③ 고객 서비스 개선, 수익성 개선
④ 필요 인력과 필요 자원 절약, 업무시간 단축
⑤ 생산성 향상 및 매출 증대, 업무의 정확도 증대, 업무 프로세스 단축
⑥ 비즈니스 프로세스의 혁신, 업무의 비효율 절감
⑦ 최신 정보 기술 도입
⑧ 리드 타임(Lead Time)* 단축
⑨ 결산작업 단축
⑩ 사이클 타임(Cycle Time)* 단축
⑪ 투명한 경영
⑫ 표준화, 단순화, 코드화

4. ERP 시스템 도입의 4단계 프로세스

ERP 도입 단계는 기존 시스템 개발 프로젝트와 달리 일종의 패키지 도입이 주를 이루고 있으므로 다음과 같은 4단계의 프로세스를 거친다.

> 투자 단계 → 구축 단계 → 실행 단계 → 확산 단계

＋ 총소유비용(Total Cost of Ownership)

ERP 시스템에 대한 투자비용을 의미하며 투자의 적정성을 평가하기 위한 개념으로, 시스템의 전체 라이프 사이클(Life-Cycle)을 통해 발생하는 전체 비용을 계량화하는 것이다.

5. ERP 시스템 획득과 IT 아웃소싱

ERP를 자체 개발하면 시스템의 수정과 유지 보수가 지속적으로 이루어질 수 있으나 최근 ERP 개발과 구축, 운영, 유지 보수 등을 전문회사에게 외주(아웃소싱)를 주어 패키지를 선택하는 형태가 많이 나타나고 있다. ERP 패키지 선정 기준으로는 시스템 보안성, 요구사항 부합 정도, 자사 환경 적합성, 커스터마이징(Customizing) 가능 여부 등이 있다.

6. ERP 패키지 선택 시 장점

① 기업이 가지고 있지 못한 지식을 획득할 수 있다.
② ERP의 개발과 구축, 운영, 유지 보수에 필요한 인적 자원을 절약할 수 있다.
③ ERP의 자체 개발 시 발생할 수 있는 기술력 부족의 위험 요소를 제거할 수 있다.
④ 검증된 방법론 적용으로 구현 기간의 최소화할 수 있다.
⑤ 검증된 기술과 기능으로 위험 부담을 최소화할 수 있다.
⑥ 향상된 기능과 최신의 정보 기술이 적용된 버전으로 업그레이드할 수 있다.

＊ 파라미터(Parameter)
ERP 프로그램의 사용자가 원하는 방식으로 자료를 처리하도록 특정 기능을 추가하거나 변경하여 반영하는 정보

＊ 고객화(Customization)
ERP 시스템의 프로세스, 화면, 필드, 보고서 등 거의 모든 부분을 기업의 요구사항에 맞춰 구현하는 방법

＊ 리드 타임(Lead Time)
고객의 주문에서 납품까지 또는 생산이 시작되어 완성될 때까지 걸리는 시간

＊ 사이클 타임(Cycle Time)
반복 작업에서 1사이클에 필요한 시간

7. ERP의 성공적인 도입을 위한 전략

① 현재의 업무 방식만을 그대로 고수해서는 안 된다.

② 사전 준비를 철저히 한다.

③ IT 중심의 프로젝트로 추진하지 않도록 한다.

④ 업무상의 효과보다 소프트웨어의 기능성 위주로 적용 대상을 판단하지 않는다.

⑤ 관리자와 팀 구성원의 자질과 의지를 충분히 키워 지속적인 ERP 교육을 실시한다.

⑥ 단기간의 효과 위주로 구현하면 안 된다.

⑦ 프로젝트 멤버는 현업 중심으로 구성해야 한다.

⑧ 최고 경영진도 프로젝트에 적극적으로 참여해야 한다.

⑨ 회사 전체의 입장에서 통합적 개념으로 접근하도록 한다.

⑩ BPR을 통한 기업의 완전한 업무 프로세스 표준화가 선행되거나 동시에 진행되어야한다.

8. 상용화 패키지에 의한 ERP 시스템 구축 시, 성공과 실패를 좌우하는 요인

① 시스템 공급자와 기업 양쪽에서 참여하는 인력의 역량

② 제품이 보유한 기능을 기업의 업무환경에 얼마만큼 잘 적응시키는지에 대한 요인

③ 사용자 입장에서 ERP 시스템을 충분히 이해하고 사용할 수 있는 반복적인 교육 훈련

4 ERP의 특징

1. 기능적 특징

① 다국적, 다통화, 다언어 지원

② 중복 업무의 배제 및 실시간 정보처리체계 구축

③ 표준을 지향하는 선진화된 최고의 실용성 수용

④ 비즈니스 프로세스 모델에 따른 리엔지니어링

⑤ 파라미터 지정에 의한 프로세스의 정의

⑥ 경영정보 제공 및 경영조기경비체계의 구축

⑦ 투명경영의 수단으로 활용

⑧ 오픈 멀티 – 벤더(Open Multi – Vendor)

> **+ 오픈 멀티 – 벤더(Open Multi – Vendor)**
>
> ERP는 어떠한 운영체제나 데이터베이스에서도 운영이 잘될 수 있도록 설계되어 다른 시스템과의 연계가 쉽다. 따라서 특정 하드웨어 및 소프트웨어 기술이나 업체에 의존하지 않고 다양한 하드웨어나 소프트웨어와 조합하여 사용할 수 있도록 지원한다.

2. 기술적 특징

① 4세대 언어(4GL) 활용

② CASE Tool 기술

③ 관계형 데이터베이스(RDBMS) 소프트웨어 사용

④ 객체지향 기술 사용

⑤ 인터넷환경의 e – Business를 수용할 수 있는 Multi – Tier 환경 구성

5 ERP의 구축 절차

💡TIP

ERP 구축 절차의 순서와 각 단계의 특징을 반드시 암기해야 한다.

분석 단계 → 설계 단계 → 구축 단계 → 구현 단계

분석 단계	현황을 파악하는 단계 • AS-IS(현재의 업무) 파악 • TFT(Task Force Team) 결성 • 현재 시스템의 문제 파악 • 주요 성공 요인 도출 • 목표와 범위 설정 • 경영전략 및 비전 도출 • 현업 요구사항 분석 • 세부 추진일정 및 계획 수립 • 교육
설계 단계	분석한 결과를 구축하기 위해 준비하는 과정 • TO-BE 프로세스 도출 • 패키지 기능과 TO-BE 프로세스의 차이점 분석(GAP 분석) • 패키지 설치 및 파라미터 설정 • 추가 개발 및 수정 보완 문제 논의 • 인터페이스 문제 논의 • 커스터마이징(Customizing, 사용자 요구)의 선정 • 교육
구축 단계	분석과 설계 과정을 통해 이루어진 현황 파악 및 설정된 목표를 시스템적으로 구축하여 검증하는 과정 • 모듈의 조합화(TO-BE 프로세스에 맞게 모듈 조합) • 추가 개발 또는 수정 기능 확정 • 인터페이스 프로그램 연계 • 출력물 제시 • 교육
구현 단계	본격적으로 시스템을 가동하기 전에 시험적으로 운영하는 과정 • 시스템 운영(실데이터 입력 후 테스트) • 시험 가동 • 데이터 전환 • 시스템 평가 • 유지 보수 • 향후 일정 수립 • 교육

▶ 패키지 파라미터 설정 활동의 결과
• 기업의 특정 요구에 맞게 ERP 시스템의 기능을 조정
• 기업의 환경에 맞게 프로세스를 조정하여 효율성을 높임
• 데이터의 흐름과 저장 방식을 조정하여 데이터 무결성과 일관성을 유지

6 ERP의 발전 과정과 확장형 ERP

1. ERP의 발전 과정

MRP Ⅰ → MRP Ⅱ → ERP → 확장형 ERP

① MRP Ⅰ(Material Requirement Planning): 1970년대, 자재소요량관리, 재고 최소화
② MRP Ⅱ(Manufacturing Resource Planning): 1980년대, 생산자원관리, 원가 절감
③ ERP(Enterprise Resource Planning): 1990년대, 전사적 자원관리, 경영혁신
④ 확장형 ERP(Extended ERP): 2000년대, 기업 간 최적화, Win-Win, 선진 정보화 기술 지원

2. 확장형 ERP

기존의 ERP에서 좀 더 발전된 개념이다. 기존의 ERP가 기업 내부의 프로세스 최적화가 목표였다면, 확장형 ERP는 기업 외부의 프로세스까지 운영 범위를 확대한 것이다.

(1) 장점

① 개별적으로 고가의 시스템을 구축할 필요가 없어진다.
② 기존 ERP 시스템과의 통합 부담이 사라진다.
③ 기존 ERP 시스템의 효용이 상승된다.

(2) 단점

완성도가 부족하다.

(3) 구성 요소

기본형 ERP 시스템에 e-Business 지원 시스템과 SEM 시스템을 포함한다.

① e-Business 지원 시스템의 단위 시스템
   - 지식경영 시스템(KMS; Knowledge Management System)
   - 의사결정지원 시스템(DSS; Decision Support System)
   - 경영자정보 시스템(EIS; Executive Information System)
   - 고객관계관리(CRM; Customer Relationship Management)
   - 전자상거래(EC; Electronic Commerce)
   - 공급체인관리(SCM; Supply Chain Management)

② SEM(전략적 기업경영) 시스템의 단위 시스템
   - 성과측정관리(BSC; Balanced Score Card)
   - 부가가치경영(VBM; Value-Based Management)
   - 전략계획 및 시뮬레이션(SFS; Strategy Formulation & Simulation)
   - 활동기준경영(ABM; Activity-Based Management)

(4) 확장된 ERP 시스템 내의 SCM(Supply Chain Management) 모듈

확장된 ERP 시스템 내의 SCM 모듈은 공급자부터 소비자까지 이어지는 물류, 자재, 제품, 서비스, 정보의 흐름 전반에 걸쳐 계획하고 관리함으로써 수요와 공급의 일치를 최적으로 운영하고 관리하는 활동이다.

① 공급 사슬에서의 가시성 확보로 공급 및 수요 변화에 대한 신속한 대응이 가능하다.
② 정보의 투명성을 통해 재고수준 감소 및 재고 회전율 증가를 달성할 수 있다.
③ 공급 사슬에서의 계획(Plan), 조달(Source), 제조(Make) 및 배송(Deliver) 활동 등의 통합 프로세스를 지원한다.

3. ERP와 CRM(Customer Relationship Management, 고객관계관리)의 관계

① CRM(Customer Relationship Management)은 고객관계관리로 신규 고객 획득과 기존 고객의 유지를 중심으로 고객을 파악하고 분석하는 것이다.
② ERP와 CRM 간의 통합으로 비즈니스 프로세스의 투명성과 효율성을 확보할 수 있다.
③ CRM 시스템은 기업의 고객 대응 활동을 지원하는 프런트오피스 시스템(Front-Office System)의 개념이며, ERP 시스템은 비즈니스 프로세스를 지원하는 백오피스 시스템(Back-Office System)이다.
④ 확장된 ERP 환경에서 CRM 시스템은 마케팅, 판매 및 고객 서비스를 자동화한다.

7 4차 산업혁명과 클라우드 ERP

1. 4차 산업혁명

(1) 정의

인공지능(AI; Artificial Intelligence), 사물인터넷(IoT; Internet of Things), 빅데이터(Big Data), 클라우드 컴퓨팅(Cloud Computing) 등 첨단 정보 통신 기술이 경제와 사회 전반에 융합되어 혁신적인 변화가 나타나는 차세대 산업혁명이다.

▶ 4차 산업혁명의 기술적 특징
• 초연결성
• 초지능화
• 융합화(산업 간, 기술 간)

(2) 차세대 ERP의 4차 산업혁명의 핵심 기술 적용

① 향후 스마트 ERP는 4차 산업혁명의 핵심 기술인 인공지능(AI), 빅데이터(Big Data), 사물인터넷(IoT), 블록체인 등의 신기술과 융합하여 보다 지능화된 기업경영이 가능한 통합 시스템으로 발전할 것이다.

② 생산관리 시스템(MES), 전사적 자원관리(ERP), 제품수명주기관리 시스템(PLM) 등을 통해 각 생산 과정을 체계화하고 관련 데이터를 한 곳으로 모을 수 있어 빅데이터 분석이 가능해진다. 따라서 인공지능 기반의 빅데이터 분석을 통해 최적화와 예측 분석이 가능하여 과학적이고 합리적인 의사결정 지원이 가능해진다.

③ 제조업에서는 빅데이터 처리 및 분석 기술을 기반으로 생산 자동화를 구현하고 ERP와 연계하여 생산계획의 선제적 예측과 실시간 의사결정이 가능해진다.

④ ERP에서 생성·축적된 빅데이터를 활용하여 기업의 새로운 업무를 개척할 수 있고, 비즈니스 간 융합을 지원하는 시스템으로 확대가 가능해진다.

⑤ 차세대 ERP는 인공지능 및 빅데이터 분석 기술과의 융합으로 전략 경영 등의 분석 도구를 추가하게 되어 상위 계층의 의사결정을 지원할 수 있는 스마트 시스템으로 발전하고 있다.

2. 디지털 전환(Digital Transformation)

① 4차 산업혁명 시대의 경제 패러다임으로, 디지털 기술을 사회 전반에 적용하여 전통적인 사회 구조를 혁신시키는 것이다.

② 기업에서 사물인터넷, 클라우드, 빅데이터, 인공지능 등의 핵심 기술을 활용하여 기존의 구조, 운영방식, 서비스 방법 등을 혁신하는 것이다.

③ 현재 디지털 전환은 첨단제조기술, ICT 등의 기술 적용과 프로세스 효율화, 그리고 비즈니스 모델 변혁과 생태계 구축까지 확장되어 실행되고 있다.

3. 사물인터넷(IoT; Internet of Things)

① 인터넷을 통해서 모든 사물을 서로 연결하여 정보를 상호 소통하는 지능형 정보 기술 및 서비스이다.

② 수많은 사물인터넷 기기들이 내장된 센서를 통해 데이터를 수집하고 인터넷을 통해 서로 연결되고 통신하며, 수집된 정보를 기반으로 자동화된 프로세스나 제어기능을 수행할 수 있으므로 다양한 산업분야뿐만 아니라 스마트 가전, 스마트 홈, 스마트 의료, 원격검침, 교통 분야 등의 일상생활에서도 적용되고 있다.

③ 만물인터넷(IoE; Internet of Everything): 사물인터넷의 미래이며 진화된 모습으로 사물과 사람, 데이터, 프로세스 등 세상에서 연결 가능한 모든 것(만물)이 인터넷에 연결되어 서로 소통하며 새로운 가치와 경험을 창출하는 기술이다.

이론 | 실무 시뮬레이션 | 최신 기출문제

4. 클라우드 컴퓨팅(Cloud Computing)

인터넷 기술을 활용하여 가상화된 IT 자원을 서비스로 제공하는 컴퓨팅 기술이다. 사용자들은 클라우드 컴퓨팅 사업자가 제공하는 소프트웨어, 스토리지, 서버, 네트워크 등의 IT 자원을 필요한 만큼 사용하고, 사용한 만큼 비용을 지불할 수 있다. 또한, 클라우드 서비스는 필요한 만큼의 IT 자원을 빠르게 확장하거나 축소할 수 있고, 어디에서나 접속할 수 있으며, 기술적인 관리 부담이 없다.

(1) 장점

① 사용자가 하드웨어나 소프트웨어를 직접 디바이스에 설치할 필요 없이 자신의 필요에 따라 언제든지 컴퓨팅 자원을 사용할 수 있다.

② 모든 데이터와 소프트웨어가 클라우드 컴퓨팅 내부에 집중되고 이기종 장비 간의 상호연동이 유연하기 때문에 손쉽게 다른 장비로 데이터와 소프트웨어를 이동할 수 있어 장비 관리 업무와 PC 및 서버 자원 등을 줄일 수 있다.

③ 사용자는 서버 및 소프트웨어를 클라우드 컴퓨팅 네트워크에 접속하여 제공받을 수 있으므로 서버 및 소프트웨어를 구입하여 설치할 필요가 없어 IT 투자비용이 줄어든다.

(2) 단점

① 서버 공격 및 서버 손상으로 인해 개인정보가 유출 및 유실될 수 있다.

② 모든 애플리케이션을 보관할 수 없으므로 사용자가 필요로 하는 애플리케이션을 지원받지 못하거나 애플리케이션을 설치하는 데 제약이 있을 수 있다.

(3) 클라우드 컴퓨팅에서 제공하는 서비스

① SaaS(Software as a Service, 서비스형 소프트웨어): 클라우드 컴퓨팅 서비스 사업자가 클라우드 컴퓨팅 서버에 소프트웨어를 제공하고, 사용자가 원격으로 접속해 해당 소프트웨어를 활용하는 서비스 모델이다. 기업의 핵심 애플리케이션인 ERP, CRM 솔루션 등의 소프트웨어를 클라우드 서비스를 통해 제공받는 것이며, PaaS를 통해 서비스 구성 컴포넌트 및 호환성 제공 서비스를 지원 받는다.

② PaaS(Platform as a Service, 플랫폼형 서비스): 사용자가 소프트웨어를 개발할 수 있는 토대를 제공해 주는 서비스 모델이다. ERP 소프트웨어 개발을 위한 플랫폼을 클라우드 서비스로 제공받는 것이다.

　📗 웹 프로그램, 제작 툴, 개발 도구 지원, 과금 모듈, 사용자관리 모듈 등

③ IaaS(Infrastructure as a Service, 인프라형 서비스): 서버 인프라를 서비스로 제공하는 것으로, 클라우드를 통해 저장 장치(Storage) 또는 컴퓨팅(Computing) 능력을 인터넷을 통한 서비스 형태로 제공하는 서비스 모델이다. 기업의 업무처리에 필요한 서버, 스토리지, 데이터베이스, 네트워크 등의 IT 인프라 자원을 클라우드 서비스로 빌려 쓰는 형태이며, 데이터 클라우드 서비스와 스토리지 클라우드 서비스는 IaaS에 속한다.

(4) 클라우드 서비스의 비즈니스 모델

① 퍼블릭(Public, 공개형) 클라우드: 일반인에게 공개되는 개방형 서비스로 전 세계의 소비자, 기업고객, 공공기관 및 정부 등 모든 주체가 클라우드 컴퓨팅을 사용할 수 있다. 사용량에 따라 사용료를 지불하며 규모의 경제를 통해 경쟁력 있는 서비스 단가를 제공한다는 장점이 있다.

② 사설(Private, 폐쇄형) 클라우드: 특정한 기업 내부 구성원에게만 제공되는 서비스(Internal Cloud)로, 주로 대기업에서 데이터의 소유권 확보와 프라이버시 보장이 필요한 경우 사용된다. 운영자인 기업이 전체 인프라에 대한 완전한 통제권을 가질 수 있다는 장점은 있으나 규모의 경제 효과를 보기 어렵다.

③ 하이브리드(Hybrid, 혼합형) 클라우드: 특정 업무는 폐쇄형 클라우드 방식을 이용하고 기타 업무는 공개형 클라우드 방식을 이용하는 것이다.

(5) 클라우드 ERP

클라우드 ERP란 클라우드 서비스를 바탕으로 ERP 프로그램을 제공하는 것을 말한다. 즉, 전산 자원을 쉽고 빠르게 이용할 수 있도록 데이터를 인터넷과 연결된 중앙컴퓨터에 저장해서 인터넷에 접속하기만 하면 언제 어디서든지 데이터를 이용할 수 있는 ERP이다. 따라서 개방적인 정보 접근성을 통해 데이터를 분석할 수 있으며, 원격근무환경 구현을 통한 스마트워크환경이 정착될 수 있다. 웹(Web) 기반의 ERP에서 클라우드 기반의 ERP로 진화하고 있으며, 클라우드 ERP는 디지털 지원, 인공지능(AI) 및 기계학습(Machine Learning), 예측 분석 등과 같은 지능형 기술을 이용하여 미래에 대비한 즉각적인 가치를 제공하고 있다.

① 클라우드의 가장 기본적인 서비스인 SaaS, PaaS, IaaS를 통해 ERP 서비스를 제공받는다.

② IaaS 및 PaaS를 활용한 ERP를 하이브리드 클라우드 ERP라고 한다.

③ 4차 산업혁명 시대에 경쟁력을 갖추기 위해 기업들은 지능형 기업으로 전환해야 하므로 클라우드 ERP로 지능형 기업을 운영할 수 있다.

④ 클라우드 도입을 통해 ERP 진입장벽을 획기적으로 낮출 수 있다.

⑤ 클라우드를 통해 제공되는 ERP는 전문 컨설턴트의 도움 없이도 설치 및 운영이 가능하다.

⑥ 고객의 요구에 따라 필요한 기능을 선택·적용한 맞춤형 구성이 가능하다.

⑦ 안정적이고 효율적인 데이터관리, IT 자원관리의 효율화, 관리비용의 절감이 가능하다.

5. 빅데이터(Big Data)

① 정의: 빅데이터는 그 규모가 방대한 디지털 데이터이며, 수치데이터뿐만 아니라 문자와 영상 데이터를 포함하는 다양하고 거대한 데이터의 집합이다.

② 특성(가트너에 의한)

규모(Volume)	급격한 데이터 양의 증가(대용량화)
다양성(Variety)	로그 기록, 소셜, 위치, 센서 데이터 등 데이터 종류의 증가(반정형, 비정형 데이터의 증가)
속도(Velocity)	소셜 데이터, IoT 데이터, 스트리밍 데이터 등 실시간성 데이터 증가
정확성(Veracity)	데이터의 신뢰성, 정확성, 타당성 보장이 필수
가치(Value)	빅데이터가 추구하는 것은 가치 창출

③ 빅데이터 플랫폼: 빅데이터에서 가치를 추출하기 위한 일련의 과정(수집, 저장, 처리, 분석, 시각화)을 지원하기 위한 프로세스를 규격화한 기술

④ 처리 과정: 데이터(생성) → 수집 → 저장(공유) → 처리 → 분석 → 시각화

- 데이터(생성): 데이터베이스 등의 내부 데이터와 인터넷으로 연결된 외부로부터 생성된 데이터가 있다.
- 수집: 의사결정에 필요한 정보를 추출하기 위하여 다양한 데이터 원천으로부터 대량의 다양한 유형의 데이터를 수집하게 된다.
- 저장(공유): 저렴한 비용으로 대량의 다양한 유형의 데이터를 쉽고 빠르게 많이 저장하기 위하여 대용량 저장 시스템을 이용한다.
- 처리: 빅데이터를 효과적으로 분석하기 위하여 사전에 빅데이터 분산처리 기술이 필요한 단계이다.

TIP

빅데이터 처리 과정에 복구기술은 존재하지 않는다.

- 분석: 머신러닝, 딥러닝, 통계분석기법 등의 기술을 이용하여 처리된 빅데이터에서 가치있는 정보를 추출한다.
- 시각화: 분석 결과를 표, 그래프 등을 이용해 쉽게 시각적으로 표현하고 해석이나 의사결정에 활용한다.

6. 사이버물리 시스템(CPS; Cyber Physical System)

① 실제의 물리적인 제품, 생산설비, 공정, 공장을 사이버 공간에 그대로 구현하고 서로 긴밀하게 통합되어 동작하는 통합 시스템이다.

② 제품, 공정, 생산설비와 공장에 대한 실제 세계와 가상 세계의 통합 시스템이며, 제조 빅데이터를 기반으로 사이버모델을 구축하고 이를 활용하여 최적의 설계 및 운영을 수행하는 것이다.

③ 통신기능과 연결성이 증대된 메카트로닉스 장비에서 진화하여 컴퓨터 알고리즘에 의해 서로 소통하고 자동적, 지능적으로 제어되고 모니터링되는 다양한 물리적 개체(센서, 제조장비 등)들로 구성된 시스템이다.

④ CPS의 데이터를 ERP 시스템으로 통합하여 주문처리, 생산계획, 구매관리, 재고관리와 같은 업무 프로세스를 지원하는 상호작용이 가능하다.

7. 스마트 팩토리(Smart Factory, 스마트 공장)

스마트 팩토리는 설계·개발, 제조 및 유통·물류 등 생산 과정에 디지털 자동화 솔루션이 결합된 ICT를 적용하여 생산성, 품질, 고객만족도를 향상시키는 지능형 생산 공장이다.

(1) 구축 목적

생산성 향상과 유연성 향상, 고객 서비스 향상, 비용 절감, 납기 향상, 품질 향상, 인력 효율화, 맞춤형 제품 생산, 통합된 협업생산 시스템, 최적화된 동적생산 시스템, 새로운 비즈니스 창출, 제품 및 서비스의 생산통합, 제조의 신뢰성 확보 등을 목적으로 한다.

(2) 구성 영역

① 제품 개발: 제품수명주기관리(PLM) 시스템을 이용하여 제품의 개발, 생산, 유지 보수, 폐기까지의 전 과정을 체계적으로 관리하게 된다.

② 현장 자동화: 인간과 협업하거나 독자적으로 제조작업을 수행하는 시스템으로 공정자동화, IOT, 설비제어장치(PLC), 산업로봇, 머신비전 등의 기술이 이용된다.

③ 공장 운영관리: 자동화된 생산설비로부터 실시간으로 가동 정보를 수집하여 효율적으로 공장 운영에 필요한 생산계획 수립, 재고관리, 제조자원관리, 품질관리, 공정관리, 설비제어 등을 담당한다.

④ 기업자원관리: 고객주문, 생산실적 정보 등을 실시간으로 수집하여 효율적인 기업 운영에 필요한 원가, 재무, 영업, 생산, 구매, 물류관리 등을 담당하며, ERP 등의 기술이 이용된다.

⑤ 공급사슬관리: 제품 생산에 필요한 원자재 조달에서부터 고객에게 제품을 전달하는 전체 과정의 정보를 실시간으로 수집하여 효율적인 물류 시스템 운영, 고객만족을 목적으로 하며, SCM 등의 기술이 이용된다.

8. 제품수명주기관리(PLM; Product Life-Cycle Management)

① 제품의 설계에서부터 생산, 출시, 유지 보수를 거쳐 서비스 종료와 최종 폐기에 이르기까지의 제품수명주기 모든 단계에서 사람, 기술, 프로세스 및 모범사례(Best Practice)로 구성되는 통합된 정보지향적 접근이다.

② 제품수명주기관리는 제품 중심의 생명주기관리에 초점을 두며, ERP는 기업 전반의 자원 및 프로세스를 통합적으로 관리하는 데 중점을 두고 있다. 따라서 ERP와 상호작용하여 제품의 생산, 유통, 재무프로세스를 효율화할 수 있다.

③ ERP는 비즈니스 프로세스를 부문이나 조직을 연결하는 횡적인 것으로 파악하기 때문에 엔지니어링 관점에서 설계 및 개발, 생산, 판매 및 기술지원 그리고 폐기 및 재활용 등 전 영역에 이르는 종적인 업무흐름을 지원하지 못한다. ERP 시스템에서 관리하지 못하는 종적인 영역을 보완함과 동시에 제품에 대한 전반적인 수명주기(Life-Cycle)를 관리하고 나아가 제품에 대한 설계, 조달, 제조, 생산프로세스의 효율화 및 원가 절감을 위해 제품수명주기관리 시스템을 도입하고 있다.

9. 차세대 ERP의 비즈니스 애널리틱스(Business Analytics)

ERP 시스템 내의 빅데이터 분석을 위한 비즈니스 애널리틱스는 차세대 ERP 시스템의 핵심 요소가 되었다. 최근에는 빅데이터 분석 기술과 인공지능기법이 적용된 비즈니스 애널리틱스가 추가된 스마트 ERP가 출시되어 활용되고 있다. 비즈니스 애널리틱스의 내용은 다음과 같다.

① 의사결정을 위한 데이터 및 정량 분석과 광범위한 데이터 이용을 의미한다.

② 조직에서 기존의 데이터를 기초로 최적 또는 현실적인 의사결정을 위한 모델링을 이용하도록 지원한다.

③ 질의 및 보고와 같은 기본적인 분석 기술과 예측 모델링 같은 수학적으로 정교한 수준의 분석을 지원한다.

④ 과거 데이터 분석뿐만 아니라 이를 통한 새로운 통찰력 제안과 미래 사업을 위한 시나리오를 제공한다.

⑤ 구조화된 데이터(Structured Data)와 비구조화된 데이터(Unstructured Data)를 동시에 이용한다.
- 구조화된 데이터: 파일이나 레코드 내에 저장된 데이터로, 스프레드시트와 관계형 데이터베이스(RDBMS) 포함
- 비구조화된 데이터: 전자메일, 문서, 소셜미디어 포스트, 오디오 파일, 비디오 영상, 센서 데이터 등

⑥ 미래 예측을 지원해 주는 데이터 패턴 분석과 예측 모델을 위한 데이터 마이닝(Data Mining)을 통해 고차원 분석기능을 포함하고 있다.

⑦ 리포트, 쿼리, 알림, 대시보드, 스코어카드뿐만 아니라 데이터 마이닝 등의 예측 모델링과 같은 진보된 형태의 분석기능도 제공한다.

8 인공지능과 ERP

인공지능(AI; Artificial Intelligence)은 인간의 학습능력과 추론능력, 지각능력, 자연언어의 이해능력 등을 컴퓨터 프로그램으로 실현한 기술이다.

1. 인공지능의 기술발전

(1) 계산주의(Computationalism) 시대

① 인공지능의 초창기 시대이다.

② 계산주의는 인간이 보유한 지식을 컴퓨터로 표현하고 이를 활용해 현상을 분석하거나 문제를 해결하는 지식기반 시스템(Knowledge Based System)을 말한다.

(2) 연결주의(Connectionism) 시대

① 계산주의로 인공지능 발전에 제약이 생기면서 1980년대에 연결주의가 새롭게 대두되었다.

② 연결주의는 지식을 직접 제공하기보다 지식과 정보가 포함된 데이터를 제공하고 컴퓨터가 스스로 필요한 정보를 학습하며, 인간의 두뇌를 모사하는 인공신경망을 기반으로 한 모델이다.

③ 연결주의 시대의 인공지능은 인간과 유사한 방식으로 데이터를 학습하여 스스로 지능을 고도화한다.

④ 연결주의 시대도 학습에 필요한 빅데이터와 컴퓨팅 파워의 부족이라는 한계를 극복하지 못하였다.

(3) 딥러닝*(Deep Learning)의 시대

① 최근의 인공지능은 딥러닝(심층학습)의 시대로, 사물인터넷과 클라우드 컴퓨팅 기술의 발전으로 빅데이터가 생성 및 수집되면서 인공지능 연구는 새로운 전환점을 맞이하였다.

② 입력층(Input Layer)과 출력층(Output Layer) 사이에 다수의 숨겨진 은닉층(Hidden Layer)으로 구성된 심층신경망(Deep Neural Networks)을 활용한다.

③ 현재 딥러닝은 음성 인식, 이미지 인식, 자동번역, 무인주행(자동차, 드론) 등에 큰 성과를 나타내고 있으며 의료, 법률, 세무, 교육, 예술 등 다양한 범위에서 활용되고 있다.

> ✽ 딥러닝
> 컴퓨터가 방대한 데이터를 이용해 사람처럼 스스로 학습할 수 있도록 심층신경망기술을 이용한 기법

2. 인공지능과 빅데이터 분석기법

(1) 기계학습(Machine Learning, 머신러닝)

① 정의: 방대한 데이터를 분석해 미래를 예측하는 기술로 일반적으로 생성된 데이터를 정보와 지식(규칙)으로 변환하는 컴퓨터 알고리즘을 의미한다.

② 종류

- 지도학습(Supervised Learning): 학습 데이터로부터 하나의 함수를 유추해내기 위한 방법으로 학습 데이터로부터 주어진 데이터의 예측값을 올바르게 추측해내는 것이다. 지도학습 방법에는 분류모형과 회귀모형이 있다.

- 비지도학습(Unsupervised Learning): 데이터가 어떻게 구성되었는지를 알아내는 문제의 범주에 속한다. 지도학습 및 강화학습과 달리 입력값에 대한 목표치가 주어지지 않는다. 비지도학습 방법에는 군집분석, 오토인코더, 생성적적대신경망(GAN) 등이 있다.

- 강화학습(Reinforcement Learning): 선택 가능한 행동들 중 보상을 최대화하는 행동 혹은 순서를 선택하는 방법이다. 강화학습에는 게임 플레이어 생성, 로봇 학습 알고리즘, 공급망 최적화 등의 응용 영역이 있다.

③ 기계학습(머신러닝) 워크플로우 6단계: 데이터 수집 → 점검 및 탐색 → 전처리 및 정제 → 모델링 및 훈련 → 평가 → 배포

- 데이터 수집(Data Acquisition): 인공지능 구현을 위해서는 머신러닝·딥러닝 등의 학습 방법과 이것을 학습할 수 있는 방대한 양의 데이터가 필요하다. 내부 데이터웨어하우스나 데이터베이스 내의 데이터, 조직 외부의 데이터 소스 등을 통해 분석 목적에 맞는 데이터를 수집한다.

- 점검 및 탐색(Inspection and Exploration): 데이터를 점검하고 탐색하는 탐색적 데이터 분석(EDA; Exploratory Data Analysis)을 수행한다. 데이터의 구조와 결측치 및 극단치 데이터를 정제하는 방법을 탐색하고 독립변수, 종속변수, 변수 유형, 변수의 데이터 유형 등 데이터 특징을 파악한다.

- 전처리 및 정제(Preprocessing and Cleaning): 다양한 소스로부터 획득한 데이터 중 분석하기에 부적합하거나 수정이 필요한 경우 데이터를 전처리하거나 정제하는 과정이다.

- **모델링 및 훈련(Modeling and Training)**: 머신러닝 코드를 작성하는 모델링 단계를 말한다. 적절한 머신러닝 알고리즘을 선택하여 모델링을 수행하고, 해당 머신러닝 알고리즘에 전처리가 완료된 데이터를 학습시킨다(훈련). 전처리가 완료된 데이터 셋(Data Set)은 학습용 데이터(Training Data)와 평가용 데이터(Test Data)로 구성한다.
- **평가(Evaluation)**: 머신러닝 기법을 이용한 분석모델(연구모형)을 실행하고 성능(예측 정확도)을 평가하는 단계이다. 모형평가에는 연구모형이 얼마나 정확한가, 연구모형이 관찰된 데이터를 얼마나 잘 설명하는가, 연구모형의 예측에 대해 얼마나 자신할 수 있는가(신뢰성, 타당성), 모형이 얼마나 이해하기 좋은가 등을 평가하고 만족하지 못한 결과가 나온다면 모델링 및 훈련 단계를 반복 수행한다.
- **배포(Deployment)**: 평가 단계에서 머신러닝 기법을 이용한 연구모형이 성공적으로 학습된 것으로 판단되면 완성된 모델을 배포한다. 분석모델을 실행하여 도출된 최종 결과물을 점검하고, 사업적 측면에서 결과의 가치를 재평가한다. 분석모델을 파일럿 테스트(Pilot Test, 시험작동)를 통해 운영한 다음 안정적으로 확대하여 운영계 시스템에 구축한다.

(2) 데이터 마이닝(Data Mining)
① 정의
- 축적된 대용량 데이터를 통계 기법 및 인공지능 기법을 이용하여 분석하고 이에 대한 평가를 거쳐 일반화시킴으로써 새로운 자료에 대한 예측 및 추측을 할 수 있는 의사결정을 지원한다.
- 대규모로 저장된 데이터 안에서 다양한 분석 기법을 활용하여 전통적인 통계학 이론으로는 설명이 힘든 패턴과 규칙을 발견한다.

② 단계: 분류(Classification), 추정(Estimation), 예측(Prediction), 유사집단화(Affinity Grouping), 군집화(Clustering)의 5가지 업무 영역으로 구분한다.

분류 (Classification)	어떤 새로운 사물이나 대상의 특징을 파악하여 미리 정의된 분류코드에 따라 어느 한 범주에 할당하거나 나누는 것
추정 (Estimation)	결과가 연속된 값을 갖는 연속형 변수를 주로 다루며 주어진 입력변수로부터 수입(Income), 은행잔고(Balance), 배당금(Corporate Dividends)과 같은 미지의 연속형 변수에 대한 값을 추정(산출)
예측 (Prediction)	과거와 현재의 자료를 이용하여 미래를 예측하는 모형을 만드는 것
유사집단화 (Affinity Grouping)	유사한 성격을 갖는 사물이나 물건들을 함께 묶어주는 작업
군집화 (Clustering)	이질적인 사람들의 모집단으로부터 다수의 동질적인 하위 집단 혹은 군집들로 세분화하는 작업

(3) 텍스트 마이닝(Text Mining)
① 텍스트 마이닝은 자연어 형태로 구성된 비정형 또는 반정형 텍스트데이터에서 패턴 또는 관계를 추출하여 의미 있는 정보를 찾아내는 기법으로 자연어 처리*가 핵심 기술이다.
② 텍스트 마이닝 분석을 실시하기 위해서는 불필요한 정보를 제거하고, 비정형 데이터를 정형 데이터로 구조화하는 작업을 위해 데이터 전처리 과정(텍스트 형태로 작성된 문서를 컴퓨터가 자동으로 인식할 수 있도록 하는 작업)이 필수적이다.

* 자연어 처리
인공지능의 주요 분야 중 하나로 컴퓨터를 이용해 사람의 자연어를 분석하는 기법

3. 인공지능 적용 기술(응용 분야)

(1) 로봇 프로세스 자동화(RPA; Robotic Process Automation)

① 정의
- 소프트웨어 프로그램이 사람을 대신해 반복적인 업무를 자동으로 처리하는 기술로, 사용자가 미리 정의한 순서에 따라 진행되는 업무를 자동으로 수행하는 소프트웨어를 이용해 자동화하는 것이다.
- 인공지능과 머신러닝을 사용하여 가능한 많은 반복적 업무를 자동화할 수 있는 소프트웨어 로봇 기술이다.

② 적용 분야
- 제조산업은 인공지능을 활용한 디지털 전환으로 로봇 프로세스 자동화의 도입 및 적용이 활발히 이루어져 인력 및 업무 구조 변화가 일어나고 있다.
- 금융권은 업무 생산성을 위해 정보조회, 금리산출, 여신심사, 자금세탁방지 등 업무 전반에 도입하여 직원들의 효율적인 업무 수행을 돕고 비용을 절감하고 있다.

③ 적용 단계
- 1단계 – 기초프로세스 자동화: 정형화된 데이터 기반의 자료 작성, 단순 반복 업무 처리, 고정된 프로세스 단위 업무 수행 등이 해당된다.
- 2단계 – 데이터 기반의 머신러닝 활용: 이미지에서 텍스트 데이터 추출, 자연어 처리로 정확도와 기능성을 향상시키는 과정이다.
- 3단계 – 인지자동화: 빅데이터 분석을 통해 그동안 사람이 수행한 복잡한 의사결정을 내리는 수준이다. 이것은 로봇 프로세스 자동화가 업무 프로세스를 스스로 학습하면서 자동화하는 단계이다.

(2) 챗봇(ChatBot)

① 채팅(Chatting)과 로봇(Robot)의 합성어인 챗봇(ChatBot)은 로봇의 인공지능을 대화형 인터페이스에 접목한 기술로 인공지능을 기반으로 사람과 상호작용하는 대화형 시스템을 지칭한다.

② 인공지능 기반 챗봇 구축을 통해 단순한 질문은 챗봇이 답변함으로써 고객센터(콜상담) 업무의 일부를 대체할 수 있어 기존 인력을 전문상담으로 배치할 수 있다.

(3) 블록체인(Block Chain)

① 정의
- 분산형 데이터베이스의 형태로 데이터를 저장하는 연결구조체이며, 모든 구성원이 네트워크를 통해 데이터를 검증 및 저장하여 특정인의 임의적인 조작이 어렵도록 설계된 저장플랫폼이다.
- 블록(Block)은 거래 건별 정보가 기록되는 단위이며 이것이 시간의 순서에 따라 체인(Chain) 형태로 연결된 데이터베이스를 블록체인이라고 한다.
- 블록체인은 블록의 정보와 거래내용을 기록하고 이를 네트워크 참여자들에게 분산 및 공유하는 분산원장 또는 공공거래장부이다.

② 블록체인 기술의 특징
- **탈중개성(P2P-based)**: 공인된 제3자의 공증 없이 개인 간 거래가 가능하며 불필요한 수수료를 절감할 수 있다.
- **보안성(Secure)**: 정보를 다수가 공동으로 소유하므로 해킹이 불가능하여 보안비용을 절감할 수 있다.
- **신속성(Instantaneous)**: 거래의 승인·기록은 다수의 참여에 의해 자동 실행되므로 신속성이 극대화된다.

> 로보어드바이저
> 로봇(Robot)과 투자전문가(Advisor)의 합성어로, 빅데이터와 인공지능 알고리즘을 기반으로 고객에게 온라인으로 자산배분 포트폴리오를 관리해주는 금융자문 서비스

- 확장성(Scalable): 공개된 소스에 의해 쉽게 구축, 연결, 확장이 가능하므로 IT 구축 비용을 절감할 수 있다.
- 투명성(Transparent): 모든 거래 기록에 공개적 접근이 가능하여 거래 양성화 및 규제 비용을 절감할 수 있다.

③ 활용 분야
- 글로벌 자선단체 및 사회복지 공동모금기관에서 블록체인 기반 기부플랫폼을 운영 하여 기부금이 어떻게, 어디에, 얼마나 사용되는지 투명하게 확인할 수 있다.
- 블록체인 기술을 활용하여 계약, 협상의 실행 및 시행할 수 있는 스마트 계약(Smart Contract)은 자동으로 계약이 체결되기 때문에 계약 체결과 이행에 따르는 위험을 제거하여 향후 재판이나 강제집행 등이 필요 없고 중개인의 필요성도 없어 비용 효율 성이 장점이다.
- 블록체인은 위변조에 대한 보안성이 뛰어나 이를 선호하는 네트워크 내 거래 참여자 들 간 금융거래에 적극 활용되고 있다.

4. 인공지능 비즈니스 적용 프로세스(5단계)
① 1단계 – 비즈니스 영역 탐색: 기업이 인공지능 비즈니스를 수행하려면 개선 및 이윤 창 출이 가능한 영역이 자사의 업무에 있는지 탐색해야 한다.
② 2단계 – 비즈니스 목표 수립: 인공지능을 적용할 비즈니스 영역을 발견한다면, 비즈니 스 목표와 기술 목표를 수립해야 한다.
③ 3단계 – 데이터 수집 및 적재: 딥러닝은 방대한 양의 데이터가 필요한 알고리즘이므로 양질의 데이터 확보 여부가 인공지능 비즈니스의 성패를 결정한다.
④ 4단계 – 인공지능 모델 개발: 인공지능 모델 구축 관련 인프라를 준비하고, 모델 평가 지 표 수립 후 알고리즘 선택/모델링/평가/보완 작업을 반복적으로 수행한다.
⑤ 5단계 – 인공지능 배포 및 프로세스 정비: 인공지능은 업무의 가치와 효율성을 높여주는 도구이므로 인공지능 적용 후의 업무 방식 또한 도구를 잘 사용할 수 있도록 변화해야 한다.

5. 인공지능 윤리
① 인공지능 개발과 사용 과정에서 발생하는 위험 요소와 오용을 예방하기 위하여 인공지 능에 대한 윤리 원칙의 정립이 필요하다는 추세이다.
② 2018년 9월 세계경제포럼(World Economic Forum)에서 발표한 인공지능 규범(AI Code)의 5개 원칙
- 인공지능은 인류의 공동 이익을 위해 개발되어야 한다.
- 인공지능은 투명성과 공정성의 원칙에 따라 작동해야 한다.
- 인공지능이 개인, 가족, 지역 사회의 데이터 권리 또는 개인정보를 감소시켜서는 안 된다.
- 모든 시민은 인공지능을 통해서 정신적, 정서적, 경제적 번영을 누리도록 교육받을 권리를 가져야 한다.
- 인간을 해치거나 파괴하거나 속이는 자율적 힘을 인공지능에 절대로 부여하지 않 는다.

01 [1급 | 2023년 5회]

[보기]는 무엇에 대한 설명인가?

┌ 보기 ┐

조직의 효율성을 제고하기 위해 업무흐름뿐만 아니라 전체 조직을 재구축하려는 경영혁신전략 기법이다. 주로 정보 기술을 통해 기업경영의 핵심과 과정을 전면 개편함으로 경영 성과를 향상시키려는 경영 기법인데 매우 신속하고 극단적인 그리고 전면적인 혁신을 강조하는 이 기법은 무엇인가?

① 지식경영
② 벤치마킹
③ 리스트럭처링
④ 리엔지니어링

해설

① 지식경영 시스템: 조직 내의 인적 자원들이 축적하고 있는 개별적인 지식을 체계화하고 공유하기 위한 정보 시스템
② 벤치마킹: 경쟁 기업뿐만 아니라 특정한 프로세스에 대한 강점을 지니고 있는 조직을 대상으로 적극적으로 학습하는 것
③ 리스트럭처링: 기업 환경의 변화에 대응하기 위하여 조직의 구조를 경쟁력 있게 재편하는 것

02 [1급 | 2022년 3회]

[보기]의 (   ) 안에 공통적으로 들어갈 용어는?

┌ 보기 ┐

ERP 도입의 성공 여부는 (   )을(를) 통한 업무 개선이 중요하게 작용한다. (   )은(는) 원가, 품질, 서비스, 속도와 같은 주요 성과측정치의 극적인 개선을 위해 업무 프로세스를 급진적으로 재설계하는 것으로 정의할 수 있다.

① EIS(Executive Information System)
② MRP(Material Requirement Planning)
③ BPR(Business Process Re-engineering)
④ MIS(Management Information System)

해설

ERP 도입의 성공 여부는 BPR을 통한 업무 개선에 달려 있다.

03 [2급 | 2024년 1회]

BPR(Business Process Re-engineering)이 필요한 이유로 가장 적절하지 <u>않은</u> 것은?

① 경영 기능의 효율성 저하 극복
② 정보 기술을 통한 새로운 기회 창출
③ 지속적인 경영환경 변화에 대한 대응 모색
④ 정보보호를 위한 닫혀 있는 업무환경 확보

해설

정보보호를 위한 열려 있는 업무환경을 확보하기 위하여 BPR이 필요하다.

04 [2급 | 2022년 4회]

ERP에 대한 설명으로 가장 적절하지 <u>않은</u> 것은?

① 경영혁신 환경을 뒷받침하는 새로운 경영업무 시스템 중 하나이다.
② 기업의 전반적인 업무 과정이 컴퓨터로 연결되어 실시간 관리를 가능하게 한다.
③ 기업 내 각 영역의 업무 프로세스를 지원하고 단위별 업무 처리의 강화를 추구하는 시스템이다.
④ 전통적 정보 시스템과 비교하여 보다 완벽한 형태의 통합적인 정보 인프라 구축을 가능하게 해주는 신경영혁신의 도구이다.

해설

ERP는 전사적 자원관리로 단위별 업무 처리의 강화가 아닌 통합 업무 처리의 강화를 추구하는 시스템이다.

| 정답 | 01 ④ 02 ③ 03 ④ 04 ③

05 [2급 | 2022년 3회]

ERP에 대한 설명으로 적절하지 <u>않은</u> 것은?

① 경영혁신 수단으로 사용된다.
② 개방성, 확장성, 유연성이 특징이다.
③ 의사결정 방식은 Bottom-Up 방식이다.
④ 프로세스 중심의 업무 처리 방식을 갖는다.

해설

ERP의 의사결정 방식은 Top-Down 방식이다.

06 [2급 | 2024년 1회]

일반적으로 기업의 ERP 도입 최종 목적으로 가장 적절한 것은?

① 해외 매출 확대
② 경영정보의 분권화
③ 관리자 리더십 향상
④ 고객만족과 이윤 극대화

해설

ERP 도입의 최종 목적은 고객만족과 이윤 극대화 실현에 있다.

07 [1급 | 2025년 1회]

효과적인 ERP 교육을 위한 고려 사항으로 가장 적절하지 <u>않은</u> 것은?

① 다양한 교육도구를 이용하라.
② 교육에 충분한 시간을 배정하라.
③ 비즈니스 프로세스보다 트랜잭션을 우선하라.
④ 조직 차원의 변화관리 활동을 잘 이해하도록 교육을 강화하라.

해설

효과적인 ERP 교육을 위하여 트랜잭션이 아닌 비즈니스 프로세스에 초점을 맞춘다.

08 [1급 | 2022년 1회]

다음 중 ERP 구축 시 고려해야 할 사항이 <u>아닌</u> 것은?

① 전사적 참여 유도
② 커스터마이징의 최소화
③ 의사결정권을 가진 경영진의 확고한 의지
④ IT 업체의 철저한 주도하에 프로젝트 진행

해설

ERP 구축 시 IT 중심의 프로젝트로 추진하지 않도록 한다.

09 [1급 | 2024년 1회]

ERP 시스템의 프로세스, 화면, 필드, 그리고 보고서 등 기업의 요구사항에 맞춰 구현하는 방법은?

① 정규화(Normalization)
② 트랜잭션(Transaction)
③ 컨피규레이션(Configuration)
④ 커스터마이제이션(Customization)

해설

ERP 시스템의 프로세스, 화면, 필드, 보고서 등 거의 모든 부분을 기업의 요구사항에 맞추어 구현하는 방법은 커스터마이제이션(Customization)이다.

10 [2급 | 2022년 4회]

ERP 도입의 예상 효과로 적절하지 <u>않은</u> 것은?

① 사이클 타임 증가
② 고객 서비스 개선
③ 최신 정보 기술 도입
④ 통합 업무 시스템 구축

해설

ERP 도입의 예상 효과로 사이클 타임의 단축이 있다.

| 정답 | 05 ③ 06 ④ 07 ③ 08 ④ 09 ④ 10 ① |

11 [1급 | 2022년 3회]

ERP 구축 시 컨설턴트를 고용함으로써 얻는 장점으로 가장 적절하지 않은 것은?

① 프로젝트 주도권을 컨설턴트에게 위임할 수 있다.
② ERP 기능과 관련된 필수적인 지식을 기업에 전달할 수 있다.
③ 숙달된 소프트웨어 구축 방법론으로 실패를 최소화할 수 있다.
④ 컨설턴트는 편견이 없고 목적 지향적이기 때문에 최적의 패키지를 선정하는 데 도움이 된다.

> **해설**
> ERP 구축 시 전문 컨설턴트를 고용하여 기업이 가지고 있지 못한 지식을 획득할 수는 있으나 프로젝트의 주도권이 컨설턴트에게 넘어가는 것은 아니며, 이는 장점이 아닌 단점에 해당한다.

12 [1급 | 2022년 1회]

다음 중 ERP 구축을 위한 ERP 패키지 선정 기준으로 가장 적절하지 않은 것은?

① 시스템 보안성
② 사용자 복잡성
③ 요구사항 부합 정도
④ 커스터마이징(Customizing) 가능 여부

> **해설**
> ERP 패키지 선정 기준으로는 시스템 보안성, 요구사항 부합 정도, 커스터마이징(Customizing) 가능 여부 등이 있다.

13 [2급 | 2024년 5회]

ERP 도입 전략 중 ERP 자체 개발 방법에 비해 ERP 패키지를 선택하는 방법의 장점으로 가장 적절하지 않은 것은?

① 커스터마이징을 최대화할 수 있다.
② 검증된 기술과 기능으로 위험 부담을 최소화할 수 있다.
③ 검증된 방법론 적용으로 구현기간의 최소화가 가능하다.
④ 향상된 기능과 최신의 정보 기술이 적용된 버전(Version)으로 업그레이드(Upgrade)가 가능하다.

> **해설**
> ERP를 자체 개발하는 방법이 ERP 패키지를 선택하는 방법에 비하여 커스터마이징의 최대화가 가능하다.

14 [2급 | 2021년 6회]

ERP 시스템을 성공적으로 구축하기 위한 여러 가지 성공 요인들이 있다. 다음 중 ERP 구축의 성공적인 요인이라 볼 수 없는 것은?

① IT 중심의 프로젝트로 추진하지 않도록 한다.
② 최고 경영층이 프로젝트에 적극적 관심을 갖도록 유도한다.
③ 회사 전체적인 입장에서 통합적 개념으로 접근하도록 한다.
④ 기업이 수행하고 있는 현재 업무 방식을 그대로 잘 시스템으로 반영하도록 한다.

> **해설**
> ERP를 성공적으로 구축하기 위해서는 기업이 수행하고 있는 현재의 업무 방식만을 그대로 고수해서는 안 된다.

15 [2급 | 2023년 5회]

ERP의 특징에 관한 설명 중 가장 적절하지 않은 것은?

① 세계적인 표준 업무절차를 반영하여 기업 조직 구성원의 업무수준이 상향평준화된다.
② ERP 시스템의 안정적인 운영을 위하여 특정 H/W와 S/W 업체를 중심으로 개발되고 있다.
③ 정확한 회계데이터 관리로 인하여 분식결산 등을 사전에 방지하는 수단으로 활용이 가능하다.
④ 파라미터(Parameter) 설정에 의해 기업의 고유한 업무환경을 반영하게 되어 단기간에 ERP 도입이 가능하다.

> **해설**
> ERP는 어떠한 운영체제나 데이터베이스에서도 운영이 잘될 수 있도록 설계되어 다른 시스템과의 연계가 쉽다. 따라서 특정 하드웨어 및 소프트웨어 기술이나 업체에 의존하지 않고 다양한 하드웨어나 소프트웨어와 조합하여 사용할 수 있도록 지원한다.

16 [1급 | 2021년 5회]

다음 중 ERP의 기능적 특징으로 볼 수 없는 것은?

① 투명경영의 수단으로 활용
② 단일국적 · 단일통화 · 단일언어 지원
③ 경영정보 제공 및 경영조기경보 체계 구축
④ 중복 업무의 배제 및 실시간 정보처리 체계 구축

> **해설**
> ERP의 기능적 특징에는 다국적 · 다통화 · 다언어 지원이 있다.

| 정답 | 11 ① 12 ② 13 ① 14 ④ 15 ② 16 ② |

17 [2급 | 2021년 1회]

다음 중 ERP의 기술적 특징으로 볼 수 없는 것은?

① 4세대 프로그래밍 언어를 사용하여 개발되었다.
② 대부분의 ERP는 객체지향기술을 사용하여 설계한다.
③ 기업 내부의 데이터가 집합되므로 보안을 위해 인터넷 환경하에서의 사용은 자제한다.
④ 일반적으로 관계형 데이터베이스관리 시스템(RDBMS)이라는 소프트웨어를 사용하여 모든 데이터를 관리한다.

> **해설**
> ERP는 인터넷 환경하에서 다양하게 사용되고 있으며, 인터넷 환경의 e-Business를 수용할 수 있는 Multi-Tier 환경을 구성한다. 따라서 인터넷 환경하에서 사용을 자제하면 안 된다.

18 [1급 | 2021년 4회]

다음 중 ERP 구축 절차를 바르게 나타낸 것은?

① 분석 → 설계 → 구현 → 구축
② 설계 → 분석 → 구축 → 구현
③ 설계 → 구현 → 분석 → 구축
④ 분석 → 설계 → 구축 → 구현

> **해설**
> ERP 구축 절차는 '분석 → 설계 → 구축 → 구현' 순이다.

19 [1급 | 2022년 3회]

ERP 구축 절차 중 구축 단계의 특징으로 가장 적절하지 않은 것은?

① 모듈 조합화
② 출력물 제시
③ 패키지 설치
④ 추가개발 또는 수정기능 확정

> **해설**
> 패키지 설치는 ERP 구축 절차 중 설계 단계에 해당한다.

20 [1급 | 2023년 5회]

다음 중 ERP의 발전 과정으로 가장 적절한 것은?

① MRP Ⅰ → MRP Ⅱ → ERP → 확장형 ERP
② MRP Ⅰ → ERP → 확장형 ERP → MRP Ⅱ
③ ERP → 확장형 ERP → MRP Ⅰ → MRP Ⅱ
④ MRP Ⅱ → MRP Ⅰ → ERP → 확장형 ERP

> **해설**
> ERP의 발전 과정은 'MRP Ⅰ → MRP Ⅱ → ERP → 확장형 ERP' 순이다.

21 [1급 | 2023년 5회]

다음 중 e-Business 지원 시스템을 구성하는 단위 시스템에 해당되지 않는 것은?

① 성과측정관리(BSC)
② EC(전자상거래) 시스템
③ 의사결정지원 시스템(DSS)
④ 고객관계관리(CRM) 시스템

> **해설**
> 성과측정관리(BSC)는 전략적 기업경영(SEM) 시스템의 단위 시스템이다.

22 [1급 | 2022년 4회]

[보기]의 괄호 안에 들어갈 용어로 가장 적절한 것은?

> ┌─ 보기 ─
> 확장된 ERP 시스템 내의 (　　　　) 모듈을 통해 공급자부터 소비자까지 이어지는 물류, 자재, 제품, 서비스, 정보의 흐름 전반에 걸쳐 계획하고 관리함으로써 수요와 공급의 일치를 최적으로 운영하고 관리할 수 있다.

① ERP(Enterprise Resource Planning)
② SCM(Supply Chain Management)
③ KMS(Knowledge Management System)
④ CRM(Customer Relationship Management)

> **해설**
> 확장된 ERP 시스템 내의 SCM 모듈은 공급자부터 소비자까지 이어지는 물류, 자재, 제품, 서비스, 정보의 흐름 전반에 걸쳐 계획하고 관리함으로써 수요와 공급의 일치를 최적으로 운영하고 관리하는 활동이다.

| 정답 | 17 ③ | 18 ④ | 19 ③ | 20 ① | 21 ① | 22 ② |

23 [2급 | 2021년 5회]

다음 중 ERP와 CRM 간의 관계에 대한 설명으로 가장 적절하지 않은 것은?

① ERP와 CRM 간의 통합으로 비즈니스 프로세스의 투명성과 효율성을 확보할 수 있다.
② ERP 시스템은 비즈니스 프로세스를 지원하는 백오피스 시스템(Back-Office System)이다.
③ CRM 시스템은 기업의 고객대응활동을 지원하는 프런트오피스 시스템(Front-Office System)이다.
④ CRM 시스템은 조직 내의 인적 자원들이 축적하고 있는 개별적인 지식을 체계화하고 공유하기 위한 정보 시스템으로 ERP 시스템의 비즈니스 프로세스를 지원한다.

> **해설**
>
> CRM(Customer Relationship Management)은 고객관계관리로 신규 고객 획득과 기존 고객의 유지를 중심으로 고객을 파악하고 분석하는 것이다. 조직 내의 인적 자원들이 축적하고 있는 개별적인 지식을 체계화하고 공유하기 위한 정보 시스템은 지식경영 시스템(KMS; Knowledge Management System)이다.

24 [1급 | 2024년 1회]

클라우드 서비스 사업자가 클라우드 컴퓨팅 서버에 ERP 소프트웨어를 제공하고, 사용자가 원격으로 접속해 ERP 소프트웨어를 활용하는 서비스를 무엇이라 하는가?

① IaaS(Infrastructure as a Service)
② PaaS(Platform as a Service)
③ SaaS(Software as a Service)
④ DaaS(Desktop as a Service)

> **해설**
>
> SaaS(Software as a Service)는 기업의 핵심 애플리케이션인 ERP, CRM 솔루션 등의 소프트웨어를 클라우드 서비스를 통해 제공받는 것이다.

25 [2급 | 2022년 3회]

클라우드 ERP의 특징 혹은 효과에 대한 설명 중 가장 옳지 않은 것은?

① 안정적이고 효율적인 데이터 관리
② IT 자원관리의 효율화와 관리비용의 절감
③ 폐쇄적인 정보 접근성을 통한 데이터 분석기능
④ 원격근무환경 구현을 통한 스마트워크환경 정착

> **해설**
>
> 클라우드 ERP는 인터넷에 접속하기만 하면 언제 어디서든지 데이터를 이용할 수 있으며, 개방적인 정보 접근성을 통한 데이터 분석이 가능하다.

26 [2급 | 2024년 1회]

ERP와 인공지능(AI), 빅데이터(Big Data), 사물인터넷(IoT) 등 혁신기술과의 관계에 대한 설명으로 가장 적절하지 않은 것은?

① 현재 ERP는 기업 내 각 영역의 업무 프로세스를 지원하고 단위별 업무 처리의 강화를 추구하는 시스템으로 발전하고 있다.
② 제조업에서는 빅데이터 분석 기술을 기반으로 생산자동화를 구현하고 ERP와 연계하여 생산계획의 선제적 예측과 실시간 의사결정이 가능하다.
③ ERP에서 생성되고 축적된 빅데이터를 활용하여 기업의 새로운 업무 개척이 가능해지고, 비즈니스 간 융합을 지원하는 시스템으로 확대가 가능하다.
④ 현재 ERP는 인공지능 및 빅데이터 분석 기술과의 융합으로 전략경영 등의 분석도구를 추가하여 상위계층의 의사결정을 지원할 수 있는 지능형 시스템으로 발전하고 있다.

> **해설**
>
> ERP는 단위별 업무 처리가 아닌 기업 내 모든 업무를 통합적으로 관리하도록 도와주는 전사적 자원관리 시스템이다.

27 [2급 | 2024년 6회]

차세대 ERP의 비즈니스 애널리틱스(Business Analytics)에 관한 설명으로 가장 적절하지 않은 것은?

① 비즈니스 애널리틱스는 구조화된 데이터(Structured Data)만 분석대상으로 한다.
② ERP 시스템 내의 방대한 데이터 분석을 위해 비즈니스 애널리틱스가 ERP의 핵심 요소가 되고 있다.
③ 비즈니스 애널리틱스는 리포트, 쿼리, 대시보드, 스코어카드뿐만 아니라 예측 모델링과 같은 진보된 형태의 분석기능도 제공한다.
④ 비즈니스 애널리틱스는 질의 및 보고와 같은 기본적 분석 기술과 예측 모델링과 같은 수학적으로 정교한 수준의 분석을 지원한다.

> **해설**
>
> 비즈니스 애널리틱스는 구조화된 데이터와 비구조화된 데이터를 동시에 이용한다.

| 정답 | 23 ④ | 24 ③ | 25 ③ | 26 ① | 27 ① |

28

다음 [보기]에서 설명하는 클라우드 서비스 유형은 무엇인가?

> ┌ 보기 ─────────────────────
> 기업의 업무처리에 필요한 서버, 스토리지, 데이터베이스, 네트워크 등의 IT 인프라 자원을 클라우드 서비스로 빌려 쓰는 형태이다.

① IaaS(Infrastructure as a Service)
② PaaS(Platform as a Service)
③ SaaS(Software as a Service)
④ MaaS(Manufacturing as a Service)

해설

IaaS(인프라형 서비스)는 기업의 업무처리에 필요한 서버, 스토리지, 데이터베이스, 네트워크 등의 IT 인프라 자원을 클라우드 서비스로 빌려 쓰는 형태이다.

29

제품, 공정, 생산설비와 공장에 대한 실제 세계와 가상 세계의 통합 시스템이며 제조 빅데이터를 기반으로 사이버모델을 구축하고 이를 활용하여 최적의 설계 및 운영을 수행하는 것을 무엇이라 하는가?

① 사이버물리 시스템(CPS; Cyber Physical System)
② 비즈니스 애널리틱스(Business Analytics)
③ 전사적 자원관리(ERP; Enterprise Resource Planning)
④ 공급사슬관리(SCM; Supply Chain Management)

해설

사이버물리 시스템(CPS; CyberPhysical System)은 제품, 공정, 생산설비와 공장에 대한 실제 세계와 가상 세계의 통합 시스템이며 제조 빅데이터를 기반으로 사이버모델을 구축하고 이를 활용하여 최적의 설계 및 운영을 수행하는 것이다.

30

스마트 공장의 구성 영역 중에서 생산계획 수립, 재고관리, 제조자원관리, 품질관리, 공정관리, 설비제어 등을 담당하는 것은?

① 제품 개발
② 현장 자동화
③ 공장 운영관리
④ 공급사슬관리

해설

공장 운영관리는 자동화된 생산설비로부터 실시간으로 가동 정보를 수집하여 효율적으로 공장 운영에 필요한 생산계획 수립, 재고관리, 제조자원관리, 품질관리, 공정관리, 설비제어 등을 담당하며, 제조실행 시스템(MES), 창고관리 시스템(WMS), 품질관리 시스템(QMS) 등의 기술이 이용된다.

31 [2급 | 2025년 1회]

기계학습에 대한 설명으로 옳지 <u>않은</u> 것은?

① 비지도학습 방법에는 분류모형과 회귀모형이 있다.
② 비지도학습은 입력값에 대한 목표치가 주어지지 않는다.
③ 지도학습은 학습 데이터로부터 하나의 함수를 유추해내기 위한 방법이다.
④ 강화학습은 선택 가능한 행동들 중 보상을 최대화하는 행동 혹은 순서를 선택하는 방법이다.

해설

분류모형과 회귀모형은 지도학습 방법이다.

32 [1급 | 2024년 6회]

다음 중 인공지능 비즈니스 적용 프로세스의 순서로 올바른 것은?

① 비즈니스 영역 탐색 → 비즈니스 목표 수립 → 데이터 수집 및 적재 → 인공지능 모델 개발 → 인공지능 배포 및 프로세스 정비
② 비즈니스 목표 수립 → 비즈니스 영역 탐색 → 데이터 수집 및 적재 → 인공지능 모델 개발 → 인공지능 배포 및 프로세스 정비
③ 비즈니스 목표 수립 → 데이터 수집 및 적재 → 인공지능 모델 개발 → 인공지능 배포 및 프로세스 정비 → 비즈니스 영역 탐색
④ 비즈니스 영역 탐색 → 비즈니스 목표 수립 → 데이터 수집 및 적재 → 인공지능 배포 및 프로세스 정비 → 인공지능 모델 개발

해설

인공지능 비즈니스 적용 프로세스(5단계)는 '비즈니스 영역 탐색 → 비즈니스 목표 수립 → 데이터 수집 및 적재 → 인공지능 모델 개발 → 인공지능 배포 및 프로세스 정비'이다.

| 정답 | 28 ① | 29 ① | 30 ③ | 31 ① | 32 ① |

33

클라우드 서비스의 비즈니스 모델에 관한 설명으로 옳지 <u>않은</u> 것은?

① 공개형 클라우드는 사용량에 따라 사용료를 지불하며 규모의 경제를 통해 경쟁력 있는 서비스 단가를 제공한다는 장점이 있다.
② 공개형 클라우드는 데이터의 소유권 확보와 프라이버시 보장이 필요한 경우 사용된다.
③ 폐쇄형 클라우드는 특정한 기업 내부 구성원에게만 제공되는 서비스를 말한다.
④ 혼합형 클라우드는 특정 업무는 폐쇄형 클라우드 방식을 이용하고 기타 업무는 공개형 클라우드 방식을 이용하는 것을 말한다.

해설

폐쇄형 클라우드는 주로 대기업에서 데이터의 소유권 확보와 프라이버시 보장이 필요한 경우 사용된다.

34

다음 중 빅데이터 플랫폼의 빅데이터 처리 과정으로 옳지 <u>않은</u> 것은?

① 데이터 수집
② 데이터 분석
③ 데이터 시각화
④ 데이터 복구

해설

빅데이터 처리 과정은 '데이터(생성) → 수집 → 저장(공유) → 처리 → 분석 → 시각화' 이다.

35

인공지능 기술의 발전에 대한 설명으로 옳지 <u>않은</u> 것은?

① 계산주의는 인간이 보유한 지식을 컴퓨터로 표현하고 이를 활용해 현상을 분석하거나 문제를 해결하는 지식기반시스템을 말한다.
② 연결주의는 지식을 직접 제공하기보다 지식과 정보가 포함된 데이터를 제공하고 컴퓨터가 스스로 필요한 정보를 학습한다.
③ 연결주의 시대는 학습에 필요한 빅데이터와 컴퓨팅 파워의 부족이라는 한계를 극복하였다.
④ 딥러닝은 입력층(Input Layer)과 출력층(Output Layer) 사이에 다수의 숨겨진 은닉층(Hidden Layer)으로 구성된 심층신경망(Deep Neural Networks)을 활용한다.

해설

연결주의 시대도 학습에 필요한 빅데이터와 컴퓨팅 파워의 부족이라는 한계를 극복하지 못하였다.

36

다음 [보기]에서 설명하는 로봇 프로세스 자동화 적용 단계는 무엇인가?

> ┌ 보기 ┄┄┄┄┄┄┄┄┄┄┄┄┄┄┄┄┄┄┄┄┄┄┄┄
> 빅데이터 분석을 통해 그동안 사람이 수행한 복잡한 의사결정을 내리는 수준이다. 이것은 로봇 프로세스 자동화가 업무 프로세스를 <u>스스로 학습</u>하면서 자동화하는 단계이다.

① 기초프로세스 자동화
② 데이터 기반의 머신러닝(기계학습) 활용
③ 데이터전처리
④ 인지자동화

해설

인지자동화(3단계)는 빅데이터 분석을 통해 그동안 사람이 수행한 복잡한 의사결정을 내리는 수준이다. 이것은 로봇 프로세스 자동화가 업무 프로세스를 스스로 학습하면서 자동화하는 단계이다.

37 [1급 | 2025년 1회]

다음 중 세계경제포럼(World Economic Forum)에서 발표한 인공지능 규범(AI Code)의 5개 원칙에 해당하지 <u>않는</u> 것은?

① 인공지능은 투명성과 공정성의 원칙에 따라 작동해야 한다.
② 인공지능은 인류의 공동 이익을 위해 개발되어야 한다.
③ 인공지능이 개인, 가족, 지역 사회의 데이터 권리 또는 개인정보를 감소시켜야 한다.
④ 인간을 해치거나 파괴하거나 속이는 자율적 힘을 인공지능에 절대로 부여하지 않는다.

해설

인공지능 규범(AI Code)의 5개 원칙에 따르면 인공지능이 개인, 가족, 지역 사회의 데이터 권리 또는 개인정보를 감소시켜서는 안 된다.

네가 세상에서 보고자 하는 변화가 있다면,
네 스스로 그 변화가 되어라.

– 마하트마 간디(Mahatma Gandhi)

PART

02

생산이론

CHAPTER 01 생산계획 및 통제

CHAPTER 02 공정관리

CHAPTER 03 자재소요계획/생산능력계획

CHAPTER 04 품질관리 1급에만 해당

Enterprise Resource Planning

| NCS 능력단위 요소

- ☑ 생산계획수립 0204010301_16v2
- ☑ 공급망수요계획 0204010403_16v2
- ☑ 공급망공급계획 0204010404_16v2
- ☑ 공정설계 0204010302_16v2
- ☑ 작업계획수립 0204010304_16v2
- ☑ 공정 개선 0204010310_16v2

- ☑ 자재관리전략수립 0204010201_14v1
- ☑ 공급망전략수립 0204010402_16v2
- ☑ 구매전략수립 0204010101_14v1
- ☑ 품질정보관리 0204020102_14v1
- ☑ 품질경영시스템인증관리 0204020116_16v1

01 생산계획 및 통제

☑ 생산성   ☑ BOM의 종류
☑ 수요예측   ☑ 다양한 생산 시스템
☑ 작업의 우선순위 고려 원칙

1 생산을 위한 기초 정보 및 생산 시스템 일반

1. 생산성

(1) 정의

① 생산이란 노동력이나 기계 생산 요소 등의 투입물을 유·무형의 산출물로 변환시킴으로써 효용을 산출하는 과정으로, 생산성은 투입된 자원에 비해 산출된 생산량이 어느 정도인지 가늠하는 척도이다.

② 노동 생산성, 기계 생산성, 자본 생산성 등이 있다.

$$생산성 = \frac{산출량(Output)}{투입량(Input)}$$

> **TIP**
> 생산 및 운영관리의 목표는 품질(Q), 원가(C), 납기(D), 유연성(F)이다.

(2) 측정

생산성의 측정은 부분 생산성, 다요소 생산성, 총요소 생산성 등으로 측정할 수 있다.

① 부분 생산성(Partial Productivity): 단일의 투입 요소로 측정
② 다요소 생산성(Multifactor Productivity): 하나 이상의 투입 요소로 측정
③ 총요소 생산성(Total Productivity): 모든 투입 요소로 측정

(3) 척도

생산성 척도는 주로 측정 목표에 따라 다르게 선택된다. 부분 생산성에 의한 측정 목표가 노동 생산성이라면 노동력이 주된 투입 척도가 되며, 측정 목표가 기계 생산성이라면 기계 작동이 주된 투입 척도가 된다.

① **노동 생산성의 척도**: 노동시간당 산출량, 교대 횟수당 산출량, 교대조별 산출량, 노동시간당 부가가치, 노동시간당 산출물의 화폐 가치
② **기계 생산성의 척도**: 기계 작동시간당 산출량, 기계 작동시간당 산출물의 화폐 가치
③ **자본 생산성의 척도**: 투자된 화폐 단위당 산출량, 투자된 화폐 단위당 산출물의 화폐 가치
④ **에너지 생산성의 척도**: 전력 사용시간당 산출량, 전력 사용 단위당 산출물의 화폐 가치

> ▶ 생산관리 시대적 단계
> 호환성 부품 → 과학적 관리(테일러) → TQM(전사적 품질경영) → 친환경 생산관리
>
> ▶ F.W.테일러의 과학적 관리
> 과거의 관습과 경험에 의존하던 작업 관리에 시간연구와 동작연구 등을 적용하여 작업 과정의 능률과 노동 생산성을 높이기 위한 관리방안을 제시

✎ 개념 확인문제

인형 공장에서 4명의 작업자가 2대의 기계에서 8시간 동안 1,600개의 인형을 만들었다.

[1] 노동 생산성을 구하시오.

해설

$$노동\ 생산성: \frac{산출량}{투입량} = \frac{제품\ 생산량}{노동\ 시간} = \frac{1,600개}{4명 \times 8시간} = 50개/시간$$

정답 50개/시간

40 · PART 02 생산이론

[2] 기계 생산성을 구하시오.

기계 생산성: $\dfrac{\text{산출량}}{\text{투입량}} = \dfrac{\text{제품 생산량}}{\text{기계 작동 시간}} = \dfrac{1,600개}{2대 \times 8시간} = 100개/시간$

정답 100개/시간

[3] 기존에 5시간 동안 100개를 생산하던 공장에서 4시간 동안 100개를 생산하는 것으로 공정이 개선되었다면 생산성은 몇 % 향상되었는지 구하시오.

• 5시간 동안 100개를 생산할 때의 생산성: $\dfrac{100개}{5시간} = 20개/시간$

• 4시간 동안 100개를 생산할 때의 생산성: $\dfrac{100개}{4시간} = 25개/시간$

∴ 생산성이 20에서 25가 되어 생산성 차이가 5이므로, 기존 생산성 20에서 5만큼 증가하여 생산성은 25% $(= \dfrac{5}{20} \times 100)$ 향상되었다.

정답 25%

2. 자재 명세서(BOM; Bill of Material)

(1) 정의

① 완제품 1단위를 생산하기 위해 필요한 재료, 부품, 반제품 등의 품목, 규격, 소요량 등에 대한 명세서이다.

② 특정 제품이 어떤 부품들로 구성되어 만들어지는지에 대한 정보를 나타내며, BOM에서 가장 기본이 되는 정보는 '제품 구조 정보'라고 할 수 있다.

③ 주생산계획(MPS)과 연계하여 하위 품목의 구매 및 생산 일정을 수립하는 데 활용된다.

④ 제품의 설계 사양, 제품 원가 산정, 자재 불출 목록표 생성, 특정 품목을 만드는 데 필요한 부품 정보 구매 및 생산 일정 수립 등에 활용된다.

(2) 종류 〈중요〉

종류	내용
Engineering BOM	• 설계 부서에서 주로 사용하는 BOM • 설계의 편의성이 반영되며 기능 중심의 제품 설계에 사용
Manufacturing BOM 또는 Production BOM	• 생산관리 부서 및 생산 현장에서 주로 사용되는 BOM • 제조공정 및 조립공정의 순서를 반영하며 MRP 시스템에서 사용
Planning BOM	• 생산관리 부서 및 판매, 마케팅 부서 등에서 사용 • 생산계획이나 기준 일정계획에서 사용
Modular BOM	• 방대한 양의 BOM 데이터를 관리하고, 주생산계획(MPS)을 수립할 때에도 효과적인 BOM으로 옵션(Option)과 공통 부품들로 구성됨 • 최종 제품의 옵션이 다양한 경우에 BOM 데이터를 효과적으로 관리하는 데 활용 가능 • Assemble-To-Order 형태의 생산 전략을 취하는 기업체에서 주로 사용하며, 불필요한 관리 및 계획, 노력을 줄일 수 있음
Percentage BOM	Planning BOM의 일종으로 제품군을 구성하는 제품 또는 제품을 구성하는 부품의 양을 백분율로 표현한 BOM
Inverted BOM	• 화학이나 제철과 같은 산업에서는 단일 부품에서 여러 종류의 최종 제품을 만듦(일반적인 BOM은 여러 종류의 부품들을 조립하여 단일의 상위 부품이나 제품을 만드는 형태) • Inverted BOM은 나무가 뒤집힌 형태인 역삼각형 형태임

Common Parts BOM	• 제품이나 제품군에 공통적으로 사용되는 부품들을 모아 놓은 BOM • BOM의 최상위 ITEM은 가상의 ITEM Number를 가짐
Phantom BOM	• 조립공정에서 일시적으로 생성되었다가 사라지며, 실제로는 보관 장소에 존재 하지 않는 품목이나 조립의 순서를 나타내기 위해 사용 • MRP 전개 시 '조달 기간(Lead Time) = 0'을 사용
Multilevel BOM	BOM 정보를 디스플레이하는 방법에 따른 이름으로, 대개의 BOM 정보는 모품목 (Parent)과 자품목(Child)의 관계만을 보여 주는데, Multilevel BOM은 자품목의 자 품목까지 필요한 만큼의 BOM 정보를 표현해 놓음
Indented BOM	• BOM을 보고서 형태로 출력할 때 Multilevel BOM을 표현하는 방법 • 모품목의 하위 자품목을 옆으로 한 칸씩 밀어서 들여쓰기함

(3) BOM을 이용한 부품 소요량 계산

BOM에서의 제품 구조는 모품목과 자품목의 상호 관계를 계층적으로 나타내며, 최상위 완제품의 계층 수준을 0으로 설정하고, 그 아래는 차례로 수준 1, 2,… 등으로 구분하여 모품목에 대한 자품목의 구성 관계를 나타낸다. 각 수준의 품목 옆의 '(   )'는 상위 품목 (모품목) 1단위에 필요한 자품목의 소요 수량을 나타낸다.

✏️ **개념 확인문제**

제품 A를 생산할 경우의 제품 구조도는 다음과 같다. 제품 A를 10개 생산할 경우, 각 품목의 필요 소요량을 구하시오.

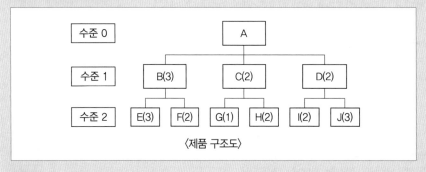

〈제품 구조도〉

해설

- 수준 0 A: 10개
- 수준 1 B(3): 모품목 A 생산에 B 3개가 필요 → 10(A)개 × 3개 = 30개
  - 수준 2 E(3): 모품목 B 생산에 E 3개가 필요 → 30(B)개 × 3개 = 90개
  - 수준 2 F(2): 모품목 B 생산에 F 2개가 필요 → 30(B)개 × 2개 = 60개
- 수준 1 C(2): 모품목 A 생산에 C 2개가 필요 → 10(A)개 × 2개 = 20개
  - 수준 2 G(1): 모품목 C 생산에 G 1개가 필요 → 20(C)개 × 1개 = 20개
  - 수준 2 H(2): 모품목 C 생산에 H 2개가 필요 → 20(C)개 × 2개 = 40개
- 수준 1 D(2): 모품목 A 생산에 D 2개가 필요 → 10(A)개 × 2개 = 20개
  - 수준 2 I(2): 모품목 D 생산에 I 2개가 필요 → 20(D)개 × 2개 = 40개
  - 수준 2 J(3): 모품목 D 생산에 J 3개가 필요 → 20(D)개 × 3개 = 60개

➕ **Bill of Activity**

부품 정보뿐만 아니라 공정(Routing) 정보까지 포함하고 제조, 설계, 구매 등의 활동까지 표현하며, 주로 금형 산업에서 많이 사용된다.

2 수요예측

1. 수요예측의 개념과 원칙

(1) 개념

재화나 서비스에 대하여 일정 기간 동안에 발생할 가능성이 있는 모든 수요의 크기를 추정하는 것을 수요예측이라고 하며, 잠재 수요와 유효 수요를 모두 포함한다. 수요예측 시 개별 기업의 범위 내에 국한되지 않고 다른 산업과의 관련, 경제 전체의 추세, 일정 기간의 전 제품 매상 전망 등을 고려한다.

① **잠재 수요**: 상품이나 서비스 등의 필요성이나 욕구는 있으나 구매 능력이 갖추어지지 않아 아직 소비로 결부되지 못하는 수요이다.

② **유효 수요**: 실질적으로 구매할 수 있거나 구체적인 구매 계획이 있는 경우의 수요로 구매력이 있는 수요이다.

(2) 원칙

① 예측 오차의 발생 확률은 예측하는 기간의 길이에 비례한다. 예측 기간이 길수록 예견되지 않은 사건의 영향을 받을 가능성이 크므로 예측 오차의 발생 확률이 높아지고, 이에 따라 예측의 적중률은 낮아진다.

② 일반적으로 영속성이 있는 상품이나 서비스 등은 경기 변동 등 여러 가지 요인의 영향으로 수요가 변하며, 예측 오차가 발생할 확률이 높으므로 영속성이 없는 상품이나 서비스보다 정확한 예측을 하기 어렵다.

③ 기존의 상품이나 서비스에 대한 예측은 신규 상품이나 서비스보다 적중률이 높아진다.

④ 수요가 안정적인 기간의 예측은 불안정한 기간에 비해 적중률이 높아진다.

⑤ 수요예측은 완벽할 수 없으며, 수많은 요인들로 인해 항상 예측 오차가 생길 수 있다.

2. 수요예측 기법

(1) 정성적 수요예측(주관적)

① **시장조사법**: 시장의 상황에 대한 자료를 설문지, 인터뷰 등을 이용하여 수집하고 이를 바탕으로 수요를 예측하는 방법이다.

② **패널동의법**: 패널을 구성하여 자유로운 의견을 수집하고 이를 활용하여 수요를 예측하는 방법이다.

③ **중역의견법**: 중역들의 의견을 바탕으로 수요를 예측하는 방법이다.

④ **판매원 의견종합(합성)법**: 각 지역 담당 판매원들이 제시하는 해당 지역에 대한 수요예측치를 모아 전체 수요를 예측하는 방법이다.

⑤ **수명주기 유추법**: 신제품이 개발될 경우 과거의 자료가 부족하므로 유사한 기존 제품의 수명주기상의 수요를 바탕으로 신제품의 수요를 예측하는 방법이다.

⑥ **델파이분석법**: 문제에 대한 여러 전문가들의 의견을 수집한 다음 이 의견들을 요약·정리한 뒤 다시 전문가들에게 배부하여 일반적인 합의가 이루어질 때까지 반복적으로 서로의 아이디어에 대해 논평하게 하는 방법이다. 주로 신제품 개발, 시장 전략 등을 위한 장기예측이나 기술예측에 적합하다.
- **장점**: 과거 자료 등의 예측 자료가 없어도 예측이 가능하다.
- **단점**: 창의력에 대한 자극이 없으며, 시간과 비용이 많이 든다.

(2) 정량적 수요예측(객관적)

① **시계열분석법**: 과거 수요 관찰치가 가지는 일정한 패턴을 파악하고 이러한 패턴을 예측 기법에 적용함으로써 미래의 수요를 추정하며, 과거의 수요 패턴이 미래에도 지속될 것이라는 가정에 기초한다. 추세 변동, 순환 변동, 계절 변동, 불규칙 변동 등을 고려한다.

TIP
수요예측 기법의 정성적 방법과 정량적 방법을 구분할 수 있어야 한다.

- **단순이동평균법**: 최근의 일정 기간에 대해 시계열의 단순 평균을 계산하여 예측치로 사용한다.
  - 가중치가 매기간에 대하여 동일하다.
  - 기간 수(N)가 커지면 안정적인 예측치가 된다.
  - 경영자는 평균에 사용될 과거의 기간 수(N)를 결정한다.
- **가중이동평균법**: 최근의 일정 기간에 대해 기간마다 가중치를 달리하여 예측치로 사용한다.
  - 최근의 자료일수록 더 많은 가중치를 준다.
    - 예 최근 자료부터 0.4, 0.3, 0.2, 0.1의 순서
  - 가중치의 합은 1이다.
    - 예 0.4 + 0.3 + 0.2 + 0.1 = 1

✎ 개념 확인문제

다음 자료를 바탕으로 6월의 수요예측치를 구하시오.

월	1월	2월	3월	4월	5월
수요	110개	100개	110개	130개	120개

[1] 4기간 단순이동평균법으로 구하시오.

해설

4기간이므로 6월의 최근 4개월인 2월 ~ 5월의 평균을 구한다.

6월의 수요예측치: $\frac{100개 + 110개 + 130개 + 120개}{4} = 115개$

정답 115개

[2] 가중치 0.4, 0.3, 0.2, 0.1을 이용한 가중이동평균법으로 구하시오.

해설

가중치는 최근의 자료부터 순서대로 0.4, 0.3, 0.2, 0.1이다.
6월의 수요예측치: (120개 × 0.4) + (130개 × 0.3) + (110개 × 0.2) + (100개 × 0.1) = 119개

정답 119개

- **지수평활법**: 일정 기간의 평균을 이용하는 이동평균법과는 달리 주어진 모든 판매량 자료를 이용하며 기간에 따라 가중치를 두어 평균을 계산하고 추세를 통해 미래 수요를 예측하는 것으로, 가중이동평균법을 발전시킨 기법이다.
  - 과거로 거슬러 올라갈수록 가중치가 감소하게 되어 결과적으로 최근의 값에 큰 가중치를 부여하게 되는 기법이다.
  - 평활상수 α: $0 \leqq \alpha \leqq 1$(α가 커짐에 따라 최근의 변동을 더 많이 고려함)

> 수요예측치 = 전기의 실제값 × 평활상수 α + 전기의 예측치 × (1 − 평활상수 α)

✎ 개념 확인문제

제품 A의 연간 판매량을 평활상수 0.3으로 지수평활법에 의해 예측하고자 한다. 전기의 예측치가 10,000이고, 실제값이 12,000이라고 할 때, 다음 기의 수요예측치를 구하시오.

해설

(12,000 × 0.3) + {10,000 × (1 − 0.3)} = 10,600

정답 10,600

최근의 자료를 바탕으로 평균치를 구하므로 3기간을 구하는 문제이면 3월 ~ 5월의 평균치를 구하면 된다.

- **분해법**: 과거의 판매 자료가 갖고 있는 변화를 추세 변동, 주기 변동, 계절 변동, 불규칙 변동으로 구분하여 각각을 예측하고 이를 다시 결합하여 미래 수요를 예측하는 방법이다.
  - 계절성이 있는 소비재의 경우 많이 사용한다.
  - 많은 기간의 과거 자료가 필요한 예측 기법이다.
- **ARIMA**: 판매 자료 간의 상관관계를 바탕으로 상관 요인과 이동평균 요인으로 구분하여 미래 수요를 예측하는 방법이다.
  - 상관 요인: 현재 판매량에 몇 달 전의 판매량이 영향을 미쳤는지를 파악하는 것이다.
  - 이동평균 요인: 예측치와 실제치 간에 어떤 상관관계가 생기는지를 추정하는 것이다.
- **확산 모형**: 제품수명주기 이론을 바탕으로 제품이 확산되는 과정을 혁신 효과와 모방 효과로 구분하여 추정하고 이를 통해 미래 수요를 예측하는 방법이다.
  - 모형의 변형이 용이하며 시장환경 변화가 많은 경우에 적합한 모형을 쉽게 개발할 수 있다.
  - 과거 판매량 자료가 없는 신제품의 수요예측에 주로 활용되며 외국의 사례 등을 통해 수요를 예측한다.
② **인과모형분석법**: 수요에 영향을 미치는 요인을 찾아내고 그 요인과 수요의 관계를 분석하여 수요를 예측하는 방법이다.
- **회귀분석**: 상품이나 서비스의 수요와 그 수요에 크게 영향을 미칠 것이라고 생각되는 요인과의 관계를 상관 분석을 통해 산포도나 상관 계수 등으로 밝히고 그 관계를 선형 모형으로 만들어 미래 수요를 예측하는 방법으로, 3년 이상의 장기 수요예측에 적합하다.
  - 단순회귀분석, 다중회귀분석

3. 제품의 수명주기(Life-Cycle)에 따른 수요예측 기법과 특징

(1) 제품의 수명주기

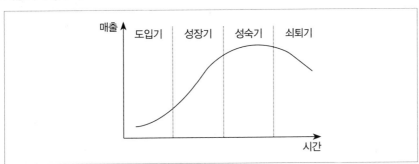

(2) 수명주기에 따른 수요예측 기법

① **도입기**: 정성적 기법(델파이분석법, 시장조사법, 패널동의법 등)
② **성장기**: 추세분석법, 구매의도 조사법(트렌드를 고려할 수 있는 기법)
③ **성숙기**: 이동평균법, 지수평활법
④ **쇠퇴기**: 트렌드/정성적 기법

(3) 수명주기의 특징

주기	특징
도입기(Introduction)	• 신제품이 시장에 처음으로 등장하여 잠재 고객들의 관심을 끌고 구매를 자극하는 단계 • R&D, 제품과 공정설계(비용, 일정 관리) • Supplier 고려, Supply Chain Network의 설계 • 제품 판매량이 적음 • 매출 증가율이 낮음
성장기(Growth)	• 신제품의 매출액이 증가하기 시작하는 단계 • 예측(Forecasting) 오차 및 시간과 비용의 최소화 • Capacity Level 결정(전략적) • 수요와 매출이 증가함
성숙기(Maturity)	• 매출액이 증가하거나 안정된 상태를 유지하는 단계 • 경쟁 기업의 대거 등장으로 인해 기업 간 경쟁의 강도가 높아짐 • 제품과 기술의 혁신(Innovation)의 필요 • 비용과 품질 면에서의 경쟁력 확보
쇠퇴기(Decline)	• 수요가 지속적으로 감소하는 단계 • 단종이 타 제품군에 어떻게 영향을 주는지 조사 후 생산 규모 축소 및 철수를 전략적으로 판단 • 대체 제품 등장

4. 예측의 7단계

① 예측의 목적과 용도 결정
② 예측 대상 품목과 단위 결정
③ 예측 기간의 선정
④ 적합한 예측 기법의 선정
⑤ 필요한 자료의 수집
⑥ 예측의 시행
⑦ 예측치에 대한 검증(타당성, 정확성)

5. 채찍 효과(Bullwhip Effect) 중요

(1) 개념

① 고객의 수요가 소매상, 도매상, 제조업체 방향으로 전달될수록 각 단계별 수요의 변동성이 증가하는 현상이다. 즉, 소비자의 주문이 조금 늘어나면 소매상은 조금 더 많이 주문하고, 도매상은 아주 많이 주문하며, 제조업체는 엄청난 양을 생산하게 된다는 것이다.
② 소비자로부터 시작된 작은 변화가 소매상과 도매상을 거쳐 제조업체로 넘어오면서 공급망상에서 수요 정보가 상당히 확대되고 왜곡되는 현상으로 전체 공급망상에서 수익성이 낮아진다.

(2) 현상

① 수요 왜곡: 소매점의 소비자 수요보다 '소매 – 도매 – 제조업체'로 이어지는 공급망의 주문 현상이 더 큰 규모의 수요 변화를 유도하는 현상
② 변화 확산: 공급망을 따라 주문량이 증대되는 현상

(3) 요인

① 개별 기업 관점에서의 주문, 과도한 발주, 불규칙적인 주문량과 판매량, 배치주문 방식
② 잦은 수요예측 변경, 가격 변동, 리드 타임 증가

(4) 채찍 효과를 줄이기 위한 방안

① 공급망상의 목표와 인센티브 조정
② 정보의 정확성 향상으로 불확실성 제거
③ 운영 효율성의 증대
④ 변동 폭의 감소
⑤ 리드 타임 단축
⑥ 전략적 파트너십
⑦ 가격 전략 수립

3 생산 시스템

1. 개념

생산 목표의 달성을 위해 각종 자원을 효율적으로 결합하여 제품이나 서비스를 만들어 내는 과정이다.

2. 기본 구조

원자재, 자본 등의 투입물을 변환 과정을 거쳐 제품, 서비스와 같은 산출물로 만드는 구조를 가지고 있다.

투입물 (Input)		변환/공정 (Transformation)		산출물 (Output)
원자재, 자본 등	⇒	가공, 조립 등	⇒	제품, 서비스 등

3. 다양한 생산 시스템

(1) 생산 방식에 의한 분류

① 프로젝트 생산(Project Shop)
  • 건물이나 교량, 선박, 예술품, 영화 제작 등 주요 산출물 한 단위를 상당한 기간에 걸쳐 생산하는 방식으로 일반적으로 리드 타임이 길다.
  • 제품은 고정되어 있고 자재투입 및 생산공정이 시기별로 변경되어 제조보다는 구축의 개념이 더 강하여 설비나 작업자가 이동한다.
  • 일정한 기간 내에 지정된 인도물을 생산하므로 납기관리가 중요하다.
  • 일반적으로 대규모의 비반복적인 생산활동에 적용되며, 일회성을 갖는다.
  • 제품 구조 중심의 BOM을 만들 수는 있으나 한 번만 사용되므로 MRP를 적용하는 것은 비효율적이다.
  • 일정관리는 각 행위의 전후 관계, 소요 기간을 활용한 전통적 스케줄링 방식인 PERT/CPM을 주로 사용한다.

② 개별 생산(Job Shop)
  • 항공기, 가구, 기계 장비 등 주문자의 요구에 의한 생산 방식이다.
  • 소량 생산이 이루어지므로 공장의 설비 배치가 유동적이다.
  • 여러 종류의 부품을 가공해야 하므로 범용 설비가 사용된다.
  • 작업 대상물이 필요한 작업장으로만 이동되며 제품이나 생산량의 변경이 비교적 용이하나 재공 재고가 많다(공장 내의 많은 물자 이송량, 높은 유연성).
  • 숙련공에 의존하는 경우가 많고 공정별 기계 배치의 특징을 갖는다.

▶ 생산 시스템에서 피드백의 기능
  • 문제의 조기 발견 가능
  • 타부문과 정보를 공유
  • 지속적인 개선 추구
  • 효율적이고 경쟁적으로 시장의 변화에 대응 가능

③ 연속 생산(Continuous Production) 또는 반복 생산
- 자동차, 카메라, 컴퓨터 등의 제품을 생산하는 방식으로 대량으로 생산되며 많은 양의 데이터를 처리하고 시간을 단축시키는 MRP가 적용된다(소품종 대량 생산에 적합함).
- 생산 시스템이 자동화되어 있으며, 이러한 공정을 이용하는 산업을 장치 산업이라고 한다(전용 기계).
- 효율성 측면에서는 장점이 있지만, 유연성은 매우 떨어진다.
- 공정관리가 비교적 단순하며 공장 내의 물자 이송량이 적다.

④ 흐름 생산(Flow Shop)
- 액체, 기체, 분말 성질을 가진 석유, 화학, 가스, 주류, 철강 등의 제품에 적용된다.
- 원자재가 파이프라인을 통해 공정으로 이동되고, 각 공정의 옵션에 따라 몇 가지의 제품을 생산하는 방식이다.
- 반복 생산보다 더 많은 자동화가 이루어져 작업자의 손을 많이 거치지 않는다.
- 특수 기계의 생산 라인, 전용 기계, 낮은 유연성, 적은 물자 이송량, 연속 생산이 특징이다.

⑤ 셀 생산: 시작 공정부터 마지막 공정까지의 전체 공정을 한 명의 작업자가 작업하는 생산 방식이다.

(2) 생산 흐름에 의한 분류 – 연속 생산과 불연속 생산(단속 생산)의 비교

구분	연속 생산	불연속 생산(단속 생산)
단위당 생산 원가	낮음	높음
설비	전용 설비(특수 목적)	범용 설비(다목적)
품종 및 생산량	소품종 대량 생산	다품종 소량 생산
생산 방식	예측 생산	주문 생산
배치 방식	제품별 배치	공정별 배치
생산 시기	사전 생산	사후 생산
생산 속도	빠름	느림
설비 투자액	많음	적음
노동 숙련도	낮음	높음

(3) 제조 전략에 의한 분류 <중요>

어느 지점에서 고객의 주문과 제조 프로세스가 일치하는지에 대한 분류이다.

① Make-To-Stock(MTS)
- 완제품 재고를 보유하여 고객의 주문에 따라 공급한다.
- 대부분의 공산품이 해당하며, 저가품에 적합한 전략이다.
- 재고, 생산능력, 서비스의 균형 등을 고려하여 생산자가 제품의 방향을 결정한다(수요예측, 계획 생산).
- 소품종 대량 생산이므로 옵션이 적으며, 전용 설비를 사용한다.

② Assemble-To-Order(ATO)
- 반제품을 재고로 보관하고 있다가 고객의 주문에 따라 조립한 후에 제품을 공급한다.
- 자동차, 페인트와 같이 옵션의 종류가 많고 고가인 제품에 적용한다.

③ Make-To-Order(MTO)
- 고객의 주문이 확정되면 원자재를 가공하거나, 반제품의 생산 및 완제품의 조립 등을 하는 전략이다.

TIP

생산 시스템의 리드 타임 비교(작은 순)

Make-To-Stock
∧
Assemble-To-Order
∧
Make-To-Order
∧
Engineer-To-Order

- 고객이 주문을 통해 사양을 결정하므로 미리 생산을 할 수 없으며, 대표적인 예로 공작 기계 생산이 있다.

④ Engineer-To-Order(ETO)
- 고객의 주문에 따라 설계부터 자재 구입·제조·조립을 하는 전략이다.
- 항공기, 비행기, 선박, 금형 등에 사용된다.
- 리드 타임이 제일 길다.

4 총괄생산계획(APP; Aggregate Production Planning)

1. 개념

① 총괄생산계획의 본질은 기업이 수요나 주문의 시간적·수량적 요건을 만족시키기 위해 생산 시스템의 능력을 전체의 입장에서 파악하여 조정해 나가는 계획이다.

② 약 1년에 걸친 계획 대상 기간 동안 변화하는 수요를 가장 경제적으로 충족시킬 수 있도록 기업의 전반적인 생산율 수준, 고용 수준, 하청 수준, 재고 수준 등을 결정하는 중기의 생산능력계획이며, 계획 기간 중의 수요를 충족시키기 위한 수급조절계획의 성격을 가지고 있다.

③ 총괄생산계획의 목적은 생산 시스템과 재고 시스템의 결합에 의하여 기업 전체의 생산 최적화를 도모하는 데 있다. 따라서 전체 최적화를 위해서는 생산 시스템과 재고 시스템의 두 부문을 동시에 고려한 생산 및 재고 시스템을 수립하여야 한다.

④ '총괄생산계획 – 주생산계획 – 자재소요계획 – 일정계획'의 과정으로 생산계획이 진행되며, 총괄생산계획의 기법으로는 도시법, 수리적 기법, 탐색결정 기법 등이 있다.

⑤ 생산량, 금액, 시간 등 공통의 산출단위에 입각하여 수립되며, 순수전략과 혼합전략으로 구분된다.

2. 수립 절차

총괄 수요의 예측 → 생산능력의 조정 → 전략 대안의 결정 → 생산 기간별 수요 배정

3. 전략

① 고용수준 변동, 생산율 조정, 재고수준 조정, 하청의 네 가지 전략을 바탕으로 생산-재고 시스템을 위한 총괄생산계획을 수립해야 한다. 수요 변동에 대비하여 이 네 가지 전략 변수들을 적절하게 사용할 수 있다.

② 총괄생산계획과 관련하여 기업이 사용할 수 있는 전략
- 수요의 변동에 따라 노동력의 규모, 잔업, 유휴시간 등을 조정한다.
- 관련 범위가 전사적이므로 관련 부문 간의 협조와 조정을 통해 형성되고 집행되어야 한다.

전략	세부 방법	대응비용	장단점
고용수준 변동	수요가 늘면 부족 인원 고용	신규 인원 채용에 따른 광고·채용·훈련비	인력 부족 시 양질의 기능공 채용이 어려움
	수요가 줄면 잉여 인원 해고	해고비용, 퇴직수당	퇴직 시 사기 저하로 능률 저하
생산율 조정	수요가 늘면 조업시간 증가	잔업수당	잔업이 있으면 보전시간 감소
	수요가 줄면 조업시간 감소	조업 단축, 유휴에 따른 유휴비용	조업 단축으로 보전시간 증가

재고수준 조정	• 수요 증가에 대비하여 재고 유지 • 재고 부족 시 주문 대기(납기 지연)	• 재고 유지비 • 납기 지연으로 인한 손실	• 서비스업에서는 서비스를 비축할 수 없으므로 인원이나 시설을 늘림 • 기회손실이 큼
	과잉 재고 시 판매 촉진	판촉비용	과잉 재고의 처리
하청	생산능력 부족 시 하청	하청비용	하청회사의 품질 및 일정 관리의 어려움
	생산 및 하청능력 부족 시 설비 확장	설비 투자비용	수요가 떨어질 때 유휴 설비비용 발생

5 기준생산계획(MPS; Master Production Scheduling)

1. 개념

① 기준생산계획(MPS)은 총괄생산계획을 수립한 뒤 이를 기준으로 보다 구체적으로 각 제품에 대한 생산 시기와 수량을 수립하는 생산계획이다.

② 적정 재고수준 유지, 생산 준비 시간 단축, 생산 원가 절감을 위해 완제품의 납기와 부품의 조달 기간을 세밀하게 분석하여 일정을 효과적으로 수립하여야 한다.

③ 기준생산계획(MPS)은 판매의 대상이 되는 완성품 또는 중요 부품에 대한 생산계획을 수립하는 활동이다.

2. 기준생산계획(MPS) 수립 시 필요한 요소 _{중요}

① 기간별 수요량(수요예측치)

② 현재 재고량

③ 주문 정책 및 매개 변수

3. 기준생산계획(MPS) 수립 시 주문 정책

① LFL(Lot-for-Lot)
 • 각 기간 동안 필요한 수요량과 같은 양을 주문하는 방식으로 기말재고가 없다.
 • 주문이 필요한 각 시점에 주문량이 매번 달라지며, 주문량은 순수요량과 일치한다.

② FOQ(Fixed Order Quantity, 고정 주문량)
 • 매 주문 시 고정된 주문 단위로 주문하는 방식이다.
 • 케이스 단위의 포장이거나 할인을 받기 위해 또는 공정 수율을 높이기 위해 선택한다.

③ POQ(Periodic Order Quantity, 기간 주문량)
 • 일정한 기간 동안 필요한 소요량을 모아서 한꺼번에 주문하는 방식이다.
 • 수요가 일정하지 않을 경우, 재고가 부족하거나 초과되는 FOQ 기법의 문제점을 보완하기 위해 사용한다.

④ EOQ(Economic Order Quantity, 경제적 주문량): 총재고비용이 최소가 되도록 하는 1회 주문량을 말한다.

⑤ ROP(Reorder Point System, 재주문 시점): 다시 주문하는 시점까지 재고가 떨어지면 주문하는 방식이다.

> 발주점(ROP) = 조달기간 동안의 수요 + 안전재고

4. 기준생산계획(MPS) 수립

(1) 기준생산계획표

자료를 이용하여 기말재고(I_t), 기준생산계획(MPS), 납품 가능한 수량(ATP), Lot-for-Lot(LFL) 생산에 의한 기준생산계획(MPS)을 구할 수 있다. 제품의 수요예측량과 실제 주문량의 예는 다음과 같다. 단위기간은 일반적으로 주(Week) 혹은 일(Day)을 사용하며, 계획대상기간 동안 생산능력은 고정된 것으로 가정한다.

현재고 1,500	주(Week)						
	1	2	3	4	5	6	7
수요예측량(F_t)	1,000	1,000	1,000	1,000	2,000	2,000	2,000
실제 주문량(O_t)	1,200	800	500	300	100	0	0

(2) 배치(Batch) 생산에 의한 기준생산계획(MPS)의 계산

제품의 수요예측량, 실제 주문량을 이용하여 기말재고와 기준생산계획(MPS)을 계산한다. 현재고는 1,500, 1회 생산량(Batch)의 크기는 2,400이다. 기말재고가 0보다 크거나 같으면 MPS는 0이고, 0보다 작으면 MPS는 1회 생산량인 2,400으로 한다.

현재고 1,500	주(Week)						
	1	2	3	4	5	6	7
수요예측량(F_t)	1,000	1,000	1,000	1,000	2,000	2,000	2,000
실제 주문량(O_t)	1,200	800	500	300	100	0	0
기말재고(I_t)	300	1,700	700	2,100	100	500	900
MPS		2,400		2,400		2,400	2,400

① 1주의 기말재고(I_1)와 MPS 계산

I_1 = 현재고 1,500 − 1주의 예측량 1,000과 주문량 1,200 중 큰 것

    = 1,500 − 1,200

    = 300 > 0

∴ 기말재고 300이 0보다 크므로 기준생산계획(MPS)의 수량 'Q_1 = 0'이다(생산계획 없음).

② 2주의 기말재고(I_2)와 MPS 계산

I_2 = 1주의 기말재고 300 − 2주의 예측량 1,000과 주문량 800 중 큰 것

    = 300 − 1,000

    = −700 < 0

∴ 기말재고 −700이 0보다 작으므로 2주의 MPS를 'Q_2 = 2,400'으로 수립한 후 2주의 기말재고를 재계산할 수 있다.

I_2 = 1주의 기말재고 300 + MPS 2,400 − 2주의 예측량 1,000과 주문량 800 중 큰 것

    = 300 + 2,400 − 1,000

    = 1,700

③ 3주의 기말재고(I_3)와 MPS 계산

I_3 = 2주의 기말재고 1,700 − 3주의 예측량 1,000과 주문량 500 중 큰 것

    = 1,700 − 1,000

    = 700 > 0

∴ 기말재고 700이 0보다 크므로 기준생산계획(MPS)의 수량 'Q_3 = 0'이다(생산계획 없음).

④ 4주의 기말재고(I_4)와 MPS 계산

I_4 = 3주의 기말재고 700 − 4주의 예측량 1,000과 주문량 300 중 큰 것

= 700 − 1,000

= −300 < 0

∴ 기말재고 −300이 0보다 작으므로 4주의 MPS를 'Q_4 = 2,400'으로 수립한 후 4주의 기말재고를 재계산할 수 있다.

I_4 = 3주의 기말재고 700 + MPS 2,400 − 4주의 예측량 1,000과 주문량 300 중 큰 것

= 700 + 2,400 − 1,000

= 2,100

⑤ 같은 방법으로 5주 ~ 7주의 기말재고와 MPS를 계산할 수 있다.

(3) 납품 가능한 수량(ATP; Available To Promise)의 계산

기준생산계획(MPS)을 기준으로 새로 추가되는 주문에 대한 납품 가능한 수량(ATP)은 다음과 같이 계산한다.

현재고 1,500	주(Week)						
	1	2	3	4	5	6	7
수요예측량(F_t)	1,000	1,000	1,000	1,000	2,000	2,000	2,000
실제 주문량(O_t)	1,200	800	500	300	100	0	0
기말재고(I_t)	300	1,700	700	2,100	100	500	900
MPS		2,400		2,400		2,400	2,400
ATP	300	1,100		2,000		2,400	2,400

① 1주의 ATP = 현재고 1,500 − 1주의 주문량 1,200 = 300

② 2주의 ATP = 2주의 MPS 2,400 − (2주의 주문량 800 + 3주의 주문량 500) = 1,100

→ 4주의 MPS 이전까지 2주의 계획량 MPS 2,400으로 2주와 3주의 주문량 1,300 (= 800 + 500)을 해결하고 새로운 주문 1,100을 더 받을 수 있다.

③ 3주의 ATP는 2주의 ATP에 의해 해결된다.

④ 4주의 ATP = 4주의 MPS 2,400 − (4주의 주문량 300 + 5주의 주문량 100) = 2,000

→ 6주의 MPS 이전까지 4주의 계획량 MPS 2,400으로 4주와 5주의 주문량 400 (= 300 + 100)을 해결하고 새로운 주문 2,000을 더 받을 수 있다.

⑤ 같은 방법으로 5주 ~ 7주의 ATP를 계산할 수 있다.

(4) Lot-for-Lot(LFL) 생산에 의한 기준생산계획(MPS)의 계산

필요한 수량과 같은 양을 만드는 생산계획으로, 기말재고가 존재하지 않는다.

현재고 1,500	주(Week)						
	1	2	3	4	5	6	7
수요예측량(F_t)	1,000	1,000	1,000	1,000	2,000	2,000	2,000
실제 주문량(O_t)	1,200	800	500	300	100	0	0
기말재고(I_t)	300	0	0	0	0	0	0
MPS		700	1,000	1,000	2,000	2,000	2,000

① 1주의 기말재고(I_1) = 현재고 1,500 − 1주의 주문량 1,200 = 300

→ 300 > 0이므로 1주의 MPS = 0

② 2주의 MPS = 2주의 예측량 1,000과 주문량 800 중 큰 것 − 1주의 재고 300

= 1,000 − 300 = 700

③ 3주의 MPS = 3주의 예측량 1,000과 주문량 500 중 큰 것 − 2주의 재고 0

= 1,000 − 0 = 1,000

④ 같은 방법으로 4주 ~ 7주의 MPS를 계산할 수 있다.

6 일정계획

1. 개념

① 생산계획에 따라 실제로 작업을 실시하기 위해 작업을 언제 시작할 것인지, 언제까지 완료할 것인지 등의 계획을 수립하는 것이다.

② 부품의 가공이나 제품 조립에 자재가 적기에 조달되고 지정된 시기까지 생산이 완료될 수 있도록 기계나 작업의 시간을 배정하고 일시를 결정하여 생산 일정을 계획하는 것이다.

2. 원칙

① **작업 흐름의 신속화**: 가공로트 수와 이동로트 수를 작게 하고 공정계열을 병렬화한다.

② **생산 기간의 단축**: 생산의 정체 기간을 최소로 단축시켜야 한다.

③ **작업의 안정화와 가동률의 향상**: 각 공정에 적절한 여유를 부여하여 작업의 안정화를 기해야 한다.

④ **애로공정*의 능력 증강**: 애로공정의 능력 증강으로 생산 속도를 향상시켜야 한다.

⑤ **생산활동의 동기화**: 전 공정에 걸쳐 전 작업 또는 전 공정의 작업 기간을 동기화시켜야 한다.

(✱) 애로공정
작업장에 능력 이상의 부하가 적용되어 전체 공정의 흐름을 막고 있는 것

7 작업의 우선순위

1. 고려 원칙 중요

① **납기 우선순위**: 납기가 먼저 도래하는 급박한 순서대로 작업을 진행한다.

② **선입선출법(FIFO)**: 주문의 접수나 작업지시가 먼저 내려진 순서대로 작업을 진행한다.

③ **최단 가공시간**: 가공에 소요되는 시간이 짧은 순서대로 작업을 진행한다.

④ **최소 공정 수**: 공정 수가 적은 작업 순서를 먼저 진행한다.

⑤ **최소 여유시간(납기−잔여 작업일수)**: 여유시간이 적은 순서대로 작업을 진행한다.

⑥ **긴급률 규칙**: 긴급률(납기까지의 남은 시간을 소요되는 가공시간으로 나눈 값)이 작은 순서대로 작업을 진행한다.

$$긴급률(CR) = \frac{잔여\ 납기일수}{잔여\ 작업일수} = \frac{납기일 − 현재일}{잔여\ 작업일수}$$

• 긴급률(CR) > 1: 일정보다 빠른 생산이 가능하다.

• 긴급률(CR) = 1: 일정에 맞는 생산이 가능하다.

• 긴급률(CR) < 1: 작업이 긴급 촉진되어야 일정에 맞출 수 있다.

TIP
긴급률 규칙은 주문 생산 시스템에서 주로 활용한다.

다음에서 각 작업의 긴급률을 계산하고, 긴급률에 의한 작업의 우선순위를 구하시오.

작업	납기일	현재일	잔여 작업일수
A	45	40	5
B	43	40	6
C	50	40	8
D	48	40	4

해설

- A의 긴급률(CR): $\dfrac{납기일\ 45 - 현재일\ 40}{잔여\ 작업일수\ 5} = \dfrac{5}{5} = 1$

- B의 긴급률(CR): $\dfrac{납기일\ 43 - 현재일\ 40}{잔여\ 작업일수\ 6} = \dfrac{3}{6} = 0.5$

- C의 긴급률(CR): $\dfrac{납기일\ 50 - 현재일\ 40}{잔여\ 작업일수\ 8} = \dfrac{10}{8} = 1.25$

- D의 긴급률(CR): $\dfrac{납기일\ 48 - 현재일\ 40}{잔여\ 작업일수\ 4} = \dfrac{8}{4} = 2$

∴ 긴급률이 작은 작업을 먼저 진행하므로 긴급률에 의한 작업의 우선순위는 B(0.5) → A(1) → C(1.25) → D(2)이다.

정답 B → A → C → D

2. 존슨 알고리즘에 의한 작업 할당

n개의 작업을 동일한 순서로 2대의 기계로 가공하는 경우, 완료시간을 최소화하는 작업의 우선순위를 구하는 방법이다. 총 작업 완료 시간은 각 작업단계에서 긴 시간을 모두 더하여 계산한다.

① 1단계: 기계 1, 기계 2 순서대로 작업의 시간을 나열한다.

② 2단계: 기계 1, 기계 2에서 가장 짧은 작업시간을 찾는다. 그것이 기계 1에 속하면 그 작업을 제일 앞으로 보내고 기계 2에 속하면 그 작업을 제일 뒤로 보낸다.

③ 3단계: 2단계에서 순서가 결정된 작업은 제외시킨다.

④ 4단계: 나머지 작업이 제외될 때까지 2단계와 3단계를 반복한다.

존슨 알고리즘을 이용하여 작업 순서를 구하시오.

작업	기계 1	기계 2
A	1	4
B	5	8
C	3	2
D	6	7
E	2	6
F	4	3

해설

- 기계 1, 기계 2에서 가장 짧은 작업시간은 1이다. 1은 기계 1의 A 작업이므로 제일 앞으로 보낸다. → (A − − − − −)
- A 작업을 제외하고 가장 짧은 작업시간은 2이다. 2는 기계 1의 E 작업과 기계 2의 C 작업에 있으므로 기계 1의 E 작업은 앞으로 보내고 기계 2의 C 작업은 뒤로 보낸다. → (A E − − − C)

- A, E, C 작업을 제외하고 가장 짧은 작업시간은 30다. 3은 기계 2의 F 작업에 있으므로 뒤로 보낸다. 30 속한 기계 1의 C 작업은 이미 제외했으므로 생각하지 않는다. → (A E – – F C)
- A, E, C, F 작업을 제외하고 가장 짧은 작업시간은 50다. 5는 기계 1의 B 작업에 있으므로 앞으로 보낸다. → (A E B – F C)
- 나머지 작업인 D 작업을 빈칸에 채우면 된다. → (A E B D F C)
∴ 존슨 알고리즘을 이용하여 구한 작업 순서는 'A → E → B → D → F → C' 순이다.

> 정답 A → E → B → D → F → C

8 프로젝트의 일정계획

1. PERT/CPM 네트워크계획 기법

① PERT(Program Evaluation & Review Technique, 프로그램 평가 및 검토 기법)와 CPM(Critical Path Method, 임계 경로 기법 또는 주경로 기법)을 총괄하여 'PERT/CPM'이라고 한다.

② 비용을 적게 사용하면서 최단 시간 내 계획을 완성하기 위한 프로젝트 일정 방법으로 작업들을 논리적으로 배열하고 관계를 도식화한다. 프로젝트를 구성하는 각 분야를 보다 세분화된 작업으로 분할하여 작업의 순서, 소요 기간, 기타 제반 사항들을 네트워크 형태로 표시함으로써 일의 순서를 계획적으로 상세하게 정리할 수 있다.

③ 간트차트의 결점을 보완하기 위하여 개발되었으며, 일차적으로 주공정 및 여유 공정을 산출하여 중점 관리 대상인 작업을 명확히 한다. 이는 업무 수행에 따른 문제점을 예견할 수 있어 사전에 조치를 취할 수 있고 작업 상호 간의 유기적인 연관성이 명확해지므로 작업 배정 및 진도관리를 보다 정확히 할 수 있다.

④ PERT는 시간적 측면만 고려하였으나 CPM은 시간과 비용 둘 다 고려한다.

(1) PERT

공사 진행을 위한 계획 작성 시 인원이나 자재의 낭비를 막고 공정 기간을 단축시키는 방법을 밝혀내는 공정관리 기법이다. 건설 등과 같이 대규모 장기간 사업이나 대규모 1회 프로젝트의 일정관리에 효과적이며, 소요시간 예측이 어려운 경우에 사용한다. 총여유시간은 자유여유시간보다 같거나 크다.

(2) CPM

공장 건설이나 설비 보전에 사용되는 자금, 시간, 비용 등과 같은 자원의 효율 향상을 위해 개발된 기법이다. 프로젝트를 일정 기간 내에 완료하기 위한 최적의 스케줄관리 기법이며, 소요시간이 확실한 경우에 이용된다.

(3) 네트워트 일정 계산

① 설비보전이나 공장 건설과 같은 과거 수행된 경험이 있는 프로젝트들을 어떻게 하면 최소의 시간과 비용으로 완성하는지를 알기 위해 사용하며, 프로젝트의 완성 시기를 예측할 수 있다.

② 각 활동의 여유시간을 알 수 있어 프로젝트의 생산자원을 효율적으로 배분하는 데 도움이 된다.

③ 관리자는 일정 계산의 결과로 주공정을 발견하여 중점적으로 통제해야 할 활동이 어느 것인가 알게 된다.

④ PERT/CPM 네트워크 작성 시 활동들과 그들 사이의 선행관계가 필요하다.

(4) 프로젝트 일정계획 순서

① 프로젝트에서 수행되어야 할 활동을 파악한다.
② 활동 간의 선행관계를 결정하고, 각 활동 및 활동 간의 선행관계를 네트워크 모형으로 작성한다.
③ 프로젝트의 일정을 계산한다.
④ 주공정(Critical Path)을 결정한다.

2. PERT Network의 구성 요소

① ○ (단계, Event, Node): 작업의 완료, 새로운 작업의 시작
② → (작업 활동, Activity): 단위 작업으로 실제로 실시하는 활동, 공정상의 각 작업
③ ⋯▸ (가상 활동, Dummy Activity): 작업 상호 간의 유기적인 연관성 및 작업의 분할 등 표시, 실제로 작업이 진행되는 것이 아니라 2개 이상의 작업이 행해지는 순서만 나타내는 가상의 작업으로 점선으로 표시, 시간이나 자원을 소비하지 않는 활동
④ 작업(활동) 시간: 하나의 활동을 마치는 데 소요되는 시간으로 화살표 위에 숫자로 표시
  • TE(Earliest Expected Time): 각 단계에서 가장 빨리 시작할 수 있는 시간
  • TL(Latest Allowable Time): 각 단계에서 가장 늦은 허용 시간

3. 활동 소요시간의 추정-PERT/Time 3점 견적법(3개의 시간 추정치의 가중 평균치를 견적)

① 낙관 시간치(t_o, Optimistic Time): 예정대로 될 경우의 최소 시간치(최상으로 진행)
② 정상 시간치(t_m, Most Likely Time): 정상인 경우 최선의 시간치(최빈값)
③ 비관 시간치(t_p, Pessimistic Time): 예정대로 되지 않을 경우의 최대 시간치(최악으로 진행)
④ 기대 시간치(t_e, Expected Time): 일반적으로 기대되는 시간

> • $t_e = \dfrac{t_o + 4t_m + t_p}{6}$ (단, t_o, t_m, t_p는 β분포를 따른다)
>
> • t_e의 분산 $\sigma^2 = (\dfrac{t_p - t_o}{6})^2$

4. 주공정(CP; Critical Path, 주경로)의 발견

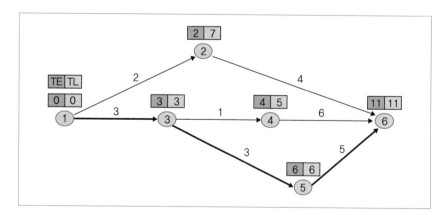

(1) 후속 단계 TE의 계산(전진 패스, Forward Pass)

$$TE_j = TE_i + d_{i-j}(d_{i-j}: i에서 j까지의 활동 시간)$$

① 단계 1에서 단계 6이 되려면 언제 완성되는지를 보여 준다.
② 이전 단계의 TE에서 후속 단계로 가는 활동시간을 더하는 전진 계산이다.
③ 결합 단계의 TE는 최대치를 선택한다.
예 단계 6의 이전 단계는 단계 2, 단계 4, 단계 5이지만, 각 단계의 TE에서 단계 6으로의
   활동시간을 더한 값이 큰, 단계 5에서의 11을 선택한다.
$TE_6 = TE_2 + d_{2-6} = 2 + 4 = 6$
$TE_6 = TE_4 + d_{4-6} = 4 + 6 = 10$
$TE_6 = TE_5 + d_{5-6} = 6 + 5 = 11 \rightarrow$ 최대치 11을 선택

(2) 전 단계 TL의 계산(후진 패스, Backward Pass)

$$TL_i = TL_j - d_{i-j}(d_{i-j}: i에서 j까지의 활동 시간)$$

① 단계 6이 완성되려면 단계 1을 언제 시작해야 하는지를 보여 준다.
② 후속 단계의 TL에서 이전 단계에서 오는 활동시간을 빼는 후진 계산이다.
③ 분기 단계의 TL은 최소치를 선택한다.
예 단계 3의 후속 단계는 단계 4, 단계 5이지만, 각 단계의 TL에서 단계 3에서의 활동 시
   간을 뺀 값이 작은, 단계 5에서의 3을 선택한다.
$TL_3 = TL_4 - d_{3-4} = 5 - 1 = 4$
$TL_3 = TL_5 - d_{3-5} = 6 - 3 = 3 \rightarrow$ 최소치 3을 선택

(3) 단계 여유 S

최종 단계에 있어 완료 기일을 변경하지 않는 범위 내에서 각 단계에 허용할 수 있는 시간
적 여유를 의미한다.

$$S = TL - TE$$

① $TL - TE > 0$, 즉 $S > 0$인 경우: 정여유(자원의 과잉)
② $TL - TE = 0$, 즉 $S < 0$인 경우: 부여유(자원의 부족)
③ $TL - TE = 0$, 즉 $S = 0$인 경우: 0여유(자원의 최적 배분)

TIP
PERT/CPM에서는 자원의 부족을
전제하지 않으므로 정상적인 문제에
서 부여유는 존재하지 않는다.

(4) 주공정의 발견

① 주공정은 단계 여유를 0으로 만드는 TE와 TL의 값이 같은 단계를 이으면 된다.
② 각 활동시간을 합한 값이 가장 긴 공정이 주공정이며, 이는 프로젝트를 완성하기 위한
   가장 빠른 일정이다.
예 주공정은 '①－③－⑤－⑥'이며, 기간은 11이다.

TIP
경우에 따라서 주공정은 2개 이상
존재할 수도 있다.

기출&확인 문제

CHAPTER 01

01 [2급 | 2022년 1회]

투입물(노동력 혹은 기계 사용 시간 생산 요소 등)을 산출물(유형, 무형의 경제제)로 변환시키는 효율을 산출하는 것은?

① 생산능력
② 생산성
③ 달성률
④ 생산

해설

'생산'이란 투입물을 산출물로 변환시키는 효율을 산출하는 과정이며, '생산성'이란 투입된 자원에 비해 산출된 생산량이 어느 정도인지 가늠하는 척도로 효율을 산출하는 것이다.

02 [2급 | 2022년 4회]

생산성 측정 유형에서 산출량/(노동 + 기계), 산출량/(노동 + 기계 + 자본)은 어느 유형에 속하는가?

① 부분 척도
② 다요소 척도
③ 총요소 척도
④ 분리요소 척도

해설

생산성은 부분 생산성, 다요소 생산성, 총요소 생산성 등으로 측정할 수 있으며, 이 중 하나 이상의 투입 요소인 '노동＋기계', '노동＋기계＋자본'으로 측정하는 생산성은 다요소 생산성(다요소 척도)이다.

03 [2급 | 2021년 6회]

다음 중 노동 생산성 척도의 예로 옳은 것은?

① 전력 사용 시간당 산출량
② 기계 작동 시간당 산출량
③ 교대 횟수당 산출량
④ 투자화폐 단위당 산출량

해설

①은 에너지 생산성의 척도, ②는 기계 생산성의 척도, ④는 자본 생산성의 척도에 해당한다.

04 [2급 | 2021년 5회]

공장에서 5명의 작업자가 8시간의 작업 시간을 들여 밥솥 600개를 만들었다면 이 공장의 생산성은 얼마인가?

① 8
② 12
③ 15
④ 20

해설

$$생산성 = \frac{산출량}{투입량} = \frac{제품 생산량}{노동시간} = \frac{600개}{5명 \times 8시간} = 15개/시간$$

05 [1급 | 2022년 4회]

(주)생산에서는 기존 8명의 작업자가 10시간 동안 160개의 부품을 제조하였다. 개선 후 5명의 작업자가 8시간 동안 120개의 부품을 제조하도록 공정을 개선하였다면 노동 생산성은 몇 % 향상되었는가? (정답은 단위를 제외한 숫자만 입력하시오.)

(답: %)

해설

- 기존 생산성: $\frac{산출량}{투입량} = \frac{제품 생산량}{노동시간} = \frac{160개}{8명 \times 10시간} = 2개/시간$
- 개선 후 생산성: $\frac{산출량}{투입량} = \frac{제품 생산량}{노동시간} = \frac{120개}{5명 \times 8시간} = 3개/시간$

∴ 노동 생산성은 $\frac{개선 후 생산성 - 기존 생산성}{기존 생산성} \times 100 = \frac{3-2}{2} \times 100 = 50\%$만큼 향상되었다.

06 [2급 | 2021년 6회]

BOM의 용도가 아닌 것은?

① 제품원가 산정
② 구매 및 생산일정 수립
③ 설계계획 수립
④ 자재 불출 목록표 생성

해설

BOM은 제품의 설계 사양, 제품원가 산정, 자재 불출 목록표 생성, 구매 및 생산일정 수립 등에 활용된다.

| 정답 | 01 ② 02 ② 03 ③ 04 ③ 05 50 06 ③

07 [2급 | 2022년 2회]

Engineering BOM에 대한 설명으로 옳은 것은?

① 생산관리 부서 및 생산 현장에서 사용되는 BOM이다.
② 주로 설계 부서에서 사용, 기능을 중심으로 작성되는 BOM이다.
③ 생산 관리 부서, 판매 및 마케팅 부서 등에서 사용되는 BOM이다.
④ 제품을 구성하는 부품의 양을 정수로 표현하는 것이 아니라 백분율로 표현한 BOM이다.

> **해설**
> ①은 Manufacturing BOM, ③은 Planning BOM, ④는 Percentage BOM에 대한 설명이다.

08 [1급 | 2022년 4회]

[보기]에서 설명하는 BOM으로 가장 적절한 것은?

> ─ 보기 ─
> 화학이나 제철과 같은 산업에서는 적은 종류 또는 단일한 부품을 가공하여 여러 종류의 최종 제품을 만든다. 이런 경우, 역삼각형 형태의 BOM을 만든다.

① Inverted BOM
② Modular BOM
③ Planning BOM
④ Percentage BOM

> **해설**
> 역삼각형 형태의 BOM은 Inverted BOM이다.

09 [1급 | 2021년 3회]

다음 그림은 제품 X의 제품구조수(Product Structure Tree)를 나타낸 것이다. (　　) 안은 수량을 나타낸다. 제품 X 한 단위의 자재 소요를 산출할 때 부품 D의 총소요량은 얼마인지 숫자로 쓰시오.

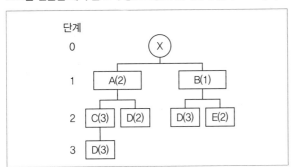

(답:　　　　　　개)

> **해설**
> • 단계 0 – X: 1개
> • 단계 1 – A(2): 모품목 X 생산에 A 2개가 필요 → 1(X)개 × 2개 = 2개
> 　　　　　B(1): 모품목 X 생산에 B 1개가 필요 → 1(X)개 × 1개 = 1개
> • 단계 2 – C(3): 모품목 A 생산에 C 3개가 필요 → 2(A)개 × 3개 = 6개
> 　　　　　D(2): 모품목 A 생산에 D 2개가 필요 → 2(A)개 × 2개 = 4개 ✓
> 　　　　　D(3): 모품목 B 생산에 D 3개가 필요 → 1(B)개 × 3개 = 3개 ✓
> 　　　　　E(2): 모품목 B 생산에 E 2개가 필요 → 1(B)개 × 2개 = 2개
> • 단계 3 – D(3): 모품목 C 생산에 D 3개가 필요 → 6(C)개 × 3개 = 18개 ✓
> ∴ 부품 D의 총소요량: 4개 + 3개 + 18개 = 25개

10 [2급 | 2022년 3회]

기업의 수요예측에서 고려할 사항이 아닌 것은?

① 경제 전체의 추세
② 다른 산업과의 관련
③ 개별 기업의 범위 내에서 예측
④ 일정 기간의 전 제품 매상 전망

> **해설**
> 기업의 수요예측 시 개별 기업의 범위 내로 국한하지 않고 널리 다른 산업과의 관련이나 경제 전체의 추세로 범위를 확대하여 예측하여야 한다.

11 [2급 | 2021년 2회]

수요예측 개념을 설명한 것 중 잘못된 것은?

① 예측 오차의 발생 확률은 예측하는 기간의 길이에 비례하여 높아진다.
② 기존의 상품이나 서비스에 대한 예측은 신규 상품이나 서비스보다 적중률이 높아진다.
③ 수요가 안정적인 기간의 예측은 불안정한 기간에 비해 적중률이 높아진다.
④ 수요예측은 완벽할 수 있으며 수많은 요인들로 인해도 예측 오차는 발생하지 않는다.

> **해설**
> 수요예측은 완벽할 수 없으며, 수많은 요인들로 인해 항상 예측 오차가 생길 수 있다.

12 [1급 | 2022년 3회]

수요예측 기법 중 성격이 서로 다른 하나는?

① 분해법
② 델파이법
③ 패널 동의법
④ 판매원 의견 합성법

> **해설**
> • 정량적 수요예측 기법: 분해법
> • 정성적 수요예측 기법: 델파이법, 패널 동의법, 판매원 의견 합성법

13 [2급 I 2021년 1회]

다음에서 설명하는 수요예측 기법은?

> 전문가들에게 배부하여 일반적인 합의가 이루어질 때까지 서로의 아이디어에 대해 논평하는 방법으로 주로 신제품 개발, 시장전략 등을 위한 장기예측이나 기술예측에 적합하며, 과거 자료 등의 예측 자료가 없어도 예측이 가능한 장점이 있다.

① 시장조사법
② 지수평활법
③ 수명주기 유추법
④ 델파이 기법

해설

문제에 대한 여러 전문가들의 의견을 수집하는 수요예측 방법은 델파이 기법(델파이분석법)이다.

14 [1급 I 2022년 1회]

다음 표는 도매상의 청소기에 대한 월별 실제 판매량 결과이다. 가중치를 최근 순서대로 0.4, 0.3, 0.2, 0.1로 하여 7월의 실제 예측치를 구하시오.

월	판매량
3월	90
4월	75
5월	80
6월	60

(답: 개)

해설

가중치가 주어졌으므로 가중이동평균법을 이용하여 예측치를 계산한다.
7월의 예측치 = (60개 × 0.4) + (80개 × 0.3) + (75개 × 0.2) + (90개 × 0.1)
= 24 + 24 + 15 + 9 = 72개

15 [1급 I 2022년 1회]

(주)한국의 에어컨에 대한 지난 7월의 판매예측치의 금액은 20억원이고 7월의 실제 판매금액이 28억원이었다. (주)한국의 8월의 판매예측치를 단순지수평활법으로 계산하면 얼마인지 숫자로 기입하시오. (지수평활계수는 0.2이다.)

(답: 억원)

해설

8월의 예측치 = 전기(7월)의 실제값 × 평활상수 α + 전기(7월)의 예측치 × (1 − 평활상수 α)
= 28억원 × 0.2 + 20억원 × (1 − 0.2)
= 5.6억원 + 16억원 = 21.6억원

16 [1급 I 2022년 3회]

정량적 예측 기법 중 [보기]에 해당하는 용어를 예와 같이 영어 약어로 기입하시오. (예 ERP)

> **보기**
>
> 판매 자료 간의 상관관계를 이용하여 상관 요인과 이동평균 요인으로 구분하고 이를 통해 미래 수요를 예측하는 방법이다. 여기서 상관 요인이란 현재 판매량에 몇 달 전의 판매량이 영향을 미쳤는가를 파악하는 것이며, 이동평균 요인이란 예측치와 실제치 간 어떤 상관관계가 생기는가를 추정하는 것이다.

(답:)

해설

판매 자료 간의 상관관계를 이용하여 상관 요인과 이동평균 요인으로 구분하여 미래 수요를 예측하는 방법은 ARIMA이다.

17 [1급 I 2021년 5회]

제품의 수명주기가 성숙기일 경우 적합한 수요예측 기법은?

① Trend를 고려할 수 있는 기법
② 이동평균법, 지수평활법
③ Delphi 방법, 전문가 의견법 등
④ Trend/정성적 기법

해설

제품수명주기의 성숙기에는 이동평균법, 지수평활법 등 정량적 수요예측 기법이 적합하다.

18 [1급 I 2022년 4회]

제품의 수명주기에 따른 구현 전략 중 도입기의 특징으로 가장 적절하지 않은 것은?

① R&D
② 경쟁기업의 출현
③ 제품의 공정설계(비용, 일정관리)
④ Supply Chain Network의 설계

해설

제품수명주기 중 성숙기에 경쟁기업이 대거 등장하여 기업 간 경쟁의 강도가 높아진다.

| 정답 | **13** ④ | **14** 72 | **15** 21.6 | **16** ARIMA | **17** ② | **18** ② |

19 [2급 | 2021년 5회]

다음 중 예측의 7단계에 해당되지 않는 것은?

① 예측치에 대한 추정
② 예측 기간의 선정
③ 필요한 자료의 수집
④ 예측의 시행

해설

예측의 7단계는 예측의 목적과 용도, 예측 대상 품목과 단위 결정, 예측 기간의 선정, 적합한 예측 기법의 선정, 필요한 자료의 수집, 예측의 시행, 예측치에 대한 검증이다.

20 [1급 | 2021년 4회]

아래 설명을 읽고 그 설명에 해당하는 적절한 용어를 한글로 쓰시오.

유통경로상의 공급자들은 규칙적인 주문량과 판매량 등의 경험으로 소비자들의 주문이 약간 늘면 소매상들은 소비자의 주문 증가량 이상으로 도매상에게 주문을 하고, 도매상 역시 그 이상으로 주문하여 제조업체는 결국 엄청난 양을 생산한다. 이로 인해 소비자로부터 시작된 변화가 소매상과 도매상을 거쳐 제조업체로 넘어오면서 상당량이 부풀려진다.

(답:)

해설

고객의 수요가 소매상, 도매상, 제조업체 방향으로 전달될수록 각 단계별 수요의 변동성이 증가하는 현상은 채찍 효과이다.

21 [2급 | 2021년 5회]

다음 중 채찍 효과에 대한 관리 방식으로 옳지 않은 것은?

① 리드 타임 단축
② 가격 인하
③ 운영 효율성의 증대
④ 공급망상의 목표와 인센티브 조정

해설

가격의 변동으로 채찍 효과가 발생하므로 가격의 인하가 아닌 가격 전략을 수립하여 변동 폭을 감소시켜 채찍 효과를 관리한다.

22 [1급 | 2022년 3회]

[보기]에서 설명하는 생산 방식으로 옳은 것은?

> ─ 보기 ─
> A. 액체, 기체, 혹은 분말 성질을 가진 석유, 화학, 철강 등의 제품에 적용된다. 즉, 한두 종류의 원자재가 파이프라인을 통해 공정으로 이동되고, 각 공정의 옵션에 따라 몇 가지의 제품을 생산하는 방식이다.
> B. 항공기, 차공구, 가구, 기계장비 등 주문자 요구에 의한 방식이다. 소량 생산이 이루어지므로 공정의 구성이 유동적이다.
> C. 건물이나 교량, 배 등 장소의 제한을 받으며, 제품은 고정되어 있다. 자재투입 및 생산공정이 시기별로 변경되며, 제조한다기보다 구축한다는 개념에 가깝다.

	A	B	C
①	프로젝트 생산 방식	개별 생산 방식	흐름 생산 방식
②	개별 생산 방식	프로젝트 생산 방식	흐름 생산 방식
③	흐름 생산 방식	개별 생산 방식	프로젝트 생산 방식
④	프로젝트 생산 방식	개별 생산 방식	연속 생산 방식

해설

A는 흐름 생산 방식, B는 개별 생산 방식, C는 프로젝트 생산 방식에 대한 설명이다.

23 [1급 | 2024년 5회]

Job Shop의 특징에 관한 설명으로 가장 적절하지 않은 것은?

① 공정별 기계 배치
② 특수 기계의 생산 라인
③ 공장의 구성이 유동적
④ 주문자 요구에 의한 방식

해설

개별 생산(Job Shop)은 범용 설비가 사용되며, 흐름 생산(Flow Shop)은 특수 기계의 생산 라인이 사용된다.

24 [2급 | 2021년 5회]

흐름 생산 방식(Flow Shop)의 특징이 아닌 것은?

① 한두 종류의 원자재가 파이프라인을 통해 공정으로 이동된다.
② 액체, 기체 혹은 분말 성질을 가진 석유, 화학, 가스, 음료수, 주류, 철강 등의 제품에 적용된다.
③ 많은 작업자가 전문적인 기술을 보유하고 작업해야 한다.
④ 반복 생산보다 더 많은 자동화가 이루어져 있다.

해설

흐름 생산 방식(Flow Shop)은 자동화가 많이 이루어져 작업자의 손을 많이 거치지 않는다. 작업자가 전문적인 기술을 보유하고 있는 숙련공에 의존하는 생산 방식은 개별 생산 방식(Job Shop)이다.

25 [2급 | 2025년 1회]

주로 항공기, 선박, 금형 등 고가 제품이면서 고객의 요구사항이 설계 단계에 반영되어야 하는 제품의 생산에 사용되는 제조 전략은?

① MTS(Make-To-Stock)
② MTO(Make-To-Order)
③ ATO(Assemble-To-Order)
④ ETO(Engineer-To-Order)

해설

고객의 주문에 따라 설계부터 자재 구입·제조·조립을 하는 전략은 ETO(Engineer-To-Order)이다.

26 [2급 | 2022년 2회]

다음 중 제조 전략에 따라 생산 시스템을 분류했을 때, 일반적으로 리드 타임(제작기간)이 가장 긴 것은 무엇인가?

① Engineer-To-Order(ETO)
② Make-To-Order(MTO)
③ Assemble-To-Order(ATO)
④ Make-To-Stock(MTS)

해설

리드 타임은 'Make-To-Stock < Assemble-To-Order < Make-To-Order < Engineer-To-Order' 순으로 짧다. 즉, Engineer-To-Order(ETO)의 리드 타임이 가장 길다.

27 [2급 | 2022년 3회]

[보기]의 설명으로 가장 적합한 것은?

─ 보기 ─
기업의 수요나 주문의 시간적 및 수량적 요건을 만족시키기 위하여 생산 시스템의 능력을 전체의 입장에서 파악하여 조정해 나가는 계획을 말한다. 아울러 기업의 전반적인 생산율 수준, 고용수준, 하청수준, 재고수준 등을 결정한다.

① 총괄생산계획(APP; Aggregate Production Planning)
② 기준생산계획(MPS; Master Production Scheduling)
③ 자재소요계획(MRP; Material Requirement Planning)
④ 생산능력소요계획(CRP; Capacity Requirement Planning)

해설

기업의 전반적인 생산율 수준, 고용수준, 하청수준, 재고수준 등을 결정하는 중기의 생산능력계획은 총괄생산계획이다.

28 [1급 | 2021년 3회]

총괄계획의 수립에 있어서 고려하여야 할 변수들은 변화하는 수요에 어떻게 대처할 것인가에 따라 고찰하여야 한다. 총괄생산계획의 전략으로 볼 수 없는 것은?

① 고용수준의 변동
② 하청
③ 재고수준의 조정
④ 자재품질 향상

해설

총괄생산계획은 고용수준 변동, 생산율 조정, 재고수준 조정, 하청의 네 가지 전략을 바탕으로 수립해야 한다.

29 [2급 | 2021년 5회]

총괄생산계획 전략에 대한 내용으로 잘못 설명한 것은?

① 생산능력이 모자랄 때 하청을 주어야 한다.
② 생산율이 올라가면 조업시간을 늘려야 한다.
③ 제품 수요 증가에 대비해서 일정한 재고를 유지해야 한다.
④ 고용수준의 수요가 늘면 해고비용이나 퇴직수당을 많이 지급해야 한다.

해설

총괄생산계획 전략에서 고용수준의 수요가 늘면 부족 인원을 고용하여 신규 채용에 따른 비용이 발생하고, 수요가 줄면 잉여 인원을 해고하여 해고비용이나 퇴직수당을 지급해야 한다.

30 [1급 | 2022년 3회]

[보기]의 (   ) 안에 적합한 용어를 예와 같이 영어 약어로 기입하시오. (예 ERP)

─ 보기 ─
총괄생산계획을 수립하면 이를 기준으로 보다 구체적으로 각 제품에 대한 생산 시기와 수량을 나타내는 생산계획을 다시 수립하는 데 이것을 (   )(이)라 한다.

(답:)

해설

총괄생산계획을 수립한 뒤 이를 기준으로 보다 구체적으로 각 제품에 대한 생산 시기와 수량을 수립하는 생산계획은 MPS(기준생산계획)이다.

| 정답 | 25 ④ | 26 ① | 27 ① | 28 ④ | 29 ④ | 30 MPS |

31 [1급 | 2021년 4회]

기준생산계획(MPS) 수립에 필요한 요소가 아닌 것은?

① 수요예측   ② 현재고량
③ 주문정책   ④ BOM

해설

기준생산계획(MPS)을 수립하기 위해 필요한 요소는 기간별 수요량(수요예측치), 현재 재고량, 주문정책 및 매개변수이다.

32 [1급 | 2021년 5회]

다음 내용을 읽고 설명이 틀린 것을 고르시오.

① LFL: 각 기간 동안 필요한 소요량과 같은 양을 주문하는 방식으로 주문량이 순소요량과 일치한다.
② EOQ: 매번 동일한 양을 주문하는 방법으로 공급자로부터 항상 일정한 양만큼 공급받는 경우에 사용된다.
③ Reorder Point System: 재고가 일정 수준에 이르면 주문하는 방법이다.
④ POQ: 재고량에 대한 조사를 주기적으로 하고 필요한 양만큼 주문하는 방법으로 일정 기간을 설정하여 그 기간 내에 요구하는 소요량을 주문하는 방법이다.

해설

• FOQ: 매번 동일한 양을 주문하는 방법으로 공급자로부터 항상 일정한 양만큼 공급받는 경우에 사용된다.
• EOQ: 총재고비용이 최소가 되도록 하는 1회 주문량이다.

33 [2급 | 2021년 3회]

다음은 배치(Batch) 방식으로 생산되고 안전재고 0인 제품 A의 주생산계획(MPS)이다. 제품 A의 2주차 납품 가능 수량(ATP)은? (단위: 개)

주	1	2	3	4
수요예측량	1,000	1,000	1,000	1,000
실제 주문량	1,200	800	300	200
기말재고	400	1,000	900	2,400
MPS		2,500		2,500
ATP	400	( )		2,200

* 현재고 = 1,600, 1회 생산 Batch 크기 = 2,500

① 1,000개   ② 1,200개
③ 1,400개   ④ 1,600개

해설

• 1주의 ATP: 현재고 1,600개 − 1주의 주문량 1,200개 = 400개
• 2주의 ATP: 2주의 MPS 2,500개 − (2주의 주문량 800개 + 3주의 주문량 300개) = 1,400개
∴ 4주의 MPS 이전까지 2주의 MPS 2,500개로 2주의 주문량 800개와 3주의 주문량 300개 총 1,100개를 해결하고, 새로운 주문량 1,400개를 더 받을 수 있다.

34 [2급 | 2025년 1회]

[보기]의 설명으로 가장 적절한 것은?

> **보기**
> 생산계획에 따라서 실제로 작업을 언제 시작할 것인지, 언제까지 완료할 것인지 등의 계획을 수립하는 것

① 일정계획
② 기준생산계획
③ 총괄생산계획
④ 수요예측계획

해설

부품가공 내지는 제품조립에 자재가 적기에 조달되고 이들 생산이 지정된 시기까지 완성될 수 있도록 기계나 작업을 시간적으로 배정하여 생산일정을 계획하는 것은 일정계획이다.
② 기준생산계획: 총괄생산계획을 수립한 뒤 이를 기준으로 보다 구체적으로 각 제품에 대한 생산 시기와 수량을 수립하는 생산계획
③ 총괄생산계획: 기업이 수요나 주문의 시간적·수량적 요건을 만족시키기 위해 생산 시스템의 능력을 전체의 입장에서 파악하고 조정해 나가는 계획
④ 수요예측계획: 재화나 서비스에 대하여 일성 기간 동안에 발생할 가능선이 있는 모든 수요의 크기를 추정하는 것

35 [1급 | 2022년 1회]

다음 중 합리적인 일정계획의 수립 원칙과 거리가 먼 것은?

① 가동률 100% 달성
② 생산 기간의 단축
③ 애로공정의 능력 증강
④ 생산활동의 동기화

해설

합리적인 일정계획을 수립하기 위하여 가동률을 100% 달성하는 것이 아니라, 각 공정에 적절한 여유를 부여하여 작업의 안정화를 기해야 한다.

36 [1급 | 2022년 3회]

작업의 우선순위 고려 원칙에 대한 설명으로 옳지 않은 것은?

① 긴급율: 긴급율이 가장 작은 순서로 작업을 진행한다.
② 납기 우선순위: 납기가 가장 급박한 순서로 작업을 진행한다.
③ 선입선출법: 마무리되어야 할 작업시간이 가장 긴 작업 순서로 진행한다.
④ 최단 가공시간: 가공에 소요되는 시간이 가장 짧은 과업을 먼저 처리한다.

해설

선입선출법은 먼저 작업지시가 내려진 순서로 작업하는 것이다.

37 [2급 | 2022년 3회]

긴급률(CR)에 대한 해석으로 가장 옳은 것은?

① CR = 1.5: 일정보다 빠른 생산이 가능하다.
② CR = 1.0: 일정보다 빠른 생산이 가능하다.
③ CR = 1.0: 다른 작업보다 우선적으로 이루어져야 한다.
④ CR = 0.5: 일정보다 빠른 생산이 가능하다.

해설

① CR = 1.5: 긴급률이 1보다 크므로 일정보다 빨리 생산할 수 있다.
②, ③ CR = 1.0: 긴급률이 1이므로 일정에 맞게 생산할 수 있다.
④ CR = 0.5: 긴급률이 1보다 작으므로 작업이 긴급 촉진되어야 일정에 맞출 수 있다.

38 [1급 | 2021년 6회]

다음 표에 제시된 세 작업의 처리 순서를 긴급률(CR) 규칙 순서대로 작업을 쓰시오. (단, 현재일은 70일)

작업	A	B	C
납기일	95	80	100
잔여 작업일수	5	10	20

(답:)

해설

• 작업 A의 긴급률: $\dfrac{\text{납기일 95} - \text{현재일 70}}{\text{잔여 작업일수 5}} = 5$

• 작업 B의 긴급률: $\dfrac{\text{납기일 80} - \text{현재일 70}}{\text{잔여 작업일수 10}} = 1$

• 작업 C의 긴급률: $\dfrac{\text{납기일 100} - \text{현재일 70}}{\text{잔여 작업일수 20}} = 1.5$

∴ 긴급률이 작은 순서대로 작업을 진행하므로 작업의 처리순서는 'B – C – A' 순이다.

39 [1급 | 2021년 3회]

프로젝트 일정계획 및 통제를 위한 관리 기법으로, 프로젝트를 구성하는 각 분야를 보다 세분화된 작업으로 분할하여 작업의 순서, 소요기간, 기타 제반 사항들을 네트워크 형태로 표시함으로써 일차적으로 주공정 및 여유 공정을 산출하여 중점 관리 대상 작업을 명확히 하는 방법을 무엇이라 하는가?

① PERT/CPM
② 간트차트
③ 공정관리 도표
④ 작업절차표

해설

PERT/CPM은 비용을 적게 사용하면서 최단 시간 내 계획을 완성하기 위한 프로젝트 일정 방법으로 작업들을 논리적으로 배열하고 관계를 도식화하는 것이다.

40 [1급 | 2022년 4회]

PERT에 관한 설명으로 가장 적절하지 <u>않은</u> 것은?

① 총여유시간은 자유여유시간보다 짧거나 같다.
② 합병 단계는 두 개 이상의 활동이 하나의 단계로 연결되는 단계를 말한다.
③ 가상활동(Dummy Activity)은 시간이나 자원을 소비하지 않는 활동을 말한다.
④ PERT는 건설 등 프로젝트 산업에 적합한 일정관리 기법이다.

해설

총여유시간은 자유여유시간보다 길거나 같다.

41 [2급 | 2021년 4회]

PERT/TIME의 3점 견적법에 의해 기업 제조활동에 소요되는 기대 시간을 추정하고자 한다. 낙관 시간치가 7일, 정상 시간치가 8일, 비관 시간치가 15일일 때 기대 시간치는 며칠인가?

① 7일   ② 8일
③ 9일   ④ 12일

해설

기대 시간치: $\dfrac{\text{낙관 시간치 7} + 4 \times \text{정상 시간치 8} + \text{비관 시간치 15}}{6} = 9$일

42 [1급 | 2021년 4회]

다음 네트워크를 보고 단계 7의 TE를 계산한 값을 쓰시오.

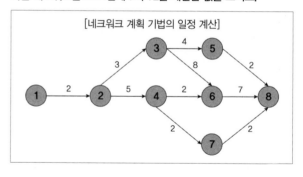

[네크워크 계획 기법의 일정 계산]

(답:)

해설

TE는 후속 단계로 가는 활동시간을 더하는 전진 계산이다. 네트워크에서 단계 7까지의 경로는 '① → ② → ④ → ⑦'이며, 경로에서 화살표 위에 숫자로 표시된 각 활동시간을 더하면 된다.
∴ 활동시간의 합: 2 + 5 + 2 = 9

공정관리

1 공정관리

1. 개념

① 공정관리는 일정한 품질·수량·가격의 제품을 일정한 시간 동안 가장 효율적으로 생산하기 위해 총괄 관리하는 활동이다. 협의의 생산관리인 생산 통제로 쓰이기도 한다.

② 미국 기계기사협회 ASME(American Society of Mechanical Engineers)의 정의: 공장에서 원새료부터 최종 제품에 이르기까지의 자재, 부품의 조립 및 종합 조립의 흐름을 순서 정연하게 능률적인 방법으로 계획하고(Planning), 결정된 공정(Routing)을 토대로 일정을 세워(Scheduling) 작업을 할당하여(Dispatching), 신속하게 처리하는(Expediting) 절차이다.

> 💡 TIP
> 미국 기계기사협회가 정의한 공정관리에 품질 개선은 포함되지 않는다.

2. 목표 〔중요〕

(1) 대내적인 목표

① 작업자의 대기 및 설비의 유휴시간을 최소화하여 설비 가동률을 향상시킨다.

② 재공품의 감소와 생산 속도 향상 및 자재투입부터 제품 출하까지의 시간을 단축시킨다.

③ 기계 및 인력 이용률을 최대화하여 원가를 감소시킨다.

(2) 대외적인 목표

① 주문자 또는 수요자의 요건을 충족시킨다. 즉, 납기 또는 일정 기간 중에 필요로 하는 생산량의 요구 조건을 준수하기 위해 생산 과정을 합리화한다.

② 주문 생산의 경우뿐만 아니라 예측 생산의 경우에도 수요자의 필요에 따라 생산을 해야 한다.

3. 기능

① 계획기능: 생산계획을 통칭하는 것으로, 공정계획을 행하여 작업의 순서와 방법을 결정하고, 일정계획을 통해 공정별 부하를 고려한 각 작업의 착수 시기와 완성 일자를 결정하여 납기를 유지하게 한다.

② 통제기능: 계획기능에 따른 실제 과정의 지도, 조정 및 결과와 계획을 비교하고 측정·통제하여 작업 배정, 여력(능력)관리, 진도관리를 수행한다.

③ 감사기능: 계획과 실행의 결과를 비교 및 검토하여 차이를 찾아내고 그 원인을 분석하여 적절한 조치를 취하여 개선해 나감으로써 생산성을 향상시킨다.

4. 공정(절차)계획

(1) 절차계획

① 작업 개시에 앞서 능률적이며 경제적인 작업 절차를 결정하기 위한 것으로, 이에 따라서 작업 방법과 작업 순서가 정해진다.

② 작업 순서, 표준시간, 작업 장소를 결정하고 할당하는 계획으로 리드 타임, 자원의 소요량을 계산하여 원가계산의 기초자료로 활용한다.

(2) 공수계획

주어진 생산예정표에 의해 결정된 생산량에 대하여 작업량을 구체적으로 결정하고 이것을 현재 인원과 기계 설비능력을 고려하여 양자를 조정하는 것이다.

① 부하계획
- 부하: 일반적으로 할당된 작업
- 부하계획: 최대 작업량과 평균 작업량의 비율인 부하율을 최적으로 유지할 수 있는 작업량의 할당계획(부하율 = 평균 작업량 ÷ 최대 작업량)

② 능력계획
- 능력: 작업 수행상의 능력
- 능력계획: 부하계획과 더불어 실제 조업도와 기준 조업도와의 비율을 최적으로 유지하기 위해 현재의 인원이나 기계의 능력을 계획

(3) 일정계획

일정계획은 절차계획 및 공수계획에 기초를 두고 생산에 필요한 원재료, 자재, 부품 등을 조달하여 제품을 완성하기까지 수행될 모든 작업을 구체적으로 할당하고, 각 작업이 수행되어야 할 시기를 결정하는 것이다. 아무리 작은 시스템이라도 일정과 작업의 우선순위는 존재하며, 수많은 사람과 기계 공정이 모인 시스템일수록 일정의 중요성은 높아진다. 궁극적으로 주어진 자원과 능력으로 일정계획을 통해 생산계획 및 납기일, 생산량 등의 목표를 달성하는 데 의의가 있다.

① 대일정계획
- 종합적인 장기계획으로 주일정계획 또는 대강일정계획이라고도 한다.
- 납기에 따른 월별 생산량이 예정되면 기준 일정표를 수립하고 이 일정에 따른 작업 개시일과 작업시간 및 완성 기일을 지시한다.

② 중일정계획
- 일정계획의 기본으로, 작업 공정별 일정계획 또는 제조계획이라고도 한다.
- 대일정계획에 준한 제작에 필요한 준비 작업인 부품별 또는 공정별 일정계획이다.

③ 소일정계획
- 중일정계획의 일정에 따라 특정 기계나 작업자에게 할당될 작업을 결정하고, 그 작업의 개시일과 종료일을 나타낸다.
- 소일정계획을 통해 진도관리와 작업 분배가 이루어진다.

+ 작업공정표

- 하나의 작업을 처리하기 위하여 수행되는 공정을 쉽게 파악할 수 있도록 기록한 서식이다.
- 현장에서 제품을 제조할 때 사용되며, 원가를 계산할 때 기초자료로 사용된다.
- MPS, MRP, RCCP, CRP 등의 계획활동에서 리드 타임이나 필요한 자원의 양을 계산하는 데 기초자료로 사용된다.

---

2 공정분석

1. 개념

① 공정분석이란 원재료가 출고되면서부터 제품으로 출하될 때까지 다양한 경로에 따른 경과 시간과 이동거리를 공정분석(도시) 기호를 이용하여 계통적으로 나타냄으로써 분석 및 검토하는 것이다.

② 무리, 낭비, 불합리를 제거하기 위하여 사용되며 공정계열의 합리화를 위한 개선 방안을 모색할 때 매우 유용한 방법이다.

③ 공정분석은 작업 대상물이 순차적으로 가공되어 완성되기까지 표준화와 관리를 위해 중요하다.

2. 목적

① 공정 자체의 개선

② 레이아웃의 개선

③ 공정 편성 및 운반 방법의 개선

3. 공정의 분류 `중요`

① 가공공정(Operation)

- 변질, 변형, 변색, 조립, 분해 등의 과정을 거쳐 제조의 목적을 직접적으로 달성하는 공정
- 대상물을 목적에 접근시키는 유일한 상태

② 운반공정(Transportation)

- 제품 또는 부품이 한 작업 장소에서 타 작업 장소로의 이동을 위해 발생한 작업, 이동, 하역의 상태
- 가공을 위해 가까운 작업대에서 재료를 가져오거나 제품을 쌓아두는 과정 등은 독립된 운반공정이 아닌 가공의 일부에 해당

③ 검사공정(Inspection)

- 양적검사: 수량, 중량 등의 측정
- 질적검사: 설정된 품질표준에 대해 가공 부품의 가공 정도를 확인하는 것 또는 가공 부품을 품질·등급별로 분류하는 공정

④ 정체공정(Delay)

- 체류(지체, 대기): 제품 또는 부품이 다음 가공, 조립을 위해 일시적으로 기다리는 상태
- 저장: 계획적인 보관, 다음 공정으로의 허가 없이 이동이 금지된 상태

4. 공정분석의 기호

(1) 길브레스 기호

① ○ : 가공

② ○ : 운반(가공의 1/2 크기의 원으로 나타냄)

③ □ : 검사

④ ▽ : 저장 또는 정체

(2) ASME 기호

① ○ : 가공

② ⇨ : 운반

③ □ : 검사

④ ◗ : 정체

⑤ ▽ : 저장

공정 분류	기호 명칭	기호	의미
가공	가공	○	원료, 재료, 부품 또는 제품의 형상 및 품질에 변화를 주는 과정
운반	운반	⇨	원료, 재료, 부품 또는 제품의 위치에 변화를 주는 과정
검사	수량검사	□	원료, 재료, 부품 또는 제품의 양이나 개수를 측정하여 결과를 기준과 비교하는 과정
	품질검사	◇	원료, 재료, 부품 또는 제품의 품질 특성을 시험하고 결과를 기준과 비교하는 과정
정체	저장	▽	원료, 재료, 부품 또는 제품을 계획에 따라 쌓아두는 과정
	지체(정체)	D	원료, 재료, 부품 또는 제품이 계획과는 달리 정체되어 있는 상태
보조기호	관리 구분	∧∧∧∧	관리 구분 또는 책임 구분
	담당 구분	─┼─	담당자 또는 작업자의 책임 구분
	생략	═══	공정계열의 일부 생략
	폐기	⊥	원재료, 부품 또는 제품의 일부를 폐기

〈복합 기호의 예〉

◈	◈	⊙	⬡	✡	▽	◍	◎
품질검사를 주로 하며 수량검사	수량검사를 주로 하며 품질검사	가공을 주로 하며 수량검사	가공을 주로 하며 운반	작업 중의 정체	공정 간의 정체	정보 기록	기록 완선

복합 기호에서는 큰 기호가 주로 하는 공정이다. ◈ 기호에서 큰 기호인 ◇(품질검사) 안에 작은 기호인 □(수량검사)가 있으므로 품질검사를 주로 하며 수량검사를 하는 것이다.

3 공수계획

1. 공수의 단위

공수란 시간 단위로 작업량을 표현한 것이다. 다음과 같이 세 가지의 단위가 있으며, 보통 인시(Man-Hour)를 가장 많이 쓴다.
① 인일(Man-Day): 인원 수 × 노동일수
② 인시(Man-Hour): 인원 수 × 노동시간
③ 인분(Man-Minute): 인원 수 × 노동시간 × 60분

TIP
인초(Man-Second), 인월(Man-Month)은 공수의 단위에 해당하지 않는다.

2. 능력 계산

(1) 인적능력

$$C_p = M \times T \times \eta$$

① 환산 인원(M): 실제 인원에 환산계수를 곱하여 표준능력의 인원으로 환산
② 실제 가동시간(T): 정규 휴식을 제외한 취업시간(1개월의 취업일수 × 1일 실제 가동시간)

인적능력 계산
• C_p: 인적능력
• M: 환산 인원
• T: 실제 가동시간
• η(eta): 가동률

③ 가동률(η): 전체 작업자가 실제 가동시간 중 정미작업(순수작업)을 하는 시간의 비율

$$\eta = \eta_1 \times (1 - \eta_2)$$

❯ 가동률 계산
  • η: 가동률
  • η_1: 출근율
  • η_2: 간접작업률(잡작업률)

(2) 기계능력

기계능력 = 기계 대수 × 1일 실제 가동시간 × 1개월 가동일수 × 기계의 가동률

(3) 작업장 이용률 및 작업 효율

• 작업장 이용 가능시간 = 교대 수 × 1교대 작업시간 × 주당 작업일수 × 기계 대수
• 실제 작업시간 = 작업장 이용 가능시간 − 기계 불가동 시간
• 작업장 이용률 = $\dfrac{\text{실제 작업시간}}{\text{작업장 이용 가능시간}} \times 100$
• 작업 효율 = $\dfrac{\text{작업 표준시간}}{\text{실제 작업시간}} \times 100$

✎ 개념 확인문제

[1] 인적능력 계산하기
작업장에는 남자 숙련공 5명, 미숙련공 2명, 여자 숙련공 5명이 있으며 1개월의 취업일수가 20일, 1일 실제 가동시간은 8시간으로 하며 작업자 가동률이 90%이다. 이 작업장의 인적능력을 구하시오. (단, 인적능력 환산계수는 남자 숙련공: 0.8, 미숙련공: 0.5, 여자 숙련공: 1이다.)

해설
• M(환산 인원): (5명 × 0.8) + (2명 × 0.5) + (5명 × 1) = 10명
• T(실제 가동 시간): 20일 × 8시간 = 160시간
• η(가동률): 0.9
∴ C_p(인적능력): M 10명 × T 160시간 × η 0.9 = 1,440   **정답** 1,440

[2] 가동률 계산하기
A 작업장의 직원 10명 중 8명이 출근하였고, 작업에 소요되는 간접작업률이 10%일 때, 이 작업장의 가동률을 구하시오.

해설
직원 10명 중 8명이 출근하였으므로 출근율은 80%이다.
∴ η(가동률): η_1(출근율) 0.8 × (1 − η_2(간접작업률) 0.1) = 0.72   **정답** 72%

[3] 기계능력 계산하기
기계 대수 4대, 1개월 가동일수 20일, 1일 실제 가동시간 8시간, 가동률 90%인 기계의 능력을 구하시오.

해설
기계능력: 기계 대수 4대 × 1일 실제 가동시간 8시간 × 1개월 가동일수 20일 × 기계의 가동률 0.9 = 576   **정답** 576

이론

실무 시뮬레이션

최신 기출문제

[4] 작업장 이용률 및 작업 효율 계산하기

교대 수: 2교대/일, 1교대 작업시간: 8시간, 주당 작업일수: 4일, 기계 대수: 5대, 기계 불가동 시간: 80시간, 작업 표준시간: 210시간

해설
- 작업장 이용 가능시간: 교대 수 2교대/일 × 1교대 작업시간 8시간 × 주당 작업일수 4일 × 기계 대수 5대 = 320시간
- 실제 작업시간: 작업장 이용 가능시간 320시간 − 기계 불가동 시간 80시간 = 240시간
- 작업장 이용률: $\dfrac{\text{실제 작업시간 240시간}}{\text{작업장 이용 가능시간 320시간}} \times 100 = 75\%$
- 작업 효율: $\dfrac{\text{작업 표준시간 210시간}}{\text{실제 작업시간 240시간}} \times 100 = 87.5\%$

정답 75%, 87.5%

3. 공수계획의 기본 방침

① 부하와 능력의 균형화: 특정 공정에 과도한 부하가 집중되지 않도록 조정한다.
② 가동률의 향상: 사람 또는 기계가 유휴 상태가 되지 않도록 적절한 작업량을 할당한다.
③ 일정별 부하 변동 방지: 일정계획과 대비하여 시간에 따라 부하의 차이가 극단적으로 되지 않도록 조정한다.
④ 적성 배치와 전문화 촉진: 작업의 성질이 작업자의 기능 성격과 기계의 성능에 맞도록 할당한다.
⑤ 여유성: 부하와 능력 양면에 적당한 여유를 둔다.

4. 공수체감곡선

(1) 개념

인간은 경험을 쌓아 감에 따라 작업수행능력이 향상되며 생산 시스템에서 생산을 반복할수록 작업 능률이 향상된다. 이를 공수체감이라고 하며, 작업의 반복에 따라 기대되는 공수체감현상을 그래프나 수식으로 표현한 것을 공수체감곡선이라고 한다.

(2) 특징

① 일반적으로 가공공정 중 수작업이 많으면 체감률이 높다.
② 노동 집약형이 기계 집약형보다 공수체감이 더욱 빨리 일어나게 된다.
③ 작업의 성격과 선행 요인, 학습 주체에 따라 다르게 나타난다.
④ 작업 주기가 짧고 단순하면 초기에 학습 향상이 나타나지만, 주기가 길고 복잡하면 오랜 시간에 걸쳐 능률 개선이 이루어진다.

(3) 학습률

작업의 반복 내지 생산량이 더해 감에 따라 노동시간이 감소되어 기대되는 능률 개선율이다. 예를 들어, 학습률 80%는 누적 생산량이 2배가 될 때마다 평균 생산시간이 80%가 되어 20%씩 감소한다는 뜻이다.

4 간트차트(Gantt Chart)

1. 개념

간트차트는 계획된 실제 작업량을 작업 일정이나 시간으로 구분하여 가로선으로 표시함으로써, 계획된 작업량과 실제로 달성한 작업량을 동일 도표상에 표시하여 계획의 기능과 통제의 기능을 동시에 수행하는 전통적인 일정관리 기법이다.

2. 사용 목적에 따른 분류

① 작업 실적의 기록을 위한 작업자 및 기계기록도표
② 작업계획을 위한 작업할당도표
③ 진도관리를 위한 작업진도표
④ 능력 활용을 위한 작업부하도표

3. 간트차트로 알 수 있는 정보

① 각 작업의 전체 공정시간을 알 수 있다.
② 각 작업의 완료시간을 알 수 있다.
③ 다음 작업의 시작시간을 알 수 있다.
④ 작업자별, 부문별 업무 성과의 상호 비교가 가능하다.
⑤ 작업 진도, 실제 작업시간, 작업 지연 상태 등을 알 수 있다.

4. 단점(결점) 중요

① 계획의 변화 또는 변경에 약하다.
② 일정계획에 있어서 정밀성을 기대하기 어려우므로 복잡하거나 대규모 공사에 적용하기 어렵다.
③ 작업 상호 간의 유기적인 관계가 명확하지 못하여 사전 예측, 사후 통제가 곤란하다.

5. 간트차트 작성을 위해 필요한 정보

① 작업 오더(작업 지시서)에 대한 목록과 현재 진행된 작업의 위치 정보
② 자재소요계획(MRP) 시스템으로부터 발행된 계획 오더에 대한 목록
③ 이용 가능한 생산능력(Capacities)에 대한 목록
④ 공정계획(Routing) 데이터로부터의 표준시간
⑤ 각 작업의 시간을 알 수 있는 작업 목록
⑥ 작업장별 기계 대수와 가동시간의 정보

6. 간트차트 작성에 사용되는 기호

작업 개시의 일자/시간	
작업 개시의 완료 예정일/시간	
예정된 작업시간	
일정 기간에 대하여 계획된 작업량	20
일정 기간까지 완료할 작업량	30
체크된 일자	V
작업 지연의 회복에 예정된 시간	
완료된 작업(굵은 선)	

5 애로공정과 라인 밸런싱

1. 애로공정(Bottleneck Operation)

① 작업장에 능력 이상의 부하가 적용되어 전체 공정의 흐름을 막고 있는 것으로, 병목공정 또는 병목현상이라고도 한다. 이때, 병목(Bottleneck)은 생산능력에 제약을 가하는 요인이다.

② 생산 라인에서 작업시간이 가장 긴 공정을 말하며, 이로 인해 후공정 유휴율이 증가하게 된다.

③ 전체 공정의 흐름을 막고 있는 공정으로 전체 라인의 생산 속도를 좌우하는 작업장을 말하기도 한다.

④ 애로공정을 관리하는 방법은 애로공정을 파악한 후 비애로공정을 애로공정의 부속공정으로 취급하여 일정을 설계하는 것이다.

⑤ 제약 이론(TOC)은 병목 작업에서 낭비되는 시간을 최소화할 수 있도록 나머지 작업들을 배치하여 시스템의 최적화를 달성하는 것이다.

⑥ 애로공정의 관리 및 개선으로 전체 생산 라인의 생산성 향상, 제품 품질의 일관성 유지, 불량률 감소, 자원의 효율적인 사용을 도와 공정의 효율성을 높일 수 있다.

2. 라인 밸런싱(Line Balancing)

(1) 개념

생산 가공이나 조립 라인에서 공정 간에 균형을 이루지 못하여 상대적으로 시간이 많이 소요되는 애로공정으로 인해 공정의 유휴율이 높아지고 능률이 떨어지는 경우에 각 공정의 소요시간이 균형이 되도록 작업장이나 작업 순서를 배열하는 것이다.

(2) 라인 밸런싱 효율과 라인의 불균형률 〈중요〉

① 라인 밸런싱 효율

$$\text{라인 밸런싱 효율(\%)} = \frac{\text{라인의 작업시간 합계}}{\text{작업장 수} \times \text{사이클 타임}(C \text{ or } t_{max})} \times 100$$

② 불균형률

$$\text{불균형률(\%)} = 100 - \text{라인 밸런싱 효율(\%)}$$

📝 **개념 확인문제**

다음 자료를 바탕으로 병목공정, 라인 밸런싱 효율, 불균형률을 구하시오.

공정	1	2	3	4
작업시간	34분	26분	36분	40분

해설

- 사이클 타임(C or T_{max}): 40분(가장 긴 작업시간)
- 병목공정: 4번 공정(작업시간이 가장 긴 공정)
- 라인 밸런싱 효율: $\dfrac{34분 + 26분 + 36분 + 40분}{\text{작업장 수 } 4 \times \text{사이클 타임 } 40분} \times 100 = 85\%$
- 불균형률: 100 − 라인 밸런싱 효율(%) 85 = 15%

정답 4번 공정, 85%, 15%

6 JIT 생산 방식과 칸반

1. JIT(Just In Time) 생산 방식

(1) 개념

① JIT 생산 방식이란 '필요한 것을 필요할 때 필요한 만큼 생산하는 방식'으로, 재고를 모든 문제의 근원이라고 본다. 따라서 재고를 없애기 위해 노력하며, 약간의 불량률도 허용하지 않는다.

② 개선 활동을 중요시하기 때문에 소요기간을 줄이고 불량률과 실수를 최소화하기 위해 끊임없는 노력을 기울이며, 생산 시 낭비 제거로 원가가 절감되어 생산성이 향상된다.

(2) JIT를 실현하기 위한 11가지 개선사항

① 흐름 생산	② 다공정 담당	③ 칸반(Kanban)
④ 소인화	⑤ 눈으로 보는 관리	⑥ 평준화
⑦ 준비 교체작업	⑧ 품질 보증	⑨ 표준작업
⑩ 자동화	⑪ 보건·안전	

(3) 특징

① 마지막으로 완성되어 출고되는 제품의 양에 따라 필요한 모든 재료들이 결정되므로 생산 통제는 당기기 방식(Pull System)이다.

② 생산이 소시장 수요에 따라간다. 즉, 계획을 일 단위로 세워 생산하며, 수요 변화에 민첩하게 대응할 수 있다.

③ 생산공정이 신축성(유연성)을 요구한다. 여기서 신축성은 생산 제품을 바꿀 때 필요한 설비, 공구의 교체 등에 소요되는 시간을 짧게 하는 것을 말한다.

④ 현재 필요한 것만 만들고 더 이상은 생산하지 않으므로 큰 로트 규모가 필요 없으며 생산이 시장 수요만을 따라가기 때문에 High-Speed의 자동화는 필요하지 않다.

⑤ 적은 로트 규모를 생산하기 위해 매일 소량의 원료 혹은 부품이 필요하므로 공급자와의 밀접한 관계가 요구된다.

⑥ 다공정, 다기능공, U자형 설비 배치로 수요 변화에 따라 노동력의 유연성을 극대화할 수 있다.

> 밀어내기 방식과 당기기 방식
> • 밀어내기 방식(Push System): 계획 생산이라고 하며, 일정량을 만들어 재고를 보충하는 방식
> • 당기기 방식(Pull System): 고객의 주문에 의한 생산으로 공정에서 필요한 만큼 끌어당기는 공정 인수 방식

(4) JIT의 7가지 낭비

① 과잉 생산의 낭비(낭비의 뿌리)	② 재고의 낭비
③ 운반의 낭비	④ 불량의 낭비
⑤ 가공 그 자체의 낭비	⑥ 동작의 낭비
⑦ 대기의 낭비	

2. 칸반(간판, Kanban)

(1) 개념

① 칸반(Kanban)은 카드나 기록을 의미하는 일본어로 Just In Time을 실현시키기 위한 일종의 정보 시스템이자 눈으로 보는 관리의 도구이다.

② 부품의 생산과 운반을 지시하거나 승인하는 카드로 결품 방지와 과잉 생산의 낭비 방지를 목적으로 사용하며, 1매의 종이에 현품표(현재 있는 물품)의 기능, 작업 지시의 기능(운반 지시의 기능, 생산 지시의 기능), 부적합품 방지기능을 포함시킨 것이라 할 수 있다.

③ 도요타식 생산 시스템으로 필요한 시기와 수량에 맞도록 적절히 제품을 만들어서 낭비를 줄이고 좀 더 신속하고 저렴하게 생산하기 위해 사용한다.
④ 제조업 및 서비스업에서 작업 흐름을 관리하고 최적화하기 위해 사용되는 시각적 관리 도구이다.
⑤ 작업 흐름 시각화, 작업의 흐름 개선, 재고 관리, 작업의 투명성 및 협업 강화, 지속적 개선을 달성할 수 있다.

(2) 특징
① 당기기 방식(Pull System)이며, 수요가 발생할 때에만 작업 진행
② 재고의 최소화와 낭비 배제의 철학
③ 공급 리드 타임 단축
④ 모든 공정의 생산량 균형 유지

(3) 종류
① 외주품 납품 칸반: 외주 메이커로부터의 인수 부품에 사용되는 칸반
② 공정인수 칸반: 공정 간 부품의 인수를 위해 사용되는 칸반
③ 협의의 칸반: 공정 내에서 작업을 하기 위해 쓰이는 일반적인 칸반
④ 신호 칸반: 프레스 등과 같이 설비금액이 많이 들어 준비 교체 시간이 다소 걸리는 경우, 큰 로트를 만드는 생산 지시가 필요할 때 사용하는 칸반

(4) 칸반 시스템의 운영 규칙
① 불량품은 절대로 후공정에 보내지 않는다.
② 자공정이 가지러 가는 것이 아니라(앞공정이 보내는 것이 아니라), 후공정이 칸반을 가지러 온다.
③ 전공정은 후공정이 인수해 간 양만큼만 생산한다.
④ 칸반은 미세 조종의 수단으로 필요한 생산량은 칸반의 수를 변경하여 조절한다.
⑤ 생산을 평준화한다.
⑥ 공정을 안정화·합리화한다.

3. 5S의 개념
5S란 JIT 생산 방식을 달성하기 위한 현장 개선의 기초로 정리(SEIRI), 정돈(SEITON), 청소(SEISO), 청결(SEIKETSU), 마음가짐(SHITSUKE)의 일본어 첫 발음 'S'를 따서 5S라 불린다.
① 정리(SEIRI): 필요한 것과 불필요한 것을 구분하여 불필요한 것은 과감히 버린다.
② 정돈(SEITON): 필요한 것을 필요할 때 즉시 사용할 수 있도록 지정된 장소에 위치시키며 정위치 표시로 목적을 고려하여 놓는 방법을 표준화한다.
③ 청소(SEISO): 먼지, 이물질, 더러움 등을 제거해 더러움이 없는 깨끗한 상태로 만들어 기분 좋게 일할 수 있는 직장 환경을 조성하여 능률을 향상시킨다.
④ 청결(SEIKETSU): 먼지, 쓰레기 등 더러움이 없이 깨끗하고 산뜻한 상태를 유지한다(정리, 정돈, 청소의 3S 유지).
⑤ 마음가짐, 습관화(SHITSUKE): 4S(정리, 정돈, 청소, 청결)를 실시하여 사내에서 결정된 사항과 표준을 준수해 나가는 태도를 몸에 익혀 무의식 상태에서도 지킬 수 있어야 한다.

01 [1급 | 2023년 6회]

[보기]의 (ⓐ) 안에 공통적으로 들어갈 용어를 한글로 작성하시오.

┌─ 보기 ─
(ⓐ)관리는 원재료로부터 최종 제품에 이르기까지의 자재, 부품의 조립 및 종합 조립의 흐름을 순서 정연하게 능률적인 방법으로 계획하고, (ⓐ)을(를) 결정하고, 일정을 세워, 작업을 할당하고, 신속하게 처리하는 절차라고 정의하고 있음
└─

(답:)

해설

공정관리는 일정한 품질·수량·가격의 제품을 일정한 시간 동안 가장 효율적으로 생산하기 위해 총괄관리하는 활동이다.

02 [1급 | 2021년 4회]

다음 공정관리의 정의의 내용에 포함되지 않는 항목은?

① Dispatching
② Inspecting
③ Routing
④ Scheduling

해설

공정관리는 결정된 공정(Routing)을 토대로 일정을 세워(Scheduling) 작업을 할당하고(Dispatching), 신속하게 처리하는(Expediting) 절차이다.

03 [2급 | 2022년 1회]

다음 중 공정관리의 대외적인 목표에 적합한 것은?

① 작업자의 대기 및 설비의 유휴시간을 최소화한다.
② 자재투입부터 제품 출하까지의 시간을 단축시킨다.
③ 주문자 또는 수요자의 요건을 충족시킨다.
④ 기계 및 인력 이용률을 최대화한다.

해설

공정관리의 대외적인 목표는 주문자 또는 수요자의 요건을 충족시켜, 납기 또는 일정 기간 중에 필요로 하는 생산량의 요구 조건을 준수하기 위해 생산 과정을 합리화하는 것이다.
①, ②, ④는 공정관리의 대내적인 목표에 해당한다.

04 [1급 | 2021년 5회]

다음 중 공정관리의 기능이 아닌 것은?

① 통제기능
② 감사기능
③ 조직기능
④ 계획기능

해설

공정관리의 기능에는 계획기능, 통제기능, 감사기능이 있다.

05 [1급 | 2023년 5회]

[보기]는 공정관리 기능에 대한 설명이다. (   )에 들어갈 용어를 예와 같이 한글로 기입하시오. (예 생산)

┌─ 보기 ─
(   )기능: 계획기능에 따른 실제 과정의 지도, 조정 및 결과와 계획을 비교하고 측정하여 작업 배정 등을 수행한다.
└─

(답: 기능)

해설

공정관리의 기능 중 계획기능에 따른 실제 과정의 지도, 조정 및 결과와 계획을 비교하고 측정·통제하여 작업 배정, 여력(능력)관리, 진도관리를 수행하는 것은 통제기능이다.

06 [1급 | 2021년 3회]

특정 제품을 만드는 데 필요한 공정순서를 정의하는 것으로 작업의 순서, 표준시간, 각 작업이 행해질 장소를 결정하고 할당하고, 리드 타임 및 자원의 양을 계산하며 원가계산 시 기초자료로 활용되는 것은?

① 절차계획(Routing)
② 작업장 자료(Work Center Data)
③ 생산계획(Production Plan)
④ 기준생산계획(Master Production Scheduling)

해설

작업 순서, 표준시간, 작업 장소를 결정하고 할당하는 계획은 절차계획이다.

| 정답 | 01 공정   02 ②   03 ③   04 ③   05 통제   06 ①

07 [2급 | 2022년 1회]

주어진 생산 예정표에 의해 결정된 생산량에 대해서 작업량을 구체적으로 결정하여 이것을 현 인원과 기계 설비능력을 고려하여 양자를 조정하는 기능은?

① 일정계획
② 공수계획
③ 공정계획
④ 작업계획

해설

주어진 생산 예정표에 의해 결정된 생산량에 대해서 작업량을 구체적으로 결정하여 이것을 현 인원과 기계 설비능력을 고려하여 양자를 조정하는 기능은 공수계획이다. 공수계획에는 부하계획과 능력계획이 있다.

08 [1급 | 2021년 5회]

다음 중 부하계획에 대한 설명으로 옳은 것은?

① 기준 조업도와 실제 조업도와의 비율을 최적으로 유지하기 위해서 현유능력을 계획하는 것
② 작업의 순서, 표준시간, 각 작업이 행해질 장소를 결정하고 할당하는 것
③ 최대 작업량과 평균 작업량의 비율을 최적으로 유지할 수 있는 작업량의 할당을 계획하는 것
④ 특정 기계 내지 작업자에게 할당될 작업을 결정하고 그 작업의 개시일과 종료일을 나타내는 것

해설

①은 공수계획의 능력계획, ②는 절차계획, ④는 일정계획의 소일정계획에 대한 설명이다.

09 [2급 | 2021년 3회]

부하율의 산출식으로 알맞은 것은?

① 실제 할당시간 ÷ 전체 할당시간
② 실제 작업시간 ÷ 전체 작업시간
③ 평균 할당량 ÷ 최대 할당량
④ 평균 작업량 ÷ 최대 작업량

해설

부하계획은 최대 작업량과 평균 작업량의 비율인 부하율을 최적으로 유지할 수 있는 작업량의 할당계획을 말하며, '부하율 = 평균 작업량 ÷ 최대 작업량'이다.

10 [2급 | 2021년 4회]

공정관리 중 일정계획을 크게 세 가지로 나눌 수 있다. 어느 일정계획을 통하여 진도관리와 작업 분배가 이루어지는가?

① 소일정계획(Detailed Scheduling)
② 중일정계획(Operation Scheduling)
③ 대일정계획(Master Scheduling)
④ 공정계획(Routing)

해설

일정계획은 대일정계획, 중일정계획, 소일정계획으로 나누어지며, 소일정계획을 통해 진도관리와 작업 분배가 이루어진다.

11 [2급 | 2021년 5회]

다음 [보기]의 (   ) 안에 해당하는 ㉠, ㉡이 바르게 짝지어진 것은?

┌ 보기 ─────────────────────────
공정분석이란 (㉠   )이/가 출고되면서부터 제품으로 출하될 때까지 다양한 경로에 따른 경과시간과 이동거리를 (㉡   ) 기호를 이용하여 계통적으로 나타냄으로써 공정계열의 합리화를 위한 개선 방안을 모색할 때 매우 유용한 방법을 말한다.
└─────────────────────────────

	㉠	㉡
①	제품	공정도시
②	원재료	작업분석
③	원재료	공정도시
④	제품	작업분석

해설

공정분석이란 (㉠ 원재료)가 출고되면서부터 제품으로 출하될 때까지 다양한 경로에 따른 경과시간과 이동거리를 (㉡ 공정분석(도시)) 기호를 이용하여 계통적으로 나타냄으로써 분석 및 검토하는 것이다.

12 [2급 | 2021년 4회]
다음 공정의 분류에 대한 설명 내용 중 가장 적합하지 않은 것은?

① 가공공정(Operation)은 제조의 목적을 직접적으로 달성하는 공정으로서 대상물을 목적에 접근시키는 상태이며, 부가가치를 창출하는 공정이다.
② 운반공정(Transportation)은 제품이나 부품이 한 작업 장소에서 다른 작업 장소로의 이동을 위해서 발생한 작업, 이동, 하역의 상태이다.
③ 검사공정(Inspection)은 양적검사와 질적검사가 있는데 수량, 중량 등을 측정하는 양적검사보다 가공 부품의 품질, 등급 등을 분류하는 질적검사를 더욱 중요시한다.
④ 정체공정(Delay)은 대기와 저장의 상태이다. 대기는 제품이나 부품이 다음의 가공 및 조립을 위하여 일시적으로 기다리는 상태이며, 저장은 계획적인 보관을 의미한다.

해설
검사공정은 양적검사와 질적검사가 있는데 둘 다 중요시하며, 둘 중 어느 것 하나를 우선시하지는 않는다.

13 [1급 | 2021년 5회]
다음 공정의 분류에 대한 설명은 어떠한 공정에 대한 설명인가?

> 제조의 목적을 직접적으로 달성하는 공정으로 그 내용은 변질, 변형, 변색, 조립, 분해로 되어 있고 대상물을 목적에 접근시키는 유일한 상태

① Operation
② Transportation
③ Delay
④ Inspection

해설
제조의 목적을 직접적으로 달성하는 공정은 가공공정(Operation)이다.

14 [2급 | 2022년 3회]
공정의 분류에서 질적검사의 내용으로 옳지 않은 것은?

① 가공 부품을 등급별로 분류하는 것
② 가공 부품을 품질별로 분류하는 것
③ 가공 부품을 종류별로 분류하는 것
④ 설정된 품질표준에 대해서 가공 부품의 가공 정도를 확인하는 것

해설
질적검사는 설정된 품질표준을 기준으로 가공 부품의 가공 정도를 확인하거나 가공 부품을 품질·등급별로 분류하는 것이다.

15 [1급 | 2022년 4회]
공정분석 기호 중 저장을 의미하는 것은?

① ○
② □
③ ◇
④ ▽

해설
① ○ – 가공
② □ – 수량검사
③ ◇ – 품질검사

16 [2급 | 2020년 3회]
다음 공정분석 기호 설명에 적절하게 연결된 기호를 고르시오.

1. 　　2.

> ㄱ. 품질검사를 주로 하면서 수량검사도 한다.
> ㄴ. 수량검사를 주로 하면서 품질검사도 한다.
> ㄷ. 가공을 주로 하면서 수량검사도 한다.
> ㄹ. 가공을 주로 하면서 운반도 한다.

① 1. ㄱ - 2. ㄴ
② 1. ㄴ - 2. ㄷ
③ 1. ㄱ - 2. ㄷ
④ 1. ㄴ - 2. ㄹ

해설
복합 기호에서는 큰 기호가 주로 하는 공정이다.
• 1. ◇에서 큰 기호인 □(수량검사) 안에 작은 기호인 ◇(품질검사)가 있으므로, ㄴ. 수량검사를 주로 하면서 품질검사도 한다는 의미이다.
• 2. ⬡에서 큰 기호인 ○(가공) 안에 작은 기호인 ⇨(운반)이 있으므로, ㄹ. 가공을 주로 하면서 운반도 한다는 의미이다.

17 [2급 | 2021년 5회]
다음 중 공수에 대한 설명으로 옳은 것은?

① 작업량을 구체적으로 결정하는 것
② 기계의 능력을 조정하는 것
③ 시간 단위로 작업량을 표현한 것
④ 결정된 생산량을 검토하는 것

해설
공수란 시간 단위로 작업량을 표현한 것으로 인일, 인시, 인분의 세 가지 단위가 있다.

| 정답 | 12 ③　13 ①　14 ③　15 ④　16 ④　17 ③

18 [2급 | 2021년 3회]

A 작업장의 직원 10명 중 7명이 출근하였고, 작업에 소요되는 간접작업율이 15%일 때, 이 작업장의 가동률은 얼마인가?

① 56.5%
② 57.5%
③ 58.5%
④ 59.5%

해설

10명 중 7명이 출근하였으므로 출근율은 70%이다.
∴ 가동률: 출근율 0.7 × (1 − 간접작업률 0.15) = 59.5%

19 [1급 | 2021년 6회]

다음 K 작업장 작업원의 출근율이 80%이고 작업에 소요되는 간접작업의 비율은 20%라고 한다면 이 작업장의 가동률은 얼마인가? (숫자로 쓰시오.)

(답: %)

해설

가동률: 출근율 0.8 × (1 − 간접작업률 0.2) = 64%

20 [1급 | 2021년 3회]

다음 상황의 작업장에 대한 이용률(Utilization)을 계산한 값은?

- 교대 수: 4교대/일
- 1교대 작업시간: 4시간
- 주당 작업일수: 6일
- 기계 대수: 5대
- 기계 불가동시간: 96시간
- 작업 표준시간: 480시간

(답: %)

해설

- 작업장 이용 가능시간: 교대 수 4교대/일 × 1교대 작업시간 4시간 × 주당 작업일수 6일 × 기계 대수 5대 = 480시간
- 실제 작업시간: 작업장 이용 가능시간 480시간 − 기계 불가동시간 96시간 = 384시간
- 작업장 이용률: $\dfrac{\text{실제 작업시간 384시간}}{\text{작업장 이용 가능시간 480시간}} \times 100 = 80\%$

21 [1급 | 2022년 4회]

[보기]의 내용을 참고하여 작업 효율(Efficiency)을 구하시오.

┌─ 보기 ─
- 교대 수: 3교대/일
- 주당 작업일수: 6일
- 기계 불가동시간/주: 40시간
- 1교대 작업시간: 8시간
- 기계 대수: 10대
- 작업표준시간: 560시간

① 25%
② 30%
③ 40%
④ 50%

해설

- 작업장 이용 가능시간: 교대 수 3교대/일 × 1교대 작업시간 8시간 × 주당 작업일수 6일 × 기계 대수 10대 = 1,440시간
- 실제 작업시간: 작업장 이용 가능시간 1,440시간 − 기계 불가동시간 40시간 = 1,400시간
- 작업 효율: $\dfrac{\text{작업 표준시간 560시간}}{\text{실제 작업시간 1,400시간}} \times 100 = 40\%$

22 [2급 | 2022년 1회]

다음 공수계획의 기본 방침 중 가장 올바르지 <u>않은</u> 것은?

① 특정 공정에 과도한 부하가 집중되지 않도록 조정한다.
② 작업의 성질이 작업자의 기능 성격, 기계의 성능에 맞도록 할당하다.
③ 부하와 능력 양면에 적당한 여유를 둔다.
④ 사람 또는 기계가 유휴 상태가 되도록 적절하게 작업량을 할당한다.

해설

공수계획의 기본 방침은 사람 또는 기계가 유휴 상태가 되지 않도록 적절한 작업량을 할당하는 것이다.

23 [1급 | 2022년 3회]

공수체감곡선에 대한 설명으로 가장 옳은 것은?

① 반복 작업에는 적용되기 어렵다.
② 일반적으로 수작업이 적을수록 체감률이 높아진다.
③ 학습 주체와 상관없이 체감 비율은 일정하게 증가한다.
④ 노동집약형이 기계집약형보다 공수체감이 빨리 일어난다.

해설

① 생산 시스템에서 생산을 반복할수록 작업 능률이 향상된다.
② 일반적으로 수작업이 많을수록 체감률이 높아진다.
③ 학습 주체에 따라 체감 비율은 다르게 나타난다.

24 [1급 | 2021년 5회]

다음 설명에 적절한 용어를 괄호 안에 한글로 쓰시오.

계획된 실제의 작업량을 작업일정이나 시간으로 견주어 가로선으로 표시함으로써, 계획과 통제의 기능을 동시에 수행하는 전통적인 일정관리 기법이다.

(답:)

해설

간트차트에 대한 설명이다. 간트차트를 통해서 각 작업의 전체 공정시간, 각 작업의 완료시간, 다음 작업의 시작시간을 알 수 있다.

25 [2급 | 2025년 1회]

간트차트(Gantt Chart)에 대한 설명으로 적절하지 않은 것은?

① 각 작업의 완료시간을 알 수 있다.
② 각 작업의 전체 공정시간을 알 수 있다.
③ 복잡하거나 대규모 공사에 적용하기 용이하다.
④ 작업자별, 부분별 업무 성과의 상호 비교가 가능하다.

해설

간트차트는 일정계획에 있어서 정밀성을 기대하기 어려우므로 복잡하거나 대규모인 공사에는 적용하기 어렵다.

26 [1급 | 2021년 3회]

간트차트의 결점이 아닌 것은?

① 변화 또는 변경에 약한 편이다.
② 일정계획에 있어 정밀성을 기대하기 어려운 편이다.
③ 작업 상호 간의 유기적인 관계가 명확하지 못한 편이다.
④ Routing 데이터로부터의 표준시간을 알 수 없는 편이다.

해설

간트차트 작성을 위해 공정계획(Routing) 데이터로부터의 표준시간 정보가 필요하며, 이는 간트차트의 결점은 아니다.

27 [1급 | 2021년 4회]

다음 중 간트차트를 완성하기 위해 필요한 정보가 아닌 것은?

① 각 작업에 소요되는 비용 List
② 작업장별 기계 대수와 가동시간 정보
③ 각 작업의 시간을 알 수 있는 작업 List
④ 작업 오더에 대한 List와 현재 진행된 작업의 위치 정보

해설

각 작업에 소요되는 비용은 간트차트를 완성하기 위해 필요한 정보가 아니다.

28 [2급 | 2021년 5회]

특정한 작업장에 능력 이상의 부하가 적용되어 전체 공정의 흐름을 막고 있는 것을 무엇이라고 하는가?

① 라인 밸런싱(Line Balancing)
② 애로공정(Bottleneck Operation)
③ 검사공정(Inspection)
④ 가공공정(Operation)

해설

애로공정(Bottleneck Operation)이란 병목공정 또는 병목현상이라고도 하며, 전체 공정의 흐름을 막고 있는 공정으로 전체 라인의 생산 속도를 좌우하는 작업장을 말하기도 한다.

29 [2급 | 2022년 3회]

애로공정(Bottleneck)에 관한 설명으로 가장 옳지 않은 것은?

① 병목공정 또는 병목현상이라고도 한다.
② 전체 공정의 흐름을 막고 있는 공정이다.
③ 전체 라인의 생산 속도를 좌우하지는 못한다.
④ 생산 라인에서 작업시간이 가장 긴 공정이다.

해설

애로공정은 전체 라인의 생산 속도를 좌우하는 작업장을 말하기도 한다.

30 [2급 | 2022년 4회]

작업장에 능력 이상의 부하가 적용되어 전체 공정의 흐름을 막고 있는 병목현상을 해결하기 위해 사용할 수 있는 방법으로 가장 적절한 것은?

① 공수분석
② 라인 밸런싱
③ 연속공정분석
④ 흐름공정분석

해설

생산가공이나 조립 라인에서 공정 간에 균형을 이루지 못하여 상대적으로 시간이 많이 소요되는 애로공정으로 인해 공정의 유휴율이 높아지고 능률이 떨어질 때 각 공정의 소요시간이 균형이 되도록 작업장이나 작업 순서를 배열하는 것은 라인 밸런싱(Line Balancing)이다.

| 정답 | 24 간트차트   25 ③   26 ④   27 ①   28 ②   29 ③   30 ②

31 [1급 | 2022년 3회]

작업장의 작업시간이 [보기]와 같을 때, 라인 밸런싱의 효율(단위: %)은 얼마인지 숫자만 기입하시오. (단, 각 작업장의 작업자는 모두 1명이다.)

┌ 보기 ─────────────────────

작업장	A1	A2	A3	A4
작업시간	2분	10분	5분	3분

(답: %)

해설

• 사이클 타임: 작업시간이 가장 긴 A2 작업장의 10분

• 라인 밸런싱 효율(%): $\dfrac{\text{라인의 작업시간 합계}}{\text{작업장 수} \times \text{사이클 타임}(C \text{ or } t_{\max})} \times 100$

$= \dfrac{2 + 10 + 5 + 3}{4 \times 10} \times 100 = 50\%$

32 [2급 | 2021년 3회]

다음 자료를 바탕으로 라인 밸런싱 효율 및 불균형률을 순서대로 구하시오.

작업장	1	2	3	4
작업시간	50분	36분	46분	44분

① 86%, 14%
② 87%, 13%
③ 88%, 12%
④ 89%, 11%

해설

• 사이클 타임: 작업시간이 가장 긴 1작업장의 50분

• 라인 밸런싱 효율 $\dfrac{\text{라인의 작업시간 합계}}{\text{작업장 수} \times \text{사이클 타임}} \times 100$

$= \dfrac{50 + 36 + 46 + 44}{4 \times 50} \times 100 = 88\%$

• 불균형률: 100 − 라인 밸런싱 효율(%) 88 = 12%

33 [2급 | 2022년 2회]

JIT(Just In Time)에 관한 설명으로 적절하지 않은 것은?

① 재고는 모든 악의 근원
② 불량률을 허용하지 않음
③ 납품업체와의 적극적 협업
④ 개선 활동은 중요하지 않음

해설

JIT는 개선 활동을 중요시하기 때문에 소요기간을 줄이고 불량률과 실수를 최소화하기 위해 끊임없는 노력을 기울인다.

34 [2급 | 2022년 4회]

JIT 생산 방식의 저스트 인 타임을 실현하기 위한 11가지의 개선사항으로 가장 적절하지 않은 것은?

① 소인화
② 흐름 생산
③ 단공정 담당
④ 준비 교체작업

해설

JIT를 실현하기 위한 11가지 개선사항은 흐름 생산, 다공정 담당, 칸반(Kanban), 소인화, 눈으로 보는 관리, 평준화, 준비 교체작업, 품질 보증, 표준작업, 자동화, 보건·안전이다.

35 [2급 | 2023년 6회]

JIT(Just In Time)의 7가지 낭비 요소로 옳지 않은 것은?

① 재고의 낭비
② 운반의 낭비
③ 동작의 낭비
④ 시간의 낭비

해설

JIT의 7가지 낭비는 과잉 생산의 낭비(낭비의 뿌리), 재고의 낭비, 운반의 낭비, 불량의 낭비, 가공 그 자체의 낭비, 동작의 낭비, 대기의 낭비이다.

36 [1급 | 2023년 6회]

도요타식 생산 시스템의 서브 시스템 중의 하나로, 생산이 필요하다는 특정 신호에 의해 Pull 시스템으로 작업이 진행되어 낭비와 불균형을 배제하는 생산 방식은 무엇인가?

① Gantt Chart
② Flow Control
③ Kanban System
④ Project Scheduling

해설

칸반 시스템은 도요타식 생산 시스템으로, 필요한 시기와 수량에 맞도록 적절히 제품을 만들어서 낭비를 줄이고 좀 더 신속하고 저렴하게 생산하기 위해 사용한다.

| 정답 | 31 50 | 32 ③ | 33 ④ | 34 ③ | 35 ④ | 36 ③

37 [1급 | 2022년 3회]

칸반 시스템(Kanban System)에 대한 설명으로 옳지 않은 것은?

① 도요타식 생산 시스템의 서브 시스템을 의미한다.
② 생산이 필요하다는 특정 신호에 의해 Pull System으로 작업이
   진행된다.
③ 작업을 할 수 있는 여력이 있다면 수요가 발생하지 않아도 작업
   을 진행한다.
④ 칸반(Kanban)이란 '카드'나 '기록'을 의미하는 일본말로, 부품의
   생산과 운반을 지시하거나 승인하는 카드(증표)를 말한다.

해설

칸반 시스템은 재고의 최소화를 추구하므로 수요가 발생할 때에만 작업을 진행한다.

38 [1급 | 2022년 4회]

[보기]에서 설명하는 용어를 한글로 입력하시오.

┌─ 보기 ─
│ 프레스 등과 같이 설비금액이 많이 들고, 준비 교체 시간이 다소
│ 걸리는 경우와 같이 큰 로트를 만드는 생산 지시가 필요할 때 사용
│ 하는 칸반이다.

(답: 칸반)

해설

큰 로트를 만드는 생산지시가 필요할 때 사용하는 칸반은 신호 칸반이다.

39 [2급 | 2021년 4회]

칸반(Kanban) 시스템의 운영 규칙 중 적절하지 않은 것은?

① 불량품은 절대로 후공정으로 보내지 않는다.
② 칸반은 미세조정의 수단이 아니다.
③ 선행공정은 후공정이 인수해 간 양만큼만 생산한다.
④ 공정을 안정화하여 합리화한다.

해설

칸반은 미세조종의 수단으로, 필요한 생산량은 칸반의 수를 변경하여 조절한다.

40 [1급 | 2021년 6회]

**5S라고 불리는 기업의 관리개선활동 중 다음 설명에 해당하는 것
은 무엇인지 한글로 답을 쓰시오.**

┌─
│ 필요한 물품은 즉시 끄집어 낼 수 있도록 만든다. 필요한 물품을
│ 사용 빈도에 맞게 놓는 장소를 정해 표시한 것으로, 목적을 고려하
│ 여 놓는 방법을 표준화한다.
└─

(답:)

해설

필요한 것을 필요할 때 즉시 사용할 수 있도록 지정된 장소에 위치시키며 정위치 표시
로 목적을 고려하여 놓는 방법을 표준화하는 것은 5S 중 '정돈'이다.

| 정답 | 37 ③   38 신호   39 ②   40 정돈

1 재고관리

1. A. J. Arrow의 재고보유 동기

① 거래 동기: 수요량을 미리 알고 있고, 시장에 있어서의 가치 체계가 시간적으로 변하지 않는 경우의 재고보유 동기이다.
② 예방 동기: 위험에 대비하기 위한 것으로, 오늘날 많은 기업의 주된 재고보유 동기이다.
③ 투기 동기: 대표적인 가격 변동을 예측하고 재고를 보유할 때의 동기이다.

2. 재고의 종류 ^{중요}

(1) 순환재고 또는 주기재고

① 일시에 필요한 양보다 더 많이 주문하는 경우에 생기는 재고이다.
② 주문비용을 줄이거나 가격 할인 혜택을 받을 목적으로 한 번에 많은 양을 주문할 때 발생하며 다음의 재고 구매 주기까지 미사용되어 보관되는 재고이다.

(2) 안전재고

① 기업의 운영에서 발생할 수 있는 여러 가지 불확실한 상황(조달 기간의 불확실, 생산의 불확실, 수요량의 불확실 등)에 대처하기 위해 미리 확보하고 있는 재고이다.
② 품절 및 미납 주문을 예방하고 납기 준수와 고객 서비스 향상을 위해 필요하나, 재고 유지비의 부담이 크므로 재고를 적정 수준으로 유지할 필요가 있다.
③ 서비스 수준과 안전재고는 비례한다.
④ 수요와 공급 및 리드 타임 등의 변동성이 작을수록 안전재고의 필요성은 감소한다.

(3) 예상재고 또는 비축재고

계절적인 수요의 변화, 가격의 변화, 파업 등을 예상하고 대비하기 위한 재고이다.

(4) 수송재고 또는 파이프라인재고

① 유통 과정 중에 있는 제품이나 생산 중인 재공품이다.
② 수입품과 같이 수송 기간이 긴 재고, 정유회사의 수송용 파이프로 이동 중인 재고 등을 말한다.

3. 재고의 기본 기능

① 생산과 판매활동의 시간적 분리를 가능하게 한다.
② 생산계획을 가능하게 한다.
③ 생산체제의 시간적·공간적 융통성을 준다.

4. 재고 관련 비용의 분류

(1) 구매/발주비용(주문비용)

① 주문과 관련된 비용 예 신용장 개설비용, 통신료

② 가격 및 거래처 조사비용 **예** 물가 조사비, 거래처 신용조회비용
③ 물품수송비, 하역비용, 입고비용, 검사·시험비, 통관료

(2) 생산준비비용

① 생산공정의 변경이나 기계·공구의 교체 등으로 인한 비용
② 준비 시간 중의 기계 유휴비용
③ 준비 요원의 직접 노무비·사무 처리비·공구비용 등

(3) 재고유지비용

① **자본비용**: 재고 자산에 투입된 자금의 금리
② **보관비용**: 창고의 임대료, 유지 경비, 보관료, 재고 관련 보험료, 세금
③ **재고감손비용**: 보관 중 도난·파손·변질·진부화 등으로 인한 손실

💡**TIP**

각 재고유지비용의 내용을 구분할
수 있어야 한다.

➕ **ABC 재고관리**

자재의 중요도나 가치를 중심으로 자재의 품목을 분류해서 자재의 구매나 재고관리에 통계적 방법을 적용하여 중점적으로 관리하는 방식

---

5. 경제적 주문량(EOQ; Economic Order Quantity)

(1) 개념

① 재고 관련 비용인 주문비용과 재고유지비용의 합을 최소화하기 위한 1회 주문량이다.
② 주문비용, 재고유지비용 간의 관계를 이용하여 가장 합리적인 주문량을 결정하는 재고 관리 기법으로, 재고가 부족하거나 과잉으로 인해 발생하는 문제를 방지하고자 한다.

(2) 기본 가정(일정, 단일)

① 단일 품목에 대하여 적용된다.
② 수요율이 일정하고 연간 수요량은 확정적이다.
③ 조달 기간은 일정하다.
④ 주문량은 조달 기간이 지나면 전량 일시에 입고되며 재고 부족은 없다.
⑤ 단위당 구입가격은 발주량에 상관없이 일정하며 대량 구매에 따른 가격 할인 또한 없다.
⑥ 연간 자재 사용량이 일정하고 연속적이다.
⑦ 단위당 재고유지비용과 1회 주문비용은 항상 일정하다.

(3) 경제적 주문량(EOQ) 구하기 〔중요〕

$$\text{경제적 주문량 } Q^* = \sqrt{\frac{2DS}{H}} = \sqrt{\frac{2DS}{P \times i}}, \text{ 주문 횟수} = \frac{D}{Q^*}$$

➤ 경제적 주문량 계산
• D: 연간 수요량
• S: 1회 주문비용
• H: 연간 단위당 재고유지비용 = 단가(P) × 연간 단위당 재고유지 비율(i)

✏️ **개념 확인문제**

어떤 부품의 연간 수요량이 200개이고, 1회 주문비용이 100원이며, 단가는 20원, 연간 단위당 재고유지비율이 0.2일 경우 경제적 주문량(EOQ)을 구하시오.

해설

$D = 200$개, $S = 100$원, $P = 20$원, $i = 0.2$

$$\therefore Q^* = \sqrt{\frac{2DS}{P \times i}} = \sqrt{\frac{2 \times 200\text{개} \times 100\text{원}}{20\text{원} \times 0.2}} = \sqrt{10,000} = 100\text{개}$$

정답 100개

(4) 경제적 주문량과 재고비용

① 연간 수요량과 주문비용이 증가하면 EOQ는 증가한다. → 수요량과 주문비용에 비례
② 연간 단위당 재고유지비용이 증가하면 EOQ는 감소한다. → 재고유지비용에 반비례
③ 주문량이 많아지면 재고유지비용과 자본비용이 증가하는 반면, 주문비용과 재고 부족 비용은 감소한다.
④ 경제적 주문량이 증가할수록 평균재고는 증가한다.

6. 경제적 생산량(EPQ; Economic Production Quantity)

기업이 한 번에 어느 정도 생산하는 것이 가장 비용이 적게 드는지 계산하는 것으로, 경제적 생산량의 목표는 총비용을 최소화하면서 경제적인 생산 로트의 크기를 결정하는 것이다. 일정량의 생산이 진행되는 동안 생산되는 제품이 재고에 더해짐과 동시에 소비가 일어나서 재고가 감소하는 경우에 최적 1회 생산량을 결정하는 모형이다.

TIP
분자가 증가하면 EOQ는 증가하고 분모가 증가하면 EOQ는 감소한다.

(1) 기본 가정

① 생산 단가는 생산량의 크기와 관계없이 일정하다.
② 재고유지비는 생산량의 크기에 정비례하여 발생한다.
③ 재고가 모두 없어지면 생산 작업은 즉시 되풀이된다.
④ 생산이 중단되면 쌓였던 재고량은 일정량씩 없어지면서 바닥이 난다.

(2) 경제적 생산량(EPQ) 구하기

① 경제적 생산량의 크기 Q^*

$$Q^* = \sqrt{\frac{2DS}{H(1 - \frac{d}{p})}} = \sqrt{\frac{2DS}{Pi(1 - \frac{d}{p})}}$$

② 최소 총비용 TC

$$TC = \frac{1}{2}(1 - \frac{d}{p})Q^* H + \frac{D}{Q^*}S$$

③ 최적 사이클 타임(생산주기) T_0

$$T_0 = \frac{Q^*}{d}$$

④ 최적 생산 기간(일) t_1

$$t_1 = \frac{Q^*}{p}$$

> 경제적 생산량 계산
> • D: 연간 수요량
> • S: 생산 작업 준비비
> • d: 일정 기간의 수요율
> • p: 일정 기간의 생산율(단, $p > d$)
> • H: 연간 단위당 재고유지비용 = 단가(P) × 연간 단위당 재고유지비율(i)

📝 개념 확인문제

제품을 생산하는 데 A 부품이 1년에 40,000개 사용된다. 이 부품은 자체 생산하는 품목이며, 하루에 400개를 생산할 수 있고 매일 일정한 수량을 소비한다. 이 부품의 연간 단위당 재고유지비는 800원이며, 작업 준비비는 200원이다. 이 회사의 연간 가동일수는 200일이다.

[1] 경제적 생산량의 크기를 구하시오.

> **해설**
>
> - 연간 수요량(D) = 40,000개, 생산 작업 준비비(S) = 200원, 연간 단위당 재고유지비용(H) = 800원, 생산율(p) = 400개
> - 수요율(d): $\dfrac{40,000개}{200일}$ = 200(연간 가동일수가 200일, 1년에 40,000개 사용하므로 1일 수요율은 200개)
> - 경제적 생산량의 크기 Q^*: $\sqrt{\dfrac{2DS}{H\left(1-\dfrac{d}{p}\right)}} = \sqrt{\dfrac{2 \times 40,000개 \times 200원}{800원 \times \left(1-\dfrac{200개}{400개}\right)}} = \sqrt{40,000} = 200개$
>
> **정답** 200개

[2] 최소 총비용을 구하시오.

> **해설**
>
> $TC: \dfrac{1}{2}\left(1-\dfrac{d}{p}\right) \times Q^* H + \dfrac{D}{Q^*}S = \dfrac{1}{2}\left(1-\dfrac{200개}{400개}\right) \times 200개 \times 800원 + \dfrac{40,000개}{200개} \times 200원 = 80,000원$
>
> **정답** 80,000원

[3] 최적 사이클 타임(생산주기)을 구하시오.

> **해설**
>
> $T_0: \dfrac{Q^*}{d} = \dfrac{200}{200} = 1일$
>
> **정답** 1일

[4] 최적 생산 기간(일)을 구하시오.

> **해설**
>
> $t_1: \dfrac{Q^*}{p} = \dfrac{200개}{400개} = 0.5일$
>
> **정답** 0.5일

2 자재소요계획(MRP; Material Requirement Planning)

1. 개념

① 자재소요계획(MRP)은 경제적 주문량과 주문점 산정을 기초로 하는 전통적인 재고 통제 기법의 여러 약점을 보완하기 위하여 미국 IBM사의 올릭키(J. Orlicky)에 의해 개발된 자재관리 및 재고 통제 기법으로 비반복적 생산에 적합하다.

② MRP는 완제품의 생산계획에 따라 재료, 부품, 반제품 등의 종속적 수요를 갖는 자재의 소요량 및 조달 시기에 대한 관리를 통하여 주문과 생산계획을 효율적으로 처리하도록 만들어진 자재관리 기법이다.

③ 완제품은 예측을 통하여 제품 수요를 판단하지만, 종속 수요를 갖는 자재는 완제품의 생산계획에 따라 수요를 정확히 파악할 수 있으며 소요자재의 수량과 조달 시기를 고려하여 주문량과 주문 시기를 결정할 수 있다.

④ 많은 단계를 갖는 자재 명세서나 로트 크기가 큰 경우에 적절하다.

⑤ 생산소요시간 단축, 납기 준수를 통한 고객 서비스 개선, 재고수준의 감소로 인한 재고비용 절감, 자재 부족 최소화로 인한 생산공정 가동효율 향상 등의 효과가 있다.

2. MRP 시스템의 Input(입력) 요소

① MPS(기준생산계획 또는 주생산일정계획(또는 기준생산일정, Master Production Schedule)

② BOM(자재 명세서, Bill of Material)

③ IRF(재고기록파일, Inventory Record File)

> ● 재고기록파일(재고기록철)
> 재고의 개별 품목 각각에 대하여 상세한 정보를 나타내고 있는 재고기록철에는 리드 타임, 로트 크기, 안전재고 등이 기록된다. 현재 보유하고 있는 품목의 수, 발주한 품목, 생산 중인 품목에 관한 사항을 포함한다.

3. MRP 수립하기

MRP 시스템은 주생산일정계획(MPS)으로부터 최종 품목 소요량을 구하고 그 품목과 부품의 자재 명세서(BOM)와 재고기록파일(IRF)의 정보를 얻는다. 따라서 부품 소요량을 계산하고 자재가 필요할 때 도착할 수 있도록 발주 기일을 설정할 수 있다. 총소요량과 소요량은 모든 부품에 대해서 단계별로 결정된다.

💡 TIP

순소요량 = 총소요량 − 현재고량 − 입고 예정량 + 할당재고 + 안전재고

✏️ **개념 확인문제**

P 제품에 대한 하위 부품 A는 2개, 하위 부품 B는 1개가 필요하며, 자재 명세서(BOM)는 다음과 같다.

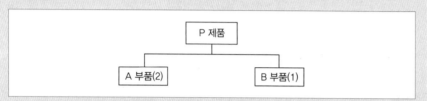

주일정계획에서 P 제품이 1주에 40개, 4주에 50개, 6주에 70개, 8주에 60개가 필요하다면 위의 자재 명세서(BOM) 정보를 이용하여 부품 A와 부품 B의 MRP를 각각 구하시오. (A 부품은 기말재고가 100, 주문량이 200, 조달 기간이 2주이며, B 부품은 기말재고가 110, 주문량이 100, 조달 기간은 3주이다.)

해설

〈P 제품 주일정계획〉

주(Week)	1	2	3	4	5	6	7	8
소요량	40			50		70		60

부품 A는 1개의 P 제품 완성에 2개가 필요하므로 필요 소요량은 주일정계획의 2배이다.

〈A 부품 자재계획〉 * 주문량 200, 조달 기간 2주

주(Week)	1	2	3	4	5	6	7	8
필요 소요량	80			100		140		120
입고 예정량				200		200		
기말재고 100	20	20	20	120	120	180	180	60
발주 계획량		200		200				

3주의 기말재고 20에서 4주의 필요 소요량 100을 충족할 수 없으므로 입고하여야 한다. 조달 기간이 2주이므로 2주에 미리 200개를 주문한다. 마찬가지로 5주의 기말재고 120에서 6주의 필요 소요량 140을 충족할 수 없으므로 4주에 미리 200개를 주문하여 입고한다.

〈B 부품 자재계획〉 * 주문량 100, 조달 기간 3주

주(Week)	1	2	3	4	5	6	7	8
필요 소요량	40			50		70		60
입고 예정량						100		100
기말재고 110	70	70	70	20	20	50	50	90
발주 계획량			100		100			

5주의 기말재고 20에서 6주의 필요 소요량 70을 충족할 수 없으므로 입고하여야 한다. 조달 기간이 3주이므로 3주에 미리 100개를 주문한다. 마찬가지로 7주의 기말재고 50에서 8주의 필요 소요량 60을 충족할 수 없으므로 5주에 미리 100개를 주문하여 입고한다.

∴ • 부품 A의 발주량: 2주 200개, 4주 200개
　• 부품 B의 발주량: 3주 100개, 5주 100개

정답 • 부품 A의 발주량: 2주 200개, 4주 200개
　　　 • 부품 B의 발주량: 3주 100개, 5주 100개

3 RCCP와 CRP

1. 개략능력요구계획(RCCP; Rough Cut Capacity Planning)

① 자재소요계획(생산계획) 활동 중에서 기준생산계획(MPS)이 주어진 제조자원의 용량을 넘어서는지 아닌지를 계산하는 모듈이며, 기준생산계획과 제조자원 간의 크기를 비교하여 자원 요구량을 계산해 내는 것이다.

② 주생산계획(MPS)의 수행에 필요한 작업인원, 장비, 창고 용량, 원자재 공급선의 능력, 경우에 따라서는 자금 등 주요 자원에 대한 능력을 점검한다.

③ 먼저 주생산계획(MPS)의 데이터를 받고, 생산할 제품구조를 인식한 다음, 자원목록표 (Bills of Resource) 파일을 조회하여 이 자원의 부하를 능력 및 가용성과 비교함으로써 MPS의 가능성 결정에 도움을 주는 역할을 한다.

TIP

시험에서 RCCP는 개략능력소요계획, 총괄능력계획으로도 출제된다.

2. 생산능력소요계획(CRP; Capacity Requirement Planning)

① 자재소요계획(생산계획) 활동 중에서 MRP 전개에 의해 생성된 계획이 얼마만큼의 제조자원을 요구하는지를 계산하는 모듈이다.

② CRP는 기업의 현실적인 생산능력에 맞추어 자재소요계획을 수립하기 위해 작업장의 능력 소요량을 시간대별로 예측하는 기법으로, 이미 발주된 예정 입고와 발주 예정의 계획발주량을 완성하는 데 필요한 작업부하를 산정하기 위해서 이용한다.

③ 생산능력의 측면에서 MRP의 실행 가능성을 검토하여 생산계획의 수정과 보완 여부를 판단하며, MRP가 생성한 발주계획의 타당성을 확인하는 수단이다.

④ CRP에 입력되는 자료
  - 작업공정표 정보
  - 작업장 상태 정보
  - MRP에서 산출된 발주계획 정보
  - 절차계획 정보
  - 확정주문 정보

3. RCCP와 CRP의 차이

① RCCP의 주요 입력 데이터는 MPS Plan, CRP의 주요 입력 데이터는 MRP Record이다.

② MPS Plan은 최종 제품과 주요 핵심 부품에 한해 작성되기 때문에, 자원 요구량을 계산하는 과정에서 CRP가 RCCP보다 정확하다.

③ CRP를 계산할 때에는 생산오더가 내려간(현장에서 작업 중인) 작업이 현장의 자원을 필요로 한다는 것도 고려해야 한다. 따라서 CRP는 RCCP보다 현실적인 자원 요구량 계획을 생성할 수 있다.

TIP

RCCP와 CRP의 차이를 구분할 수 있어야 한다.

4 공급망관리(SCM; Supply Chain Management)

1. 개념

① SCM은 물자, 정보 및 재정 등이 원재료 공급업체, 도매상, 소매상, 소비자로 이동되는 흐름을 통합적으로 관리하는 시스템이다.

② 공급망 내에 불필요한 낭비 요소를 제거한 최적화된 시스템이며, 최종 목표는 기업 자원의 효율적인 활용을 통한 고객 가치 창출 및 경쟁 우위 달성에 있다.

2. SCM의 주요 흐름 세 가지

① 제품/서비스 흐름: 공급자로부터 고객으로의 상품 이동, 고객의 물품 반환이나 애프터
서비스 요구 등
② 정보 흐름: 주문의 전달과 배송 상황의 갱신, 공급자에서 고객으로 쌍방향으로 흐름 등
③ 재정 흐름: 신용 조건, 지불 계획, 위탁 판매, 권리 소유권 합의 등

3. SCM에 포함되는 사항

① 경영정보 시스템
② 공급 및 조달
③ 생산계획
④ 주문 처리
⑤ 현금 흐름
⑥ 재고관리
⑦ 창고관리
⑧ 고객관리

TIP
판촉계획, 회계정보 시스템, 제품
관리 등은 SCM에 포함되는 사항이
아니다.

4. 추진 효과

① 통합적 정보 시스템 운영
② 물류비용 절감, 구매비용 절감
③ 고객만족, 시장 변화에 대한 대응력 강화
④ 생산 효율화, 업무 처리시간 단축, 공급의 안정화, 재고수준 감소
⑤ 총체적 경쟁 우위 확보
⑥ 변화에 빠르게 대응
⑦ 불확실한 상황에서도 공급망을 안정적으로 유지

5. 기능

(1) 내재적 기능

① 공급자 네트워크에 의해 공급된 원자재 등을 변형시키는 데 사용하는 여러 프로세스
② 고객의 주문을 실제 생산 작업으로 투입하기 위한 생산 일정계획 수립

(2) 외재적 기능

① 올바른 공급자의 선정
② 공급자와 긴밀한 파트너십 유지

> **➕ 공급자관리재고(VMI: Vendor Managed Inventory)**
>
> 수요기업이 제공하는 품목의 수요에 관한 정보를 활용하여 공급기업이 수요기업의 원자재 재고를 관리함으
> 로써 채찍 효과에 대응하는 SCM 기법으로 재고관리의 책임이 공급자에게 있다.

01 [2급 | 2021년 5회]

다음 중 A. J. Arrow의 재고보유 동기가 아닌 것은?

① 거래 동기
② 소유 동기
③ 예방 동기
④ 투기 동기

해설

A. J. Arrow의 재고보유 동기는 거래 동기, 예방 동기, 투기 동기이다.

02 [1급 | 2021년 6회]

다음 중 수요량을 미리 알고 있으며, 시장에 있어서의 가치 체계가 시간적으로 변화하지 않는 경우의 재고보유 동기는?

① 거래 동기
② 안전 동기
③ 예방 동기
④ 투기 동기

해설

수요량을 미리 알고 있고, 시장에 있어서의 가치 체계가 시간적으로 변하지 않는 경우의 재고보유 동기는 A. J. Arrow의 재고보유 동기 중 '거래 동기'이다.

03 [2급 | 2022년 1회]

다음 재고의 종류 중 예상재고에 대한 설명으로 가장 적합한 것은?

① 일시에 필요한 양보다 더 많이 주문하는 경우에 발생하는 재고
② 여러 가지 불확실한 상황에 대처하기 위해 미리 확보하고 있는 재고
③ 수송 기간이 긴 재고 또는 정유회사의 수송용 파이프로 이동 중인 재고
④ 계절적인 수요의 변화, 가격의 변화, 파업 등에 대비하기 위한 재고

해설

①은 순환재고(주기재고), ②는 안전재고, ③은 수송재고(파이프라인재고)에 대한 설명이다.

04 [1급 | 2024년 1회]

[보기]에서 설명하는 적절한 용어를 한글로 기입하시오.

> ┌ 보기 ─
> 일시에 필요한 양보다 더 많이 주문하는 경우에 생기는 재고를 말하며, 주문비용이나 생산준비비용을 줄이거나 할인 혜택을 얻을 목적으로 한꺼번에 많은 양을 주문할 때 발생한다.

(답: 재고)

해설

일시에 필요한 양보다 더 많이 주문하는 경우에 생기는 재고는 순환재고(주기재고)이다.

05 [2급 | 2021년 1회]

재고의 기본 기능을 [보기]에서 모두 고른 것은?

> ┌ 보기 ─
> ㄱ. 생산과 판매활동의 시간적 분리를 가능하게 한다.
> ㄴ. 생산계획을 가능하게 한다.
> ㄷ. 생산체제의 시간적, 공간적 융통성을 준다.
> ㄹ. 품질검사의 기능을 강화한다.

① ㄱ, ㄴ
② ㄱ, ㄹ
③ ㄴ, ㄷ
④ ㄱ, ㄴ, ㄷ

해설

ㄹ. 재고만으로 품질검사의 기능이 강화되지는 않으며 품질검사의 기능은 품질관리를 통하여 강화된다.

| 정답 | 01 ② | 02 ① | 03 ④ | 04 순환 또는 주기 | 05 ④

06 [1급 | 2022년 3회]

[보기]에서 설명하는 비용으로 옳은 것은?

> ┌ 보기 ┐
> 물품수송비, 하역비용, 입고비용, 통관료, 검사-시험비

① 생산비용　　　　　② 재고유지비용
③ 생산준비비용　　　④ 구매발주비용

> **해설**
>
> 물품수송비, 하역비용, 입고비용, 통관료, 검사-시험비는 구매/발주비용(주문비용)에 해당한다.

07 [2급 | 2021년 3회]

다음 자료에서 생산준비비용은 얼마인가?

> • 물가 조사비 200,000원　　• 생산공정비용 150,000원
> • 창고의 임대료 100,000원　• 준비요원의 공구비용 50,000원
> • 재고감손비 30,000원　　　• 신용장 개설비용 80,000원

① 30,000원　　　　② 80,000원
③ 150,000원　　　④ 200,000원

> **해설**
>
> • 생산준비비용: 생산공정비용 150,000원 + 준비요원의 공구비용 50,000원
> = 200,000원
> • 구매/발주비용: 물가 조사비 200,000원 + 신용장 개설비용 80,000원 = 280,000원
> • 재고유지비용: 창고의 임대료 100,000원 + 재고감손비 30,000원 = 130,000원

08 [2급 | 2022년 4회]

경제적 주문량(EOQ)에서 재고유지비용으로 가장 적절하지 않은 것은?

① 자본비용　　　　② 입고비용
③ 보관비용　　　　④ 재고감손비용

> **해설**
>
> 자본비용, 보관비용, 재고감손비용은 재고유지비용에 해당하며, 입고비용은 구매/발주 비용(주문비용)에 해당한다.

09 [2급 | 2021년 1회]

경제적 주문량(EOQ)에 대한 설명으로 옳은 것은?

① 재고 관련 비용이 최소가 되는 최적 주문 시기를 결정
② 재고 관련 비용이 최소가 되는 최적 주문량을 결정
③ 재고 관련 비용이 최대가 되는 최적 주문 시기를 결정
④ 재고 관련 비용이 최대가 되는 최적 주문량을 결정

> **해설**
>
> 경제적 주문량(EOQ)은 재고 관련 비용인 주문비용과 재고유지비용의 합을 최소화하기 위한 1회 주문량이다.

10 [1급 | 2022년 4회]

경제적 주문량을 계산하기 위한 가정으로 옳지 않은 것은?

① 단위당 구입가격은 일정하다.
② 단일 품목에 대하여 적용된다.
③ 연간 자재 사용량이 일정하고 연속적이다.
④ 단위당 재고유지비용과 1회 주문비용은 일정하지 않다.

> **해설**
>
> 경제적 주문량(EOQ)의 기본 가정은 단위당 재고유지비용과 1회 주문비용이 항상 일정하다는 것이다.

11 [2급 | 2022년 2회]

A 부품의 연간 수요량은 400개이고, 1회 주문비용은 100원이며, 단가는 20원, 연간 재고유지비율이 0.1일 경우 경제적 주문량(EOQ)은 몇 개인가?

① 100개　　　　② 200개
③ 300개　　　　④ 400개

> **해설**
>
> 연간 수요량(D): 400개, 1회 주문비용(S): 100원, 단가(P): 20원, 연간 재고유지비율(i): 0.1
>
> ∴ 경제적 주문량 $Q^* : \sqrt{\dfrac{2DS}{H}} = \sqrt{\dfrac{2DS}{P \times i}} = \sqrt{\dfrac{2 \times 400 \times 100}{20 \times 0.1}} = 200$개

12 [1급 | 2022년 3회]

[보기] S사의 EOQ(Economic Order Quantity)는 몇 개인지 숫자로 입력하시오.

> ┌ 보기 ┐
> 부품 S사의 연간 수요량이 5,000개, 1회 주문비용이 40원, 개당 가격이 5,000원, 연간 단위당 재고유지비율은 20%이다.

(답:　　　　　개)

> **해설**
>
> 연간 수요량(D): 5,000개, 1회 주문비용(S): 40원, 단가(P): 5,000원, 연간 단위당 재고 유지비율(i): 0.2
>
> ∴ 경제적 주문량 $Q^* : \sqrt{\dfrac{2DS}{H}} = \sqrt{\dfrac{2DS}{P \times i}} = \sqrt{\dfrac{2 \times 5,000 \times 40}{5,000 \times 0.2}} = 20$개

13 [1급 | 2021년 6회]

EOQ 모형에 대한 설명으로 옳은 것은?

① 구매비용이 증가하면 경제적 주문량은 감소한다.
② 수요량이 감소하면 경제적 주문량은 증가한다.
③ 단위당 주문비용이 증가하면 경제적 주문량은 감소한다.
④ 재고유지비용이 감소하면 경제적 주문량은 증가한다.

해설

경제적 주문량(EOQ)은 수요량과 구매(주문)비용에 비례하며, 재고유지비용에는 반비례한다.
① 구매비용이 증가하면 경제적 주문량은 증가한다.
② 수요량이 감소하면 경제적 주문량은 감소한다.
③ 단위당 주문비용이 증가하면 경제적 주문량은 증가한다.

14 [1급 | 2022년 1회]

다음 중 경제적 생산량(EPQ) 모형의 가정 설명으로 가장 적합하지 않은 것은?

① 생산 단가는 생산량의 크기와 관계없이 일정하다.
② 재고유지비는 생산량의 크기에 반비례하여 발생한다.
③ 재고가 모두 없어지면 즉시 생산 작업이 되풀이된다.
④ 생산이 중단되면 쌓였던 재고량은 일정량씩 없어지면서 바닥이 난다.

해설

경제적 생산량(EPQ) 모형의 경우 재고유지비는 생산량의 크기에 정비례하여 발생한다고 가정한다.

15 [1급 | 2021년 5회]

다음 설명에 해당하는 용어는?

> 경제적 주문량과 주문점 산정을 기초로 하는 전통적인 재고통제 기법의 여러 약점을 보완하기 위하여 IBM사의 올릭키(J. Orlicky)에 의해 개발된 자재관리 및 재고통제 기법으로 소요량으로 발주량을 계산하고 제품, 반제품을 대상으로 재고 레코드 파일 및 BOM이 기준 정보가 된다.

① MRP
② ERP
③ 확장 ERP
④ MRP II

해설

종속적 수요를 갖는 자재의 소요량 및 조달 시기에 대한 관리를 통하여 주문과 생산계획을 효율적으로 처리하도록 만들어진 자재관리 기법은 자재소요계획(MRP)이다.

16 [2급 | 2022년 1회]

다음 자재소요계획(MRP; Material Requirement Planning)에 관한 설명 중 내용이 가장 적절하지 않은 것은?

① 자재소요계획은 경제적 주문량, 주문점 산정 등의 전통적인 재고통제 기법의 여러 약점들을 보완하기 위하여 개발된 기법으로 비반복적 생산에 적합하다.
② 자재소요계획은 종속적 수요를 갖는 자재의 소요량, 조달 시기에 대한 관리를 통하여 주문과 생산계획을 효율적으로 처리할 수 있다.
③ 종속적 수요를 갖는 자재는 완제품의 생산계획에 따라 정확한 수요를 파악할 수 있다.
④ 많은 단계를 갖는 자재 명세서나 로트 크기가 큰 경우에는 부적절하다.

해설

자재소요계획(MRP)은 많은 단계를 갖는 자재 명세서나 로트 크기가 큰 경우에 적절하다.

17 [2급 | 2024년 5회]

자재소요계획(MRP)의 효과로 가장 적절하지 않은 것은?

① 생산소요시간이 감소한다.
② 납기 준수를 통해 서비스가 개선된다.
③ 재고수준이 감소되어 자재재고비용이 낮아진다.
④ 자재 부족 최소화로 공정의 가동효율이 낮아진다.

해설

자재소요계획(MRP)은 생산소요시간 단축, 납기 준수를 통한 고객 서비스 개선, 재고수준의 감소로 인한 재고비용 절감, 자재 부족 최소화로 인한 생산공정 가동효율 향상 등의 효과가 있다.

18 [2급 | 2021년 4회]

다음 중 자재소요계획(MRP) 시스템의 주요 입력 요소가 아닌 것은?

① 기준생산계획(MPS)
② 자재 명세서(BOM)
③ 재고기록철(IRF)
④ 총괄생산계획(APP)

해설

자재소요계획(MRP) 시스템의 주요 입력 요소는 기준생산계획(MPS), 자재 명세서(BOM), 재고기록철(IRF)이다.

| 정답 | 13 ④ 14 ② 15 ① 16 ④ 17 ④ 18 ④

19 [1급 | 2021년 4회]

Material Requirement Planning 시스템의 입력 자료들 중에서 총괄생산계획을 구체화시켜서 최종 제품의 생산 시점과 수량을 결정하는 계획을 의미하는 용어를 영문 대문자로 쓰시오. (예 MIS)

(답:)

해설

자재소요계획(MRP) 시스템의 주요 입력 요소인 MPS, BOM, IRF 중 총괄생산계획을 구체화시켜서 각 제품에 대한 생산 시기와 수량을 결정하는 계획은 기준생산계획(MPS)이다.

20 [1급 | 2022년 3회]

자재 명세서가 이미지 같은 구조를 가질 때 제품 K의 주문량이 4개이다. 부품 D의 총소요량을 구하고 숫자만 기입하시오.

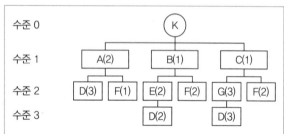

* 이미지의 자재 명세서 괄호 안의 숫자는 상위 품목 1단위를 구성하기 위한 해당 품목의 수량을 의미한다.

(답: 개)

해설

부품 D의 소요량을 구하기 위하여 D에 해당하는 내용만을 계산한다.

- 수준 0 – K: 4개
- 수준 1 – A(2): 모품목 K 생산에 A 2개가 필요 → 4(K)개 × 2개 = 8개
  수준 2 – D(3): 모품목 A 생산에 D 3개가 필요 → 8(A)개 × 3개 = 24개 ✓
- 수준 1 – B(1): 모품목 K 생산에 B 1개가 필요 → 4(K)개 × 1개 = 4개
  수준 2 – E(2): 모품목 B 생산에 E 2개가 필요 → 4(B)개 × 2개 = 8개
  수준 3 – D(2): 모품목 E 생산에 D 2개가 필요 → 8(E)개 × 2개 = 16개 ✓
- 수준 1 – C(1): 모품목 K 생산에 C 1개가 필요 → 4(K)개 × 1개 = 4개
  수준 2 – G(3): 모품목 C 생산에 G 3개가 필요 → 4(C)개 × 3개 = 12개
  수준 3 – D(3): 모품목 G 생산에 D 3개가 필요 → 12(G)개 × 3개 = 36개 ✓
∴ 부품 D의 총소요량: 24개 + 16개 + 36개 = 76개

21 [1급 | 2021년 3회]

다음 설명에서 제시하고 있는 용어는 무엇인가? (정답은 영문 대문자 약자로 쓰시오. 예 MIS)

> 자재소요계획(생산계획) 활동 중에서 기준생산계획(MPS)이 주어진 제조자원의 용량을 넘어서는지 않는지를 계산하는 모듈이다. 즉, 기준생산계획과 제조자원 간의 크기를 비교하여 자원 요구량을 계산해 내는 것이다.

(답:)

해설

기준생산계획과 제조자원 간의 크기를 비교하여 자원 요구량을 계산해 내는 것은 RCCP(개략능력요구계획)이다.

22 [2급 | 2021년 4회]

RCCP(Rough Cut Capacity Planning)를 입력할 때 필요한 자료로 옳은 것은?

① MPS Plan
② 작업장 정보
③ 작업공정표
④ 발주계획량

해설

RCCP는 자재소요계획(생산계획) 활동 중에서 기준생산계획(MPS)이 주어진 제조자원의 용량을 넘어서는지 아닌지를 계산하는 모듈로, RCCP의 주요 입력 데이터는 MPS Plan이다.

23 [1급 | 2022년 1회]

자재소요계획(생산계획) 활동 중에서 Material Requirement Program 전개를 통해 생성된 계획이 얼마만큼의 제조자원을 요구하는지를 계산하는 모듈은? (정답은 영문 약자로 쓰시오. 예 ERP)

(답:)

해설

기업의 현실적인 생산능력에 맞추어 자재소요계획을 수립하기 위해 작업장의 능력 소요량을 시간대별로 예측하는 기법은 CRP이다.

| 정답 | **19** MPS | **20** 76 | **21** RCCP | **22** ① | **23** CRP |

24 [2급 | 2021년 6회]

다음 중 생산능력소요계획(CRP)의 입력 정보가 아닌 것은?

① 자재 명세서 정보
② 작업공정표 정보
③ 작업장 상태 정보
④ MRP에서 산출된 발주계획 정보

> **해설**
>
> 생산능력소요계획(CRP)에 입력되는 정보는 작업공정표 정보, 작업장 상태 정보, MRP에서 산출된 발주계획 정보이다.

25 [2급 | 2022년 1회]

개략생산능력계획(RCCP; Rough Cut Capacity Planning)에 대한 다음 설명 중 올바른 것은?

① RCCP는 기준생산계획(MPS)과 제조자원 간의 크기를 비교하여 자원 요구량을 계산해 내는 것이다.
② RCCP의 주요 입력 데이터는 MRP Record이다.
③ 자원 요구량을 계산하는 과정에서 RCCP가 생산능력소요계획(CRP)보다 더욱 정확하다.
④ RCCP는 생산능력소요계획(CRP)보다 현실적인 자원 요구량계획을 생성할 수 있다.

> **해설**
>
> ② RCCP의 주요 입력 데이터는 MPS Plan, CRP의 주요 입력 데이터는 MRP Record이다.
> ③ 자원 요구량을 계산하는 과정에서 CRP가 RCCP보다 정확하다.
> ④ CRP는 RCCP보다 현실적인 자원 요구량계획을 생성할 수 있다.

26 [1급 | 2021년 1회]

다음 설명의 괄호 안에 공통적으로 들어가는 용어를 영문 대문자로 쓰시오. (예 ERP)

> (   )의 주요 입력데이터는 MPS Plan이지만, CRP의 주요 입력데이터는 MRP Record이다. MPS Plan은 최종 제품과 주요 핵심부품에 한해서 작성되기 때문에, 자원 요구량을 계산하는 과정에서도 CRP가 (   )보다 정확하게 보여줄 것이다.

(답:)

> **해설**
>
> RCCP의 주요 입력 데이터는 MPS Plan, CRP의 주요 입력 데이터는 MRP Record이다.

27 [1급 | 2021년 6회]

다음 설명에서 제시하고 있는 용어를 영어 대문자 약자로 쓰시오. (예 MIS)

> 물자, 정보 및 재정 등이 공급자로부터 생산자, 도매업자, 소매상인, 그리고 소비자에게 이동함에 따라 그 진행 과정을 감독하는 것

(답:)

> **해설**
>
> 물자, 정보 및 재정 등이 원재료 공급업체, 도매상, 소매상, 소비자로 이동되는 흐름을 통합적으로 관리하는 시스템은 SCM이다.

28 [1급 | 2021년 5회]

다음 중 Supply Chain Management에 대한 설명으로 적절하지 않은 것은?

① 공급망 내에 불필요한 낭비 요소를 제거한 최적화된 시스템
② Supply Chain Management를 통해 통합적 정보 시스템을 운영할 수 있으며, 이를 위해 다소 물류 및 구매비용이 증가
③ Supply Chain Management의 최종 목표는 기업 자원의 효율적인 활용을 통한 고객가치 창출 및 경쟁 우위 달성
④ 원재료 공급업체, 제조기업, 도매상, 소매상, 소비자로 이동되는 흐름을 통합적으로 관리하는 시스템

> **해설**
>
> Supply Chain Management를 통해 통합적 정보 시스템을 운영할 수 있으며, 물류 및 구매비용이 절감된다.

29 [1급 | 2022년 4회]

SCM(Supply Chain Management)의 세 가지 주요 흐름에는 제품 서비스 흐름, (A) 흐름, (B) 흐름이 있다. A와 B에 들어갈 용어를 예와 같이 한글로 입력하시오. (예 생산, 본부)

(답: A –   , B –   )

해설

SCM의 세 가지 주요 흐름은 제품/서비스 흐름, 정보 흐름, 재정 흐름이다.

30 [2급 | 2022년 2회]

SCM 주요 흐름 중에서 제품/서비스 흐름에 해당되는 것을 고르시오.

① 신용 조건 및 지불 조건
② 위탁 판매와 권리 소유권 합의
③ 주문의 전달과 배송 상황의 갱신
④ 어떤 고객의 물품 반환이나 애프터 서비스 요구

해설

①, ②는 재정 흐름, ③은 정보 흐름에 해당한다.

31 [1급 | 2022년 4회]

SCM의 포함 사항으로 가장 적절하지 <u>않은</u> 것은?

① 생산계획
② 고객관리
③ 제품품질
④ 공급 및 조달

해설

SCM에 포함되는 사항은 경영정보 시스템, 공급 및 조달, 생산계획, 주문 처리, 현금 흐름, 재고관리, 창고관리, 고객관리이다.

32 [2급 | 2021년 4회]

다음 중 공급망관리(SCM)의 추진 효과로 적절하지 <u>않은</u> 것은?

① 물류비용 절감, 구매비용 절감
② 총체적 경쟁 우위 확보
③ 독립적 정보 시스템 운영
④ 고객만족, 시장 변화에 대한 대응력 강화

해설

공급망관리(SCM)의 추진 효과에는 통합적 정보 시스템 운영이 있다.

33 [1급 | 2021년 2회]

다음 설명에서 제시하고 있는 용어는 무엇인가? (정답은 한글로 쓰시오.)

> 다음은 SCM의 기능 중 OOO 기능을 설명하고 있다. 우선 공급자 네트워크에 의해 공급된 원자재 등을 변형시키는 데 사용하는 여러 프로세스이며, 고객의 주문을 실제 생산 작업으로 투입하기 위한 Production Scheduling이다.

(답:)

해설

공급자 네트워크에 의해 공급된 원자재 등을 변형시키는 데 사용하는 여러 프로세스는 SCM의 내재적 기능에 해당한다.

| 정답 | 29 정보, 재정   30 ④   31 ③   32 ③   33 내재적 |

04 품질관리 ◁1급에만 해당◁

- ☑ 품질관리의 발전 과정
- ☑ QC의 7가지 도구   ☑ 관리도의 종류
- ☑ 6시그마   ☑ 전수검사와 샘플링검사

1 품질

1. 정의

품질은 상품, 제품이나 서비스 등의 질을 말하는 것으로 쥬란, 파이겐바움, 한국산업규격(KS)이 다양하게 정의하고 있다.

① **쥬란에 의한 정의**: 쥬란은 "품질은 곧 용도에 대한 적합성"이라고 정의하였다. 용도에 대한 적합성 개념은 모든 제품과 서비스에 보편적으로 적용할 수 있으며 제품의 필수적 요건은 그 제품을 사용하는 사람들의 요구를 충족시키는 것이기 때문이라고 하였다.

② **파이겐바움에 의한 정의**: TQC(Total Quality Control)의 주창자인 파이겐바움은 "품질이란 제품이나 서비스의 사용에서 소비자의 기대에 부응하는 마케팅, 기술, 제조 및 보전에 관한 여러 가지 특성의 전체적인 구성을 뜻한다."라고 정의하였다. 즉, 품질이란 마케터, 생산기술자, 경영자 등이 정하는 것이 아니고 소비자가 결정하는 것이라고 하였다.

③ **한국산업규격에 의한 정의**: 한국산업규격(KS A3001)은 "물품 또는 서비스가 사용 목적을 만족시키고 있는지의 여부를 결정하기 위한 평가 대상이 되는 고유 성질·성능의 전체"라고 정의하였다.

2. 분류

① **요구품질**: 소비자의 기대품질로 당연히 갖추어야 할 품질(목표품질)
② **설계품질**: 요구품질을 실현하기 위해 제품을 기획하고 그 결과를 정리하여 도면화한 품질
③ **제조품질**: 실제로 제조되어 실현되는 품질(합치의 품질), 4M*의 영향을 많이 받음
④ **시장품질**: 소비자가 원하는 기간 동안 제품의 품질이 지속적으로 유지될 때 소비자가 만족하게 되는 품질(사용품질)

⊛ 4M
'작업자(Man), 설비(Machine), 재료(Material), 작업 방법(Method)'을 말하며, 제품의 품질에 영향을 미치는 요인을 분류하는 데 활용됨

2 품질관리(QC; Quality Control)

품질관리는 기업의 경쟁력을 결정하는 핵심요소인 품질을 관리하는 것으로 소비자의 요구에 맞는 품질을 보장하고 품질 요건을 충족시키기 위한 관리 방법이다. 제품 및 서비스를 품질 요건에 맞춰 경제적으로 생산하기 위하여 수행하는 품질개발, 품질유지, 품질개량 등의 노력 및 관리를 말한다.

1. 품질관리의 발전 과정

> 작업자 품질관리 → 직반장(감독자) 품질관리 → 검사자 품질관리 → 통계적 품질관리(SQC) → 전사적(종합적) 품질관리(TQC) → 전사적(종합적) 품질경영(TQM)

① **작업자 품질관리**: 생산을 담당하고 있는 작업자가 자신의 작업물에 대한 품질을 담당한다.

② **직반장(감독자) 품질관리**: 작업자는 생산만 하고 품질검사는 감독자가 담당한다.

③ **검사자 품질관리**: 생산량 증대에 따라 감독자가 품질검사와 감독을 동시에 하기 힘들어져 품질검사만을 전담하는 검사자가 품질관리하는 방법이다.

④ **통계적 품질관리(SQC)**: 생산량이 더욱 증대하여 모든 생산품에 대한 품질검사를 하는 것이 불가능해짐에 따라 샘플링에 의한 통계적 품질관리의 개념을 도입한다.

⑤ **전사적(종합적) 품질관리(TQC)**: 생산부서 내의 품질담당자가 품질관리를 전담하는 형태를 벗어나, 기업 전체의 입장에서 고객이 만족할 수 있는 제품과 서비스를 위하여 모든 부서 활동을 품질 향상과 연관하여 접근하는 방법이다.

⑥ **전사적(종합적) 품질경영(TQM)**: 고객의 만족을 달성하기 위한 품질의 제품을 경제적으로 생산하고 서비스할 수 있도록 기업 활동 전반의 모든 조직이 협력하여 통계적 기법은 물론 여러 활동을 통하여 품질의 개발·유지·개선을 수행하는 방법이다.

> **TIP**
>
> SQC를 처음 사용한 나라는 미국이며 그 이후 일본에서 사용하기 시작하였다. 1980년대에 들어 SQC를 TQM이라는 광범위한 개념으로 발전시켰으며, 흔히 이용되는 기법에는 관리도법, 샘플링검사법, 실험계획법 등이 있다.

2. 전사적(종합적) 품질경영(TQM; Total Quality Management)

(1) 개념

① 최고 경영자의 리더십 아래 기업의 조직 및 구성원 모두가 총체적 수단을 활용하여 끊임없는 개선과 혁신에 참여하여 기업문화의 창달과 기술개발을 통해 기업의 경쟁력을 키워 감으로써 장기적인 성공을 추구하는 경영체계이다.

② 품질을 통한 경쟁 우위 확보에 중점을 두고 고객만족, 인간성 존중, 사회에의 공헌을 중시한다. 따라서 고객의 니즈(Needs)를 파악하는 것이 중요하다.

③ 제품 및 서비스의 품질을 향상시킴으로써 장기적인 경쟁 우위를 확보하고 기존의 조직 문화와 경영관행을 재구축하는 것이다.

(2) 4가지 기본원리

① 고객 중심(고객만족)

② 품질문화 형성

③ 지속적인 품질 개선(공정 개선)

④ 총체적 참여

3 품질관리(QC)의 7가지 도구(Tool)

특성요인도, 파레토도(파레토그림), 히스토그램, 층별, 산점도, 체크시트, 관리도가 있다.

> **TIP**
>
> 품질관리(QC)의 7가지 도구는 객관식은 물론 주관식에도 자주 출제되므로 각각의 이름과 특성을 알아야 한다.

1. 특성요인도

① 제품의 품질, 상태, 특성 등의 결과에 대하여 그 원인이 어떠한 관계로 영향을 미치게 되었는지를 한눈에 알 수 있도록 계통적으로 정리하여 표시한 그림이다.

② 물고기 모양의 그림으로 생선뼈 도표(Fishbone Diagram)라고도 한다.

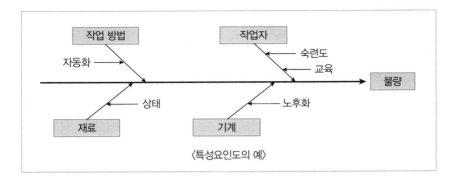

〈특성요인도의 예〉

2. 파레토도(파레토그림)

① 공정의 불량, 고장, 결점 등의 발생 건수 혹은 손실 금액을 항목별로 분류하여 크기 순서대로 나열해 놓은 그림으로 중점관리 대상을 식별하는 데 사용한다.

② 문제를 유발하는 여러 가지 요인들 중 가장 중요한 요인을 추출하기 위한 기법이며, 누적 그래프와 히스토그램을 합한 형태이다.

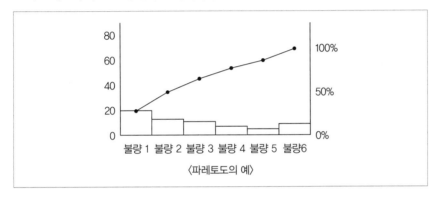

〈파레토도의 예〉

3. 히스토그램

길이, 무게, 시간, 경도, 두께 등을 측정하는 데이터(계량치)가 어떠한 분포를 하고 있는지를 알아보기 쉽게 나타낸 그림이다. 어떤 조건하에서 주어진 데이터를 몇 개의 구간으로 나누어 각 구간에 포함되는 데이터의 분포를 쉽게 파악하기 위한 용도로 작성한다.

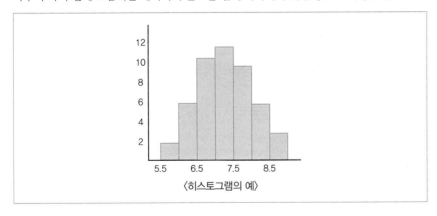

〈히스토그램의 예〉

4. 층별

불량이나 고장 등이 발생했을 때 기계별, 작업자별, 재료별, 시간별 등 각각의 자료를 요인별로 분류하여 몇 개의 층으로 나누어 불량 원인을 파악하기 위한 것이다. 예를 들어 작업자에 관하여 분석하면 조별, 숙련도별, 남녀별, 연령별 등으로 구분할 수 있다.

5. 산점도

점의 흩어진 상태를 표시함으로써 요인들의 상관관계와 경향을 파악하고 품질문제의 원인을 발견하거나 확인하여 불량이나 고장 등에 필요한 조치를 취하도록 하는 것이다. 예를 들어 불량률이 작업장의 습도와 밀접한 관계가 있다고 의심될 때 일정 기간에 관측된 습도와 불량률의 데이터를 도면상에 타점하여 두 변수 간의 상관관계를 도식화함으로써 품질문제의 원인을 발견하거나 확인할 수 있다.

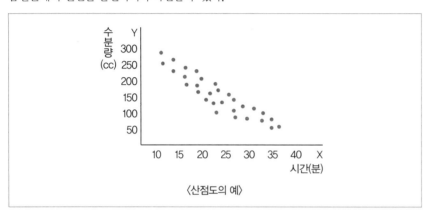

〈산점도의 예〉

6. 체크시트

① 불량 요인 등 체크해야 하는 항목을 미리 적어 두어 간단히 기록할 수 있도록 만들어진 용지로, 체크한 내역의 수량을 셀 수 있어 분류 항목별의 어디에 집중하고 있는가를 알아보기 쉽게 나타낸 것이다.

② 일차적인 데이터의 수집과 기록에 이용되는 양식으로 특히 원인별 불량 발생 건수 등 품질과 관련된 빈도조사에 많이 이용된다.

③ 불량 요인을 몇 개의 항목별로 분류하여 기록하여 살피는 용도인 기록용 체크시트와 미래에 발생할 수 있는 사고나 오차를 예방하기 위해 확인해야 할 사항을 미리 나열하여 점검하기 위한 점검용 체크시트가 있다.

구분	1일	2일	3일	4일	5일	계
불량1	//	/	/	//	//	8
불량2	/	//	///	/	////	11
불량3	/	///	/	/	///	9
불량4	///	/	///	////	/	12
계	7	7	8	8	10	40

〈기록용 체크시트의 예〉

7. 관리도

공정의 이상 유무를 조기에 파악하기 위해 사용하는 것으로, 가장 보편적이고 핵심적인 통계적 품질관리 기법이다. 그래프 안에서 점의 이상 여부를 판단하기 위한 중심선이나 한계선을 기입하여 관리상한선과 관리하한선을 두고 시간의 흐름에 따라 불량률의 추이를 보면서 **정상 구간을 벗어난 구간의 점들을 중요 문제 요인으로 인식하고** 관리한다. 정상적으로 작업해도 어쩔 수 없이 발생하는 산포와 그대로 보고 넘길 수 없는 산포를 구별하여 공정의 안정상태 여부를 판단하기 위해 사용된다.

4 관리도

1. 원리

공정이 안정상태일 때 제품의 품질 특성은 정규분포를 나타내며 품질의 관측치가 평균값(정규분포의 중심선)을 중심으로 ±3σ 내에 포함될 경우, 안정된 공정으로 간주한다. 이를 '슈하트의 3σ법'이라고 하며, **±3σ는 구간 내에 들어가는 비율이 99.73%임을** 말한다.

💡 TIP

정상상태에 있는 공정의 관리도에서 정규분포를 따르는 제품품질 특성의 평균값에 해당하는 선은 정규분포의 중심선이다.

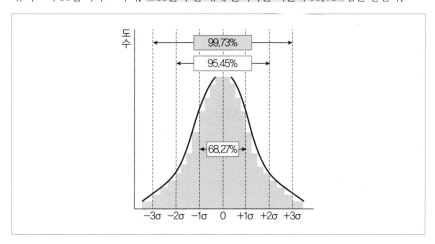

2. 관리한계

관리하고자 하는 품질 특성치의 중심치를 통계적 평균치로 하고 이 중심에서의 편차에 일정한 폭을 관리상한선과 관리하한선으로 정한 것을 관리한계라고 한다. 일반적으로 중심선의 양쪽에 그 데이터를 대표하는 모집단의 표준편차(σ)의 3배인 3σ를 사용한다.

3. 계량치 관리도

길이, 무게, 부피, 수명, 온도, 강도 등과 같이 품질 특성이 **연속적인 값을 갖는 계량치를 관리하기 위한** 관리도이다. 통계적으로 정규분포와 같은 형태를 취한다. 측정 기구로 측정이 가능하며 측정치 그대로를 품질 자료값으로 사용한다.

구분	내용
x 관리도 (각각의 측정치, 생데이터의 관리도)	• 데이터를 군으로 나누지 않고 각각의 측정치를 공정관리에 그대로 사용하는 관리도이다. • 데이터를 군으로 나누어도 별로 의미가 없는 경우나 정해진 공정으로부터 한 개의 측정치밖에 얻을 수 없는 경우 등에 사용한다. • 데이터의 발생 간격이 긴 공정의 관리나 데이터 측정에 시간과 비용이 많이 소요될 때 사용한다. 예 시간이 많이 소요되는 화학 분석치, 알코올 농도, 1일 전력 소비량 등

구분	내용
$\bar{x} - R$ 관리도 (평균치 $\bar{x}$와 범위 R의 관리도)	• 검출력이 좋고 사용하기 용이하여 가장 많이 쓰이는 기본적인 관리도이다. • 관리대상이 되는 항목의 길이, 무게, 강도, 성분, 산포의 변화, 수확률 등과 같이 측정치가 연속량(계량치)으로 나타나는 공정을 관리할 경우 사용한다. • 측정치 그대로를 점으로 찍지 않고 적당한 군으로 나누어 각 군의 평균치인 와 변화의 범위(공정의 변동 폭)인 범위(Range)를 구한다. **예** 실의 인장 강도, 아스피린의 순도 등
$\tilde{x} - R$ 관리도 (메디안 $\tilde{x}$와 범위 R의 관리도)	• $\bar{x} - R$ 관리도의 $\bar{x}$ 대신에 $\tilde{x}$(메디안, 중앙값)을 사용한다. • 계산이 간단하여 플롯하기에 편리하나 $\bar{x} - R$ 관리도에 비하여 검출력이 다소 떨어진다.

▶ R 관리도
R 관리도는 공정분산 즉, 공정의 변동 폭을 관리하는 데 사용됨

4. 계수치 관리도

불량개수, 불량률, 결점 수 등과 같이 셀 수 있는 측정치를 관리하기 위한 관리도이다. 이항분포* 또는 포아송 분포*와 같은 형태를 취한다.

구분	내용
p_n 관리도 (불량 개수 관리도)	• 시료의 크기 n이 일정할 경우 사용한다. • 각각의 품을 양품과 불량품으로 판정하여 시료 전체에 몇 개의 불량품이 있는지를 나타내는 불량 개수로 공정을 관리할 때 사용한다. **예** 전구 꼭지쇠의 불량 개수, 나사의 길이 불량 등
p 관리도 (불량률 관리도)	시료의 크기 n이 일정하지 않을 경우 사용한다.
c 관리도 (결점 수 관리도)	품목 한 단위에서 나타나는 결점 수를 관리할 경우 사용한다. **예** 책 한 쪽의 오탈자 수, TV 한 대의 납땜 불량 건수, 직물의 일정한 면적 중 흠의 수, 모니터 한 대에서 발생하는 불량화소의 수 등
u 관리도 (단위당 결점 수 관리도)	시료의 크기 n이 여러 가지로 변할 경우 일정하지 않은 크기의 시료에서 나타나는 결점 수를 일정 단위당으로 바꾸어서 사용한다.

* 이항분포
불량개수(P_n)관리도와 불량률(p) 관리도에서 사용하는 확률분포

* 포아송 분포
부적합 수(c) 혹은 단위당 부적합 수(u) 관리도에서 부적합 수나 단위당 부적합 수가 따르는 것으로 가정하는 통계적 확률 분포

5 6시그마(σ)

1. 개념

① 100만 개의 제품 중 평균적으로 3.4개의 불량만을 허용(불량률 3.4PPM 이하)하고자 하는 기업의 품질경영 전략이다. 시그마(σ)의 숫자가 커질수록 제품의 품질만족도는 증가하며 6시그마(σ)는 양품률이 99.99966%라는 것이다. 즉, 불량률 제로를 추구하는 것이나 마찬가지이다.

② 제품의 설계와 제조뿐만 아니라 사무간접, 지원 등을 포함하는 모든 종류의 프로세스에서 결함을 제거하고 목표로부터의 이탈을 최소화하여 품질 혁신과 이익 창출, 고객 만족을 달성하고자 하는 혁신 전략으로서 결함 발생률을 6시그마(σ) 수준으로 줄이는 것이다.

③ 1980년대 모토로라에서 창안된 품질 개선 전략으로, 품질 향상에 비용이 많이 드는 것이 아니라 품질 향상이 오히려 비용을 절감할 수 있다는 생각으로 갤빈 회장의 주도하에 품질 개선 운동을 하였다.

2. 6시그마(σ) 관련 용어

① CTQ(Critical To Quality): 핵심적인 품질 특성
② PPM(Parts Per Million): 백만 개 제품당 불량품 수

100 • PART 02 생산이론

③ DPU(Defects Per Unit): 단위당 결함 수

④ DPMO(Defects Per Million Opportunities): 백만 기회당 결함 수

3. 6시그마(σ)의 네 가지 단계(MAIC) 중요

'측정(Measurement), 분석(Analysis), 개선(Improvement), 관리(Control)'의 네 가지 단계로 나눌 수 있으며, 순서대로 앞 글자를 따서 'MAIC'라고 부른다.

(1) 1단계 – 측정(Measurement)

주요 제품 특성치(종속변수)를 선택한 후 그에 필요한 측정을 실시하여 품질수준을 조사하며, 그 결과를 공정관리 카드에 기록하고 단기 또는 장기의 공정능력을 추정한다.

(2) 2단계 – 분석(Analysis)

주요 제품의 특성치와 최고 수준의 타 회사 특성치를 벤치마킹하고, 차이 분석을 통하여 최고 수준의 제품이 성공적인 성능을 내기 위한 요인이 무엇인가를 조사하여 목표를 설정한다. 경우에 따라 제품 또는 공정의 재설계가 필요할 수 있다.

(3) 3단계 – 개선(Improvement)

여러 요인의 개선을 통해 프로세스를 최적화하고 성과를 검증하는 단계이다. 개선이 필요한 성능의 특성치를 정하고 이 특성치의 변동 요인을 진단한 후 실험계획법과 같은 통계적 방법을 이용해 공정변수를 찾아 공정조건을 개선한다. 이를 통해 공정변수 간의 영향 관계를 파악하고, 공정변수의 규격을 정한다.

(4) 4단계 – 관리(Control)

새로운 공정조건을 표준화시키고 통계적 공정관리 방법을 통하여 그 변화를 탐지한 후 새 표준으로 공정이 안정되면 공정능력을 재평가한다. 분석 결과에 따라 1단계, 2단계, 3단계로 다시 돌아갈 수도 있다.

4. DMAIC 추진 단계

최근의 6시그마 경영혁신 활동은 제조부문과 연구부문으로 나뉘는데 제조부문은 DMAIC 방법론을, 연구부문은 DFSS(Design For Six Sigma) 방법론을 통해 프로세스를 진행한다. 제조부문의 DMAIC 방법론은 정의(Define), 측정(Measure), 분석(Analyze), 개선(Improve), 관리(Control) 단계의 앞 글자를 따서 DMAIC라고 부른다.

(1) 정의(Define) 단계

기업 전략과 소비자의 요구사항이 일치하는 활동의 목표를 정한다. CTQ(Critical To Quality) 및 현 수준의 평가를 통한 개선 영역의 확인과 테마의 우선순위를 선정하는 테마 선정 단계이다.

(2) 측정(Measure) 단계

현재의 프로세스 능력과 제품의 수준 등을 측정하고 품질에 결정적인 영향을 끼치는 요소인 CTQ를 밝혀낸다. 프로젝트의 범위와 성과지표를 구체화하고, 측정 시스템의 유효성 확인을 통하여 현 시그마 수준을 평가하는 단계이다.

(3) 분석(Analyze) 단계

문제의 잠재인자 및 근본 원인을 파악하고 검증함으로써 개선의 우선순위를 명확하게 하는 단계이다.

(4) 개선(Improve) 단계

바람직한 프로세스를 만들 수 있도록 여러 요소들을 개선하며, 개선안 도출 및 최적안 선정으로 파일럿 테스트(Pilot Test)를 실시함으로써 개선 효과를 파악하는 단계이다.

(5) 관리(Control) 단계

개선 내용이 원하는 성과를 얻을 수 있도록 유지관리를 위한 계획을 수립하고, 이를 전 사원과 업무의 확산 및 공유화로 연결시키는 단계이다.

6 품질검사

물품을 어떤 방법으로 측정한 결과를 판정기준과 비교하여 제품 각각의 적합·부적합품이나 로트의 합격·불합격 판정을 내리는 것이다.

1. 검사의 종류

(1) 검사공정(프로세스)에 의한 분류

① 수입검사: 외부로부터 원재료, 반제품, 제품 등을 받아들이는 경우에 제출된 로트에 대하여 행하는 검사로 일정한 규격에 맞는지를 확인한다.
② 구입검사: 외부에서 구입하는 경우의 검사로 구입자는 관청, 공장, 상점, 일반 대형소비자, 같은 공장 내의 소비자 등이 있다.
③ 공정검사(중간검사): 앞의 제조공정에서 다음 제조공정으로 이동하는 사이에 하는 검사로 다음 공정으로 불량품이 들어가는 것을 막기 위해서 한다.
④ 최종검사: 제조공정의 최종 단계에서의 검사로 완성품에 대하여 검사한다.
⑤ 출하검사: 제품을 출하할 때 하는 검사이다.
⑥ 기타검사: 기타 과정에서의 검사로 입고검사, 출고검사, 인수인계검사 등이 있다.

(2) 검사 장소에 의한 분류

① 정위치검사: 검사에서 특수한 장치를 필요로 하거나 특별한 장소에서 하는 검사이다.
② 순회검사: 검사공정이 도중에 있는 것이 아니라 검사원이 적시에 현장을 순회하면서 하는 검사이다.
③ 출장검사: 외주업체에 출장하여 하는 검사이다.

(3) 검사 성질에 의한 분류

① 파괴검사
  • 제품 등을 파괴하거나 가치를 떨어뜨리는 시험을 통해 검사의 목적을 달성할 수 있다.
  • 파괴를 함으로써 같은 제품에 반복적으로 시험을 할 수 없다는 단점이 있다.
  • 전수검사에는 불가능하며 샘플링검사를 하여야 한다.
  예 전구의 수명시험, 냉장고 수명시험, 멸균시험 등
② 비파괴검사: 가치를 떨어뜨리지 않고 검사의 목적을 달성할 수 있는 검사이다.
  예 전구의 점등시험, 도금판의 핀홀검사 등

(4) 검사 방법(판정대상)에 의한 분류

① 전수검사: 모든 품목을 검사하는 것이다(파괴검사에는 사용하지 않는다).
② 로트별 샘플링검사: 시료를 로트별로 샘플링하고, 샘플링한 품목을 조사하여 로트의 합격이나 불합격을 결정하는 검사이다.
③ 관리 샘플링검사: 제조공정관리, 공정검사의 조정, 검사 체크가 목적인 검사이다.

2. 전수검사와 샘플링검사

(1) 전수검사를 하는 경우

전수검사를 쉽게 할 수 있거나 불량품이 조금이라도 섞이면 안 되는 경우 실시한다.

① 전수검사를 쉽게 할 수 있는 경우
- 검사비용에 비해서 검사를 통해 얻는 효과가 크며, 검사하는 데 수고와 시간이 별로 들지 않는 경우
  - 예 자동검사기, 전구점등시험, 간단한 게이지로 검사하는 경우 등
- 로트의 크기가 작아서 전수검사를 할 수 있거나 파괴검사가 아닌 경우

② 불량품이 조금이라도 섞이면 안 되는 경우
- 불량품이 조금이라도 섞이면 안전에 중대한 영향을 미치는 치명적인 결점의 경우
  - 예 브레이크 작동 시험, 고압용기의 내압 시험
- 불량품이 조금이라도 섞이면 경제적 영향이 더 크게 미치는 경우
  - 예 보석류 등 값비싼 품목
- 불량품이 조금이라도 섞이면 다음 공정에 더 큰 손실을 가져올 경우

(2) 샘플링검사를 하는 경우

① 불량품이 어느 정도 섞여도 괜찮은 경우
② 불완전한 전수검사에 비해 신뢰성 높은 결과가 얻어지는 경우
③ 검사비용을 적게 들이는 것이 이익이 되는 경우
④ 검사 항목이 많고 복잡한 경우(로트가 큰 경우)
⑤ 생산자에게 품질 향상의 자극을 주고 싶은 경우
⑥ 연속 생산물, 파괴검사 품목

(3) 품질 특성에 따른 샘플링검사의 분류

① 계수 샘플링검사: 불량률에 의한 샘플링검사, 결점 수에 의한 샘플링검사
② 계량 샘플링검사: 특성치에 의한 샘플링검사

> ➕ **생산자위험**
>
> 샘플링검사에서의 생산자위험이란 합격인 좋은 품질의 로트임에도 불구하고 불합격 로트의 판정을 받을 수 있는 위험의 종류로 제1종 오류의 확률이라고 한다.

7 품질비용

제품과 서비스 등의 품질을 관리하는 활동비용이다.

1. 예방비용

① 우선적으로 고려해야 할 비용
② 불량품 생산을 예방하여 불량이나 실패가 생기지 않게 하기 위한 비용
③ 품질계획, 품질 교육 및 훈련, 공정 개선, 설계검토, 공급업자 평가비용 등

2. 평가비용

① 제품의 품질을 정식으로 평가하는 데 발생하는 비용
② 측정, 평가, 검사에 수반되어 발생하는 비용
③ 수입검사, 제품검사, 공정검사, 출하검사, 신뢰성 평가비용 등

3. 실패비용

제품의 품질이 일정한 품질수준에 미달되어 발생하는 비용을 말한다.

① **내부실패비용**: 제품의 출하 또는 서비스가 고객에게 전달되기 이전에 발생한 비용

　예 스크랩비용, 수리비용, 설계변경비용, 폐기비용, 부실재고비용 등

② **외부실패비용**: 제품의 출하 또는 서비스가 고객에게 전달된 이후에 발생한 비용

　예 무상수리비용, A/S자재비용, A/S부서운용비용, 클레임처리비용 등

8 통계적 공정관리(SPC; Statistical Process Control)

1. 개념

① TQC의 일환으로 품질규격에 합격할 수 있는 제품을 만들어 내기 위하여 통계적 방법에 의해 공정을 관리하는 방법이다.

② 과학적인 정보 데이터를 근거로 문제를 직시하고 해석하며 해결책이나 향상 방안을 찾아내는 것으로, 각 공정에서 품질규격에 맞는 제품을 만들어 낼 수 있는 상태로 관리해 가는 기법이다.

③ PDCA(Plan-Do-Check-Act) 관리 사이클을 통해 운영한다.

2. 통계적 공정관리의 품질 변동 원인

구분	우연원인	이상원인
정의	엄격하게 제대로 관리해도 우연처럼 나타나는 원인으로 피할 수 없는 원인(통제 불가능)	피할 수 있는 원인, 묵인할 수 없는 원인(통제 가능)
발생 사유	• 작업자 숙련도의 차이 **예** 미숙련 작업자 • 작업환경의 변화 **예** 온도와 습도 조건의 차이 • 원자재나 생산설비 등의 제반 특성이 식별하기 어려운 정도의 차이 • 종업원의 사기 등 사회나 기술적 요인	• 작업자의 실수나 작업조건 미준수 등 작업자의 부주의 • 불량자재의 사용, 재료의 변경 • 기계의 성능 저하 등 생산설비 이상 • 생산조건의 갑작스런 변화 등 간과할 수 없는 원인

CHAPTER 04

기출 & 확인 문제

01 [1급 | 2021년 2회]

다음 [보기]의 품질에 관한 설명에서 (   ) 안에 들어갈 용어를 쓰시오.

┌ 보기
한국산업규격(KS A3001)은 품질을 "물품 또는 서비스가 (   )을(를) 만족시키고 있는지의 여부를 결정하기 위한 평가 대상이 되는 고유의 성질·성능의 전체"라고 정의하고 있다.

(답:)

해설

한국산업규격(KS A3001)은 품질을 "물품 또는 서비스가 사용 목적을 만족시키고 있는지의 여부를 결정하기 위한 평가 대상이 되는 고유 성질·성능의 전체"라고 정의한다.

02 [1급 | 2021년 6회]

품질의 분류에 관한 설명으로 <u>틀린</u> 것은?

① 설계품질: 소비자 기대를 충족하기 위해 제품을 기획하고 도면화한 품질
② 요구품질: 소비자의 기대품질로 당연히 갖추어야 할 품질
③ 제조품질: 실제로 구현된 제품의 품질 특성
④ 생산품질: 제품이 지속적으로 유지되어 소비자가 만족하는 품질

해설

소비자가 원하는 기간 동안 제품의 품질이 지속적으로 유지될 때 소비자가 만족하게 되는 품질은 시장품질이다.

03 [1급 | 2021년 4회]

품질관리의 발달 과정을 순서대로 바르게 나열한 것은?

① SQC – TQM – TQV
② TQC – TQM – SQC
③ SQC – TQC – TQM
④ TQC – SQC – TQM

해설

품질관리는 '작업자 품질관리 → 직반장(감독자) 품질관리 → 검사자 품질관리 → 통계적 품질관리(SQC) → 전사적(종합적) 품질관리(TQC) → 전사적(종합적) 품질경영(TQM)' 순서로 발전하였다.

04 [1급 | 2022년 3회]

[보기]에서 설명하는 내용이 바르게 짝지어진 것을 고르시오.

┌ 보기
A. 생산량 증대에 따라 반장이 품질검사 및 작업감독을 동시에 하기에 벅차기 때문에 품질검사만을 전담하는 담당자에 의한 품질관리 시대
B. 생산부서 내 품질담당자가 품질관리를 전담하는 기존의 형태를 벗어나, 기업 전체의 입장에서 고객이 만족할 수 있는 제품과 서비스를 위하여 모든 부서의 활동을 품질 향상과 연관하여 제고하고자 하는 접근 방법

　　　　　　　A　　　　　　　　B
① 작업자 품질관리　　　종합적 품질경영
② 검사자 품질관리　　　통계적 품질관리
③ 검사자 품질관리　　　종합적 품질관리
④ 작업자 품질관리　　　통계적 품질관리

해설

A는 검사자 품질관리, B는 종합적(전사적) 품질관리에 대한 설명이다.

05 [1급 | 2022년 1회]

다음에서 설명하고 있는 용어는 무엇인지 영문 대문자 약자로 답을 쓰시오. (예 ERP)

품질을 통한 경쟁 우위 확보에 중점을 두고 고객만족, 인간성 존중, 사회에의 공헌을 중시하며, 최고 경영자의 리더십 아래 전 종업원이 총체적 수단을 활용하여 끊임없는 개선과 혁신에 참여하는 기업문화의 창달과 기술개발을 통해 기업의 경쟁력을 키워감으로써 기업의 장기적 성공을 추구하는 경영체계이다.

(답:)

해설

제품 및 서비스의 품질을 향상시킴으로써 장기적인 경쟁 우위를 확보하고 기존의 조직문화와 경영관행을 재구축하는 것은 TQM(Total Quality Management)이다.

| 정답 |　**01** 사용 목적　　**02** ④　　**03** ③　　**04** ③　　**05** TQM

06 [1급 | 2022년 1회]

다음 중 TQM의 기본 원칙이 <u>아닌</u> 것은?

① 고객 중심(Customer Focus)
② 총체적 참여(Total Involvement)
③ 품질문화(Quality Culture) 형성
④ 총생산적 설비 보전(Total Productive Maintenance)

해설

TQM의 4가지 기본 원칙은 고객 중심(고객만족), 품질문화 형성, 지속적인 품질 개선(공정개선), 총체적 참여이다.

07 [1급 | 2021년 6회]

QC의 7가지 도구 중 결과(품질, 원가 등의 제품의 특성)에 대하여 원인(생산요소 등)이 어떠한 관계로 영향을 미치게 되었는지를 한눈에 보아 알아볼 수 있도록 표시한 그림을 무엇이라 하는지 고르시오.

① 특성요인도
② 파레토도
③ 히스토그램
④ 산점도

해설

원인이 어떠한 관계로 영향을 미치게 되었는지를 한눈에 알 수 있도록 표시한 그림은 특성요인도이며, 물고기 모양의 그림으로 생선뼈 도표라고도 불린다.

08 [1급 | 2021년 5회]

QC 7가지 도구 중 길이, 무게, 시간, 경도 등을 측정하는 데이터(계량치)가 어떠한 분포를 하고 있는지를 한눈에 알아보기 쉽게 나타낸 그래프를 무엇이라 하는지 정답을 한글로 쓰시오.

(답:)

해설

길이, 무게, 시간, 경도 등을 측정하는 데이터(계량치)가 어떠한 분포를 하고 있는지를 한눈에 알아보기 쉽게 나타낸 것은 히스토그램이다.

09 [1급 | 2021년 3회]

불량률이 작업장의 습도와 밀접한 관계가 있다고 의심될 때 일정 기간에 관측된 습도와 불량률의 데이터를 도면상에 타점하여 두 변수 간의 상관관계를 도식화하여 품질문제의 원인을 발견하거나 확인할 수 있다. 이처럼 QC 7가지 도구 중에서 두 변수 간의 상관관계를 도식화하여 보여주어 품질문제의 원인을 발견하거나 확인하는 데 사용되는 것은 무엇인지 한글로 쓰시오.

(답:)

해설

점의 흩어진 상태를 표시함으로써 요인들의 상관관계와 경향을 파악하고 품질문제의 원인을 발견하거나 확인하여 불량이나 고장 등에 필요한 조치를 취하도록 하는 것은 산점도이다.

10 [1급 | 2021년 5회]

QC 7가지 도구 중 일차적인 데이터의 수집과 기록에 이용되는 양식으로 특히 원인별 불량발생 건수 등 품질과 관련된 빈도조사에 많이 이용되는 것은 무엇인가?

① 체크시트(Checksheet)
② 파레토도(Pareto Chart)
③ 산점도(Scatter Diagram)
④ 특성요인도(Cause-and-effect Diagrams)

해설

불량 요인 등 체크해야 하는 항목을 미리 적어 두어 간단히 기록할 수 있도록 만들어진 것은 체크시트이다.
② 파레토도(Pareto Chart): 문제를 유발하는 여러 가지 요인들 중 가장 중요한 요인을 추출하기 위한 양식
③ 산점도(Scatter Diagram): 점의 흩어진 상태를 표시함으로써 요인들의 상관관계와 경향을 파악하고 품질문제의 원인을 발견하거나 확인하여 불량이나 고장 등에 필요한 조치를 취하도록 하는 그림
④ 특성요인도(Cause-and-effect Diagrams): 제품의 품질, 상태, 특성 등의 결과에 대하여 그 원인이 어떠한 관계로 영향을 미치게 되었는지를 한눈에 알 수 있도록 계통적으로 정리하여 표시한 그림

11 [1급 | 2021년 4회]

관리상한선(UCL)과 관리하한선(LCL)을 두고 시간의 흐름에 따라 불량률의 추이를 보면서 측정치가 상하관리한계 안에 있으면 공정은 안정상태에 있는 것으로 간주하고 정상 구간을 벗어난 구간(Out of Control)의 점들을 중요 문제 요인으로 인식하고 관리하는 통계적 품질관리 수법을 무엇이라고 하는지 정답을 한글로 쓰시오.

(답:)

해설

정상 구간을 벗어난 구간의 점들을 중요 문제 요인으로 인식하고 관리하는 통계적 품질관리 기법은 관리도이다.

12 [1급 | 2022년 4회]

[보기]의 지문에서 A와 B에 들어갈 용어를 예와 같이 A는 한글로 기입, B는 숫자로 기입하시오. (예 생산, 1)

┌─ 보기 ─────────────────────────────
공정이 안정상태인 경우 제품의 품질 특성은 (A)분포를 따르며, 품질 관측치의 평균값 중심으로 ±(B)시그마 내에서 관측될 경우 안정된 공정으로 판단한다.
└───────────────────────────────────

(답: ,   )

해설

공정이 안정상태일 때 제품의 품질 특성은 정규분포를 나타내며 품질의 관측치가 평균값(정규분포의 중심선)을 중심으로 ±3σ(시그마) 내에 포함될 경우 안정된 공정으로 간주한다.

13 [1급 | 2024년 1회]

측정치의 유형 중 계량치에 대한 내용으로 틀린 것은?

① 데이터가 연속적인 값을 갖는 측정치
② 통계적으로 정규분포와 같은 분포 형태를 취함
③ 불량품 개수나 단위당 결점 수와 같이 셀 수 있는 측정치
④ 측정기구로 측정 가능하며 측정치를 그대로 품질 자료값으로 사용

해설

불량품의 개수나 단위당 결점 수와 같이 셀 수 있는 측정치는 계수치이다.

14 [1급 | 2022년 3회]

[보기]의 (   ) 안에 들어갈 용어를 기입하시오.

┌─ 보기 ─────────────────────────────
계량형 관리도는 품질 특성이 무게, 길이, 인장 강도 등과 같이 연속적인 값을 갖는 계량치로 나타날 때 쓰인다. (   ) 관리도는 공정분산, 즉 공정의 변동 폭을 관리하는 데 사용된다.
└───────────────────────────────────

(답:)

해설

변화의 범위(공정의 변동 폭)는 R(Range) 관리도이다.

15 [1급 | 2021년 6회]

다음 [보기]의 (   )에 들어갈 정답을 영어 알파벳으로 표기하시오.

┌─ 보기 ─────────────────────────────
불량률이란 제품을 양, 불량 혹은 합격, 불합격으로 분류할 때 불량품이 전체에서 차지하는 비율을 말한다. 관리도 중 이러한 불량률을 통제하기 위하여 사용되는 것은 (   ) 관리도이다.
└───────────────────────────────────

(답:)

해설

불량률 관리도는 p 관리도이다.

16 [1급 | 2022년 1회]

다음 [보기]의 (   )에 들어갈 정답을 영어 알파벳으로 표기하시오.

┌─ 보기 ─────────────────────────────
일정한 크기의 시료 가운데 나타나는 결점 수에 의거 공정을 관리할 때에 사용하는 것은 (   ) 관리도이다.
└───────────────────────────────────

(답:)

해설

품목 한 단위에서 나타나는 결점 수를 관리할 경우 사용하는 관리도는 c 관리도이다.

| 정답 | 11 관리도　　12 정규, 3　　13 ③　　14 R　　15 p　　16 c

17 [1급 | 2024년 1회]

[보기]의 (   ) 안에 공통으로 들어갈 용어를 기입하시오.

→ 보기 ←

(   ) 경영은 모든 프로세스의 품질수준이 (   )을(를) 달성하여 불량률을 3.4PPM 또는 결함 발생 수를 3.4DPMO 이하로 하고자 하는 기업의 품질경영 전략이다.

(답:)

해설

6σ(시그마)는 100만 개의 제품 중 평균적으로 3.4개의 불량만을 허용(불량률 3.4PPM 이하)하고자 하는 기업의 품질경영 전략이다.

18 [1급 | 2021년 5회]

아래 [보기]를 읽고 6시그마의 품질 혁신 단계인 MAIC(1, 2 ,3, 4단계) 중 어느 단계에 해당하는지 그 단계의 숫자를 나타내시오. (예) 1단계)

→ 보기 ←

새로운 공정조건을 표준화시키고 통계적 공정관리 방법으로 그 변화를 탐지하고 새 표준으로 공정이 안정되면 공정능력을 재평가한다. 이러한 사후 분석 결과에 따라 필요하면 1, 2단계 또는 3단계로 다시 돌아갈 수도 있다.

(답:)

해설

6시그마(σ)의 네 가지 단계(MAIC) 중 4단계 '관리(Control)'에 대한 설명이다.

19 [1급 | 2023년 5회]

DMAIC 추진 절차로 가장 적절한 것은?

① 정의 – 측정 – 개선 – 분석 – 관리
② 정의 – 통제 – 측정 – 개선 – 관리
③ 정의 – 측정 – 분석 – 개선 – 관리
④ 통제 – 측정 – 분석 – 관리 – 개선

해설

DMAIC 추진 절차는 '정의(Define) – 측정(Measure) – 분석(Analyze) – 개선(Improve) – 관리(Control)' 순이다.

20 [1급 | 2022년 1회]

다음 [보기]의 작업은 일반적인 6시그마 추진 단계에서 어느 단계에 속하는가?

→ 보기 ←

주요 제품 특성치(종속변수)를 선택하고, 품질수준을 조사하며, 그 결과를 공정관리 카드에 기록하고, 단기 또는 장기 공정능력을 추정한다.

① 분석(Analysis)
② 관리(Control)
③ 개선(Improvement)
④ 측정(Measurement)

해설

6시그마(σ)의 네 가지 단계 중 1단계인 '측정(Measurement)'에 대한 설명이다.

21 [1급 | 2021년 6회]

다음 [보기]를 읽고 해당되는 용어를 쓰시오.

→ 보기 ←

재료, 반제품 또는 제품을 받아들이는 경우 제출된 로트에 대하여 행하는 검사로 원자재가 일정한 규격에 맞는지를 확인하며, 이를 (   )검사라고 한다.

(답:)

해설

외부로부터 원재료, 반제품, 제품 등을 받아들이는 경우에 제출된 로트에 대하여 행하는 검사는 수입검사이다.

22 [1급 | 2022년 4회]

[보기]에서 설명하는 검사 유형으로 가장 적절한 것은?

→ 보기 ←

물품을 시험하여도 상품가치가 떨어지지 않고, 검사의 목적을 달성할 수 있는 검사이다. 전구 점등시험, 도금판의 핀홀검사 등이 그 예이다.

① 무검사
② 파괴검사
③ 비파괴검사
④ 계량 샘플링검사

해설

가치를 떨어뜨리지 않고 검사의 목적을 달성할 수 있는 검사는 비파괴검사이다.

| 정답 | 17 6σ 또는 6시그마 18 4단계 19 ③ 20 ④ 21 수입 22 ③

23 [1급 | 2022년 3회]

샘플링검사에 대한 설명으로 옳지 <u>않은</u> 것은?

① 파괴검사의 경우에는 샘플링검사가 바람직하다.
② 검사의 항목이 많거나 절차가 복잡한 경우에는 샘플링검사가 유리하다.
③ 샘플링검사를 하는 경우에는 합격품 중에 부적합품이 혼입될 수도 있다.
④ 샘플링검사는 부적합품의 합격으로 인한 비용이 전수검사비용보다 더 클 경우에 유리하다.

> **해설**
> 샘플링검사는 부적합품의 합격으로 인한 비용이 전수검사비용보다 더 작을 경우에 유리한 검사 방식이다.

24 [1급 | 2022년 1회]

품질관리에 관한 내용으로 <u>틀린</u> 것은?

① 검사 항목이 적은 경우에 샘플링검사가 바람직하다.
② 관리도는 공정의 상태를 해석하여 관리하기 위한 것이다.
③ 샘플링검사 결과에서 합격품 중에 불량품이 혼입될 수도 있다.
④ 품질비용 중 예방비용이 차지하는 비율이 높을수록 바람직하다.

> **해설**
> 검사 항목이 적은 경우에는 전수검사를 할 수 있으며, 검사 항목이 많고 복잡한 경우에는 샘플링검사를 할 수 있다.

25 [1급 | 2022년 4회]

[보기]에 해당하는 품질비용의 종류를 한글로 기입하시오.

> ┌── 보기 ──
> • 제품 및 서비스의 품질이 설계 표준에 미달될 때 발생하는 비용
> • 설계 변경으로 인한 폐품비용, 재작업비용, 반환품비용
> • 상황에 따라서는 법적 책임비용, 벌금비용 등이 발생

(답: 비용)

> **해설**
> 제품의 품질이 일정한 품질수준에 미달되어 발생하는 비용은 실패비용이다.

26 [2급 | 2019년 1회]

공정품질의 변동 요인 중 우연원인(Chance Cause)에 해당하는 것은?

① 불량자재 사용
② 기계성능 저하
③ 미숙련 작업자
④ 작업자 부주의

> **해설**
> • 우연원인(피할 수 없는 원인): 미숙련 작업자, 온도와 습도 조건의 차이, 사회나 기술적 요인 등
> • 이상원인(피할 수 있는 원인): 불량자재 사용, 기계성능 저하, 작업자 부주의, 생산설비 이상 등

| 정답 | 23 ④   24 ①   25 실패   26 ③

실무

PART

O3

실무 시뮬레이션

CHAPTER 01 iCUBE 핵심ERP 프로그램 설치 방법

CHAPTER 02 시스템관리

CHAPTER 03 생산관리공통

Enterprise
Resource
Planning

| 프로그램 설치 & 백데이터 복원

☑ [에듀윌 도서몰]–[도서자료실]–[부가학습자료]에서 다운로드

☑ PART 03 실무 시뮬레이션 → 2025 핵심ERP 프로그램 설치

☑ 백데이터 파일은 반드시 압축 해제 후 복원

☑ 오류 발생 시 플래너 뒷면의 FAQ 참고

iCUBE 핵심ERP 프로그램 설치 방법

QR코드를 촬영해
프로그램 설치 방법을
확인하세요!

1 iCUBE 핵심ERP 프로그램 설치 시 유의사항

아래 컴퓨터 사양보다 낮은 환경에서는 iCUBE 핵심ERP 프로그램을 설치할 수 없다.

설치 가능 OS	Microsoft Windows7 이상(Mac OS X, Linux 등 설치 불가)
CPU	Intel Core2Duo / i3 1.8Ghz 이상
Memory	3GB 이상
DISK	10GB 이상의 C:₩ 여유 공간

2 iCUBE 핵심ERP 프로그램 설치 방법

① 에듀윌 도서몰(book.eduwill.net) 홈페이지에 접속한다.
② 로그인 후 [도서자료실]−[부가학습자료]를 클릭한다.

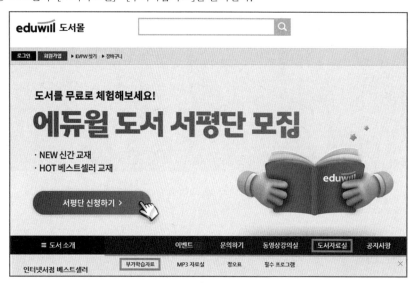

③ 카테고리를 'ERP 정보관리사'로 선택한 후 검색한다.

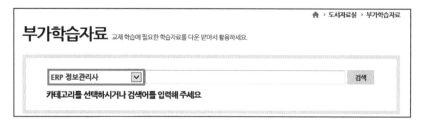

④ 〈2025 에듀윌 ERP 정보관리사 생산 1·2급〉 교재 우측의 다운로드 버튼을 클릭한 후 iCUBE 핵심ERP 프로그램을 다운로드한다.

⑤ 압축된 파일을 풀고 'CoreCubeSetup.exe'를 실행한다. 'CoreCube.exe'를 실행한 경우 아래와 같이 설치를 진행할 수 없다는 경고창이 뜨므로 유의한다.

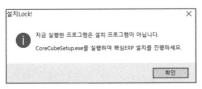

⑥ 설치가 진행되면 '핵심ERP 설치 전 사양체크'가 실행된다.

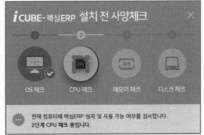

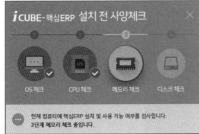

⑦ 설치가 완료되면 iCUBE 핵심ERP를 실행시켜 첫 화면에서 백데이터를 복원하거나 시스템관리자로 로그인한다.

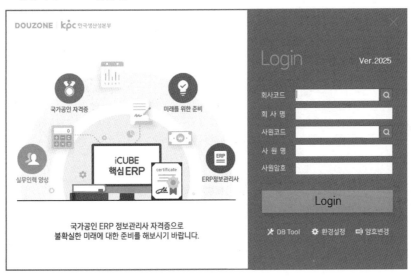

TIP

백데이터와의 호환을 위해 [PART 03 실무 시뮬레이션]은 2025 버전 프로그램과 2025 백데이터를, [PART 04 최신 기출문제]는 2024 버전 프로그램과 기출 백데이터를 다운로드하여 학습해야 한다.

TIP

4단계에 걸쳐 현재 컴퓨터의 사양을 체크하여 핵심ERP 설치 가능 여부를 확인한다. 4단계를 모두 충족해야만 핵심ERP 프로그램의 설치가 진행된다.

TIP

설치 중 오류 발생 시, [에듀윌 도서몰]-[도서자료실]-[부가학습자료]-'ERP 정보관리사'에서 '핵심ERP 프로그램 설치 매뉴얼'을 다운로드하여 확인한다.

3 iCUBE 핵심ERP 백데이터 설치 방법

① [에듀윌 도서몰]-[도서자료실]-[부가학습자료]-'ERP 정보관리사'로 검색한다.
② 〈2025 에듀윌 ERP 정보관리사 생산 1·2급〉 교재 우측의 다운로드 버튼을 클릭한 후 백데이터를 다운로드한다.
③ 다운로드된 백데이터의 압축을 풀고 ④를 참고하여 백데이터를 복원한다.

4 iCUBE 핵심ERP 백데이터 사용 방법

1. 백데이터 복원 방법

① iCUBE 핵심ERP 첫 화면에서 'DB Tool' 버튼을 클릭한다.

② iCUBE 핵심ERP DB TOOL 화면에서 'DB복원'을 클릭한다.

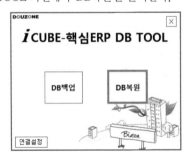

> **TIP**
>
> 복원 시 현재 작업 중인 백데이터는 모두 삭제되므로 중요한 백데이터는 반드시 백업해 놓아야 한다.

> **TIP**
>
> DB복원 클릭 시 '사용자 'sa'이(가) 로그인하지 못했습니다.'라는 경고 창이 뜨면, [DB Tool] 클릭 - 왼쪽 하단의 '연결설정' 클릭 - [windows 인증] 체크 - '확인'을 누르고 복원한다.

- 방법 1. '기본백업폴더 복원'을 지정하여 복원하는 경우, [C:₩iCUBECORE ₩iCUBECORE_DB₩BAK] 경로에 있는 백데이터가 복원된다.

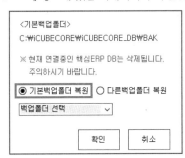

- 방법 2. '다른백업폴더 복원'을 지정하여 복원하는 경우, 복원하고자 하는 폴더를 지정한 후 '확인'을 클릭하면 지정한 폴더에 있는 백데이터가 복원된다.

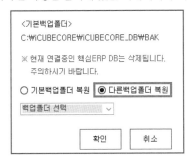

📖 TIP

다운로드한 백데이터 파일을 압축 해제하지 않고 복원하는 경우, 백데이터가 조회되지 않으므로 반드시 압축을 해제한 후 복원한다.

2. 백데이터 백업 방법

① iCUBE 핵심ERP 첫 화면에서 'DB Tool' 버튼을 클릭한다.

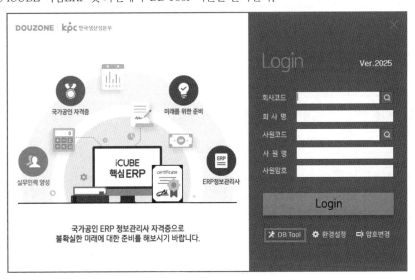

② iCUBE 핵심ERP DB TOOL 화면에서 'DB백업'을 클릭한다.

- 방법 1. '기본폴더 백업'으로 백업하는 경우, [C:₩iCUBECORE₩iCUBECORE_DB ₩BAK] 경로에 백업된다.

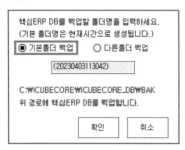

- 방법 2. '다른폴더 백업'으로 백업하는 경우, '확인' 버튼을 클릭한 후 백데이터를 저 장할 폴더를 직접 지정하여 백업할 수 있다.

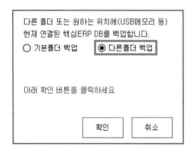

③ 폴더 선택 후 아래와 같이 백업 작업이 완료되면 지정한 폴더에 백데이터가 생성된 것 을 확인할 수 있다.

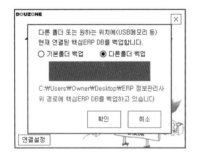

시스템관리

- [2025 에듀윌 ERP 정보관리사 실무 시뮬레이션 백데이터]를 복원
- 회사코드 '4001', 회사명 '2025 에듀윌 ERP 생산', 사원코드 'ERP13P01. 홍길동'으로 로그인(로그인 시 암호는 입력하지 않음)
- [PART 03 실무 시뮬레이션]은 '2025 버전 핵심ERP 프로그램'을 사용

1 iCUBE 핵심ERP 시작하기

1. 백데이터 복원하기

실무 시험에 대한 이해를 높이고자 2025년 핵심ERP 프로그램에 맞추어 2025년 1회차 시험 DB를 바탕으로 재구성한 실무DB를 이용하여 연습하도록 구성하였다. ERP 프로그램을 설치한 후 실행하면 처음에는 회사가 등록되어 있지 않기 때문에 하단의 'DB Tool → DB복원'을 클릭하여 '2025 에듀윌 ERP 생산' 백데이터를 복원해야 한다. 백데이터는 바탕화면이나 찾기 편한 위치에 저장한 후 복원하는 것이 편리하다.

생산 2급 실무에서 '외주관리' 메뉴가 추가된 것이 생산 1급 실무이다.

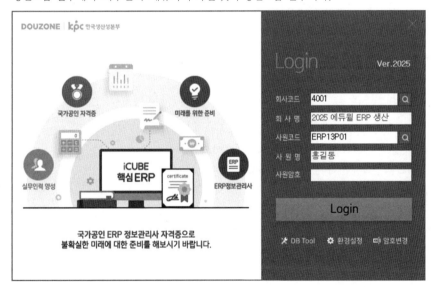

💡 **TIP**

DB복원 클릭 시 '사용자 'sa'이(가) 로그인하지 못했습니다.'라는 경고 창이 뜨면, [DB Tool] 클릭 – 왼쪽 하단의 '연결설정' 클릭 – [windows 인증] 체크 – '확인'을 누르고 복원한다.

💡 **TIP**

다운로드한 백데이터 파일은 반드시 압축을 해제한 후 복원해야 한다.

2. 로그인 화면

처음에 로그인을 하면 다음과 같은 화면이 나온다. 왼쪽 하단에 시스템관리, 생산관리공통 모듈이 있으며 각 모듈을 클릭하면 하위 메뉴를 확인할 수 있다.

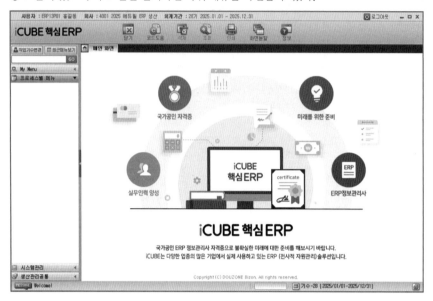

① 각 메뉴에 들어갈 때는 더블클릭을 한다.
② 시험에서는 팝업으로 메뉴가 열리기 때문에 각 메뉴를 사용한 후 메뉴를 닫아야 한다.
③ 노란색으로 표시되는 입력부분은 필수이므로 반드시 입력하여야 한다.
④ 상단의 입력부분을 입력한 후 키보드의 'F12'나 화면 상단의 '조회' 버튼을 누르면 조회가 되며, 'ENTER'를 계속 누르면서 내려가도 조회할 수 있다.
⑤ 시험에서는 화면 왼쪽 상단의 메뉴 검색 기능이 지원되지 않으므로 실습 시에도 메뉴 검색 기능은 사용하지 않는 것이 좋다.
⑥ 키보드의 'F12' 버튼은 조회 시 사용되며, 저장이 필요한 경우에도 사용한다.

TIP

시험에서 여러 개의 메뉴가 열려 있으면 필요한 메뉴가 보이지 않을 수 있으므로 사용하지 않는 메뉴는 바로 종료하는 것이 좋다.

2 개요

[시스템관리]는 회사 업무를 수행함에 있어서 기초가 되는 자료를 입력하고 조회할 수 있는 모듈로 [회사등록정보], [기초정보관리], [초기이월관리], [마감/데이타관리]로 이루어져 있다. 각 메뉴를 더블클릭하거나 메뉴 옆의 ⊞를 클릭하면 하위 메뉴를 확인할 수 있다.

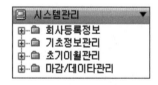

3 회사등록정보

1. 회사등록

시스템관리 ▶ 회사등록정보 ▶ 회사등록

[회사등록]은 우리 회사의 사업자등록증을 바탕으로 본점의 회계연도, 사업자등록번호, 법인등록번호, 대표자 성명 등을 등록하는 메뉴로, 로그인한 회사의 정보가 등록되어 있다. 화면 왼쪽에서 회사명을 선택하면 화면 오른쪽에서 해당 회사의 정보를 조회할 수 있다. 기출문제 DB에는 여러 회사가 등록되어 있으므로 각 회사를 클릭하여 정보를 확인한다.

TIP

시험용 백데이터에서 사업자등록번호와 주민등록번호는 실제 유효한 번호가 아니므로 붉은색 글자로 표시될 수 있다. 잘못된 번호라는 뜻이므로 실제 업무에서는 주의해야 한다.

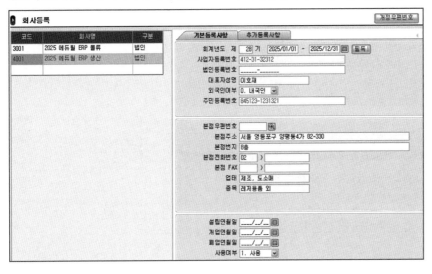

2. 사업장등록

◎∵- ERP 메뉴 찾아가기

시스템관리 ▶ 회사등록정보 ▶ 사업장등록

회사에서 여러 개의 사업장을 운영하고 있는 경우 「부가가치세법」상 사업장마다 각각 사업자등록을 하여야 한다. 회사의 모든 장부는 사업장별로 조회가 이루어지며 각 사업장별로 납부(환급) 세액을 계산하여 이를 각 사업장이 속해 있는 관할 세무서장에게 신고·납부한다. 따라서 [사업장등록] 메뉴에는 각 사업장의 관할 세무서가 존재한다. 현재 백데이터에서 [사업장등록] 메뉴를 조회하면 (주)한국자전거본사, (주)한국자전거지사의 정보가 각각 등록되어 있다.

TIP

시험에는 '본사'와 '지사'가 혼용되어 출제되므로 문제를 끝까지 읽고 각 사업장을 확인한 후 풀어야 한다.

3. 부서등록

◎ ERP 메뉴 찾아가기

시스템관리 ▶ 회사등록정보 ▶ 부서등록

회사에서는 업무 영역에 따라 부서가 여러 개로 나누어져 있으며 이러한 부서를 등록하는 메뉴가 [부서등록]이다. 각 부서들의 총괄 업무를 '부문'이라고 하며, 오른쪽 상단의 '부문 등록'에 부문이 등록되어 있으면 부서등록 시 부문코드와 부문명을 선택하여 등록할 수 있다. 하나의 사업장에 여러 개의 부서가 등록될 수 있지만 부서코드는 중복하여 입력할 수 없다.

부서코드	부서명	사업장코드	사업장명	부문코드	부문명	사용기간	사용기간
1100	총무부	1000	(주)한국자전거본사	1000	관리부문	2007/01/01	
1200	경리부	1000	(주)한국자전거본사	1000	관리부문	2007/01/01	
2100	국내영업부	1000	(주)한국자전거본사	2000	영업부문	2007/01/01	
2200	해외영업부	1000	(주)한국자전거본사	2000	영업부문	2007/01/01	
3100	관리부	2000	(주)한국자전거지사	1000	관리부문	2007/01/01	
4100	생산부	2000	(주)한국자전거지사	3000	생산부문	2007/01/01	
5100	자재부	2000	(주)한국자전거지사	3000	생산부문	2007/01/01	

4. 사원등록

◎ ERP 메뉴 찾아가기

시스템관리 ▶ 회사등록정보 ▶ 사원등록

회사의 각 사원별로 사원코드, 사원명, 입력방식, 조회권한 등을 설정할 수 있는 메뉴이다. 퇴사일은 시스템관리자만 입력할 수 있으며 퇴사일이 입력되어 있는 사원은 퇴사일 이후 시스템에 접근할 수 없다. 또한 사용자여부가 '여'로 설정되어 있는 사원만 프로그램에 접근할 수 있다.

프로그램 시작 시 사원별로 암호를 설정해야 하지만, 시험용 프로그램이므로 생략한다. 인사입력방식과 회계입력방식은 생산과 물류 모듈보다는 회계나 인사 모듈에서 주로 출제되는 내용이다.

(1) 인사입력방식

급여에 대해 조금 더 안정적이고 정확한 관리가 이루어질 수 있도록 급여 마감에 대한 통제권한자를 설정한다.

① '0. 미결': 급여의 통제 및 결재권한이 없다.

② '1. 승인': 급여 승인권한자만 최종 급여를 승인 또는 해제할 수 있다.

💡 TIP

부서등록 전 부문등록이 선행되어야 한다.

(2) 회계입력방식

사원의 전표입력방식에 대한 권한을 설정한다.

① '0. 미결': 전표입력 시 미결전표가 발행되며, 승인권자의 승인이 필요하다.

② '1. 승인': 전표입력 시 승인전표가 발행되며, 전표를 수정하거나 삭제할 경우에 승인해제를 해야 한다.

③ '2. 수정': 전표입력 시 승인전표가 발행되며, 승인해제를 하지 않아도 곧바로 수정 및 삭제할 수 있다.

(3) 조회권한

① '1. 회사': 회사 전체의 내역을 입력 및 조회할 수 있다.

② '2. 사업장': 사원이 소속되어 있는 사업장의 내역만을 입력 및 조회할 수 있으며, 다른 사업장에는 접근할 수 없다.

③ '3. 부서': 사원이 소속되어 있는 부서의 내역만을 입력 및 조회할 수 있으며, 다른 부서에는 접근할 수 없다.

④ '4. 사원': 사원 본인의 내역만을 입력 및 조회할 수 있으며, 다른 사원에게는 접근할 수 없다.

5. 시스템환경설정

 ERP 메뉴 찾아가기

시스템관리 ▶ 회사등록정보 ▶ 시스템환경설정

각 메뉴의 운영여부, 소수점 자리수, 사용여부 등을 선택할 수 있으며, 오른쪽 선택범위에 해당하는 내용의 번호를 유형설정에서 선택할 수 있다.

예를 들어, 조회구분 '4. 물류'에서 출고의뢰운영여부의 유형설정이 '0'으로 선택되어 있다는 것은 오른쪽의 선택범위 '0. 운영안함, 1. 운영함' 중에서 '0. 운영안함'을 선택하여 출고의뢰를 운영하지 않는다는 뜻이다. '0. 부'나 '0. 운영안함'으로 설정되어 있는 메뉴를 열려고 시도하면 [시스템환경설정]에서 운영여부가 '0. 부' 또는 '0. 운영안함'으로 선택되어 있다는 팝업창이 나오면서 메뉴를 열 수 없다. 해당 메뉴를 열어보고자 한다면 운영여부를 '1. 여'나 '1. 운영함'으로 설정하고 로그아웃을 한 후 다시 로그인해야 한다.

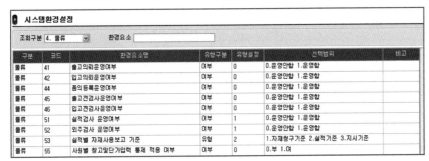

시스템환경설정

조회구분 4. 물류   환경요소

구분	코드	환경요소명	유형구분	유형설정	선택범위	비고
물류	41	출고의뢰운영여부	여부	0	0.운영안함 1.운영함	
물류	42	입고의뢰운영여부	여부	0	0.운영안함 1.운영함	
물류	44	품의등록운영여부	여부	0	0.운영안함 1.운영함	
물류	45	출고검사운영여부	여부	0	0.운영안함 1.운영함	
물류	46	입고검사운영여부	여부	0	0.운영안함 1.운영함	
물류	51	실적검사 운영여부	여부	1	0.운영안함 1.운영함	
물류	52	외주검사 운영여부	여부	1	0.운영안함 1.운영함	
물류	53	실적별 자재사용보고 기준	유형	2	1.자재청구기준 2.실적기준 3.지시기준	
물류	55	사원별 창고및단가입력 통제 적용 여부	여부	0	0.부 1.여	

💡 TIP

출고의뢰나 입고의뢰는 주로 물류에서 사용하는 메뉴이다.

6. 사용자권한설정

ERP 메뉴 찾아가기

시스템관리 ▶ 회사등록정보 ▶ 사용자권한설정

사용자별로 각 모듈의 사용권한을 설정할 수 있으며, '모듈구분'에서 모듈을 선택하면 사용 가능한 메뉴를 확인할 수 있다. 메뉴 조회 시 '홍길동' 사원은 'S. 시스템관리'와 'M. 생산관리공통'에 대해서만 권한이 설정되어 있으며, '홍길동' 사원으로 로그인하면 왼쪽의 메뉴에서 [시스템관리]와 [생산관리공통] 모듈만 조회된다. 만약 사원에게 더 많은 모듈의 사용권한을 설정하고자 한다면 '모듈구분' 선택 → '사원' 선택 → 'MENU' 선택 → 오른쪽 상단의 '권한설정' 버튼을 클릭하면 된다. 권한설정을 하고 로그아웃한 후 다시 로그인하면 권한설정이 된 모듈과 메뉴를 확인할 수 있다.

4 기초정보관리

1. 일반거래처등록

ERP 메뉴 찾아가기

시스템관리 ▶ 기초정보관리 ▶ 일반거래처등록

회사의 매입처, 매출처 등의 일반거래처를 등록하는 메뉴이다. 화면의 왼쪽에는 거래처의 이름, 화면의 오른쪽에는 각 거래처의 기본등록사항과 거래등록사항 등이 입력되어 있다. 거래처 구분이 '일반'인 경우에 사업자등록번호는 입력부분이 노란색으로 표시되어 필수 입력해야 하며, 그 외 '무역, 주민, 기타'인 경우에는 필수입력하지 않아도 된다.

 일반거래처등록

(주)한국자전거본사의 사원은 거래처의 사업자등록번호만 가지고 거래처를 찾으려고 한다. 다음 중 사업자등록번호가 '104-21-40013'인 거래처는 어디인가?

① (주)하나상사
② (주)형광램프
③ (주)대일전자
④ (주)중앙전자

사업자등록번호는 각 거래처를 클릭해서 확인해도 되지만 오른쪽 상단의 '조건검색'을 이용해서 확인하면 편리하다.
'조건검색' 창에 검색하고자 하는 사업자등록번호를 입력하고 '검색(TAB)'을 클릭하면 (주)형광램프가 조회된다.

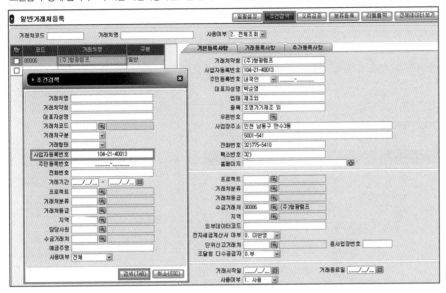

2. 금융거래처등록

🔍 ERP 메뉴 찾아가기

시스템관리 ▶ 기초정보관리 ▶ 금융거래처등록

금융기관, 정기예금, 카드사 등의 금융거래처를 등록하는 메뉴이다. 각 거래처의 내용이
오른쪽의 '기본등록사항' 탭과 '고정자금등록' 탭에 입력되어 있다.

실무 연습문제   금융거래처등록

국민은행에 새로 개설한 당좌계좌를 ERP에 등록하고자 할 때 활용해야 하는 메뉴는 무엇인가?

① 일반거래처등록
② 금융거래처등록
③ 품목군등록
④ 물류관리내역등록

새로 개설한 당좌계좌를 등록할 때 활용하는 메뉴는 [금융거래처등록]이다.

3. 품목군등록

ERP 메뉴 찾아가기

시스템관리 ▶ 기초정보관리 ▶ 품목군등록

회사에서 사용하고 있는 품목을 그룹별로 관리하기 위하여 품목군을 등록하는 메뉴이다. 품목등록 시 [품목군등록]에서 사용여부가 '사용'으로 설정되어 있는 품목군만 사용할 수 있으며, 품목군 없이도 품목등록이 가능하다.

품목군코드	품목군명	사용여부	품목군설명
A100	자전거	사용	
F100	FRONT	사용	
G100	GEAR	사용	
H100	WHEEL	사용	
L100	HEAD LAMP	사용	
N100	WIRING	사용	
P100	PEDAL	사용	
R100	FRAME	사용	
S100	반조립품	사용	
X100	유아용	사용	
Y100	일반용	사용	
Z100	산악용	사용	

실무 연습문제 품목군등록

회사는 품목을 효율적으로 관리하기 위해서 품목별로 유아용, 일반용, 산악용 등의 품목군을 지정하여 품목을 관리하고자 한다. 다음 중 어느 메뉴를 활용하여 품목군을 등록해야 하는가?

① 관리내역등록
② 품목분류(대/중/소)등록
③ 품목군등록
④ 프로젝트등록

정답 ③

새로운 품목군을 등록하는 메뉴는 [품목군등록]이다.

4. 품목등록 중요

ERP 메뉴 찾아가기

시스템관리 ▶ 기초정보관리 ▶ 품목등록

회사에서 사용하고 있는 품목의 정보를 등록하는 메뉴이다. 생산관리와 물류관리에서 반드시 선행되어야 하는 필수입력 메뉴이며, 시험에도 가장 많이 출제된다. 화면 왼쪽에 품번과 품명이 있고, 화면 오른쪽에 'MASTER/SPEC', 'ORDER/COST', 'BARCODE 정보' 탭이 있어서 각 품목의 정보를 입력할 수 있다.

TIP
어떤 정보가 어느 탭에 있는지 위치를 파악하는 것이 중요하다.

(1) 'MASTER/SPEC' 탭

① 계정구분
- '0. 원재료': 제품이나 반제품 생산에 투입되는 주요 품목
- '1. 부재료': 제품이나 반제품 생산에 투입되는 부수 품목
- '2. 제품': 기업에서 판매를 목적으로 생산하는 품목
- '4. 반제품': 완전한 제품으로는 부족하지만 제품 생산에 투입하거나 독립적으로 판매가 가능한 품목
- '5. 상품': 판매를 목적으로 구매하는 품목

② 조달구분
- '0. 구매': 계정구분이 원재료, 부재료, 상품 등으로 외부에 발주하여 구매하는 품목
- '1. 생산': 계정구분이 제품, 반제품 등으로 내부에서 자재를 투입하여 생산하는 품목
- '8. Phantom': 공정상 잠시 존재하여 구매 및 수불 행위가 발생하지 않는 품목

③ 재고단위: 재고관리 등에 사용되는 단위로, 입·출고, 재고관리, 생산·외주 시 사용되는 품목의 재고 기준단위이다.

④ 관리단위: 영업에서의 수주, 구매에서의 발주 시 사용되는 관리 기준단위이다.

⑤ 환산계수: 재고단위/관리단위로 계산할 수 있으며, 'F2'를 누르면 계산식을 확인할 수 있다.

⑥ 품목군: 품목을 그룹별로 관리하는 경우에 사용한다.

⑦ LOT*여부: 품목의 입·출고나 생산 시 LOT의 사용·미사용을 결정한다.

⑧ SET품목: 2가지 이상의 품목을 묶어서 SET로 구성하는지의 여부를 결정한다.

⑨ 검사여부: 영업관리, 구매관리, 생산관리, 외주관리 등을 운영할 때 품목의 검사여부를 결정한다.

⑩ 사용여부: 품목의 사용여부를 결정한다.

(2) 'ORDER/COST' 탭

① LEAD TIME: 품목의 조달 시 소요되는 기간을 의미하며, 일 단위로 설정한다.
- 조달구분이 '0. 구매'인 경우: 발주에서 입고까지 소요되는 일자
- 조달구분이 '1. 생산'인 경우: 작업지시에서 생산완료까지 소요되는 일자

② 안전재고량: 여러 가지 불확실한 상황에 대비하여 회사에서 보유하고 있는 재고량이다.

③ 표준원가: 사전원가의 개념으로, 기업이 이상적인 제조활동을 하는 경우의 원가이다.

④ 실제원가: 사후원가의 개념으로, 제품이 완성된 후에 제조를 위하여 소비되는 금액을 산출한 원가이다.

실무 연습문제 품목등록

[1] 다음 [보기]의 조건으로 데이터를 조회한 후 물음에 답하시오.

> 보기
> • 계정구분: 4. 반제품

[보기]의 조건으로 조회된 품목 중 작업지시에서 생산완료까지 가장 많은 일자가 소요되는 품목은 무엇인가?

① 81-1001000. BODY-알미늄(GRAY-WHITE)

② 83-2000100. 전장품 ASS'Y

③ 83-2000120. 전장품 ASS'Y (TYPE B)

④ 88-1001000. PRESS FRAME-W

LOT
1회에 생산되는 특정 수의 단위 또는 회사에서 관리하는 공정이나 라인 등의 기준

TIP
LEAD TIME은 시험에 자주 출제된다. 'ORDER/COST' 탭에서 LEAD TIME을 조회할 수 있다는 것을 반드시 기억해야 한다.

정답 ③

작업지시에서 생산완료까지 가장 많은 일자가 소요되는 품목은 LEAD TIME이 가장 긴 품목을 의미한다. [보기]의
계정구분 조건으로 조회한 후 'ORDER/COST' 탭에서 각 품목의 LEAD TIME을 확인한다.

① 81-1001000. BODY-알미늄(GRAY-WHITE)의 LEAD TIME: 1DAYS

② 83-2000100. 전장품 ASS'Y의 LEAD TIME: 3DAYS

③ 83-2000120. 전장품 ASS'Y (TYPE B)의 LEAD TIME: 7DAYS ✓

④ 88-1001000. PRESS FRAME-W의 LEAD TIME: 3DAYS

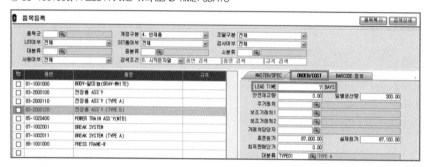

[2] 다음 중 BOM을 등록할 경우에 자품목으로 어울리지 않는 품목은 무엇인가?

① 21-9000200. HEAD LAMP

② 21-3001500. PEDAL(S)

③ 83-2000100. 전장품 ASS'Y

④ NAX-A420. 산악자전거(P-20G)

정답 ④

BOM을 등록할 경우에 자품목은 모품목을 생산하는 데 필요한 품목을 말한다. '제품'은 생산이 완성된 품목이므
로 자품목으로 어울리지 않는다. 따라서 [품목등록] 메뉴에서 '계정구분: 2. 제품'으로 조회하여 나오는 NAX
-A420. 산악자전거(P-20G)가 정답이며, 계정구분 정보는 'MASTER/SPEC' 탭에서도 확인할 수 있다.

①, ② 품목은 계정구분 '0. 원재료', ③ 품목은 계정구분 '4. 반제품'으로 등록되어 있어 자품목으로 어울리는 품
목이다.

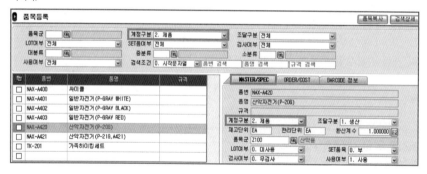

5. 창고/공정(생산)/외주공정등록

ERP 메뉴 찾아가기

시스템관리 ▶ 기초정보관리 ▶ 창고/공정(생산)/외주공정등록

사업장별로 '창고/장소', '생산공정/작업장', '외주공정/작업장'에 관한 정보를 등록하는 메뉴로, 각 탭마다 조회하여 등록할 수 있다. 생산관리와 물류관리를 운영하기 위해서는 창고, 공정, 작업장등록이 선행되어야 한다.

① 창고나 공정은 사업장별로 관리되므로 사업장 선택 후 각 창고나 공정을 조회 및 입력한다.
② 사업장 옆의 🔍를 누르거나 사업장란에서 'F2'를 누른 후 사업장을 선택할 수 있다.
③ 화면 상단에 창고/생산공정/외주공정을 등록하고, 창고의 장소나 생산공정의 작업장, 외주공정의 작업장은 화면 하단에 등록한다.
④ 하나의 창고나 공정에 여러 개의 장소나 작업장을 등록하여 사용할 수 있다.
⑤ 탭별로 각각 등록되어 있으므로 조회조건을 정확하게 파악하여야 한다.

실무 연습문제 창고/공정(생산)/외주공정등록

다음 중 (주)한국자전거지사에서 외주발주등록 시 활용할 수 없는 외주작업장코드와 외주거래처명을 고르시오.

① R201. (주)대흥정공
② R221. (주)영동바이크
③ R241. (주)세림와이어
④ R251. (주)형광램프

정답 ④

'외주공정/작업장' 탭에서 '사업장: 2000. (주)한국자전거지사'로 조회한 후 각 작업장의 사용여부를 확인한다. 'R200. 외주공정'의 하단에 각 작업장이 등록되어 있으며, ④ R251. (주)형광램프의 사용여부가 '미사용'으로 되어 있으므로 외주발주등록 시 활용할 수 없는 외주작업장임을 알 수 있다.

창고/공정(생산)/외주공정등록

사업장 2000 🔍 (주)한국자전거지사 사용여부(외... 전체 적합여부 전체
거래처 ___ 사용여부(작... 전체

| 창고/장소 | 생산공정/작업장 | **외주공정/작업장** |

외주공정코드	외주공정명	입고기본위치	출고기본위치	외주공정설명	사용여부
R200	외주공정				사용
R300	외주공정(2 Part)				사용

작업장코드	외주거래처코드	작업장명	외주거래처명	작업장설명	적합여부	사용여부
R201	00001	(주)대흥정공	(주)대흥정공		적합	사용
R211	00013	다스산업(주)	다스산업(주)		적합	사용
R221	00009	(주)영동바이크	(주)영동바이크		적합	사용
R231	00007	(주)제일물산	(주)제일물산		적합	사용
R241	00005	(주)세림와이어	(주)세림와이어		적합	사용
R251	00006	(주)형광램프	(주)형광램프		적합	미사용
R261	00022	한돈형공(주)	한돈형공(주)		적합	사용
R271	00024	태경스틸(주)	태경스틸(주)		적합	사용
R272	00026	(주)재하정밀	(주)재하정밀		적합	사용

6. 프로젝트등록

🔍 ERP 메뉴 찾아가기

시스템관리 ▶ 기초정보관리 ▶ 프로젝트등록

특정한 행사, 프로젝트 등을 별도로 관리하고자 할 때 사용하는 메뉴이다. 오른쪽 상단의 '분류등록'을 클릭하면 프로젝트분류를 추가할 수 있다.

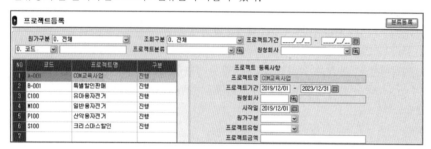

실무 연습문제 프로젝트등록

다음 [보기]와 같은 프로젝트분류를 추가하고자 할 때 활용해야 하는 메뉴는?

┌─ 보기 ─
• 프로젝트분류: LT100. 상반기사업

① 프로젝트등록   ② 품목등록
③ 관리내역등록   ④ 물류관리내역등록

정답 ①

프로젝트분류는 [프로젝트등록] 메뉴에서 오른쪽 상단의 '분류등록'을 이용하여 등록할 수 있다.

---

7. 관리내역등록

🔍 ERP 메뉴 찾아가기

시스템관리 ▶ 기초정보관리 ▶ 관리내역등록

예금종류, 거래처등급 등의 관리항목을 등록해 놓은 메뉴이다. 구분이 '변경가능'인 것은 변경 및 입력이 가능하고, '변경불가능'인 것은 변경 및 입력이 불가능하다. 조회구분에는 '0. 공통', '1. 회계'가 있다.

💡TIP
생산과 물류보다는 회계 모듈에서 주로 사용하는 메뉴이다.

8. 회계연결계정과목등록

ERP 메뉴 찾아가기

시스템관리 ▶ 기초정보관리 ▶ 회계연결계정과목등록

물류, 생산 등 여러 모듈에서 발생한 매입과 매출 정보에 대한 회계처리를 수행하여 자동으로 분개하기 위해 계정과목코드를 미리 등록하는 메뉴이다. 회계처리 관련 메뉴에서 전표처리를 진행하면 [회계연결계정과목등록]에 등록되어 있는 전표가 대체차변, 대체대변에 생성된다. 각 모듈에서 회계처리된 것은 미결전표로 처리되므로 회계 승인권자가 [전표승인/해제] 메뉴에서 승인을 하여야 승인전표가 된다.

실무 연습문제　회계연결계정과목등록

다음 [보기]의 조건으로 데이터를 조회한 후 물음에 답하시오.

┌ 보기 ─────────────────────────
• 모듈: 생산관리
• 전표코드: 외주가공비
└──────────────────────────

[회계처리(외주마감)]에서 전표처리를 진행하면 자동으로 생성되는 전표의 대체차변과 대체대변에 분개되는 계정과목으로 옳지 않은 것은?

① 대체차변: 외주가공비
② 대체차변: 부가세대급금
③ 대체대변: 외상매입금
④ 대체대변: 현금

정답 ④

[보기]의 조건으로 조회하면 대체대변에 분개되는 계정과목은 외상매입금이다. 현금은 분개되지 않는다.

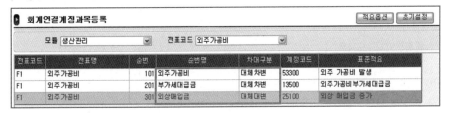

9. 물류관리내역등록

ERP 메뉴 찾아가기

시스템관리 ▶ 기초정보관리 ▶ 물류관리내역등록

물류나 생산 모듈에서 사용하는 생산설비나 작업팀 등의 관리항목을 등록하고 관리하는 메뉴이다. 화면 왼쪽의 코드와 관리항목명은 시스템에서 자동으로 제공되며, 화면 오른쪽의 관리내역코드와 관리항목명은 직접 입력 및 수정할 수 있다. 사용하지 않는 관리내역의 사용여부를 '미사용'으로 설정하면 [작업지시등록] 메뉴 등에서 사용할 수 없다.

다음 [보기]의 조건으로 데이터를 조회한 후 물음에 답하시오.

┌ 보기 ─────────────────────────────────
• 메뉴: 물류관리내역등록
└────────────────────────────────────

[작업지시등록] 메뉴에서 활용되는 관리내역이 <u>아닌</u> 것은?

① P1. 생산설비
② P2. 작업팀
③ P3. 작업 SHIFT
④ PC. 결재 조건

정답 ④

[물류관리내역등록] 메뉴에 등록되어 있는 관리항목명을 확인한다. P1. 생산설비, P2. 작업팀, P3. 작업 SHIFT에는 관리항목명이 등록되어 있으나 PC. 결재 조건에는 관리항목명이 등록되어 있지 않다. 또한 [작업지시등록] 메뉴에 입력을 해보면 생산설비, 작업팀, 작업 SHIFT(작업조)는 입력할 수 있으나 결재 조건은 입력할 수 없다.

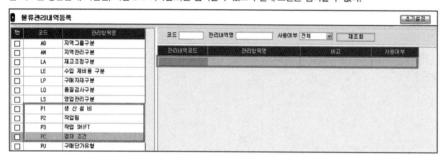

10. 물류담당자코드등록

◇ ERP 메뉴 찾아가기

시스템관리 ▶ 기초정보관리 ▶ 물류담당자코드등록

물류나 생산 업무에서 사용하는 담당자를 등록하는 메뉴이다. 오른쪽 상단의 '담당그룹등록'을 클릭한 후 담당자를 등록할 수 있으며, 담당그룹이 없어도 등록이 가능하다. 시작일과 종료일 사이의 기준일자에 유효한 담당자의 조회가 가능하다.

다음 중 2025년 5월 1일 기준으로 등록되어 있는 물류담당자코드와 코드명의 연결이 <u>옳지 않은</u> 것은?

① A100 - 이혜리
② A200 - 홍길동
③ A300 - 양의지
④ A400 - 박상미

정답 ②

'기준일자: 2025/05/01'로 조회되는 담당자코드와 담당자코드명을 확인한다. 담당자코드 A200의 담당자코드명은 '권재희'이다.

11. 물류실적(품목/고객)담당자등록

> **⊘ ERP 메뉴 찾아가기**
>
> 시스템관리 ▶ 기초정보관리 ▶ 물류실적(품목/고객)담당자등록

[물류담당자코드등록] 메뉴에서 등록한 물류담당자를 조회하여 거래처나 품목별로 담당자를 등록하는 메뉴이다. [물류실적(품목/고객)담당자등록] 메뉴에는 담당자뿐만 아니라 지역이나 거래처분류 등도 입력할 수 있으므로 [물류실적(품목/고객)담당자등록] 메뉴의 입력 사항을 확인해야 한다. '거래처' 탭에서 거래처별로, '품목' 탭에서 품목별로 담당자를 입력하며 영업담당자, 구매담당자, 외주담당자, 지역, 거래처분류 등을 입력할 수 있다.

실무 연습문제 물류실적(품목/고객)담당자등록

다음 중 생산담당자 권재희가 담당하는 품목으로 옳지 않은 것은?

① 87-1002001. BREAK SYSTEM
② NAX-A401. 일반자전거(P-GRAY WHITE)
③ NAX-A420. 산악자전거(P-20G)
④ NAX-A421. 산악자전거(P-21G, A421)

정답 ②

'품목' 탭에서 각 품목의 생산담당자를 확인한다. 전체로 조회해서 확인해도 되지만 생산담당자를 '권재희'로 선택하여 조회하면 한눈에 확인하기 편리하다.
② NAX-A401. 일반자전거(P-GRAY WHITE)의 생산담당자는 '이혜리'이다.

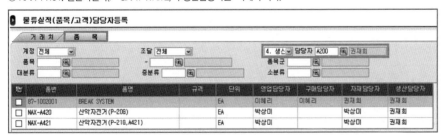

12. 품목분류(대/중/소)등록

✧· ERP 메뉴 찾아가기

시스템관리 ▶ 기초정보관리 ▶ 품목분류(대/중/소)등록

품목을 특성에 따라 품목군, 대분류, 중분류, 소분류별로 관리하고자 할 경우에 등록하는 메뉴이다. 품목군, 대분류, 중분류, 소분류 설정은 [품목등록] 메뉴에서도 가능하며, [품목분류(대/중/소)등록] 메뉴에서 품목분류를 등록하면 [품목등록] 메뉴에도 동일하게 적용된다. [물류관리내역등록] 메뉴의 품목 대분류, 품목 중분류, 품목 소분류에 등록되어 있는 내용을 사용하며, 사용여부가 '미사용'인 품목은 조회되지 않는다.

실무 연습문제 품목분류(대/중/소)등록

다음 [보기]의 조건으로 데이터를 조회할 때 [보기]의 소분류에 해당하지 않는 품목은?

┌ 보기 ─────────────
• 소분류: 200. 중형

① 83-2000110. 전장품 ASS'Y (TYPE A)
② 21-1030600. FRONT FORK(S)
③ 87-1002011. BREAK SYSTEM (TYPE A)
④ 88-1001000. PRESS FRAME-W

정답 ④

소분류별 품목은 [품목등록] 메뉴 또는 [품목분류(대/중/소)등록] 메뉴에서 확인할 수 있다. 전체로 조회한 후 소분류를 확인해도 되지만 '소분류: 200. 중형'으로 조회한 후 해당 품목을 확인하는 것이 더욱 편리하다.
④ 88-1001000. PRESS FRAME-W의 소분류는 '중중형'이다.

---

13. 검사유형등록

✧· ERP 메뉴 찾아가기

시스템관리 ▶ 기초정보관리 ▶ 검사유형등록

물류나 생산의 각 모듈에서 검사를 할 경우에 사용하는 검사유형을 등록한다. 검사구분에는 '11. 구매검사', '21. 외주검사', '41. 공정검사', '51. 출하검사'가 있다. 각 검사유형명 하단에 검사유형질문을 등록할 수 있으며, 입력필수에 '필수'와 '선택'을 구분하여 등록할 수 있다.

다음 [보기]의 조건으로 데이터를 조회한 후 물음에 답하시오.

┌ 보기 ─────────────────────────────
• 검사구분: 41. 공정검사
└────────────────────────────────

다음 중 입력필수여부가 필수인 검사유형질문이 등록되어 있는 검사유형명은 무엇인가?

① LQA. 바디조립검사
② LQB. 휠조립검사
③ LQC. 핸들조립검사
④ LQD. 자전거ASS'Y최종검사

정답 ③

[보기]의 조건으로 조회한 후 검사유형명 하단에서 입력필수여부를 확인한다. 'LQC. 핸들조립검사'에 등록되어 있는 검사유형질문 '핸들에 균열이 있진 않나요?'의 입력필수여부가 '필수'로 등록되어 있다.

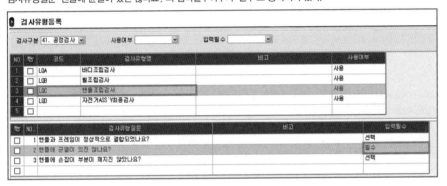

14. SET구성품등록

ERP 메뉴 찾아가기

시스템관리 ▶ 기초정보관리 ▶ SET구성품등록

두 개 이상의 품목을 SET로 묶어서 판매하는 경우에 사용하는 메뉴이다. 화면의 상단에는 세트품을, 화면의 하단에는 세트의 구성품을 등록하여 SET로 관리할 수 있다. [품목등록] 메뉴에서 'SET품목'이 '1. 여'로 되어 있는 품목이 조회된다.

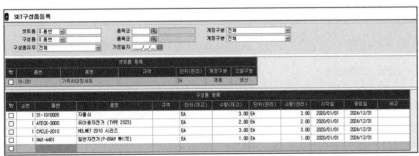

15. 고객별출력품목등록

⊘ ERP 메뉴 찾아가기

시스템관리 ▶ 기초정보관리 ▶ 고객별출력품목등록

동일한 품목에 대해 고객마다 품번, 품명, 규격 등이 다를 경우 출력품번, 출력품명, 출력
규격, 단위, 출력환산계수, 사용여부 등을 고객의 요구에 따라 등록하는 메뉴이다. 거래명
세서나 세금계산서 등을 발급할 때 고객에게 맞출 수 있으므로 유용하게 사용할 수 있다.

실무 연습문제 고객별출력품목등록

품목 '83-2000100. 전장품 ASS'Y'는 거래처마다 출력품명을 다르게 관리하고 있다. (주)중앙전
자의 출력품명으로 옳은 것은?

① HALF ASS'Y
② 전장품 ASS'Y PW
③ ASS'Y BODY
④ HOLDER ASS'Y

정답 ②

전체로 조회해도 되지만 품번이나 품명으로 조회하면 확인하기 편리하다. 품목 '83-2000100. 전장품 ASS'Y'의 하단
에 등록되어 있는 (주)중앙전자의 출력품명은 '전장품 ASS'Y PW'이다.

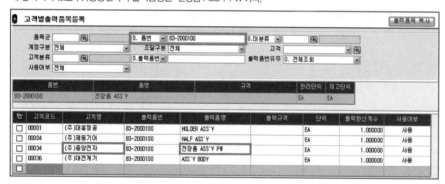

5 초기이월관리

1. 회계초기이월등록

⊘ ERP 메뉴 찾아가기

시스템관리 ▶ 초기이월관리 ▶ 회계초기이월등록

주로 회계 모듈에서 사용하며, '1. 재무상태표', '2. 손익계산서', '3. 500번대 원가', '4.
600번대 원가', '5. 700번대 원가'를 구분하여 입력 및 조회하는 메뉴이다. 전기의 보고서
를 조회하여 이월기준일(1월 1일)로 당기 이월된 내역을 입력 및 조회할 수 있으며, 차기
에는 [시스템관리]-[마감/데이타관리]-[마감및년도이월] 메뉴를 통해 자동으로 회계이
월작업을 할 수 있다.

2. 재고이월등록

⚲- **ERP 메뉴 찾아가기**

시스템관리 ▶ 초기이월관리 ▶ 재고이월등록

당기 말(대상연도: 2025)의 기말재고를 차기(이월연도: 2026)의 기초재고로 반영하여 이월시키는 메뉴이다. 재고이월작업 후에 대상연도 재고를 수정하지 않으려면 [시스템관리]-[마감/데이타관리]-[자재마감/통제등록] 메뉴에서 마감등록을 하여야 한다. 만약 이월작업 후 대상연도 재고의 변경이 발생하였을 경우, 대상연도의 기말재고와 이월년도 기초재고가 일치하도록 이월작업을 다시 하여야 한다.

6 마감/데이타관리

1. 영업마감/통제등록

⚲- **ERP 메뉴 찾아가기**

시스템관리 ▶ 마감/데이타관리 ▶ 영업마감/통제등록

사업장별로 영업에 관련된 판매단가, 품목코드도움창, 주문(유통) 여신통제방법 등을 설정할 수 있는 메뉴이다.

① **판매단가**: [영업관리]-[기초정보관리] 메뉴에 품목단가와 고객별단가가 등록되어 있어야 적용된다. 견적등록이나 수주등록을 할 경우에 적용할 단가를 선택할 수 있다.

② **품목코드도움창**: 품목이 5,000건 미만인 표준코드도움과 품목이 5,000건 이상인 대용량코드도움 중에서 선택할 수 있다.

③ **일괄마감 후 출고변경 통제**: '통제안함'을 선택하면 출고처리수량 및 금액을 수정할 수 있으며, '통제'를 선택하면 출고처리수량 및 금액을 통제하여 수정할 수 없다.

④ **마감일자**: 설정된 마감일자 이전의 매출이나 매출반품 등 영업품목의 이동(수불)을 통제하여 매출마감에 제약을 받는다. 재고평가를 한 경우에는 마감일자가 자동으로 설정되며, 사용자가 직접 마감일자를 입력하여 저장할 수 있다.

⑤ **입력통제일자**: 설정된 입력일자를 포함한 이전 일자에 대하여 재고수불과 관련 없는 메뉴(견적등록, 수주등록 등)에 대한 입력을 통제한다.

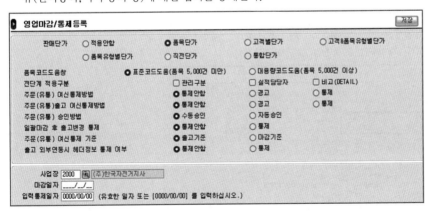

2. 자재마감/통제등록

☉ ERP 메뉴 찾아가기

시스템관리 ▶ 마감/데이타관리 ▶ 자재마감/통제등록

사업장별로 자재정보에 대한 구매단가, 재고평가방법, 사업장이동평가, 품목코드도움창, 재고(−) 통제여부, 마감일자, 입력통제일자 등의 정보를 설정하여 통제하는 메뉴이다.

① **구매단가**: [구매/자재관리]−[기초정보관리] 메뉴에서 품목단가와 거래처별단가가 등록되어 있어야 적용된다. 발주하여 구매할 경우에 적용할 단가를 선택할 수 있으며, 구매단가를 적용하면 발주등록 시 단가를 자동으로 반영할 수 있다.

② **재고평가방법**: 재고평가작업에서 활용되는 평가방법을 설정하는 것으로, 총평균, 이동평균, 선입선출, 후입선출 중에서 선택한다.

③ **사업장이동평가**: 사업장 간의 재고이동 시 표준원가와 사업장출고단가 중에서 재고의 단가유형을 선택한다.

④ **품목코드도움창**: 품목이 5,000건 미만인 표준코드도움과 품목이 5,000건 이상인 대용량 코드도움 중에서 선택한다.

⑤ **재고(−) 통제여부**: '통제안함'을 선택하면 재고가 없어도 (−)재고를 허용하여 출고처리가 가능하고, '통제'를 선택하면 (−)재고를 허용하지 않으므로 출고처리가 불가능하다.

⑥ **일괄마감 후 입고변경 통제**: '통제안함'을 선택하면 입고처리수량 및 금액을 수정할 수 있고, '통제'를 선택하면 입고처리수량 및 금액을 통제하여 수정할 수 없다.

⑦ **마감일자**: 설정된 마감일자 이전의 매입이나 매입반품 등 자재품목의 이동(수불)을 통제하여 입고 및 매입마감에 제약을 받는다. 재고평가를 한 경우에는 마감일자가 자동으로 설정되며, 사용자가 직접 마감일자를 입력하여 저장할 수도 있다.

⑧ **입력통제일자**: 설정된 입력일자를 포함한 이전 일자에 대하여 재고수불과 관련 없는 메뉴(발주등록 등)에 대한 입력을 통제한다.

실무 연습문제 자재마감/통제등록

[자재마감/통제등록] 메뉴에서 재고평가방법으로 설정 가능한 방법이 아닌 것은?

① 총평균
② 이동평균
③ 개별법
④ 선입선출

정답 ③

[자재마감/통제등록] 메뉴에서 재고평가방법으로 설정 가능한 것은 총평균, 이동평균, 선입선출, 후입선출이며, 개별법은 설정할 수 없다. 참고로 현재 로그인한 회사에서는 재고평가방법으로 선입선출을 사용하고 있다.

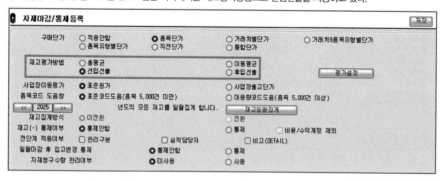

3. 마감및년도이월

⊙- ERP 메뉴 찾아가기

시스템관리 ▶ 마감/데이타관리 ▶ 마감및년도이월

회계 모듈에서 주로 사용하는 메뉴이며, 당기의 재무제표 정보를 다음 연도의 초기이월데이터로 이월할 수 있는 메뉴이다. 당기의 회계처리 관련 입력 및 결산을 완료한 후에 [마감및년도이월] 메뉴에서 이월작업을 하면 기존 자료의 추가 입력 및 수정이 불가능하여 자료를 안전하게 보존할 수 있다.

4. 사원별단가/창고/공정통제설정

⊙- ERP 메뉴 찾아가기

시스템관리 ▶ 마감/데이타관리 ▶ 사원별단가/창고/공정통제설정

사원별로 단가통제나 창고/공정통제를 설정하는 메뉴로 [시스템관리]-[회사등록정보] -[시스템환경설정] 메뉴에서 '사원별창고및단가입력통제 적용 여부'에 '1. 여'를 선택해야만 사용할 수 있다. 현재 '0. 부'로 설정되어 있으므로 메뉴를 사용할 수 없다.

만약 [사원별단가/창고/공정통제설정] 메뉴를 실행하고자 한다면 [시스템환경설정] 메뉴에서 조회구분 '4. 물류'를 선택하고 '55. 사원별창고및단가입력통제 적용 여부'의 유형설정을 '1. 여'로 변경하고 로그아웃한 후 다시 로그인해야 한다.

CHAPTER

03 생산관리공통

1 개요

생산관리공통은 생산, 재공, 외주 등과 관련된 작업을 입력 및 조회하는 모듈이다. [생산관리], [외주관리], [재공관리], [생산/외주/재공현황], [기초정보관리]로 이루어져 있다.

```
📠 생산관리공통              ▼
⊞–📁 생산관리
⊞–📁 외주관리
⊞–📁 재공관리
⊞–📁 생산/외주/재공현황
⊞–📁 기초정보관리
```

2 기초정보관리

생산계획에 의해서 작업지시가 이루어지고 원재료 투입 후 생산 및 가공공정을 거쳐 반제품이나 제품을 완성하여 창고에 입고처리하는 과정으로 생산관리가 이루어진다. 이때 BOM 등의 기초정보가 등록되어 있어야 원활한 작업을 할 수 있다.

1. BOM등록

> 🔍 ERP 메뉴 찾아가기
>
> 생산관리공통 ▶ 기초정보관리 ▶ BOM등록

자재 명세서(BOM; Bill Of Material)는 특정 제품이 어떤 부품으로 구성되어 있는지에 대한 정보를 보여주는 것이다. [BOM등록] 메뉴는 이러한 BOM 정보를 입력하는 메뉴로 하나의 상위 품목(모품목)을 생산하는 데 필요한 하위 품목(자품목)의 구성과 정미수량, LOSS(%), 필요수량, 사급구분 등을 입력한다. 등록한 BOM내역을 기초로 하여 [작업지시확정], [소요량전개] 등의 메뉴에서 작업이 이루어진다.

예를 들어, 2025/01/01 기준으로 BREAK SYSTEM 반제품을 만들기 위하여 필요한 품목과 필요수량을 BOM으로 나타내면 아래 그림과 같다. 다음의 BOM 그림에서 맨 위 LEVEL에 있는 BREAK SYSTEM이 모품목이며, 하위 LEVEL에 있는 품목들이 자품목이다. BOM 그림에서 자품목 괄호 안의 숫자는 각 품목의 정미수량이다.

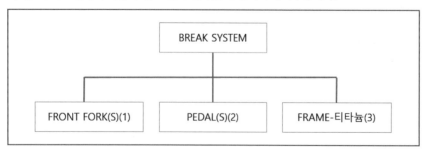

위 그림의 BOM 정보를 토대로 [BOM등록] 메뉴에 등록할 수 있다. 조회할 때는 [BOM등록] 메뉴에 모품목과 기준일자를 입력한 후 조회하면 된다.

① 정미수량: LOSS(%)를 감안하지 않은 이론상 필요한 수량

② LOSS(%): 공정 등에서 유실되는 비율

③ 필요수량: LOSS(%)를 고려하여 실제 필요한 수량

$$필요수량 = 정미수량 \times (100 + LOSS(\%))/100$$

④ 사급구분: 외주업체에 원자재를 공급하는 것(해당 품목이 사내재고이면 '0. 자재', 다른 회사에서 제공받은 품목이면 '1. 사급')

⑤ 외주구분: 외주생산을 할 경우 외주처에 품목을 제공할 때 사용(유상으로 판매하는 유상사급이면 '1. 유상', 무상으로 제공하는 무상사급이면 '0. 무상')

TIP

품목의 정미수량이 1, LOSS(%) 10이면 LOSS를 감안한 필요수량은 1.10이다. LOSS(%)가 20으로 변경되면 필요수량도 1.2로 변경된다.

실무 연습문제 BOM등록

다음 중 NAX-A420. 산악자전거(P-20G)의 BOM에 대한 설명으로 옳지 <u>않은</u> 것은?

① 21-1070700. FRAME-티타늄은 2021/01/01부터 사용하는 자품목이다.

② 21-9000200. HEAD LAMP는 2020년의 LOSS(%)와 2021년의 LOSS(%)의 변동이 없다.

③ 87-1002001. BREAK SYSTEM은 2022년까지는 사용되었으나 2023년에는 사용되지 않는다.

④ 21-3001600. PEDAL의 외주구분은 2020년까지는 무상이었으나 2021년에는 유상으로 바뀌었다.

정답 ③

'모품목: NAX-A420. 산악자전거(P-20G)'로 조회되는 자품목을 확인한다. 기준일자가 주어지지 않았으므로 기준일자는 입력하지 않고 조회한다. 이때 시작일자부터 종료일자까지의 기간 동안 각 품목을 사용한다고 보면 된다.

① 순번 9에 등록된 21-1070700. FRAME-티타늄의 시작일자는 2021/01/01로 2021/01/01부터 사용하는 자품목이다.

② 순번 2와 8에 등록된 21-9000200. HEAD LAMP의 LOSS(%)는 모두 5%로 2020년과 2021년의 LOSS(%) 변동이 없다.

③ 순번 5에 등록된 87-1002001. BREAK SYSTEM의 종료일자는 2030/12/31로 2030년까지 사용된다.

④ 순번 1에 등록된 21-3001600. PEDAL의 종료일자는 2020/12/31로 2020년까지 외주구분이 무상이었으나, 순번 7의 시작일자가 2021/01/01로 2021년에는 외주구분이 유상으로 바뀌었다.

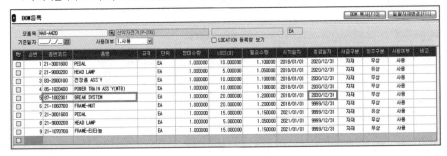

2. BOM정전개

 ░ ERP 메뉴 찾아가기

 생산관리공통 ▶ 기초정보관리 ▶ BOM정전개

[BOM등록] 메뉴에 입력된 내역을 전개하여 확인하기 위한 메뉴이다. BOM이 여러 LEVEL 로 구성되어 있을 경우에 여러 LEVEL을 한 번에 전개하여 확인할 수 있다.

① LEVEL에 있는 ⊞를 클릭하면 하위 LEVEL의 품목을 확인할 수 있으며, ⊟를 클릭하면 하위 자품목을 숨길 수 있다.

② LEVEL의 붉은색 숫자는 각 LEVEL을 나타낸다.

③ LEVEL 1의 품목은 모품목을 생산하는 데 필요한 하위 품목이고, LEVEL 2의 품목은 바로 위의 LEVEL 1을 생산하기 위한 하위 품목으로 여러 LEVEL의 품목을 확인할 수 있다.

④ 상단의 'BOM 총전개'에 체크한 후 조회하면 모든 LEVEL의 품목을 한눈에 확인할 수 있다.

⑤ MULTI LEVEL BOM의 지원 단계는 무한하다.

> TIP
> 하나의 모품목에 대하여 [BOM등록] 과 [BOM정전개] 메뉴에 입력된 내역이 같으므로 두 개의 메뉴를 비교하는 문제가 출제되기도 한다.

실무 연습문제   BOM정전개

다음 [보기]의 조건으로 데이터를 조회한 후 물음에 답하시오.

┌ 보기 ─────
• 모품목: NAX–A421. 산악자전거(P–21G, A421)
• 기준일자: 2025/01/01
• 사용여부: 1. 여
• BOM 총전개: 체크함
└──────────

BOM정전개 시 LEVEL 1과 LEVEL 2에 모두 속하는 자품목으로 옳은 것은?

① 21–3001500. PEDAL(S)

② 21–1060700. FRAME–NUT

③ 21–1060950. WHEEL REAR–MTB

④ 57–5002500. ASSY MOTOR LEADFRAME (LH)

정답 ①

[보기]의 조건으로 조회되는 자품목을 확인한다.

① 21–3001500. PEDAL(S)은 LEVEL 1과 LEVEL 2에 모두 속하는 자품목이다.

3. BOM역전개

ERP 메뉴 찾아가기

생산관리공통 ▶ 기초정보관리 ▶ BOM역전개

특정한 하나의 자품목이 제품이나 반제품 생산에 사용되는 정보를 역으로 조회하는 메뉴이다.

실무 연습문제 | BOM역전개

다음 [보기]의 조건으로 데이터를 조회한 후 물음에 답하시오.

┌─ 보기 ─
• 기준일자: 2025/03/01
• 사용여부: 1. 여
• BOM 총전개: 체크함
└─

다음 중 원재료 21-9000200. HEAD LAMP를 생산에 활용하여 만들 수 있는 품목으로 옳은 것은?

① 21-3065700. GEAR REAR C
② 83-2000100. 전장품 ASS'Y
③ 88-1002000. PRESS FRAME-Z
④ NAX-A420. 산악자전거(P-20G)

정답 ④

'자품목: 21-9000200. HEAD LAMP'와 [보기]의 조건으로 조회한 후 하단에 전개되는 품목을 확인한다. BOM 총전개에 체크한 후 조회하면 상위의 품목까지 모두 확인할 수 있다. LEVEL 1은 주어진 자품목을 사용하여 생산하는 바로위 단계의 품목이며, LEVEL 2는 LEVEL 1을 사용하여 생산하는 상위 단계의 품목이다.
④ NAX-A420. 산악자전거(P-20G)는 HEAD LAMP를 자품목으로 하여 생산할 수 있는, LEVEL 1에 속하는 품목이다.

4. 외주단가등록

◇ ERP 메뉴 찾아가기

생산관리공통 ▶ 기초정보관리 ▶ 외주단가등록

외주단가를 등록하는 메뉴로 외주생산을 할 경우, 외주단가를 관리하여 적용하고자 할 때 사용한다. 외주공정이나 외주처별로 품목의 외주단가를 입력할 수 있으며 외주생산등록 시 등록한 단가가 자동으로 부여되고 단가를 수정하여 입력할 수 있다. 단가를 등록하고자 하는 외주처를 선택한 후 외주단가를 입력하거나 조회할 수 있으며, 품목별 단가와 단가적용 시작일, 종료일, 사용여부를 확인할 수 있다.

실무 연습문제   외주단가등록

아래 [보기]의 조건으로 데이터를 등록한 후 물음에 답하시오.

┌─ 보기 ─────────────────────────
│ • 사업장: 2000. (주)한국자전거지사
│ • 외주공정: R200. 외주공정
│ • 외주처: R211. 다스산업(주)
│ • 단가적용비율: 95%
└──────────────────────────────

[보기]의 조건으로 실제원가대비 외주단가를 일괄변경한 후 등록되는 품목별 외주단가로 옳은 것은?

① NAX-A401. 일반자전거(P-GRAY WHITE): 285,000원
② NAX-A403. 일반자전거(P-GRAY RED): 299,250원
③ NAX-A420. 산악자전거(P-20G): 190,000원
④ NAX-A421. 산악자전거(P-21G, A421): 200,500원

정답 ②

[보기]의 조건으로 조회한다. 각 품목의 □에 체크, '단가적용비율 95%'를 입력하고 '실제원가대비'에 체크한 후 '일괄변경'을 클릭하면 실제원가의 95% 금액으로 계산되어 외주단가가 등록된다.
① NAX-A401. 일반자전거(P-GRAY WHITE): 223,250원
② NAX-A403. 일반자전거(P-GRAY RED): <u>299,250원</u> ✓
③ NAX-A420. 산악자전거(P-20G): 200,450원
④ NAX-A421. 산악자전거(P-21G, A421): 280,250원

5. 불량유형등록

🔍 ERP 메뉴 찾아가기

생산관리공통 ▶ 기초정보관리 ▶ 불량유형등록

생산된 품목을 검사할 경우 [생산관리공통]-[생산관리]-[생산실적검사]와 [생산관리공통]
- [외주관리] - [외주실적검사] 메뉴에서 불량코드를 등록할 때 사용하는 메뉴이다. 생산
된 품목의 품질관리 과정에서 발생하는 다양한 형태의 불량유형을 입력하고 관리할 수 있
으며, 특성에 따라 불량군으로 관리할 수도 있다.

실무 연습문제   불량유형등록

생산관리에 등록된 불량유형 중 불량군과 불량유형 모두 '미사용'으로 등록되어 있는 것은?

① 조립불량 – 브레이크(BREAK)불량

② 포장불량 – 포장불량

③ 적재불량 – 적재불량

④ 프레임균열 – 프레임(FRAME)균열

정답 ④

오른쪽 상단의 '불량군등록'을 클릭한다. 사용여부가 '미사용'인 불량군명은 '프레임균열'이다.

[불량유형등록] 메뉴에서 사용여부가 '미사용'인 불량유형명은 브레이크(BREAK)불량, 포장불량, 프레임(FRAME)균열
이다. 따라서 불량군과 불량유형이 모두 '미사용'인 것은 ④ 프레임균열 – 프레임(FRAME)균열이다.

3 생산관리

[생산관리] 메뉴에서는 회사에서 생산하는 제품이나 반제품의 생산계획부터 작업지시 및 작업실적, 창고입고처리 등을 등록할 수 있다.

1. 생산계획등록 중요

> #### ✌️ ERP 메뉴 찾아가기
>
> 생산관리공통 ▶ 생산관리 ▶ 생산계획등록

제품이나 반제품의 생산계획을 등록하는 메뉴로 화면의 왼쪽에서 일생산량을, 오른쪽에서 작업예정일과 수량을 확인할 수 있다.

💡 TIP

일생산량과 작업예정수량을 비교하는 문제가 자주 출제된다.

실무 연습문제 | 생산계획등록

다음 [보기]의 조건으로 데이터를 조회한 후 물음에 답하시오.

┌ 보기 ─────────────────────────
• 사업장: 2000. (주)한국자전거지사
• 작업예정일: 2025/11/01 ~ 2025/11/30
└───────────────────────────

일생산량을 초과하여 작업예정수량이 등록되어 있는 품목으로 옳은 것은?

① 85-1020400. POWER TRAIN ASS'Y(MTB)

② 87-1002001. BREAK SYSTEM

③ 88-1001000. PRESS FRAME-W

④ NAX-A421. 산악자전거(P-21G, A421)

정답 ①

[보기]의 조건으로 조회하여 화면의 왼쪽에서 품목별 일생산량을, 오른쪽에서 작업예정일별 수량을 확인한다.

① 85-1020400. POWER TRAIN ASS'Y(MTB)의 일생산량은 320EA이며, 2025/11/20의 작업예정수량이 400EA이므로 2025/11/20의 작업예정수량이 일생산량을 초과한다.

④ NAX-A421. 산악자전거(P-21G, A421)의 경우 2025/11/06의 작업예정수량은 150EA(= 50EA + 50EA + 50EA)로 계산해야 함에 유의한다.

💡 TIP

같은 날짜의 작업예정일을 여러 번 입력하여 작업예정수량의 합계를 계산하는 문제도 출제되므로 반드시 모든 작업예정일을 확인해야 한다.

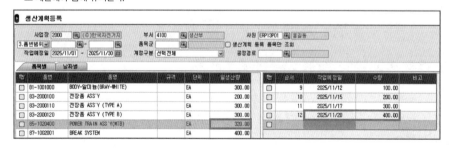

2. 작업지시등록

ERP 메뉴 찾아가기

생산관리공통 ▶ 생산관리 ▶ 작업지시등록

생산작업지시를 등록하는 메뉴이다. 청구조회, 주문조회, 생산계획조회 등을 통하여 각 내역을 적용받아 작업지시를 등록할 수 있으며, 직접 등록할 수도 있다.

실무 연습문제 작업지시등록

[1] 다음 [보기]의 조건으로 데이터를 조회한 후 물음에 답하시오.

┌─ 보기 ───
- 사업장: 2000. (주)한국자전거지사
- 공정: L200. 작업공정
- 작업장: L201. 제품작업장(완제품)
- 지시기간: 2025/11/01 ~ 2025/11/20
- 계획기간: 2025/11/01 ~ 2025/11/20
└──

[보기]의 조건에 따라 생산계획내역을 적용받아 작업지시를 등록하려고 한다. 품목 88-1001000. PRESS FRAME-W의 작업지시등록이 가능한 수량의 합으로 옳은 것은?

① 150EA   ② 250EA
③ 450EA   ④ 900EA

정답 ③

[보기]의 사업장, 공정, 작업장, 지시기간으로 조회한 후 오른쪽 상단의 '생산계획조회'를 클릭하여 팝업창에 [보기]의 계획기간을 입력하고 조회한다. 여러 품목이 섞여 있으므로 품번이나 품명으로 조회하는 것이 한눈에 확인하기 편리하다. 품목 88-1001000. PRESS FRAME-W의 계획잔량은 100EA + 150EA + 200EA = 450EA이며, 전체 품목의 □에 체크한 후 '적용[F10]'을 클릭하면 작업지시가 등록된다. 계획잔량은 적용하여 등록 가능한 수량이므로 꼭 적용하여 등록하지 않아도 '생산계획조회 도움창'에서 등록 가능한 품목과 수량을 확인할 수 있다.

[2] 다음 [보기]의 조건으로 데이터를 조회한 후 물음에 답하시오.

┌─ 보기 ───
- 사업장: 2000. (주)한국자전거지사
- 공정: L200. 작업공정
- 작업장: L203. 제품작업장(반제품)
- 지시기간: 2025/11/01 ~ 2025/11/10
└──

[보기]의 조건에 해당하는 작업지시등록내역 중 청구, 주문, 생산계획 등의 적용을 받지 않고 직접 입력한 작업지시번호가 아닌 것은?

① WO2511000009   ② WO2511000010
③ WO2511000011   ④ WO2511000012

청구, 주문, 생산계획 등을 적용하여 작업지시등록을 한 경우의 이력을 보려면 '[작업지시등록] 이력정보'의 이전 이력을 확인해야 한다. [보기]의 조건으로 조회한 후 각 작업지시번호에서 마우스 오른쪽 버튼을 클릭하여 '[작업지시등록] 이력정보'를 확인한다.

①, ②, ④ 이전 이력은 등록되어 있지 않으므로 적용을 받지 않고 직접 입력한 것을 알 수 있다.

③ WO2511000011의 이전 이력은 '생산계획등록'으로, 오른쪽 상단의 '생산계획조회' 기능을 이용하여 입력한 것을 알 수 있다.

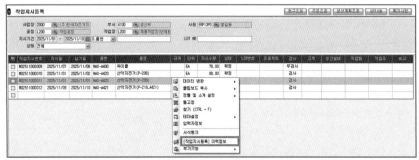

TIP

[생산관리], [외주관리] 메뉴의 각 작업은 대부분 앞의 메뉴에서의 작업을 적용받아 등록된다. 이전과 이후의 작업을 확인해야 할 경우 이력정보를 보는 것이 편리하다.

3. 작업지시확정

ERP 메뉴 찾아가기

생산관리공통 ▶ 생산관리 ▶ 작업지시확정

① [작업지시등록] 메뉴에서 등록한 내역을 확정하는 메뉴이다.

② '확정'은 작업 상태가 '계획'인 작업지시번호만 할 수 있다. 오른쪽 상단의 '확정'을 클릭하면 '계획' 상태인 작업지시가 '확정'으로 변경되고 생산에 필요한 품목과 수량이 화면의 하단에 적용된다. 이는 [BOM등록] 메뉴에 등록된 내역이 적용되는 것으로, 화면 상단에는 모품목이, 화면 하단에는 자품목이 나타난다.

③ [작업지시확정] 메뉴에서 수정 및 입력이 가능하며 [생산관리공통]−[기초정보관리]−[BOM등록] 메뉴에 등록된 내역과 비교할 수도 있다.

④ 작업지시의 확정을 취소하려면 오른쪽 상단의 '취소'를 클릭하여 '확정'된 작업을 '계획'으로 변경해야 한다. '취소'는 이후의 작업에서 적용을 받지 않은 작업지시만 가능하다. 또한 오른쪽 상단의 '자재출고'를 이용하여 자재출고 작업을 할 수 있다.

⑤ 작업지시확정 시 검사여부가 '검사'로 등록되어 있더라도 반드시 생산실적검사를 진행해야 할 필요는 없으나, 작업실적등록 시 '검사'로 등록된 것은 반드시 생산실적검사를 진행해야 한다.

아래 [보기]의 조건으로 데이터를 입력 및 조회한 후 물음에 답하시오.

┌─ 보기 ───┐
- 사업장: 2000. (주)한국자전거지사
- 공정: L200. 작업공정
- 작업장: L202. 반제품작업장(반제품)
- 지시기간: 2025/11/01 ~ 2025/11/10
- 작업지시번호: WO2511000008
- 사용일: 2025/11/06
└──┘

상태가 '계획'인 다른 지시번호도 '확정'으로 처리할 수 있으며 '취소'를 통하여 취소할 수도 있다. 이러한 경우에 데이터가 바뀔 수 있으며 로그아웃을 하여 'DB복원' 작업을 하면 원래의 데이터로 되돌릴 수 있다.

[보기]의 작업지시 건을 확정처리했을 때 청구되는 자재로 옳지 <u>않은</u> 것은?

① 21-1060700. FRAME-NUT

② 21-3001500. PEDAL(S)

③ 21-3000300. WIRING-DE

④ 21-9000211. HEAD LAMP (LED TYPE A)

정답 ④

[보기]의 사업장, 공정, 작업장, 지시기간으로 조회한 후 작업지시번호 WO2511000008의 □에 체크한다. 오른쪽 상단의 '확정'을 클릭한 후 [보기]의 사용일을 입력하고 '확인[ENTER]'을 누르면 화면 하단에 필요한 자품목과 각 품목의 LOSS(%), 확정수량이 적용된다.

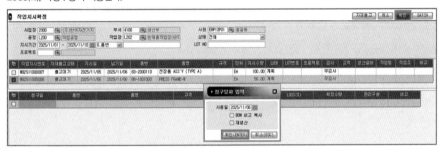

작업지시번호 WO2511000008의 상태가 '계획'에서 '확정'으로 변경되며, 화면 하단에서 확정처리된 청구자재를 확인할 수 있다. 청구자재는 [BOM등록] 메뉴에 등록되어 있는 자품목이 전개되는 것이다.

④ 21-9000211. HEAD LAMP (LED TYPE A)는 자품목에 없다.

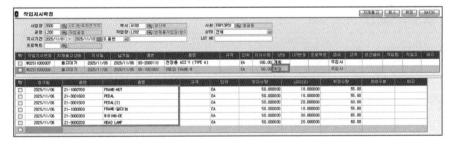

4. 생산자재출고

> ### 🔍 ERP 메뉴 찾아가기
>
> 생산관리공통 ▶ 생산관리 ▶ 생산자재출고

생산에 필요한 품목을 공정으로 보내기 위하여 창고에서 출고하는 메뉴이다.
① 출고창고, 출고장소에서의 재고는 감소한다.
② 공정, 작업장의 재공은 증가한다.
③ 오른쪽 상단의 '출고요청'이나 '일괄적용'을 사용하여 청구수량, 투입수량, 청구잔량을 확인할 수 있으며, 이를 통해 생산자재를 출고할 수 있다.
④ 오른쪽 상단의 '재고확인'을 통하여 화면 하단에서 현재고와 현재공을 확인할 수 있다.
⑤ 화면의 하단에서 각 품목이 적용된 지시번호와 모품목, 지시수량을 확인할 수 있다.

실무 연습문제   생산자재출고

다음 [보기]의 조건으로 데이터를 조회한 후 물음에 답하시오.

> ┌ 보기 ─────────────────────────────
> - 사업장: 2000. (주)한국자전거지사
> - 출고기간: 2025/11/01 ~ 2025/11/05
> - 출고번호: MV2511000002

[보기]의 조건으로 조회되는 생산자재출고 건에 대한 설명으로 옳지 않은 것은?

① 부품창고_인천지점, 부품/반제품_부품장소에서 품목 21-3001600. PEDAL의 수량이 200EA 감소한다.
② 작업공정, 제품작업장(완제품)에서 품목 83-2000100. 전장품 ASS'Y의 수량이 230EA 증가한다.
③ 출고된 자재들은 품목 NAX-A420. 산악자전거(P-20G)를 생산하기 위한 자재이다.
④ 지시번호 WO2511000002에 대한 생산자재출고 건이다.

정답 ③

[보기]의 사업장, 출고기간으로 조회되는 출고번호 MV2511000002의 내역을 확인한다.
①, ② 출고창고/출고장소에서는 수량이 감소하며, 공정/작업장에서는 수량이 증가한다.
③, ④ 하단에 모품목 NAX-A401. 일반자전거(P-GRAY WHITE)와 지시번호 WO2511000002가 등록되어 있다. 지시번호는 하단에서 마우스 오른쪽 버튼을 클릭하여 '[생산자재출고] 이력정보'에서도 확인할 수 있다.

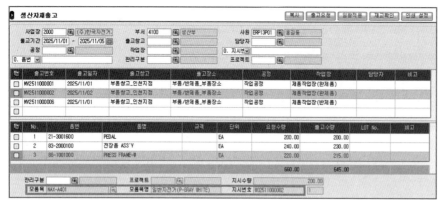

5. 작업실적등록

⊗ ERP 메뉴 찾아가기

생산관리공통 ▶ 생산관리 ▶ 작업실적등록

생산을 완료한 경우의 작업실적을 등록하는 메뉴로, 작업 지시수량과 실적수량 및 실적 잔량, 생산에 관련된 생산설비나 작업팀 등을 확인할 수 있다. 화면 상단의 작업지시번호에 대한 실적이 화면 하단에 각 실적번호로 등록되며, 실적일은 지시일 이전의 날짜로 등록할 수 없다. 작업실적을 등록한 후 오른쪽 상단의 '자재사용[F8]'을 이용하여 바로 자재사용 작업을 할 수 있다.

> **TIP**
>
> 생산자재출고상태가 출고완료, 출고 중, 출고대기 중 어느 것에 해당하더라도 작업실적등록을 할 수 있다. 즉, 생산자재출고가 선행되어야만 작업 실적등록이 가능한 것은 아니다.

실무 연습문제 작업실적등록

다음 [보기]의 조건으로 데이터를 조회한 후 물음에 답하시오.

┌ 보기 ─────────────────────
- 사업장: 2000. (주)한국자전거지사
- 지시기간: 2025/11/01 ~ 2025/11/30
- 지시공정: L200. 작업공정
- 지시작업장: L203. 제품작업장(반제품)
└────────────────────────

다음 중 지시수량보다 실적수량이 더 많이 등록된 작업지시번호로 옳은 것은?

① WO2511000009
② WO2511000010
③ WO2511000011
④ WO2511000012

정답 ④

[보기]의 조건으로 조회한 후 각 작업지시번호의 지시수량과 실적수량을 비교한다.

④ WO2511000012의 지시수량은 100EA이고 실적수량은 120EA로 지시수량보다 실적수량이 더 많이 등록되어 있어 실적잔량이 −20EA이다.

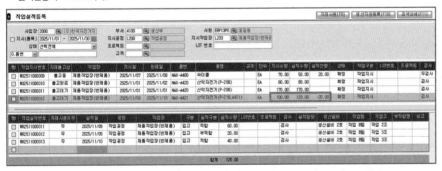

6. 생산자재사용등록

ERP 메뉴 찾아가기

생산관리공통 ▶ 생산관리 ▶ 생산자재사용등록

생산에 사용된 자재를 등록하는 메뉴이다. [생산자재출고] 메뉴에서 출고되어 공정에 투입된 자재들은 공정에서 생산에 사용된다. 따라서 자재를 사용등록하면 공정에서 자재를 사용한 것으로 처리되어 자재의 재공이 감소한다. 작업실적을 기준으로 사용자재를 등록하며, 사용수량은 LOSS(%)를 고려한 수량이다. 이때, 부적합인 작업실적을 포함한 생산에 사용한 모든 자재의 사용내역을 등록한다. [작업지시확정] 및 앞의 메뉴에 등록된 자재들은 '청구적용[F8]'을 통해 적용받을 수 있다.

실무 연습문제 생산자재사용등록

다음 [보기]의 조건으로 데이터를 조회한 후 물음에 답하시오.

> 보기
> • 사업장: 2000. (주)한국자전거지사
> • 구분: 1. 생산
> • 실적공정: L200. 작업공정
> • 실적작업장: L201. 제품작업장(완제품)
> • 실적기간: 2025/11/01 ～ 2025/11/30
> • 상태: 1. 확정

(주)한국자전거지사에서는 생산실적 건에 대한 자재사용량을 관리하고 있다. 청구요청된 자재와 비교하여 더 많은 수량이 사용등록된 자재가 포함되어 있는 실적번호로 옳은 것은?

① WR2511000001
② WR2511000003
③ WR2511000005
④ WR2511000006

정답 ③

[보기]의 조건으로 조회한 후 각 작업실적번호에서 오른쪽 상단의 '청구적용[F8]'을 클릭하여 '청구 적용 도움창'의 잔량을 확인한다. 잔량은 청구요청된 자재 중 사용등록이 되지 않은 수량이며 생산자재사용등록을 할 수 있는 수량이다.
③ 작업실적번호 WR2511000005의 품목 83-2000110. 전장품 ASS'Y (TYPE A)와 88-1001000. PRESS FRAME-W 는 적용예정량보다 적용수량이 더 많아 잔량이 (-)로 되어 있다.

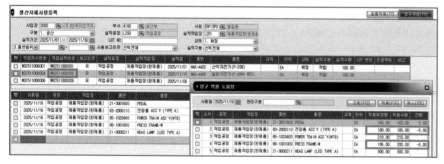

TIP
하단에서 각 품목을 클릭하면 사용
수량과 하단의 청구수량을 확인할
수 있으며 이를 이용하여 사용수량
과 청구수량을 비교하는 문제가 출
제될 수도 있다.

7. 생산실적검사

☆ ERP 메뉴 찾아가기

생산관리공통 ▶ 생산관리 ▶ 생산실적검사

[작업실적등록] 메뉴에서 검사구분이 '검사'인 작업의 생산실적 품목을 검사하는 메뉴이다.
① 검사 결과가 불합격이면 생산품창고입고처리를 할 수 없다.
② 불합격수량을 제외한 합격수량을 생산품창고입고처리할 수 있으므로 생산품창고입고 대상수량에 가장 결정적인 영향을 미친다.
③ 등록한 불량수량을 불합격수량으로 적용하기 위해서는 '불량수량적용'을 클릭한다.

실무 연습문제 생산실적검사

다음 [보기]의 조건으로 데이터를 조회한 후 물음에 답하시오.

┌ 보기 ┐
• 사업장: 2000. (주)한국자전거지사
• 실적일: 2025/11/01 ~ 2025/11/09
• 공정: L200. 작업공정
• 작업장: L203. 제품작업장(반제품)

다음 중 작업실적의 검사내역에 대한 설명으로 옳지 않은 것은?

① WR2511000008: 80EA를 전수검사하여 3EA가 불합격처리되었다.
② WR2511000009: 검사 결과 바디(BODY)불량과 도색불량이 발생하였다.
③ WR2511000010: 실적수량 70EA 중 20EA를 샘플검사하였으므로 50EA의 추가검사가 필요하다.
④ WR2511000011: 검사 결과 합격률이 100%이다.

정답 ③

[보기]의 조건으로 조회되는 내역을 확인한다.
① 작업실적번호 WR2511000008의 실적수량은 80EA이고, 합격수량은 77EA, 불합격수량은 3EA, 검사유형은 '전수검사'이다.
② 작업실적번호 WR2511000009는 바디(BODY)불량이 3EA, 도색불량이 2EA이다.
③ 작업실적번호 WR2511000010의 검사유형은 '샘플검사'이므로 시료수 20EA만 검사하면 되며, 모든 실적수량 70EA를 검사할 필요는 없다.
④ 작업실적번호 WR2511000011의 실적수량은 60EA이고 합격수량도 60EA이므로 합격률은 100%이다.

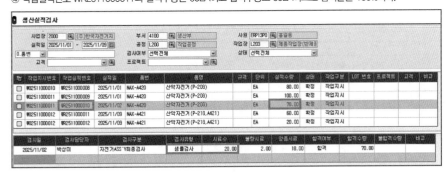

8. 생산품창고입고처리

ERP 메뉴 찾아가기

생산관리공통 ▶ 생산관리 ▶ 생산품창고입고처리

생산품을 창고에 입고처리하는 메뉴이다.

① 생산품창고입고처리를 하게 되면 입고되는 창고의 재고는 증가하고, 공정의 재공은 감소한다.

② [작업실적등록] 메뉴에서 검사구분이 '검사'로 설정되어 생산실적검사를 해야 하는 실적건은 검사가 완료되어야 생산품창고입고를 할 수 있다.

③ 입고가능수량을 초과하여 생산품창고입고처리를 할 수 없다.

④ 실적수량을 초과하여 생산품창고입고처리를 할 수 없다.

⑤ 입고가능수량 = 입고대상수량 − 기입고수량 − 처리수량

⑥ [생산실적검사] 메뉴에서 불합격수량을 제외한 합격수량이 입고대상수량이 된다.

⑦ [작업실적등록] 메뉴에서 실적등록 시 검사구분이 '검사'이면 수동, '무검사'이면 자동으로 입고처리된다.

실무 연습문제 생산품창고입고처리

다음 [보기]의 조건으로 데이터를 조회한 후 물음에 답하시오.

┌ 보기 ─────────────────────────
• 사업장: 2000. (주)한국자전거지사
• 실적기간: 2025/11/01 ~ 2025/11/30
• 공정: L200. 작업공정
• 작업장: L203. 제품작업장(반제품)
└──────────────────────────────

[보기]의 기간 동안 '제품_제품장소'로 생산품창고입고처리한 입고번호로 옳지 <u>않은</u> 것은?

① IW2511000005

② IW2511000007

③ IW2511000008

④ IW2511000010

정답 ④

[보기]의 조건으로 조회한 후 각 실적 건의 하단에서 입고번호와 입고장소를 확인한다.

④ 실적번호 WR2511000011의 하단에 등록된 IW2511000010의 입고장소는 '부품/반제품_부품장소'이다.

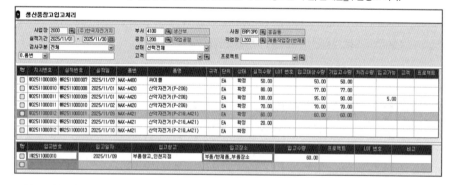

9. 작업지시마감처리

⌂ ERP 메뉴 찾아가기

생산관리공통 ▶ 생산관리 ▶ 작업지시마감처리

작업지시의 잔량이 남아 있더라도 더 이상 작업을 진행하지 않을 때 사용하는 메뉴이다. 상태가 '확정'인 작업지시 건을 마감처리할 수 있으며, 상태가 '마감'이나 '계획'인 것은 마감처리할 수 없다. 또한 '확정'인 작업지시에 체크를 하면 오른쪽 상단의 '마감처리'가 활성화되어 마감처리를 할 수 있다. 마감처리가 되면 '마감' 상태가 되며, '마감취소'를 이용하여 취소할 수 있다.

실무 연습문제 　작업지시마감처리

다음 [보기]의 조건으로 데이터를 조회한 후 물음에 답하시오.

┌─ 보기 ─────────────────────────
- 사업장: 2000. (주)한국자전거지사
- 지시일: 2025/11/01 ~ 2025/11/30
- 공정: L200. 작업공정
- 작업장: L201. 제품작업장(완제품)
└────────────────────────────

다음 중 작업지시마감취소를 할 수 있는 작업지시번호는 무엇인가?

① WO2511000001
② WO2511000002
③ WO2511000003
④ WO2511000004

정답 ②

[보기]의 조건으로 조회한 후 각 작업지시번호의 상태를 확인한다. 상태가 '마감'인 작업지시번호는 마감취소를 할 수 있으며 작업지시 건의 □에 체크를 하면 오른쪽 상단의 '마감취소'가 활성화된다.
①, ④ '확정' 상태로 마감처리를 할 수 있다.
② '마감' 상태로 마감취소를 할 수 있다.
③ '계획' 상태로 마감처리와 마감취소 모두 할 수 없다.

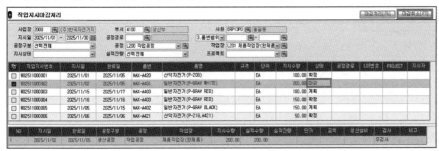

4 재공관리

1. 기초재공등록

ERP 메뉴 찾아가기

생산관리공통 ▶ 재공관리 ▶ 기초재공등록

시스템의 도입 초기 또는 기말에서 기초로 넘어가는 시기에 공정의 내부나 외주처에 남아 있는 재공의 기초수량을 입력하는 메뉴이다. 기초재공등록으로 인하여 입력된 장소나 외주처 품목의 재공이 증가한다. [시스템관리] – [마감/데이타관리] – [자재마감/통제등록] 메뉴에 등록되어 있는 마감일자 이전으로는 수정이나 삭제가 불가능하다.

실무 연습문제 기초재공등록

다음 [보기]의 조건으로 데이터를 조회한 후 물음에 답하시오.

┌ 보기 ─────────────────────────────────
• 사업장: 2000. (주)한국자전거지사
• 공정: L200. 작업공정
• 작업장: L201. 제품작업장(완제품)
• 등록일: 2025/01/01 ~ 2025/01/31
└─────────────────────────────────────

[보기]의 기간 동안 기초재공으로 등록된 품목의 기초수량의 총합계는?

① 500EA

② 850EA

③ 2,900EA

④ 4,250EA

정답 ②

[보기]의 사업장, 등록일로 조회한다. [보기]의 작업공정, 제품작업장(완제품)으로 등록되어 있는 등록번호는 OW25010000001이며 하단의 기초수량 합을 확인하면 850EA이다.

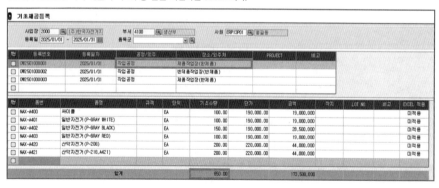

2. 재공창고입고/이동/조정등록

⊗ ERP 메뉴 찾아가기

생산관리공통 ▶ 재공관리 ▶ 재공창고입고/이동/조정등록

(1) '재공입고' 탭

공정에서 사용하고 남은 재공을 창고로 입고하는 메뉴로, 출고공정/출고작업장에서 입고 창고/입고장소로 입고한다. 출고공정/출고작업장의 수량은 감소하고, 입고창고/입고장소의 수량은 증가한다.

(2) '재공이동' 탭

공정의 재공을 다른 공정으로 이동하는 메뉴로, 출고공정/출고작업장에서 입고공정/입고 작업장으로 이동한다. 출고공정/출고작업장의 수량은 감소하고, 입고공정/입고작업장의 수량은 증가한다.

(3) '재공조정' 탭

공정에 있는 재공의 실사수량과 장부상수량(전산수량)의 차이를 조정하는 메뉴이다. 품목의 손망실이나 파손 등의 이유로 발생한 수량의 차이를 등록하여 조정수량만큼 재공수량이 감소한다.

실무 연습문제 재공창고입고/이동/조정등록

다음 [보기]의 조건으로 데이터를 조회한 후 물음에 답하시오.

┌ 보기 ┐
• 사업장: 2000. (주)한국자전거지사
• 실적기간: 2025/12/01 ~ 2025/12/31
• 내용: 재고실사 중 보관불량으로 품목 NAX–A401. 일반자전거(P–GRAY WHITE) 7EA가 폐기된 것을 확인하였다.

다음 중 [재공창고입고/이동/조정등록] 메뉴에서 [보기]의 내용을 반영한 수불 건으로 옳은 것은?

① WI2512000001
② WI2512000002
③ WM2512000001
④ WA2512000001

정답 ④

재고실사 중 보관불량으로 폐기한 품목은 '재공조정' 탭에 등록한다. '재공조정' 탭에서 [보기]의 사업장, 실적기간으로 조회하였을 때 [보기]의 내용과 일치하는 조정번호는 WA2512000001이다. 7EA를 보관불량으로 폐기하여 조정하였으므로 작업공정, 제품작업장(완제품)의 재공 7EA가 감소한다.

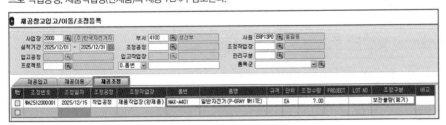

3. 부산물실적등록

◇ ERP 메뉴 찾아가기

생산관리공통 ▶ 재공관리 ▶ 부산물실적등록

공정에서 생산한 품목의 생산실적과 더불어 부산물이 생겼을 경우에 사용하는 메뉴이며, 생산실적을 바탕으로 부산물실적을 등록한다. 부산물실적을 등록하기 위해서는 [작업지시등록], [작업지시확정], [작업실적등록]이 선행되어야 한다. 상태가 '마감'인 작업은 부산물을 등록할 수 없다.

실무 연습문제   부산물실적등록

다음 [보기]의 조건으로 데이터를 조회한 후 물음에 답하시오.

┌─ 보기 ─────────────────────────
- 사업장: 2000. (주)한국자전거지사
- 공정: L200. 작업공정
- 작업장: L201. 제품작업장(완제품)
- 실적기간: 2025/11/01 ∼ 2025/11/30
└───────────────────────────────

작업실적번호 WR2511000001에서 부산물이 발생하여 부산물실적등록을 하였다. 이에 대한 설명으로 옳지 않은 것은?

① 품목 NAX−A420. 산악자전거(P−20G)의 실적으로 인하여 발생한 부산물을 등록하였다.
② 품목 21−1030600. FRONT FORK(S) 1EA의 부산물이 발생하였다.
③ 부산물실적 품목을 입고창고 M200. 부품창고_인천지점, 입고장소 M201. 부품/반제품_부품장소에 입고시켰다.
④ 부산물을 이미 등록하였으므로 더 이상 부산물실적등록을 할 수 없다.

정답 ④

[보기]의 조건으로 조회한 후 작업실적번호 WR2511000001의 내역을 확인한다.
①, ② 품목 NAX−A420. 산악자전거(P−20G)의 실적으로 인하여 발생한 부산물 21−1030600. FRONT FORK(S) 1EA가 등록되어 있다.
③ 하단에서 입고창고 M200. 부품창고_인천지점과 입고장소 M201. 부품/반제품_부품장소를 확인할 수 있다.
④ 상태가 '마감'인 실적번호는 부산물실적등록을 할 수 없으나 작업실적번호 WR2511000001의 상태는 '확정'이므로 부산물실적등록을 할 수 있다.

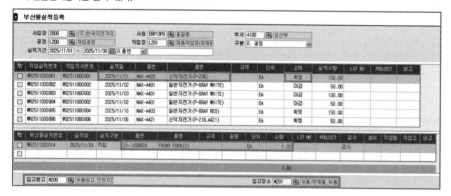

 생산/외주/재공현황

1. 작업지시/외주발주현황

> ⌾ ERP 메뉴 찾아가기
>
> 생산관리공통 ▶ 생산/외주/재공현황 ▶ 작업지시/외주발주현황

[생산관리공통]-[생산관리]-[작업지시등록]과 [생산관리공통]-[외주관리]-[외주발주등록]에서 등록한 현황을 한 번에 확인하기 위한 메뉴이다. 일정 조건으로 조회 후 각 내역을 클릭하면 하단에서 지시수량, 금액, 실적수량 등을 확인할 수 있다.

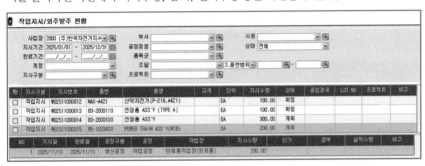

2. 수주대비지시현황

> ⌾ ERP 메뉴 찾아가기
>
> 생산관리공통 ▶ 생산/외주/재공현황 ▶ 수주대비지시현황

주문받은 내역(수주)에 대하여 작업지시현황을 확인하기 위한 메뉴이다. 일정 조건으로 조회 후 각 수주내역을 클릭하면 하단에서 각 수주 건에 대한 지시내역을 확인할 수 있다.

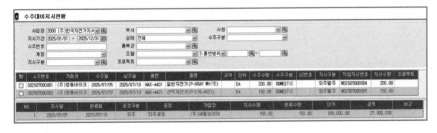

3. 청구대비지시현황

ERP 메뉴 찾아가기

생산관리공통 ▶ 생산/외주/재공현황 ▶ 청구대비지시현황

청구내역에 대한 작업지시현황을 확인하기 위한 메뉴이다. 일정 조건으로 조회 후 각 청구내역을 클릭하면 하단에서 각 청구 건에 대한 지시내역을 확인할 수 있다.

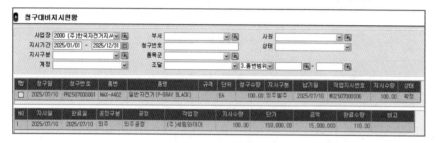

4. 지시대비실적현황

ERP 메뉴 찾아가기

생산관리공통 ▶ 생산/외주/재공현황 ▶ 지시대비실적현황

지시기간별 지시내역에 대한 실적현황을 확인하기 위한 메뉴이다.

실무 연습문제 지시대비실적현황

다음 [보기]의 조건으로 데이터를 조회한 후 물음에 답하시오.

┌─ 보기 ─
- 사업장: 2000. (주)한국자전거지사
- 지시기간: 2025/11/01 ~ 2025/11/30
- 품목: NAX-A400. 싸이클
- 실적구분: 0. 적합

[보기]의 기간 동안 발생한 품목의 지시수량 대비 실적수량 잔량으로 옳은 것은?

① 10EA
② 20EA
③ 30EA
④ 40EA

정답 ②

[보기]의 조건으로 조회한 후 NAX-A400. 싸이클의 실적 잔량을 확인한다. 여러 품목이 등록되어 있으므로 품번이나 품명으로 조회한 후 잔량을 확인하면 편리하다. 실적 잔량은 20EA이다.

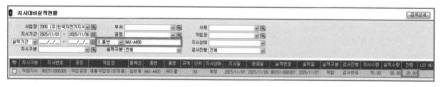

5. 자재청구대비투입/사용현황

ERP 메뉴 찾아가기

생산관리공통 ▶ 생산/외주/재공현황 ▶ 자재청구대비투입/사용현황

작업지시를 통하여 청구등록된 내역에 대한 자재투입 및 사용현황을 확인하기 위한 메뉴이다.

실무 연습문제 자재청구대비투입/사용현황

다음 [보기]에 해당하는 지시번호 기준의 청구금액의 합과 사용금액의 합으로 옳지 <u>않은</u> 것은?

┌─ 보기 ─────────────────────────────────
- 사업장: 2000. (주)한국자전거지사
- 지시기간: 2025/11/01 ~ 2025/11/05
  (단, 단가 OPTION의 단가설정은 조달구분 관계없이 모두 '실제원가[품목등록]'로 설정한다.)
└──

① WO2511000001 − 25,642,500원 − 25,207,000원
② WO2511000002 − 31,400,000원 − 30,066,000원
③ WO2511000010 − 20,514,000원 − 20,497,800원
④ WO2511000011 − 43,592,250원 − 0원

정답 ②

[보기]의 조건으로 조회한 후 오른쪽 상단의 '단가 OPTION[F10]'을 클릭하여 '실제원가[품목등록]'에 체크한다. 단가 OPTION의 설정에 따라 금액이 다르게 조회되므로 주의해야 한다.

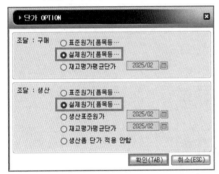

② 지시번호 WO2511000002의 하단에 등록된 청구금액의 합은 30,124,000원, 사용금액의 합은 28,848,800원이다.

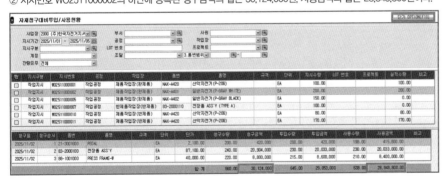

6. 실적현황

👁 ERP 메뉴 찾아가기

생산관리공통 ▶ 생산/외주/재공현황 ▶ 실적현황

지시기간에 대하여 작업실적현황을 확인하기 위한 메뉴이다.

실무 연습문제 실적현황

다음 [보기]의 조건으로 데이터를 조회한 후 물음에 답하시오.

┌ 보기 ┐
- 사업장: 2000. (주)한국자전거지사
- 지시기간: 2025/11/01 ~ 2025/11/30
- 지시공정: L200. 작업공정
- 지시작업장: L201. 제품작업장(완제품)

(주)한국자전거지사에서 11월 한 달 동안 가장 많은 수량을 생산한 생산설비로 옳은 것은?

① 생산설비 1호

② 생산설비 2호

③ 생산설비 3호

④ 생산설비 4호

정답 ③

[보기]의 조건으로 조회한 후 각 생산설비 실적수량의 합을 확인한다. 여러 생산설비가 섞여 있으므로 각 생산설비별로 조회하면 실적수량의 합을 확인하기 편리하다.

① 생산설비 1호의 실적수량 합: 50EA + 100EA = 150EA

② 생산설비 2호: 등록되어 있지 않음

③ 생산설비 3호의 실적수량 합: 100EA + 50EA + 50EA = 200EA ✓

④ 생산설비 4호의 실적수량 합: 150EA

7. 생산계획대비실적현황(월별)

✐· ERP 메뉴 찾아가기

생산관리공통 ▶ 생산/외주/재공현황 ▶ 생산계획대비실적현황(월별)

생산계획에 대하여 작업실적현황을 월별로 확인하기 위한 메뉴이다.

실무 연습문제 　생산계획대비실적현황(월별)

다음 [보기]의 조건으로 데이터를 조회한 후 물음에 답하시오.

> ┌ 보기 ┐
> • 사업장: 2000. (주)한국자전거지사
> • 해당년도: 2025
> • 계정: 2. 제품
> • 조회기준: 양품

다음 중 2025년에 생산계획과 실적이 모두 등록되어 있는 품목으로 옳지 않은 것은?

① NAX-A400. 싸이클
② NAX-A401. 일반자전거(P-GRAY WHITE)
③ NAX-A403. 일반자전거(P-GRAY RED)
④ NAX-A421. 산악자전거(P-21G, A421)

정답 ①

[보기]의 조건에 따라 사업장, 해당년도, 계정을 입력한 후 '실적검사기준' 탭에서 조회기준을 '양품'으로 조회한다.
① NAX-A400. 싸이클은 계획수량은 등록되어 있지 않고 실적수량만 등록되어 있다.

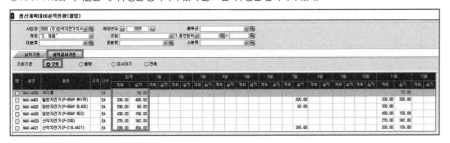

8. 실적대비입고현황

◎- ERP 메뉴 찾아가기

생산관리공통 ▸ 생산/외주/재공현황 ▸ 실적대비입고현황

작업실적에 대하여 작업창고에 입고된 현황을 확인하기 위한 메뉴이다.

실무 연습문제 실적대비입고현황

다음 [보기]의 조건으로 데이터를 조회한 후 물음에 답하시오.

┌ 보기 ─────────────────────────────────
- 사업장: 2000. (주)한국자전거지사
- 실적기간: 2025/11/01 ~ 2025/11/30
- 출고공정: L200. 작업공정
- 출고작업장: L201. 제품작업장(완제품)
- 입고창고: P200. 제품창고_인천지점
- 입고장소: P201. 제품_제품장소
└──────────────────────────────────

[보기]의 조건으로 실적입고된 수량의 합으로 옳은 것은?

① 390EA   ② 410EA
③ 430EA   ④ 450EA

정답 ③

[보기]의 조건으로 조회되는 입고수량의 합은 430EA이다.

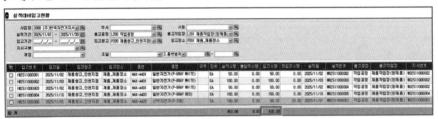

9. 자재사용현황(작업별)

◎- ERP 메뉴 찾아가기

생산관리공통 ▸ 생산/외주/재공현황 ▸ 자재사용현황(작업별)

작업지시별로 자재를 사용한 현황을 확인하기 위한 메뉴이다.

10. 자재사용현황(제품별)

ERP 메뉴 찾아가기

생산관리공통 ▶ 생산/외주/재공현황 ▶ 자재사용현황(제품별)

작업지시된 제품별로 자재를 사용한 현황을 확인하기 위한 메뉴이다.

11. 부산물실적현황

ERP 메뉴 찾아가기

생산관리공통 ▶ 생산/외주/재공현황 ▶ 부산물실적현황

실적기간에 생성된 부산물의 실적현황을 확인하기 위한 메뉴이다.

12. 품목별품질현황(전수검사)

ERP 메뉴 찾아가기

생산관리공통 ▶ 생산/외주/재공현황 ▶ 품목별품질현황(전수검사)

검사유형이 전수검사인 품목의 품질현황을 품목별로 확인하기 위한 메뉴로, 합격률과 불량률을 확인할 수 있다.

실무 연습문제 품목별품질현황(전수검사)

다음 [보기]의 조건으로 데이터를 조회한 후 물음에 답하시오.

┌─ 보기 ──────────────────────────────────
• 사업장: 2000. (주)한국자전거지사
• 검사기간: 2025/11/01 ~ 2025/11/30
└──────────────────────────────────────

다음 [보기]에 해당하는 전품목별 불량률을 연결한 것으로 옳지 <u>않은</u> 것은? (단, 검사는 전수검사로 진행하였다.)

① 바디(BODY)불량: 2.683
② 라이트(HEAD LAMP)불량: 4.615
③ 휠(WHEEL)불량: 1.951
④ 도색불량: 0.976

[보기]의 조건으로 조회한 후 전품목계의 불량명과 불량률을 확인한다.

② 라이트(HEAD LAMP)불량의 불량률은 1.4630이다.

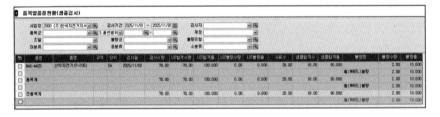

13. 품목별품질현황(샘플검사)

ERP 메뉴 찾아가기

생산관리공통 ▶ 생산/외주/재공현황 ▶ 품목별품질현황(샘플검사)

검사유형이 샘플검사인 품목의 품질현황을 품목별로 확인하기 위한 메뉴로, 합격률과 불량률을 확인할 수 있다.

14. 자재사용현황(모품목별)

ERP 메뉴 찾아가기

생산관리공통 ▶ 생산/외주/재공현황 ▶ 자재사용현황(모품목별)

작업지시의 모품목별로 자재사용현황을 확인하기 위한 메뉴이다.

15. 생산일보

⊘ ERP 메뉴 찾아가기

생산관리공통 ▶ 생산/외주/재공현황 ▶ 생산일보

실적기간에 생산된 품목의 실적수량과 실적금액, 부적합금액 등을 실적기준과 실적검사 기준으로 확인할 수 있는 메뉴이다.

실무 연습문제 생산일보

[1] 회사에서 생산된 모든 제품의 실적수량과 표준원가를 바탕으로 한 각 제품의 실적금액이 포함된 보고서를 작성하는 데 활용할 수 있는 메뉴로 가장 옳은 것은?

① 실적현황　　　　　　　　　　② 지시대비실적현황
③ 생산일보　　　　　　　　　　④ 생산계획대비실적현황(월별)

정답 ③

생산된 제품의 실적수량과 실적금액을 모두 확인할 수 있는 메뉴는 [생산일보]이다.

[2] 아래 [보기]의 조건으로 데이터를 조회한 후 물음에 답하시오.

┌─ 보기 ─────────────────────────────
• 사업장: 2000. (주)한국자전거지사
• 실적기간: 2025/11/01 ～ 2025/11/30
• 구분: 0. 전체
• 공정: L200. 작업공정
• 수량조회기준: 0. 실적입고기준
• 탭: 실적기준
• 단가 OPTION: 표준원가[품목등록]
└───────────────────────────────────

다음 중 (주)한국자전거지사의 생산품에 대한 실적금액이 가장 큰 품목으로 옳은 것은?

① NAX-A401. 일반자전거(P-GRAY WHITE)
② NAX-A403. 일반자전거(P-GRAY RED)
③ NAX-A420. 산악자전거(P-20G)
④ NAX-A421. 산악자전거(P-21G, A421)

정답 ③

[보기]의 조건으로 조회한 후 오른쪽 상단의 '단가 OPTION[F10]'을 클릭하여 '표준원가[품목등록]'를 설정한다. 단가 OPTION의 설정에 따라 금액이 달라지므로 주의해야 한다.

등록되는 각 품목의 실적금액을 확인한다.

① NAX-A401. 일반자전거(P-GRAY WHITE)의 실적금액: 44,000,000원

② NAX-A403. 일반자전거(P-GRAY RED)의 실적금액: 45,000,000원

③ NAX-A420. 산악자전거(P-20G)의 실적금액: 73,500,000원 ✓

④ NAX-A421. 산악자전거(P-21G, A421)의 실적금액: 45,900,000원

항	품번	품명	규격	단위	실적수량	단가	실적금액	양품수량	양품금액	부적합수량	부적합금액
☐	NAX-A400	싸이클		EA	50.00	190,000.00	9,500,000	50.00	9,500,000.00	0.00	0.00
☐	NAX-A401	일반자전거 (P-GRAY WHITE)		EA	200.00	220,000.00	44,000,000	200.00	44,000,000.00	0.00	0.00
☐	NAX-A403	일반자전거 (P-GRAY RED)		EA	150.00	300,000.00	45,000,000	150.00	45,000,000.00	0.00	0.00
☐	NAX-A420	산악자전거 (P-20G)		EA	350.00	210,000.00	73,500,000	350.00	73,500,000.00	0.00	0.00
☐	NAX-A421	산악자전거 (P-21G,A421)		EA	170.00	270,000.00	45,900,000	150.00	40,500,000.00	20.00	5,400,000.00

16. 생산월보

⊘ ERP 메뉴 찾아가기

생산관리공통 ▶ 생산/외주/재공현황 ▶ 생산월보

해당년도의 월별 생산품목을 실적기준과 실적검사기준으로 확인할 수 있는 메뉴이다.

실무 연습문제 생산월보

아래 [보기]의 조건으로 데이터를 조회한 후 물음에 답하시오.

┌ 보기 ┄
• 해당년도: 2025
• 구분: 1. 외주
• 조회기준: 부적합
• 집계기준: 입고

다음 중 (주)한국자전거지사에서 2025년 7월에 부적합 실적수량이 등록되어 있는 품목으로 옳은 것은?

① 88-1001000. PRESS FRAME-W

② 90-1001000. FRAME GRAY

③ NAX-A402. 일반자전거(P-GRAY BLACK)

④ NAX-A420. 산악자전거(P-20G)

정답 ③

[보기]의 해당년도와 구분, '사업장: 2000 (주)한국자전거지사'를 입력한 후 '실적기준' 탭에서 [보기]의 조회기준과 집계기준으로 조회한다.

③ NAX-A402. 일반자전거(P-GRAY BLACK)는 2025년 7월에 부적합 실적수량 10EA가 있다.

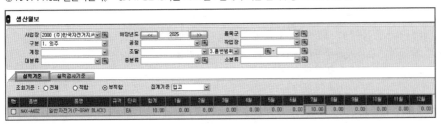

17. 현재공현황(전사/사업장)

✨ ERP 메뉴 찾아가기

생산관리공통 ▶ 생산/외주/재공현황 ▶ 현재공현황(전사/사업장)

해당년도 재공 품목의 기초수량, 입고수량, 출고수량, 재공수량 등을 전사나 사업장별로 확인할 수 있는 메뉴이다. '전사' 탭에서는 전체 회사내역을 확인할 수 있으나 사업장을 선택할 수 없으며, '사업장' 탭에서는 각 사업장별 내역을 확인할 수 있다.

실무 연습문제 현재공현황(전사/사업장)

2025년 (주)한국자전거지사 사업장에서 보유하고 있는 제품 중 품목 NAX-A420. 산악자전거(P-20G)의 현재공수량으로 옳은 것은?

① 100EA
② 233EA
③ 260EA
④ 510EA

정답 ②

사업장이 주어졌으므로 '사업장' 탭에서 '사업장: 2000. (주)한국자전거지사, 해당년도: 2025'로 조회한다. 여러 품목이 섞여 있으므로 품번이나 품명으로 조회하면 확인하기 편리하다. 품목 NAX-A420. 산악자전거(P-20G)의 현재공수량은 233EA이다.

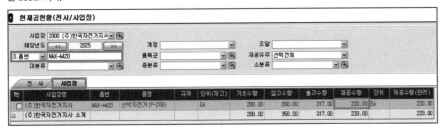

18. 현재공현황(공정/작업장)

ERP 메뉴 찾아가기

생산관리공통 ▶ 생산/외주/재공현황 ▶ 현재공현황(공정/작업장)

해당년도 재공 품목의 기초수량, 입고수량, 출고수량, 재공수량 등을 공정이나 작업장별로 확인할 수 있는 메뉴이다. '공정' 탭에서는 공정별 내역을 확인할 수 있지만 작업장을 선택할 수 없다. 또한 '작업장' 탭에서는 각 공정의 작업장 내역을 확인할 수 있다.

실무 연습문제 현재공현황(공정/작업장)

(주)한국자전거지사에서는 공정/작업장의 품목현황을 조사하고 있다. 작업공정/제품작업장(완제품)의 품목 중 생산하는 제품에 대한 2025년 기초수량, 입고수량, 출고수량이 각각 올바르게 나열된 것은?

① 507.00EA / 813.00EA / 544.00EA

② 507.00EA / 544.00EA / 813.00EA

③ 850.00EA / 507.00EA / 544.00EA

④ 850.00EA / 544.00EA / 813.00EA

정답 ③

작업장이 주어졌으므로 '작업장' 탭에서 '사업장: 2000. (주)한국자전거지사, 공정: L200. 작업공정, 작업장: L201. 제품작업장(완제품), 해당년도: 2025, 계정: 2. 제품, 조달: 1. 생산'으로 조회한다.

③ 작업공정/제품작업장(완제품)의 기초수량은 850.00EA, 입고수량은 507.00EA, 출고수량은 544.00EA이다.

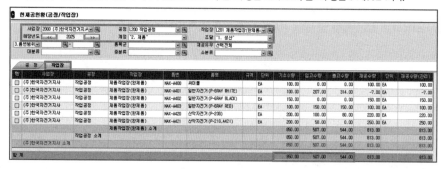

6 외주관리 1급에만 해당

회사에서 품목을 직접 생산하지 않고 다른 회사에 생산을 요청하는 것을 '외주'라고 한다. [외주관리] 메뉴에서는 외주발주등록, 외주자재출고, 외주마감 등을 할 수 있다.

1. 외주발주등록

ERP 메뉴 찾아가기

생산관리공통 ▶ 외주관리 ▶ 외주발주등록

외주업체에 생산을 요청할 때 외주발주를 등록하는 메뉴이다. 청구조회, 주문조회, 생산계획조회를 통하여 내역을 적용받아 등록할 수 있으며 직접 등록도 가능하다.
[생산관리공통]-[기초정보관리]-[외주단가등록]에서 외주처별 품목단가를 등록한 경우에는 외주발주등록 시 단가가 자동으로 입력되며, 직접 입력도 가능하다.

실무 연습문제 외주발주등록

[1] 다음 [보기]의 조건으로 데이터를 조회한 후 물음에 답하시오.

> 보기
> • 사업장: 2000. (주)한국자전거지사
> • 공정: R200. 외주공정
> • 외주처: R241. (주)세림와이어
> • 지시기간: 2025/07/01 ~ 2025/07/10

다음 중 '청구조회' 기능을 사용하여 외주발주를 등록한 외주지시번호는 무엇인가?

① WO2507000003
② WO2507000004
③ WO2507000005
④ WO2507000006

정답 ④

청구, 주문, 생산계획 등을 적용하여 외주발주를 등록한 경우의 이력은 '[외주발주등록] 이력정보'의 이전 이력을 통해 알 수 있다. [보기]의 조건으로 조회한 후 각 외주지시번호에서 마우스 오른쪽 버튼을 클릭하여 '[외주발주등록] 이력정보'를 확인한다.

① WO2507000003: 이전 이력정보가 존재하지 않아 적용받지 않고 직접 등록한 것을 알 수 있다.

② WO2507000004, ③ WO2507000005: 이전 이력이 '수주등록'으로 '주문조회' 기능을 사용하여 등록한 것을 알 수 있다.

④ WO2507000006: 이전 이력이 '청구등록'으로 '청구조회' 기능을 사용하여 등록한 것을 알 수 있다.

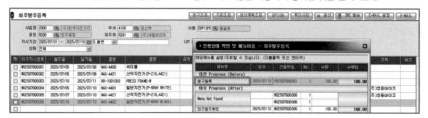

[2] 아래 [보기]의 조건으로 데이터를 입력 및 조회한 후 물음에 답하시오.

> ┌ 보기 ┐
> • 사업장: 2000. (주)한국자전거지사
> • 공정: R200. 외주공정
> • 외주처: R231. (주)제일물산
> • 지시기간: 2025/04/10 ~ 2025/04/10

2025년 4월 10일에 외주발주등록을 진행하려고 한다. 외주단가가 가장 큰 품목은 무엇인가? (단, 납기일은 발주일과 같다.)

① 83-2000100. 전장품 ASS'Y

② NAX-A401. 일반자전거(P-GRAY WHITE)

③ NAX-A403. 일반자전거(P-GRAY RED)

④ NAX-A420. 산악자전거(P-20G)

> **정답** ③

[보기]의 조건으로 조회한 후에 발주일, 납기일, 품번을 직접 입력하면 단가가 자동으로 등록된다. 등록되는 단가는 [외주단가등록] 메뉴에 등록되어 있는 단가가 적용되는 것이다. 단가만 확인하면 되므로 저장은 하지 않아도 된다.

① 83-2000100. 전장품 ASS'Y의 단가: 83,000원

② NAX-A401. 일반자전거(P-GRAY WHITE)의 단가: 194,000원

③ NAX-A403. 일반자전거(P-GRAY RED)의 단가: 261,000원 ✓

④ NAX-A420. 산악자전거(P-20G)의 단가: 214,000원

2. 외주발주확정

> ### 🔍 ERP 메뉴 찾아가기
>
> 생산관리공통 ▶ 외주관리 ▶ 외주발주확정

[외주발주등록] 메뉴에서 등록한 내역을 확정하는 메뉴이다. 오른쪽 상단의 '확정'을 클릭하면 '계획' 상태인 외주발주지시가 '확정'으로 변경되며, 생산에 필요한 품목과 수량이 화면의 하단에 적용된다. 이는 [생산관리공통]-[생산관리]-[작업지시확정] 메뉴의 기능과 유사하다.

아래 [보기]의 조건으로 데이터를 조회한 후 물음에 답하시오.

> ― 보기 ―
> - 사업장: 2000. (주)한국자전거지사
> - 공정: R200. 외주공정
> - 지시기간: 2025/07/01 ~ 2025/07/10

확정처리된 외주발주 건에 대해서 모품목의 BOM 정보와 실제 청구된 자품목의 정보가 서로 다른 생산지시번호는 무엇인가?

① WO2507000002

② WO2507000004

③ WO2507000005

④ WO2507000006

정답 ②

[외주발주확정] 메뉴에서 확정처리를 한 후 하단에 청구되는 자재는 [생산관리공통]-[기초성보관리]-[BOM등록] 메뉴의 모품목에 대한 자품목의 정보와 같다. 따라서 [보기]의 조건으로 조회되는 생산지시번호 하단의 청구자재와 [BOM등록] 메뉴의 자재를 비교한다.

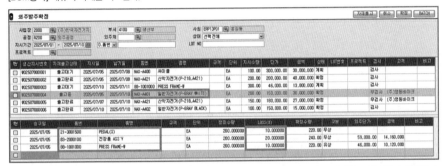

[BOM등록] 메뉴의 모품목은 [외주발주확정] 메뉴 상단의 지시품목으로, 기준일자를 지시일로 입력하여 조회한다. [외주발주확정] 메뉴의 생산지시번호 WO2507000004의 하단 품목 21-3001500. PEDAL(S)과 LOSS(%) 10%, [BOM등록] 메뉴의 품목 21-3001600. PEDAL과 LOSS(%) 0%가 서로 다르게 등록되어 있다. 또한 [BOM등록] 메뉴의 85-1020400. POWER TRAIN ASS'Y(MTB)와 21-3000300. WIRING-DE는 [외주발주확정] 메뉴에 등록되어 있지 않다.

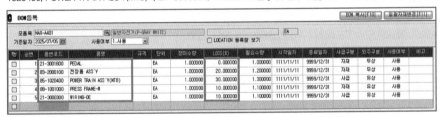

3. 외주자재출고

ERP 메뉴 찾아가기

생산관리공통 ▶ 외주관리 ▶ 외주자재출고

외주발주한 품목의 생산을 위하여 자재를 외주공정으로 출고하는 메뉴이다. 이때 자재는 무상사급인 것만 출고된다. 유상사급인 자재는 [영업관리]-[영업관리]-[수주등록(유상사급)] 메뉴를 통하여 외주처에 판매한다. 회사의 출고창고에서 외주공정으로 자재가 출고되는 것이므로 출고창고의 재고는 감소하고, 외주공정의 재공은 증가한다.

실무 연습문제   외주자재출고

다음 [보기]의 조건으로 데이터를 조회한 후 물음에 답하시오.

┌ 보기 ────────────────────────────
- 사업장: 2000. (주)한국자전거지사
- 출고기간: 2025/07/01 ~ 2025/07/31
└────────────────────────────────

다음 외주자재출고 건 중에서 요청수량보다 출고수량이 적은 출고번호는 무엇인가?

① MV2507000001

② MV2507000002

③ MV2507000003

④ MV2507000004

정답 ④

[보기]의 조건으로 조회한 후 각 출고번호의 하단에서 요청수량과 출고수량을 비교한다. ①, ②, ③은 요청수량과 출고수량이 동일하고, ④ MV2507000004의 요청수량은 600EA, 출고수량은 585EA로 요청수량보다 출고수량이 적다.

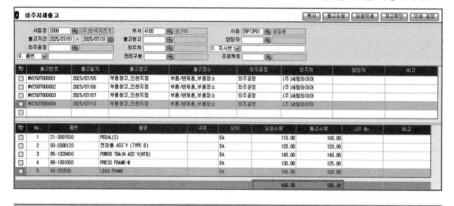

4. 외주실적등록

⊘ ERP 메뉴 찾아가기

생산관리공통 ▶ 외주관리 ▶ 외주실적등록

외주처에서 생산을 완료한 경우의 실적을 등록하는 메뉴로 작업지시수량과 실적수량 및 실적잔량 등을 확인할 수 있다. 화면 상단의 작업지시번호에 대한 실적이 화면 하단에 각 실적번호로 등록되며, 실적일은 지시일 이전의 날짜로 등록할 수 없다. 외주실적을 등록한 후 오른쪽 상단의 '자재사용[F8]'을 클릭하여 바로 자재사용 작업을 할 수도 있다.

실무 연습문제   외주실적등록

다음 [보기]의 조건으로 데이터를 조회한 후 물음에 답하시오.

┌ 보기 ┄
- 사업장: 2000. (주)한국자전거지사
- 지시기간: 2025/07/01 ~ 2025/07/10
- 외주공정: R200. 외주공정
- 외주처: R241. (주)세림와이어

[보기]의 조건으로 등록된 외주실적 중 완료일 이후에 실적이 등록된 작업실적번호로 옳은 것은?

① WR2507000002
② WR2507000006
③ WR2507000010
④ WO2507000006

정답 ③

[보기]의 조건으로 조회한 후 각 작업지시번호의 완료일과 하단에 등록된 작업실적번호의 실적일을 확인한다. 작업지시번호 WO2507000006의 완료일은 2025/07/10이며, 하단에 등록되어 있는 작업실적번호 WR2507000010의 실적일은 2025/07/12로 완료일 이후에 실적이 등록되었다.

문제에서 '작업실적번호'를 묻고 있으므로 정답은 ③ WR25070000100이며, 상단의 작업지시번호인 ④ WO2507000006이 아님에 주의한다.

TIP

작업지시번호와 작업실적번호가 혼용되어 출제되므로 문제를 정확하게 파악하여야 한다.

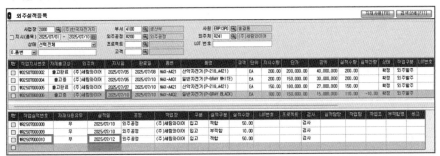

5. 외주자재사용등록

◇ ERP 메뉴 찾아가기

생산관리공통 ▶ 외주관리 ▶ 외주자재사용등록

외주처에서 생산에 사용한 무상사급자재를 사용등록하는 메뉴이다. 외주자재출고를 통하여 출고된 자재들은 사용등록하기 전까지는 외주공정의 재공으로 인식되며, 외주자재사용등록 후 재공이 감소된다.

실무 연습문제 외주자재사용등록

아래 [보기]의 조건으로 데이터를 입력 및 조회한 후 물음에 답하시오.

보기
- 사업장: 2000. (주)한국자전거지사
- 구분: 2. 외주
- 실적기간: 2025/07/06 ~ 2025/07/06
[일괄적용 값]
- 사용일자, 출고일자: 2025/07/06
- 공정/외주: R200. 외주공정
- 작업장/외주처: R241. (주)세림와이어
- 출고창고: M200. 부품창고_인천지점
- 출고장소: M201. 부품/반제품_부품장소

[보기]의 기간에 등록된 외주실적 건에 대하여 청구된 자재를 모두 일괄적용 기능을 통해 사용처리했을 때 사용되는 자재의 총수량은?

① 530EA
② 670EA
③ 870EA
④ 1,110EA

정답 ②

[보기]의 조건으로 조회되는 실적 건의 □에 체크한 후 오른쪽 상단의 '일괄적용[F7]'을 클릭한다. 팝업창에 [보기]의 일괄적용 값을 입력한 후 '확인[TAB]'을 클릭하면 외주자재사용등록이 된다. 사용수량의 합은 670EA이다.

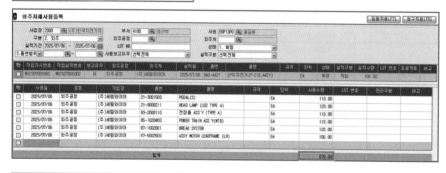

6. 외주실적검사

☺ ERP 메뉴 찾아가기

생산관리공통 ▶ 외주관리 ▶ 외주실적검사

[외주실적등록] 메뉴에서 검사구분이 '검사'인 작업의 외주생산실적 품목을 검사하는 메뉴이다.

실무 연습문제 외주실적검사

아래 [보기]의 조건으로 데이터를 조회한 후 물음에 답하시오.

┌─ 보기 ───
- 사업장: 2000. (주)한국자전거지사
- 외주공정: R200. 외주공정
- 외주처: R241. (주)세림와이어
- 실적일: 2025/07/01 ~ 2025/07/10
└──

다음 [보기]의 조건으로 실시된 외주실적검사에서 발생한 불량명으로 옳지 않은 것은?

① 적재불량
② 라이트(HEAD LAMP)불량
③ 휠(WHEEL)불량
④ 바디(BODY)불량

정답 ③

[보기]의 조건으로 조회되는 모든 작업실적번호의 하단에 등록되어 있는 불량명을 확인한다.
- 작업실적번호 WR2507000001: 바디(BODY)불량, 적재불량
- 작업실적번호 WR2507000002: 바디(BODY)불량
- 작업실적번호 WR2507000008: 라이트(HEAD LAMP)불량, 도색불량
③ 휠(WHEEL)불량은 발생하지 않았다.

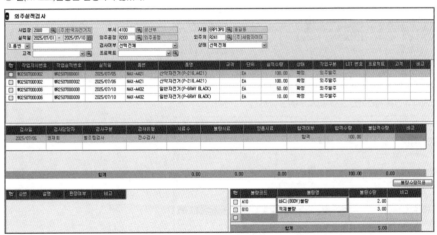

7. 외주마감

ERP 메뉴 찾아가기

생산관리공통 ▶ 외주관리 ▶ 외주마감

외주생산을 마감처리하는 메뉴이다. 외주작업에 문제가 없다면 외주처에 비용을 지불해야 하므로 수량과 단가 등의 정보를 입력하여 회계 모듈로 이관시킨다.

실무 연습문제 외주마감

아래 [보기]의 조건으로 데이터를 입력 및 조회한 후 물음에 답하시오.

┌ 보기 ─────────────────────
- 사업장: 2000. (주)한국자전거지사
- 마감일, 실적일: 2025/07/10 ～ 2025/07/15

(주)한국자전거지사에서는 실적적용 기능을 이용하여 외주마감을 하려고 한다. [보기]의 조건으로 조회되는 모든 건의 외주마감을 처리하였을 때 마감되는 품목들의 합계액의 합으로 옳은 것은?

① 18,000,000원
② 19,800,000원
③ 23,900,000원
④ 26,200,000원

정답 ②

[보기]의 사업장, 마감일로 조회한 후 오른쪽 상단의 '실적적용[F9]'을 클릭하여 팝업창에 실적일을 입력하고 조회한다. 조회되는 모든 품목의 □에 체크한 후 '선택적용[F10]'을 클릭하면 외주마감이 등록된다.

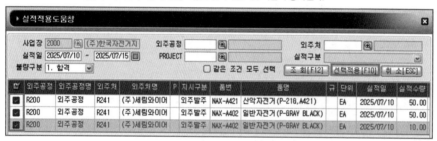

적용되는 합계액의 합은 19,800,000원이다. 이는 '실적적용도움창'의 품목과 미마감수량, [외주단가등록] 메뉴의 단가가 등록되어 합계액이 자동 계산되는 것이다. 합계액의 합을 확인하는 문제이므로 저장은 하지 않아도 된다.

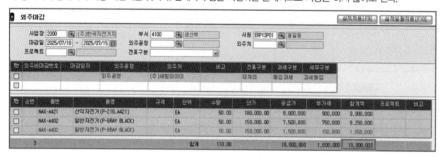

8. 회계처리(외주마감)

 ERP 메뉴 찾아가기

생산관리공통 ▶ 외주관리 ▶ 회계처리(외주마감)

외주마감된 건을 회계처리하여 회계전표를 생성하는 메뉴이다. 생성된 회계전표는 미결 상태로 회계 모듈로 이관되며 회계 모듈에서 승인권자가 승인을 해야만 승인전표가 생성된다.

실무 연습문제 회계처리(외주마감)

아래 [보기]의 조건으로 데이터를 입력 및 조회한 후 물음에 답하시오.

┌─ 보기 ─
- 사업장: 2000. (주)한국자전거지사
- 기간: 2025/07/01 ~ 2025/07/10
- 외주공정: R200. 외주공정
- 마감번호: OC2507000002

(주)한국자전거지사에서는 [보기]의 마감 건에 대하여 전표처리 작업을 하고자 한다. 전표처리 작업을 한 후 발생되는 전표에 대한 설명으로 올바르지 않은 것은?

① 생성되는 회계전표의 금액은 수정할 수 있다.
② 회계전표가 생성되면 미결 상태가 된다.
③ 생성된 회계전표의 품의내역에는 '생산관리(외주마감: OC2507000002)'가 등록된다.
④ 외주가공비 15,000,000원이 발생한다.

정답 ①

'외주마감' 탭에서 [보기]의 조건으로 조회한 후 마감번호 OC2507000002의 □에 체크한다. 오른쪽 상단의 '전표처리'를 클릭하면 회계전표를 생성하여 전표처리 작업을 할 수 있다.

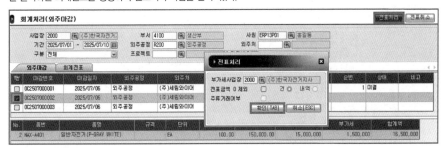

'회계전표' 탭을 조회한 후 생성된 전표를 확인한다.

①, ② 회계전표의 금액은 수정할 수 없으며, 생성된 회계전표는 '미결' 상태로 등록된다.
③ 마감번호 OC2507000002를 전표처리하였으므로 생성된 회계전표는 품의내역 '생산관리(외주마감: OC2507000002)' 이다.
④ 각 계정과목별 금액은 하단에서 확인할 수 있으며, 외주가공비 발생금액은 15,000,000원이다.

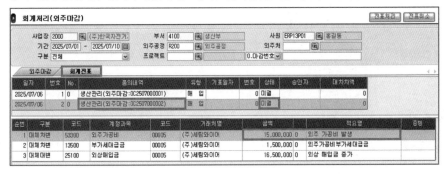

에너지
듀윌이
너를
지지할게

ENERGY

풍랑은 영원하지 않습니다.
터널은 무한하지 않습니다.
견디면 다 지나갑니다.

지나고 보면 그 시간이 유익입니다.

- 조정민, 『고난이 선물이다』, 두란노

기출

PART

04

최신 기출문제

1급 | 2025년 1회

1급 | 2024년 6회

1급 | 2024년 5회

2급 | 2025년 1회

2급 | 2024년 6회

2급 | 2024년 5회

Enterprise

Resource

Planning

ㅣ 프로그램 설치 & 백데이터 복원

☑ [에듀윌 도서몰]—[도서자료실]—[부가학습자료]에서 다운로드

☑ PART 04 최신 기출문제 → 2024 핵심ERP 프로그램 설치

☑ 백데이터 파일은 반드시 압축 해제 후 복원

☑ 오류 발생 시 플래너 뒷면의 FAQ 참고

기출 문제

1급 | 2025년 1회

이론 해설 특강

실무 해설 특강

이론

01

세계경제포럼(World Economic Forum)에서 발표한 인공지능 규범(AI code)의 5개 원칙에 해당하지 <u>않는</u> 것은?

① 인공지능은 투명성과 공정성의 원칙에 따라 작동해야 한다.
② 인공지능은 인류의 공동 이익과 이익을 위해 개발되어야 한다.
③ 인공지능이 개인, 가족, 지역 사회의 데이터 권리 또는 개인정보를 감소시켜야 한다.
④ 인간을 해치거나 파괴하거나 속이는 자율적 힘을 인공지능에 절대로 부여하지 않는다.

02

머신러닝 워크플로우 프로세스의 순서를 고르시오.

① 데이터 수집 → 전처리 및 정제 → 모델링 및 훈련 → 평가 → 배포 → 점검 및 탐색
② 점검 및 탐색 → 데이터 수집 → 전처리 및 정제 → 모델링 및 훈련 → 평가 → 배포
③ 데이터 수집 → 점검 및 탐색 → 전처리 및 정제 → 모델링 및 훈련 → 평가 → 배포
④ 데이터 수집 → 전처리 및 정제 → 점검 및 탐색 → 모델링 및 훈련 → 평가 → 배포

03

효과적인 ERP 교육을 위한 고려 사항으로 가장 적절하지 <u>않은</u> 것은 무엇인가?

① 다양한 교육도구를 이용하라.
② 교육에 충분한 시간을 배정하라.
③ 비즈니스 프로세스보다 트랜잭션을 우선하라.
④ 조직 차원의 변화관리 활동을 잘 이해하도록 교육을 강화하라.

04

ERP 시스템 투자비용에 관한 개념 중 '시스템의 전체 라이프 사이클(Life-Cycle)을 통해 발생하는 전체 비용을 계량화한 비용'에 해당하는 것은?

① 유지보수비용(Maintenance Cost)
② 시스템 구축비용(Construction Cost)
③ 총소유비용(Total Cost of Ownership)
④ 소프트웨어 라이선스비용(Software License Cost)

05

ERP 시스템 구축 절차에서 수행하는 '패키지 파라미터 설정' 활동의 결과로 적절하지 <u>않은</u> 것은?

① 기업의 특정 요구에 맞게 ERP 시스템의 기능을 조정한다.
② 기업의 환경에 맞게 프로세스를 조정하여 효율성을 높인다.
③ 다양한 사용자들의 요구를 조정하여 ERP 시스템의 목표를 명확하게 한다.
④ 데이터의 흐름과 저장 방식을 조정하여 데이터 무결성과 일관성을 유지한다.

06

12명이서 120개를 생산하던 공정에서 10명이 120개를 생산하는 것으로 공정이 개선되었다면 생산성은 몇 %가 향상되었는가? (나머지 조건은 동일하다고 가정한다.)

① 12.5% ② 15.0%
③ 20.0% ④ 25.0%

07

[보기]에서 Flow Shop의 특징으로 묶인 것을 고르시오.

> ┌ 보기 ┐
>
> 가. 적은 유연성
> 나. 큰 유연성
> 다. 특수 기계의 생산 라인
> 라. 범용 기계
> 마. 공정별 기계 배치
> 바. 숙련공
> 사. 비숙련공도 투입
> 아. 연속 생산
> 자. 대량 및 재고 생산(Make-to-Stock)

① 가, 나, 다, 라　　　② 가, 나, 아, 자
③ 가, 다, 사, 아　　　④ 나, 라, 마, 바

08

총괄생산계획을 수립할 때 고려해야 할 변수가 <u>아닌</u> 것은?

① 품질　　　　　　② 생산비
③ 재고수준　　　　④ 인력수준

09

[보기]는 ROP(Reorder Point System, 재고가 일정 수준에 도달하면 주문하는 방법)에 대한 설명이다. [보기]의 (　A　)에 들어갈 재고의 유형을 고르시오.

> ┌ 보기 ┐
>
> 발주점(ROP) = 조달기간 동안의 수요 + (　A　)재고

① 안전재고　　　　　② 순환재고
③ 예상(비축)재고　　 ④ 수송(파이프라인)재고

10

(주)생산성은 제품의 수요가 증가를 대응하기 위해 총괄생산계획을 수립하고자 한다. 적절한 대응방안을 고르시오.

① 제품의 품질유지를 위해 기존의 하청업체들을 축소시켰다.
② 증가하는 수요에 빠르게 대응하기 적절한 수준의 재고를 유지하며 생산계획을 조정하였다.
③ 작업자의 조업시간이 증가함에 따라 잔업수당이 발생하고 증가하고 있다. 이를 개선하기 위해 조업을 단축하고 휴게시간을 확대하였다.
④ 제품의 수요가 증가하고 있으나, 비용 절감을 위해 퇴직수당을 지급하고 인원을 해고하기로 결정하였다.

11

생산 시스템은 생산 방식에 따라 구분할 수 있다. 흐름 생산(Flow Shop)에 대한 설명으로 적절하지 <u>않은</u> 것은?

① 특수 기계 생산 라인, 낮은 유연성이 특징이다.
② 주로 파이프라인을 통해 자제의 이동이 이루어진다.
③ 석유, 가스 등과 같이 액체·기체로 이루어진 제품 생산에 적합하다.
④ 대규모의 비반복적인 생산활동에 주로 활용되며, 일회성 생산작업에 유용하다.

12

[보기]의 공정계획표에 따른 주공정을 찾을 때에 단계 7의 여유시간(Slack Time)은 얼마인가? (정답은 단위(일)를 제외한 숫자만 입력하시오.)

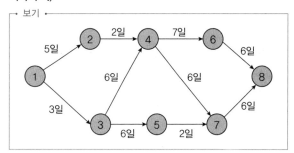

(답:　　　　　일)

13

어떤 활동에 소요되는 기대 시간치가 6일, 낙관 시간치가 5일, 정상 시간치가 6일이었을 때 비관시간치는 몇 일인가? (정답은 단위(일)를 제외한 숫자만 입력하시오.)

(답:　　　　　일)

14

공정관리의 목표로 적절하지 <u>않은</u> 것은?

① 공정재고의 최소화
② 납기의 이행 및 단축
③ 재공품 재고시간의 최대화
④ 생산 및 조달시간의 최소화

15

[보기]의 자료를 바탕으로 라인 밸런스 효율(Eb) 및 불균형률(d)을 각각 순서대로 구하시오. (단위: %)

> **보기**
> - 작업장 A: 작업시간 30분
> - 작업장 B: 작업시간 27분
> - 작업장 C: 작업시간 23분
> - 작업장 D: 작업시간 40분

① 80%, 20%   ② 78%, 22%
③ 75%, 25%   ④ 70%, 30%

16

JIT 생산 방식에 관한 설명으로 가장 적절한 것은?

① 고가격 제품에 적합한 방식이다.
② 주문시기를 마음대로 결정하는 것이다.
③ 부품의 재고를 최대한 많게 하는 것이다.
④ 필요한 것을 필요한 때만 필요한 만큼 생산하는 것이다.

17

[보기]의 (ㄱ)~(ㄹ)에 들어갈 용어를 고르시오.

> **보기**
> 공정관리란 협의의 생산관리인 생산통제(Production Control)로 쓰이며, 이를 미국 기계기사협회인 ASME(American Society of Mechanical Engineers)에서는 "공장에 있어서 원재료로부터 최종제품에 이르기까지의 자재, 부품의 조립 및 종합조립의 흐름을 순서정연하게 (ㄱ)적인 방법으로 계획하고, (ㄴ)을 결정하고(Routing), (ㄷ)을 세워(Scheduling), (ㄹ)을 할당하고(Dispatching), 신속하게 처리하는(Expediting) 절차"라고 정의하고 있다.

	(ㄱ)	(ㄴ)	(ㄷ)	(ㄹ)
①	합리	순서	일자	번호
②	합리	일정	계획	순서
③	능률	공정	일정	작업
④	능률	순서	계획	공정

18

휴대폰을 생산하는 생산성전자의 전체 제작작업에서 가장 오래 걸리는 작업이 기본 소프트웨어를 설치하는 작업이다. 소프트웨어 설치 작업에서 항상 생산 흐름이 막혀 있으며, 소프트웨어 설치 작업에 문제가 생기는 날이면 항상 전체 생산 속도도 늦어졌다. 생산성전자는 이러한 문제를 해결하고자 소프트웨어 설치 작업에서 낭비되는 시간을 최소화할 수 있도록 작업들의 재배치를 고려하고 있다. 여기서 소프트웨어 설치 작업은 무엇에 해당하는가?

① 애로공정   ② 정체공정
③ 공수체감   ④ 라인 밸런싱

19

[보기]는 설명하는 용어를 한글로 작성하시오.

> **보기**
> - 프로젝트(작업량)의 계획을 시간으로 구분하여 표시하고, 실제로 달성한 프로젝트(작업량)를 동일 도표상에 표시하는 막대(Bar) 도표 형태의 전통적인 프로젝트 일정관리 기법이다.
> - 각 프로젝트의 소요시간 및 각 프로젝트의 완료시간을 알 수 있으며, 계획과 통제의 기능을 동시에 수행할 수 있다.
> - 한편, 계획 변화에 유연한 대응이 어렵다는 단점이 존재한다.

(답: 차트)

20

[보기]의 작업장에 대한 이용률(Utilization, %)을 구하시오. (정답은 단위(%)를 제외한 숫자만 입력하시오.)

> **보기**
> - 기계 대수: 4대
> - 교대 수: 4교대/일
> - 1교대 작업시간: 6시간
> - 주당 작업일수: 5일
> - 기계 불가동시간: 48시간
> - 작업 표준시간: 480시간

(답: %)

21

각 작업장의 작업시간이 [보기]와 같을 때, 라인 밸런싱의 효율(%)은 얼마인가? (단, 각 작업장의 작업자는 모두 1명이다. 정답은 단위(%)를 제외한 숫자만 입력하시오.)

┌─ 보기 ─────────────────────────────────┐
- 작업장 A: 6분
- 작업장 B: 6분
- 작업장 C: 8분
- 작업장 D: 7분
- 작업장 E: 9분
└─────────────────────────────────────┘

(답: %)

22

[보기]에서 설명하는 재고 유형으로 가장 적절한 것은?

┌─ 보기 ─────────────────────────────────┐
- 생산 과정 중에 있는 제품으로, 아직 완성되지 않은 상태의 재고를 의미함
- 원자재가 가공되고, 조립되고, 검사되는 모든 중간 단계를 포함하며, 최종 제품이 완성되기 전까지의 상태를 나타냄
└─────────────────────────────────────┘

① 순환재고   ② 수송재고
③ 안전재고   ④ 재공품재고

23

A 부품의 연간 수요량은 2,000개이고, 1회 주문비용은 400원이며, 단가는 100원, 연간 재고유지비율이 0.4일 경우 경제적 주문량(EOQ)은 몇 개인가?

① 100개   ② 150개
③ 200개   ④ 250개

24

SCM(공급망관리) 도입의 주요 추진 효과로 가장 적절하지 <u>않은</u> 것은?

① 물류비용 절감: 공급망 내 물류 흐름을 최적화하여 물류비용을 절감할 수 있다.
② 생산비용 증가: SCM 도입으로 공급망이 통합되고 효율성이 증대됨에 따라 생산비용이 증가한다.
③ 고객만족: 공급망 내에서 정보 공유와 협력이 원활해지면서 고객의 요구에 신속하게 대응할 수 있다.
④ 구매비용 절감: SCM을 통해 공급업체와의 협력이 강화되고, 구매 과정이 효율화되어 구매비용을 절감할 수 있다.

25

CRP(Capacity Requirements Planning, 능력소요계획)에 대한 설명으로 적절하지 <u>않은</u> 것은?

① 특정 기간 동안 생산능력과 자원 할당의 불균형 여부를 파악하여 조정안을 마련하는 데 사용
② 특정 기간 동안 필요한 생산능력을 평가하고, 자원의 가용성과 비교하여 생산계획을 조정하는 데 사용
③ CRP 계산 과정은 데이터 수집, 자원 요구량 계산, 가용능력 평가, 부하 비교, 균형 조정의 단계를 포함하며, 이를 통해 최적의 생산계획을 수립할 수 있음
④ 제품의 생산 일정에 따라 필요한 원자재와 부품량을 계산하고, 적절한 시기에 주문할 수 있도록 하여 생산의 효율성을 높이고, 재고 부족이나 과잉을 방지할 수 있음

26

자재 명세서가 [보기]와 같은 구조를 가질 때에 제품 K의 주문량은 9개이다. 부품 G의 현재고량이 25개일 때 필요한 소요량은 몇 개인가? (정답은 단위(개)를 제외한 숫자만 입력하시오.)

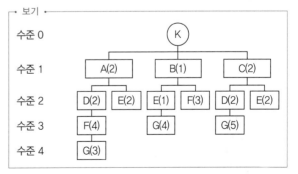

(답: 개)

27

[보기]에서 설명하는 용어를 영문 약어로 입력하시오.

— 보기 —

- 생산계획의 실행 가능성을 평가하기 위해 사용되는 도구로, 주요 자원의 수요와 능력을 대략적으로 평가하여 생산계획이 현실적으로 가능한지를 판단하는 과정임
- 이는 생산계획의 초기 단계에서 자원의 과부하나 부족을 미리 식별하고 조정하여 생산계획을 최적화하는 데 도움을 줌
- 마스터 생산 일정(MPS, Master Production Schedule)에 따른 주요 자원의 수요를 평가하여 현재의 생산능력으로 충족할 수 있는지 확인
- 생산능력과 자원의 균형을 맞춰 생산계획을 최적화하고 운영 효율성을 제고함

(답:)

28

한국산업규격(KS)에 의하면 검사(Inspection)란 물품을 어떤 방법으로 측정한 결과를 판정기준과 비교하여 합격/불합격을 판단한다. 판정대상에 의한 분류 검사 방법에 대한 설명으로 적절한 것은?

① 무검사: 작업자 자신이 스스로 하는 검사
② 샘플링검사: 제품의 품질을 간접적으로 보증해주는 방법
③ 전수검사: 개개의 물품에 대하여 그 전체를 검사하는 것
④ 자주검사: 제조공정관리, 공정검사의 조정, 검사의 체크를 목적으로 하여 행하는 검사

29

계수치 관리도에 대한 설명으로 적절하지 <u>않은</u> 것은?

① 길이, 무게, 강도, 온도 등의 데이터를 관리한다.
② p관리도는 시료의 크기 n이 일정하지 않을 경우 사용한다.
③ c관리도는 일정한 크기의 시료가운데 나타나는 결점 수에 의거하여 공정을 관리할 때 사용한다.
④ P_n관리도는 시료의 크기가 일정할 때 시료 전체에 불량품이 몇 개 인가 불량개수로 공정을 관리할 때 사용한다.

30

[보기]는 무엇에 대한 설명인가?

— 보기 —

도수분포의 상태를 기둥 모양의 그래프로 나타낸다. QC 7가지 도구 중 길이, 무게, 시간 등을 측정하는 데이터(계량값)가 어떠한 분포를 하고 있는가 알아보기 쉽게 나타내는데 사용되는 것

① 특성요인도
③ 히스토그램
② 파레토차트
④ 관리도그래프

31

[보기]의 (   )에 들어갈 정답을 영어알파벳으로 입력하시오.

— 보기 —

TV 한 대의 납땜 불량건수, 책 한 페이지의 오탈자 수처럼 일정한 크기의 시료 가운데 나타나는 결점 수에 의거 공정을 관리할 때에 사용하는 것은 (   ) 관리도이다.

(답: 관리도)

32

[보기]는 DMAIC 추진 단계 중 어느 단계에 대한 설명인가? (정답은 한글로 입력하시오.)

— 보기 —

- 새로운 공전조건을 표준화시키고 통계적 공정관리 방법으로 그 변화를 탐지
- 새 표준으로 공정이 안정되면 공정능력을 재평가

(답: 단계)

프로그램 버전	iCUBE 핵심ERP ver.2024
로그인 정보	• 회사: 4001. 생산1급, 회사A • 사원명: ERP13P01. 홍길동
DB 파일명	[백데이터] 2025 에듀윌 ERP 생산 1·2급 > PART 04 최신 기출문제_2025년 1회

01

아래 [보기]의 조건으로 데이터를 조회한 후 물음에 답하시오.

> ─ 보기 ─
> • 계정구분: 4. 반제품
> • 조달구분: 1. 생산
> • 검사여부: 1. 검사

다음 중 [보기]의 조건에 해당하는 품목 중에서 실제원가가 표준원 가보다 큰 품목을 고르시오.

① 85-1020410. POWER TRAIN ASS'Y(MTB, TYPE A)
② 85-1020420. POWER TRAIN ASS'Y(MTB, TYPE B)
③ 87-1002011. BREAK SYSTEM (TYPE A)
④ 87-1002021. BREAK SYSTEM (TYPE B)

02

아래 [보기]의 조건으로 데이터를 조회한 후 물음에 답하시오.

> ─ 보기 ─
> 가. (주)제일물산의 외주담당자는 이혜리이며 지역은 서울이다.
> 나. (주)제동기어의 거래처분류는 일반으로 되어 있다.
> 다. BODY-알미늄 (GRAY-WHITE, TYPE A)의 생산담당자는 양의 지이다.
> 라. BODY-알미늄 (GRAY-WHITE)의 단위는 EA이며 자재담당자 와 생산담당자가 동일하다.

(주)한국자전거지사에서는 물류실적(품목/고객)담당자등록을 확인 하고 있다. 다음 중 [보기]의 설명으로 올바른 설명의 수를 고르시오.

① 1   ② 2
③ 3   ④ 4

03

아래 [보기]의 조건으로 데이터를 조회한 후 물음에 답하시오.

> ─ 보기 ─
> • 검사구분: 41. 공정검사
> • 사용여부: 1. 사용
> • 검사유형질문: 각 인치별 정확하게 조립되어있나요?

다음 중 [보기]의 조건에 해당하는 검사유형명으로 옳은 것을 고르 시오.

① 휠조립검사   ② 바디조립검사
③ 핸들조립검사   ④ 자전거ASS'Y최종검사

04

아래 [보기]의 조건으로 데이터를 조회한 후 물음에 답하시오.

> ─ 보기 ─
> • 모품목: NAX-A401. 일반자전거(P-GRAY RED)
> • 기준일자: 2025/01/31
> • 사용여부: 1. 사용

다음 중 [보기]의 조건에 해당하는 모품목 NAX-A401. 일반자전거 (P-GRAY RED)의 자재 명세서에 대한 설명으로 옳은 것을 고르시오.

① 자품목 PEDAL (TYPE A)의 종료일자는 2026/12/31이며 주거 래처는 (주)대흥정공이다.
② 자품목 전장품 ASS'Y (TYPE A)는 사급자재이면서 조달구분이 구매이다.
③ 전체 LOSS(%)가 가장 큰 품목은 POWER TRAIN ASS'Y(MTB, TYPE A)이고 가장 작은 품목은 PEDAL (TYPE A)이다.
④ 전체 자품목의 필요수량 합은 23이다.

05

아래 [보기]의 조건으로 데이터를 조회한 후 물음에 답하시오.

> ─ 보기 ─
> • 사업장: 2000. (주)한국자전거지사
> • 외주공정: R300. 외주공정(2 Part)
> • 외주처: R304. SPECIAL OEM

다음 중 [보기]의 조건으로 외주단가를 등록하려고 할 때, 제품인 품목을 모두 적용 받고 시작일 2025/01/01, 종료일 2025/01/31 로 입력한 후 실제원가대비 단가적용비율을 20%로 적용할 경우 외주단가가 가장 큰 품목을 고르시오.

① NAX-A400. 일반자전거(P-GRAY WHITE)
② NAX-A401. 일반자전거(P-GRAY RED)
③ NAX-A420. 산악자전거(P-20G)
④ NAX-A422. 산악자전거(P-21G,A422)

06

아래 [보기]의 조건으로 데이터를 조회한 후 물음에 답하시오.

> ┌ 보기 ┐
> • 사업장: 2000. (주)한국자전거지사
> • 작업예정일: 2025/01/01 ~ 2025/01/31

다음 중 [보기]의 조건으로 등록된 생산계획에 대한 설명으로 옳은 것을 고르시오.

① 전장품 ASS'Y (TYPE A)의 25년 1월 계획수량 총합계는 550이다.
② POWER TRAIN ASS'Y(MTB, TYPE B)의 25년 1월 작업예정일에는 일생산량을 초과하는 일자가 있다.
③ 일반자전거(P-GRAY WHITE)의 25년 1월 1일 작업예정수량은 일생산량보다 적다.
④ 제품인 품목 중에서 일반자전거(P-GRAY RED)의 25년 1월 작업예정수량의 합계가 가장 작다.

07

아래 [보기]의 조건으로 데이터를 조회한 후 물음에 답하시오.

> ┌ 보기 ┐
> • 사업장: 2000. (주)한국자전거지사
> • 공정: L200. 작업공정
> • 작업장: L203. 제품작업장(반제품)
> • 지시기간: 2025/01/01 ~ 2025/01/31

다음 중 [보기]의 조건에 해당하는 작업지시내역 중 지시수량의 합이 가장 많은 생산설비로 옳은 것을 고르시오.

① 생산설비 1호
② 생산설비 2호
③ 생산설비 3호
④ 생산설비 4호

08

아래 [보기]의 조건으로 데이터를 조회한 후 물음에 답하시오.

> ┌ 보기 ┐
> • 사업장: 2000. (주)한국자전거지사
> • 공정: L200. 작업공정
> • 작업장: L201. 제품작업장(완제품)
> • 지시기간: 2025/01/05 ~ 2025/01/05

다음 중 [보기]의 조건의 작업지시확정내역 중 BOM등록의 사용여부가 사용 중인 자재명세와 다른 품목으로 청구요청된 품목이 속한 지시 모품목 정보로 옳은 것을 고르시오.

① NAX-A400. 일반자전거(P-GRAY WHITE)
② NAX-A402. 일반자전거(P-GRAY BLACK)
③ NAX-A421. 산악자전거(P-21G, A421)
④ NAX-A422. 산악자전거(P-21G, A422)

09

(주)한국자전거지사의 홍길동 사원은 2025년 1월 31일 생산자재 출고된 내역 중 모품목 정보에 대하여 확인하고 있다. 다음 중 자재출고된 자재내역 중 모품목 정보로 옳지 않은 것을 고르시오.

① NAX-A400. 일반자전거(P-GRAY WHITE)
② 87-1002011. BREAK SYSTEM (TYPE A)
③ 88-1001020. PRESS FRAME-W (TYPE B)
④ 88-1002020. PRESS FRAME-Z (TYPE B)

10

아래 [보기]의 조건으로 데이터를 조회한 후 물음에 답하시오.

> ┌ 보기 ┐
> • 사업장: 2000. (주)한국자전거지사
> • 지시(품목): 2025/01/05 ~ 2025/01/05
> • 지시공정: L200. 작업공정
> • 지시작업장: L201. 제품작업장(완제품)

(주)한국자전거지사 홍길동 사원은 작업지시내역에 대한 작업실적 등록 시 실적구분에 따라 '적합', '부적합'으로 실적내역을 등록하고 있다. 다음 중 작업실적내역에 대하여 적합구분이 '적합'인 실적수량의 합보다 '부적합'인 실적수량의 합이 더 많이 발생한 작업지시번호를 고르시오.

① WO2501000013
② WO2501000014
③ WO2501000015
④ WO2501000016

11

아래 [보기]의 조건으로 데이터를 조회한 후 물음에 답하시오.

> ┌ 보기 ┐
> • 사업장: 2000. (주)한국자전거지사
> • 구분: 1. 생산
> • 실적공정: L200. 작업공정
> • 실적작업장: L201. 제품작업장(완제품)
> • 실적기간: 2025/01/05 ~ 2025/01/05
> • 상태: 선택 전체
> • 실적구분: 1. 부적합

다음 중 [보기]의 조건의 생산자재사용내역 중 작업실적번호별 자재들의 사용수량 합이 가장 많은 작업실적번호로 옳은 것을 고르시오.

① WR2501000002
② WR2501000004
③ WR2501000005
④ WR2501000007

12

아래 [보기]의 조건으로 데이터를 조회한 후 물음에 답하시오.

보기
- 사업장: 2000. (주)한국자전거지사
- 실적일: 2025/01/16 ~ 2025/01/16
- 공정: L200. 작업공정
- 작업장: L202. 반제품작업장(반제품)

다음 중 [보기]의 조건의 생산실적검사내역에 대한 설명으로 옳지 않은 것을 고르시오.

① 작업실적번호 WR2501000009는 이혜리 검사담당자가 바디조립검사를 실시하였고 바디(BODY)불량 25개가 있었지만 최종적 합격여부는 합격으로 처리하였다.

② 품목 BODY-알미늄 (GRAY-WHITE, TYPE B)은 휠(WHEEL)불량이 각 인치별 정확하게 조립되어있지 않은 것이 있었다.

③ 작업실적번호 WR2501000011은 양의지 검사담당자가 샘플검사를 실시하였고 시료수 50개 중에서 도색불량이 7개 있었지만 재도색으로 불합격수량으로 하지 않고 전부 합격처리하였다.

④ 품목 POWER TRAIN ASS'Y(MTB, TYPE B)는 자전거ASS'Y 최종검사를 진행하면서 불량이 있지만 모두 합격처리되었다.

13

아래 [보기]의 조건으로 데이터를 조회한 후 물음에 답하시오.

보기
- 사업장: 2000. (주)한국자전거지사
- 실적기간: 2025/01/01 ~ 2025/01/31
- 공정: L200. 작업공정
- 작업장: L202. 반제품작업장(반제품)

(주)한국자전거지사 홍길동 사원은 생산품창고 입고처리 시 부품창고_인천지점, 부품/반제품_부품장소로 입고처리를 해야 하는데 실수로 부품/반제품_부품장소_불량으로 입고처리를 하였다. 다음 중 잘못 입력된 입고번호를 고르시오.

① IW2501000003　　② IW2501000004
③ IW2501000001　　④ IW2501000002

14

아래 [보기]의 조건으로 데이터를 조회한 후 물음에 답하시오.

보기
- 사업장: 2000. (주)한국자전거지사
- 등록일: 2025/01/01 ~ 2025/01/01

다음 중 [보기]의 조건으로 등록된 기초재공에 대한 설명으로 옳지 않은 것을 고르시오.

① 등록번호 OW2501000001은 작업공정, 제품작업장(완제품)이고 프로젝트가 일반용자전거이면서 여기에 속한 품목 중 LOT 관리를 하는 품목이 있다.

② 프로젝트가 산악용자전거인 품목의 총금액은 400,000원이다.

③ OW2501000003의 총기초수량은 1,750EA이다.

④ 반제품작업장(완제품)에 속한 품목의 단위는 두 가지이다.

15

아래 [보기]의 조건으로 데이터를 조회한 후 물음에 답하시오.

보기
- 사업장: 2000. (주)한국자전거지사
- 공정: R200. 외주공정
- 지시기간: 2025/01/15 ~ 2025/01/15

(주)한국자전거지사 홍길동 사원은 자사 제품 일반자전거(P-GRAY WHITE) 품목에 대하여 외주발주등록을 진행하였다. 다음 중 외주발주등록된 일반자전거(P-GRAY WHITE)에 대한 외주단가가 가장 낮은 단가로 등록된 외주처명으로 옳은 것을 고르시오.

① (주)대흥정공　　② (주)영동바이크
③ (주)제일물산　　④ (주)세림와이어

16

아래 [보기]의 조건으로 데이터를 조회한 후 물음에 답하시오.

> 보기
> - 사업장: 2000. (주)한국자전거지사
> - 공정: R200. 외주공정
> - 외주처: R211. 다스산업(주)
> - 지시기간: 2025/01/20 ~ 2025/01/20

다음 중 [보기]의 조건으로 외주발주내역에 대한 품목별로 청구한 자재에 대한 설명으로 옳은 것을 고르시오.

① NAX-A400. 일반자전거(P-GRAY WHITE)의 청구자재들은 모두 무상자재이다.
② NAX-A401. 일반자전거(P-GRAY RED)의 청구자재들의 정미수량의 합과 확정수량의 합은 같다.
③ NAX-A420. 산악자전거(P-20G)의 총외주금액은 2,380,000 이다.
④ NAX-A421. 산악자전거(P-21G,A421)의 LOSS(%)율이 있다.

17

아래 [보기]의 조건으로 데이터를 조회한 후 물음에 답하시오.

> 보기
> - 사업장: 2000. (주)한국자전거지사
> - 출고기간: 2025/01/25 ~ 2025/01/25
> - 외주공정: R200. 외주공정
> - 외주처: R272. (주)재하정밀

다음 중 [보기]의 조건으로 외주자재출고를 조회한 후 모품목 정보로 옳지 않은 것을 고르시오.

① 88-1001010. PRESS FRAME-W (TYPE A)
② 81-1001010. BODY-알미늄 (GRAY-WHITE, TYPE A)
③ 87-1002011. BREAK SYSTEM (TYPE A)
④ 88-1002010. PRESS FRAME-Z (TYPE A)

18

아래 [보기]의 조건으로 데이터를 조회한 후 물음에 답하시오.

> 보기
> - 사업장: 2000. (주)한국자전거지사
> - 지시(품목): 2025/01/20 ~ 2025/01/20
> - 외주공정: R200. 외주공정

다음 중 [보기] 조건에 해당하는 외주실적내역에 대하여 실적담당자별 실적수량의 합이 가장 작은 실적담당자를 고르시오.

① 이혜리 ② 권재희
③ 양의지 ④ 박상미

19

아래 [보기]의 조건으로 데이터를 조회한 후 물음에 답하시오.

> 보기
> - 사업장: 2000. (주)한국자전거지사
> - 구분: 2. 외주
> - 외주공정: R200. 외주공정
> - 외주처: R272. (주)재하정밀
> - 실적기간: 2025/01/25 ~ 2025/01/25
> - 상태: 1. 확정
> - 사용보고유무: 선택전체
> - 실적구분: 선택전체

(주)한국자전거지사에서는 외주자재사용등록 메뉴에 등록된 내역을 바탕으로 사용된 자재를 확인하려고 한다. 다음 중 품목별로 사용된 자재의 사용수량의 합이 가장 적게 발생한 품목을 고르시오.

① 88-1001010. PRESS FRAME-W (TYPE A)
② 81-1001010. BODY-알미늄 (GRAY-WHITE, TYPE A)
③ 87-1002011. BREAK SYSTEM (TYPE A)
④ 85-1020410. POWER TRAIN ASS'Y(MTB, TYPE A)

20

아래 [보기]의 조건으로 데이터를 조회한 후 물음에 답하시오.

> 보기
> - 사업장: 2000. (주)한국자전거지사
> - 마감일: 2025/01/31 ~ 2025/01/31
> - 외주공정: R200. 외주공정

다음 중 [보기] 조건에 대한 외주실적내역 중 합계액이 가장 큰 외주비 마감번호를 고르시오.

① OC2501000001 ② OC2501000002
③ OC2501000003 ④ OC2501000004

21

(주)한국자전거지사 홍길동 사원은 2025년 1월 31일에 외주공정의 외주처인 (주)재하정밀에 대한 회계처리 내용을 확인하려 한다. 해당 건에 대해 적요명이 외주가공비부가세대급금으로 옳은 금액을 고르시오.

① 60,000
② 75,000
③ 80,000
④ 95,000

22

아래 [보기]의 조건으로 데이터를 조회한 후 물음에 답하시오.

┌─ 보기 ─────────────────────────────┐
• 사업장: 2000. (주)한국자전거지사
• 사용기간: 2025/01/01 ~ 2025/01/31
• 공정: L200. 작업공정
• 작업장: L201. 제품작업장(완제품)
└──────────────────────────────────┘

다음 중 [보기]의 조건에 작업별 자재사용내역에 대하여 자재사용수량의 합이 가장 적게 발생한 작업지시번호로 옳은 것을 고르시오.

① WO2501000013
② WO2501000014
③ WO2501000015
④ WO2501000016

23

아래 [보기]의 조건으로 데이터를 조회한 후 물음에 답하시오.

┌─ 보기 ─────────────────────────────┐
• 사업장: 2000. (주)한국자전거지사
• 지시기간: 2025/01/25 ~ 2025/01/25
• 공정: R200. 외주공정
• 작업장: R272. (주)재하정밀
• 단가 OPTION: 조달구분 구매, 생산 모두 실제원가[품목등록] 체크함
└──────────────────────────────────┘

다음 중 [보기] 조건으로 자재청구대비 투입사용현황 조회 시 투입금액의 합이 가장 작은 지시번호로 옳은 것을 고르시오.

① WO2501000028
② WO2501000029
③ WO2501000030
④ WO2501000031

24

아래 [보기]의 조건으로 데이터를 조회한 후 물음에 답하시오.

┌─ 보기 ─────────────────────────────┐
• 사업장: 2000. (주)한국자전거지사
• 검사 기간: 2025/01/01 ~ 2025/01/31
└──────────────────────────────────┘

(주)한국자전거지사 홍길동 사원은 품목별 품질에 대한 전수검사 및 샘플검사내역을 분석 중이다. 다음 중 [보기]의 조건에 해당하는 품목 중 품목별로 품목소계를 확인하여 합격률이 옳지 <u>않은</u> 것을 고르시오.

① BODY-알미늄 (GRAY-WHITE, TYPE A): 품목계 합격률 91.071
② BODY-알미늄 (GRAY-WHITE, TYPE B): 품목계 합격률 96.000
③ POWER TRAIN ASS'Y(MTB, TYPE A): 품목계 합격률 86.000
④ POWER TRAIN ASS'Y(MTB, TYPE B): 품목계 합격률 90.000

25

아래 [보기]의 조건으로 데이터를 조회한 후 물음에 답하시오.

┌─ 보기 ─────────────────────────────┐
• 사업장: 2000. (주)한국자전거지사
• 실적기간: 2025/01/01 ~ 2025/01/31
• 구분: 0. 전체
• 수량조회기준: 0. 실적입고기준
• 계정: 2. 제품
• 단가 OPTION: 조달구분 구매, 생산 모두 실제원가[품목등록] 체크함
└──────────────────────────────────┘

다음 중 [보기]의 조건에 해당하는 실적기준의 생산일보를 조회한 후 부적합금액이 있는 품목 중에서 부적합금액이 가장 작은 품목으로 옳은 것을 고르시오.

① NAX-A400. 일반자전거(P-GRAY WHITE)
② NAX-A402. 일반자전거(P-GRAY BLACK)
③ NAX-A421. 산악자전거(P-21G,A421)
④ NAX-A422. 산악자전거(P-21G,A422)

기출 문제 1급 | 2024년 6회

이론 해설 특강 실무 해설 특강

이론

01

[보기]에서 설명하는 클라우드 서비스 유형은 무엇인가?

┌─ 보기 ─
│ 기업의 업무처리에 필요한 서버, 스토리지, 데이터베이스, 네트워크 등의 IT 인프라 자원을 클라우드 서비스로 빌려 쓰는 형태이다.
└

① SaaS(Software as a Service)
② PaaS(Platform as a Service)
③ IaaS(Infrastructure as a Service)
④ MaaS(Manufacturing as a Service)

02

인공지능 비즈니스 적용 프로세스의 순서로 올바른 것은?

① 비즈니스 영역 탐색 → 비즈니스 목표 수립 → 데이터 수집 및 적재 → 인공지능 모델 개발 → 인공지능 배포 및 프로세스 정비
② 비즈니스 목표 수립 → 비즈니스 영역 탐색 → 데이터 수집 및 적재 → 인공지능 모델 개발 → 인공지능 배포 및 프로세스 정비
③ 비즈니스 목표 수립 → 데이터 수집 및 적재 → 인공지능 모델 개발 → 인공지능 배포 및 프로세스 정비 → 비즈니스 영역 탐색
④ 비즈니스 영역 탐색 → 비즈니스 목표 수립 → 데이터 수집 및 적재 → 인공지능 배포 및 프로세스 정비 → 인공지능 모델 개발

03

ERP 구축 절차 중 TO-BE Process 도출, 패키지 설치, 인터페이스 문제논의를 하는 단계로 옳은 것은?

① 구축 단계
② 구현 단계
③ 분석 단계
④ 설계 단계

04

[보기]는 무엇에 대한 설명인가?

┌─ 보기 ─
│ 조직의 효율성을 제고하기 위해 업무흐름뿐만 아니라 전체 조직을 재구축하려는 경영혁신전략 기법이다. 주로 정보기술을 통해 기업 경영의 핵심과 과정을 전면 개편함으로 경영성과를 향상시키려는 경영기법인데 매우 신속하고 극단적인 그리고 전면적인 혁신을 강조하는 이 기법은 무엇인가?
└

① 지식경영
② 벤치마킹
③ 리엔지니어링
④ 리스트럭처링

05

ERP 도입 의의에 대한 설명으로 적절하지 않은 것은?

① 기업의 프로세스를 재검토하여 비즈니스 프로세스를 변혁시킨다.
② 공급사슬의 단축, 리드 타임의 감소, 재고비용의 절감 등을 목표로 한다.
③ 전체적인 업무 프로세스를 각각 별개의 시스템으로 분리하여 관리해 효율성을 높인다.
④ 기업의 입장에서 ERP 도입을 통해 업무 프로세스를 개선함으로써 업무의 비효율을 줄일 수 있다.

06

일반적인 생산계획에 관한 설명이다. 설명으로 가장 적절하지 않은 것은?

① 생산계획은 기업이 제품이나 서비스를 효율적으로 생산하기 위해 필요한 자원과 일정을 미리 계획하는 과정을 말한다.
② 생산계획을 수립하기 위해서는 총괄생산계획을 수립한 후에 보다 구체적인 각 제품에 대한 생산 시기와 수량을 나타내기 위한 기준생산계획을 수립한다.
③ 생산계획 수립에 있어서 변화하는 수요에 대처하기 위한 전략 방안이 없기 때문에 정확한 예측수요가 필요하다.
④ 수요예측은 기업 외부환경과 기업 내부 생산자원 활용의 관계를 연결시켜 주기 때문에 생산계획을 세우는 데에 중요한 역할을 한다.

07

[보기]의 생산관리를 시대적 단계별로 나열한 것은?

┌ 보기 ──────────────────────────────┐
│ ㉠ TQM(전사적 품질경영)   │
│ ㉡ 과학적 관리(테일러)   │
│ ㉢ 호환성 부품   │
│ ㉣ 친환경 생산관리   │
└──────────────────────────────────┘

① ㉠ → ㉡ → ㉢ → ㉣
② ㉡ → ㉠ → ㉣ → ㉢
③ ㉢ → ㉡ → ㉠ → ㉣
④ ㉠ → ㉢ → ㉡ → ㉣

08

(주)생산성전자은 노트북을 생산하는 업체로서 생산계획을 위해 내년도 수요예측을 진행하고 있다. 수요예측 방법의 성격이 다른 하나를 고르시오.

① 노트북의 주 소비층을 대상으로 소비자 실태조사를 진행하였다.
② 과거 유사 제품의 시장에서 도입기, 성장기, 성숙기를 거치면서 어떤 수요패턴이었는지 유추하였다.
③ 노트북 시장과 관련된 전문가들을 지정하여 여러 차례 향후 수요 전망에 관련한 질문지를 배부하였다.
④ 노트북에 관련한 모든 판매량 자료를 수집하고 최근 자료일수록 더 큰 가중치를 부여하여 추세를 계산하였다.

09

총괄생산계획의 수립에 있어서 수요가 감소하는 경우에 선택할 수 있는 방법으로 적절하지 않은 것은?

① 조업시간 축소
② 초과인원 해고
③ 하청 및 설비 확장
④ 비축된 재고에 대한 할인판매

10

PERT/CPM 네트워크를 작성하려고 할 때 꼭 필요한 두 가지 종류의 정보는?

① 여유시간과 활동들
② 긴급시간과 인력배치
③ 인력배치와 프로젝트의 완료일
④ 활동들과 그들 사이의 선행관계

11

PERT/CPM을 이용한 프로젝트 관리 순서가 무작위로 나열되어 있다. ㉰의 수행과정은 몇 번째 순서인가?

┌ 보기 ──────────────────────────────┐
│ ㉮ 활동 간의 선행관계를 결정하고, 각 활동 및 활동 간의 선행관 │
│   계를 네트워크 모형으로 작성한다.   │
│ ㉯ 프로젝트에서 수행되어야 할 활동을 파악한다. │
│ ㉰ 주공정(Critical Path)을 결정한다. │
│ ㉱ 프로젝트의 일정을 계산한다.   │
└──────────────────────────────────┘

① 첫 번째   ② 두 번째
③ 세 번째   ④ 네 번째

12

(주)생산성의 금년도 8월의 노트북 판매예측치의 금액은 30만원이고 8월의 실제 판매금액이 35만원이었다. (주)생산성의 9월의 판매예측치를 단순지수평활법으로 계산하면 얼마인가? (단, 지수평활계수는 0.2이다. 정답은 단위를 제외한 숫자만 입력하시오.)

(답: 만원)

13

A 전자는 소형 전자제품을 생산하고 있다. 모든 제품은 크게 제조후 테스트를 거치는 단계로 진행하고 있다. 제품별 제조 및 테스트 시간이 [보기]와 같을 경우, 존슨 알고리즘을 활용하여 총작업완료시간을 구하여라. (정답은 단위(시간)를 제외한 숫자만 입력하시오.)

┌ 보기 ──────────────────────────────┐

제품	제조시간	테스트시간
이어폰	5	5
미니 선풍기	3	3
무선 충전기	2	2
손전등	2	1
USB	7	3

└──────────────────────────────────┘

(답: 시간)

14

[보기]에서 설명하는 공정에 따라 공정분석 기호를 적합하게 표시한 것은?

┌─ 보기 ─────────────────────────────┐
(가) 운반   (나) 저장
(다) 수량검사   (라) 품질검사
└────────────────────────────────────┘

	(가)	(나)	(다)	(라)
①	◇	□	○	⇨
②	⇨	○	▽	□
③	▽	○	◇	□
④	⇨	▽	□	◇

15

간트차트에 대한 설명으로 가장 적절하지 않은 것은?

① 변화 및 변경에 약하다.
② 작업 상호 간 유기적인 관계가 명확하다.
③ 일정계획에 있어 정밀성을 기대하기 어렵다.
④ 프로젝트의 타임 라인을 시각적으로 파악하기 쉽다.

16

애로공정에 대한 설명으로 적절하지 않은 것은?

① 애로공정을 식별하고 개선함으로써 전체 생산 라인의 생산성을 향상할 수 있음
② 애로공정 관리는 자원의 효율적인 사용을 도와 공정의 효율성을 높일 수 있음
③ 애로공정의 개선은 제품 품질의 일관성을 유지하고, 불량률을 줄이는 데 기여함
④ 공정 간의 재고수준을 확인하고 어디에서 재고가 쌓이는지 파악이 어려워 MRP 시스템을 적용해야 함

17

[보기]는 무엇에 대한 설명인가?

┌─ 보기 ─────────────────────────────┐
생산 시스템의 생산 흐름을 통제하기 위해 사용하는 일종의 생산 관리 도구이다. 낭비를 제거하기 위한 목적으로 부품 정보가 기록된 카드를 활용하여 생산 현황을 관리하는 방식이다. 즉, 결품 방지, 낭비 방지를 목적으로 이 카드에는 현품표의 기능, 운반지시의 기능, 생산지시의 기능 등을 포함한다.
└────────────────────────────────────┘

① CRP   ② RCCP
③ MRP 시스템   ④ 칸반 시스템

18

JIT 생산 방식에 대한 설명으로 옳지 않은 것은?

① 생산통제는 당기기 방식(Pull System)이다.
② 제조/생산 과정의 낭비를 제거하여 최적화를 추구한다.
③ 한 번에 대량 생산하여 재고로 보유하기 위해 큰 로트 규모가 필요하다.
④ 매일 소량씩 원료, 혹은 부품이 필요하므로 공급자와의 밀접한 관계가 요구된다.

19

(주)생산 회사의 공장에서는 다음 달 인적능력을 3,200으로 끌어올리기 위한 목표를 가지고 있다. 다음 달 근무일수는 20일이며, 모든 작업자는 8시간을 기준으로 근무하고 가동률은 80%이다. 현재 공장의 숙련공은 17명, 미숙련공은 5명이다. (단, 인적능력 환산계수는 숙련공: 1, 미숙련공: 0.8이다.) 이 경우, 인적능력 3,200을 달성하기 위해 미숙련공을 채용한다면 몇 명을 채용해야 하는지 고르시오. (정답은 단위(명)를 제외한 숫자만 입력하시오.)

(답: 명)

20

[보기]에서 (   )에 들어갈 용어를 한글로 입력하시오.

┌─ 보기 ─────────────────────────────┐
주어진 작업량과 작업능력을 일치시키는 (   )계획은 생산계획량을 완성하는 데 필요한 인원이나 기계의 부하를 결정하여 이를 현재 인원 및 기계의 능력과 비교해서 조정하는 역할을 한다. 이것은 부하계획 또는 능력계획이라 부르기도 한다.
└────────────────────────────────────┘

(답: 계획)

21

휴대폰을 생산하는 (주)생산성전자의 A 공장은 4개의 생산 라인을 보유하고 있다. [보기]는 각 생산 라인의 작업시간을 조사한 결과이다. 다음 중 가장 먼저 라인 밸런싱을 위해 불균형을 제거해야 하는 생산 라인의 불균형률(%)를 구하시오. (정답은 단위(%)를 제외한 숫자만 입력하시오.)

┌ 보기

생산 라인	제작	조립	설치	테스트	포장
A 라인	3일	1일	2일	1일	1일
B 라인	1일	2일	2일	2일	2일
C 라인	4일	1일	1일	1일	1일
D 라인	1일	1일	2일	4일	1일

(답: %)

22

광화문카페는 원두를 A 타입과 B 타입으로 두 가지 사용하고 있다. A 타입이 항상 B 타입보다 두 배 많이 판매되고 있으며, 총 연간 소비량은 두 원두를 합쳐 연 3,000kg이다. 연간 재고유지 비율을 20%씩 유지하고 있으며, 1kg당 단가는 A 타입이 20,000원, B 타입이 40,000원이다. 만약 A 타입과 B 타입 각자 원두 주문비용을 10,000원을 지불하고 있다면, 경제적 주문량은 각 얼마인지 고르시오.

① A 원두 100kg, B 원두 100kg
② A 원두 200kg, B 원두 100kg
③ A 원두 50kg, B 원두 200kg
④ A 원두 100kg, B 원두 50kg

23

재고보유 동기에 대한 설명으로 적절하지 <u>않은</u> 것은?

① 예방 동기: 수요의 급증 등 시장 위험에 대비하기 위해 보유
② 교환동기: 기업이 보유한 재고를 다른 기업이 보유한 재고와 교환하기 위한 목적으로 재고를 확보함
③ 거래 동기: 수요 예측이 가능하고, 가치 체계가 시간적으로 변하지 않는 경우 재고를 보유할 동기가 발생함
④ 투기 동기: 가격변이 큰 물품을 가격이 저렴할 때 확보하여 재고로 보유하였다가 높은 가격을 받을 수 있을 때 출하함

24

[보기]의 자재소요계획(MRP)의 기본 구조에서 (A)~(E) 들어갈 내용으로 옳은 것은?

┌ 보기

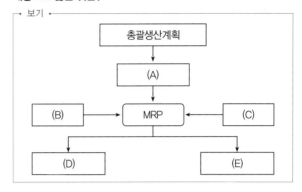

① (A) 일정계획, (B) 재고기록철, (C) 일정계획, (D) 자재 명세서, (E) 자재명세서
② (A) 기준생산일정, (B) 재고기록철, (C) 능력소요계획, (D) 자재 명세서, (E) 재고기록철
③ (A) 기준생산일정, (B) 자재 명세서, (C) 재고기록철, (D) 일정계획, (E) 능력소요계획
④ (A) 일정계획, (B) 재고기록철, (C) 자재 명세서, (D) 능력소요계획, (E) 기준생산일정

25

공급망관리(Supply Chain Management)의 효과가 <u>아닌</u> 것은?

① 재고수준을 최적화하여 과잉 재고와 재고 부족을 방지할 수 있음
② 공급망의 모든 단계에서 시간을 단축하여 전체 사이클 타임을 줄일 수 있음
③ 수요예측과 재고관리를 통해 고객의 요구를 더 잘 충족시키고 서비스 수준을 향상시킬 수 있음
④ 변화에 신속 대응할 수 있지만, 확실한 상황에서만 공급망을 안정적으로 유지할 수 있음

26

[보기]는 무엇에 대한 설명인가? (정답은 한글로 입력하시오.)

┌ 보기

• MRP 전개에 의해 생성된 계획이 얼마만큼 제조자원을 요구하는지 계산하는 모듈
• MRP에서 생성된 발주계획이 타당한지 확인하는 수단으로 활용
• 기업의 현실적인 생산능력에 맞추어 자재소요계획을 수립하기 위해 작업장의 능력 소요량을 시간대별로 예측

(답:)

27

[보기]의 (   )에 들어갈 용어를 한글로 입력하시오.

→ 보기 →

SCM의 주요 흐름 세 가지에는 제품/서비스 흐름, 재정 흐름,
(   ) 흐름이 있다.

(답: 흐름)

28

TQM(전사적 품질관리)에 대한 설명으로 가장 적절하지 <u>않은</u> 것은?

① 고객 중심, 품질문화 형성, 총체적 참여, 지속적인 개선을 TQM
   의 4대 기본 원칙으로 세웠다.
② 품질 향상을 위한 실천적 행동 양식과 기술의 집합으로 이루어
   진 조직의 경영혁신기법으로 이해되고 있다.
③ TQM은 고객의 니즈(Needs)를 정확히 파악하고 충족시키는 것
   보다는 제품의 생산작업을 처음부터 바르게 해야 하는 중요성을 강
   조한다.
④ TQM은 전통적인 현장 중심의 품질관리와 달리 전략적인 것으
   로 품질경영 위에 조직문화의 혁신을 통한 구성원의 의식과 태
   도 등에 중점을 두고 있다.

29

6시그마에 관한 설명 중 가장 적절하지 <u>않은</u> 것은?

① 6시그마 경영은 모든 프로세스의 품질수준이 6를 달성하여 불량
   률을 3.4PPM(Part Per Million) 이하로 하고자 하는 전략이다.
② 6시그마는 생산자의 관점에서 출발하여 프로세스의 문제를 찾
   기 위해 4단계로 나누어 MAIC(Measurement, Analysis,
   Improvement, Control) 해결 과정을 수행한다.
③ 6시그마는 품질을 획기적으로 개선시키기 위해서 통계적인 기
   법을 활용하여 개발되었으며, 결함 발생 수 3.4 DPMO(Defects
   Per Million Opportunities) 이하를 목표로 한다.
④ 제품의 설계와 제조뿐만 아니라 사무간접 지원 등을 포함하는
   모든 종류의 프로세스에서 결함을 제거하고 목표로부터 이탈을
   최소화하여 조직의 이익 창출과 함께 고객만족을 극대화하고자
   하는 혁신전략을 의미한다.

30

[보기]에서 설명하고 있는 검사 방식을 고르시오.

→ 보기 →

물품을 시험하여도 상품가치가 떨어지지 않고 검사의 목적을 달성
할 수 있는 검사(떼 전구 점등시험, 도금판의 핀홀 검사 등)

① 전수검사   ② 파괴검사
③ 샘플링검사   ④ 비파괴검사

31

[보기]에 해당하는 품질비용의 종류를 한글로 입력하시오.

→ 보기 →

측정, 평가, 검사에 수반되어 발생되는 비용으로 수입검사, 제품검
사, 공정검사, 출하검사, 신뢰성 평가비용 등이 있다.

(답: 비용)

32

[보기]는 관리도에 관한 설명이다. (   ) 안에 공통으로 들어갈 용
어를 한글로 입력하시오.

→ 보기 →

관리도는 데이터의 성질에 따라 계량형 관리도와 (   ) 관리도
두 가지로 구분할 수 있다. 계량형 관리도는 측정기구로 측정이 가
능하며 측정치를 그대로 품질자료값으로 사용하면서 길이, 무게,
온도와 같은 연속 변량으로 된 품질 특성을 관리하기 위한 것이다.
(   ) 관리도는 불량개수, 불량률, 결점 수 등의 이산치로 파악
되는 품질 특성을 관리하기 위한 것이다.

(답: 관리도)

실무 시뮬레이션

프로그램 버전	iCUBE 핵심ERP ver.2024
로그인 정보	• 회사: 4004. 생산1급, 회사B • 사원명: ERP13P01. 홍길동
DB 파일명	[백데이터] 2025 에듀윌 ERP 생산 1·2급 > PART 04 최신 기출문제_2024년 6회

01

아래 [보기]의 조건으로 데이터를 조회한 후 물음에 답하시오.

> 보기
> • 계정구분: 2. 제품
> • 검사여부: 0. 무검사

다음 [보기]의 조건에 해당하는 품목 중 표준원가가 가장 낮은 품목으로 옳은 것을 고르시오.

① NAX-A420. 산악자전거(P-20G)
② NAX-A421. 산악자전거(P-21G,A421)
③ NAX-A401. 일반자전거(P-GRAY RED)
④ NAX-A400. 일반자전거(P-GRAY WHITE)

02

아래 [보기]의 조건으로 데이터를 조회한 후 물음에 답하시오.

> 보기
> • 검사구분: 41. 공정검사
> • 사용여부: 1. 사용
> • 검사유형질문: 프레임에 크랙이 있지 않는가?

다음 [보기]의 조건에 해당하는 검사유형명으로 옳은 것을 고르시오.

① 휠조립검사
② 바디조립검사
③ 핸들조립검사
④ 자전거ASS'Y최종검사

03

아래 [보기]의 조건으로 데이터를 조회한 후 물음에 답하시오.

> 보기
> • 거래처분류: 3000. 외주거래처
> • 지역: A1. 서울

다음 [보기]의 조건에 해당하는 거래처 중 외주담당자가 오진형인 거래처명으로 옳은 것을 고르시오.

① 다스산업(주)
② 런닝정밀(주)
③ (주)형광램프
④ (주)세림와이어

04

아래 [보기]의 조건으로 데이터를 조회한 후 물음에 답하시오.

> 보기
> • 모품목: NAX-A401. 일반자전거(P-GRAY RED)
> • 기준일자: 2024/11/01
> • 사용여부: 1. 사용

다음 [보기]의 조건에 해당하는 모품목 NAX-A401. 일반자전거(P-GRAY RED)에 대한 자재 명세서의 설명으로 옳은 것을 고르시오.

① 자품목 21-3001610. PEDAL (TYPE A)의 조달구분은 '생산'이다.
② 자품목 83-2000110. 전장품 ASS'Y (TYPE A)의 외주구분은 '무상'이다.
③ 자품목 88-1001010. PRESS FRAME-W (TYPE A)의 주거래처는 '(주)제일물산'이다.
④ 자품목 85-1020410. POWER TRAIN ASS'Y(MTB, TYPE A)의 사급구분은 '사급'이다.

05

아래 [보기]의 조건으로 데이터를 조회한 후 물음에 답하시오.

> 보기
> • 사업장: 2000. (주)한국자전거지사
> • 외주공정: R200. 외주공정(제품)
> • 외주처: R201. (주)대흥정공
> • 단가적용비율: 85%

다음 [보기]의 조건으로 표준원가대비 외주단가를 일괄변경 후 품목별 외주단가로 옳은 것을 고르시오.

① 87-1002001. BREAK SYSTEM: 26,750
② 88-1001000. PRESS FRAME-W: 38,675
③ 85-1020400. POWER TRAIN ASS'Y(MTB): 29,750
④ 81-1001000. BODY-알미늄(GRAY-WHITE): 17,850

06

아래 [보기]의 조건으로 데이터를 조회한 후 물음에 답하시오.

보기

- 사업장: 2000. (주)한국자전거지사
- 작업예정일: 2024/09/01 ~ 2024/09/07
- 계정구분: 2. 제품
- 생산계획등록 품목만 조회: 체크함

다음 [보기]의 조건으로 등록된 생산계획에 대한 설명으로 옳은 것을 고르시오.

① 생산계획에 등록된 품목들은 품목군이 Y100. 일반용이다.
② 품목 NAX-A401. 일반자전거(P-GRAY RED)의 작업예정일 2024/09/07에는 생산계획된 내역이 없다.
③ 품목 NAX-A400. 일반자전거(P-GRAY WHITE)는 2024/09/05에 일생산량보다 초과된 수량이 생산계획되었다.
④ 생산계획에 등록된 품목 중 계획수량의 총합이 가장 많은 품목은 NAX-A400. 일반자전거(P-GRAY WHITE)이다.

07

아래 [보기]의 조건으로 데이터를 조회한 후 물음에 답하시오.

보기

- 사업장: 2000. (주)한국자전거지사
- 공정: L300. 작업공정(도색)
- 작업장: L212. 반제품작업장(휠)
- 지시기간: 2024/09/08 ~ 2024/09/14

다음 [보기] 조건에 해당하는 작업지시내역 중 지시수량의 합이 가장 많은 생산설비로 옳은 것을 고르시오.

① 생산설비 1호   ② 생산설비 2호
③ 생산설비 3호   ④ 생산설비 4호

08

아래 [보기]의 조건으로 데이터를 조회한 후 물음에 답하시오.

보기

- 사업장: 2000. (주)한국자전거지사
- 공정: L300. 작업공정(도색)
- 작업장: L301. 제품작업장(도색)
- 지시기간: 2024/09/15 ~ 2024/09/21

다음 [보기] 조건의 작업지시확정내역 중 BOM등록의 자재 명세와 다른 품목으로 청구요청된 품목이 속한 지시모품목 정보로 옳은 것을 고르시오.

① NAX-A420. 산악자전거(P-20G)
② NAX-A421. 산악자전거(P-21G,A421)
③ NAX-A422. 산악자전거(P-21G,A422)
④ NAX-A401. 일반자전거(P-GRAY RED)

09

아래 [보기]의 조건으로 데이터를 조회한 후 물음에 답하시오.

보기

- 사업장: 2000. (주)한국자전거지사
- 출고기간: 2024/09/22 ~ 2024/09/28
- 청구기간: 2024/09/22 ~ 2024/09/28
- 청구공정: L200. 작업공정
- 청구작업장: L404. 재조립작업장
- 출고일자: 2024/09/25
- 출고창고: M200. 부품창고_인천지점
- 출고장소: M201. 부품/반제품_부품장소

다음 [보기] 조건으로 일괄적용 기능을 이용하여 생산자재 출고처리 후, 출고수량의 합이 가장 많은 품목으로 옳은 것을 고르시오.

① 21-3001500. PEDAL(S)
② 21-3000300. WIRING-DE
③ 21-1060700. FRAME-NUT
④ 21-1080800. FRAME-알미늄

10

아래 [보기]의 조건으로 데이터를 조회한 후 물음에 답하시오.

보기
- 사업장: 2000. (주)한국자전거지사
- 지시(품목): 2024/10/01 ~ 2024/10/05
- 지시공정: L300. 작업공정(도색)
- 지시작업장: L302. 반제품작업장(도색)

(주)한국자전거지사 홍길동 사원은 작업지시내역에 대한 작업실적 등록 시 실적구분에 따라 '적합', '부적합'으로 실적내역을 등록하고 있다. 다음 중 작업실적내역에 대하여 적합구분이 '적합'인 실적수 량의 합보다 '부적합'인 실적수량의 합이 더 많이 발생한 작업지시 번호를 고르시오.

① WO2410000001
② WO2410000002
③ WO2410000003
④ WO2410000004

11

아래 [보기]의 조건으로 데이터를 조회한 후 물음에 답하시오.

보기
- 사업장: 2000. (주)한국자전거지사
- 구분: 1. 생산
- 실적공정: L200. 작업공정
- 실적작업장: L405. 프로젝트작업장
- 실적기간: 2024/10/06 ~ 2024/10/12
- 상태: 1. 확정

다음 [보기] 조건에 대한 자재사용내역 중 적용수량의 합이 적용예 정량의 합보다 더 많이 사용된 작업실적번호로 옳은 것을 고르시오.

① WR2410000017
② WR2410000018
③ WR2410000019
④ WR2410000020

12

아래 [보기]의 조건으로 데이터를 조회한 후 물음에 답하시오.

보기
- 사업장: 2000. (주)한국자전거지사
- 실적일: 2024/10/13 ~ 2024/10/19
- 공정: L300. 작업공정(도색)
- 작업장: L301. 제품작업장(도색)

다음 [보기]의 조건으로 등록된 생산실적검사내역에 대한 설명으 로 옳지 않은 것을 고르시오.

① 작업실적번호 WR2410000022는 박용덕 검사담당자가 '전수검사' 를 진행하였다.
② 작업실적번호 WR2410000023의 불합격수량 2EA는 '도색불량' 으로 발생하였으며, 합격여부는 '합격'으로 처리하였다.
③ 작업실적번호 WR2410000021의 검사유형은 '샘플검사'이며 시료수 5EA 중 불량시료 2EA, 양품시료 3EA가 발생하였다.
④ 작업실적번호 WR2410000024는 '도색검사'를 진행하였으며, 불합격수량이 3EA 발생하여 합격여부를 '불합격' 처리하였다.

13

아래 [보기]의 조건으로 데이터를 조회한 후 물음에 답하시오.

보기
- 사업장: 2000. (주)한국자전거지사
- 실적기간: 2024/10/20 ~ 2024/10/26
- 공정: L200. 작업공정
- 작업장: L202. 반제품작업장_적합

(주)한국자전거지사 홍길동 사원은 생산품창고입고처리 시 생산실 적검사를 진행한 실적내역에 대해서는 직접 입고처리를 등록하고 있다. 다음 [보기] 조건의 입고번호 중 생산실적검사를 진행한 후 생산품창고입고처리에서 입고처리를 직접 등록한 입고번호로 옳은 것을 고르시오.

① IW2410000024
② IW2410000025
③ IW2410000026
④ IW2410000027

14

아래 [보기]의 조건으로 데이터를 조회한 후 물음에 답하시오.

┌─ 보기 ─────────────────────────────┐
- 사업장: 2000. (주)한국자전거지사
- 등록일: 2024/11/01 ~ 2024/11/02
└────────────────────────────────────┘

다음 [보기]의 조건으로 등록된 기초재공에 대한 설명으로 옳지 <u>않은</u> 것을 고르시오.

① 작업공정, 프로젝트작업장에 속한 품목 중 LOT관리를 하는 품목이 있다.
② 작업공정, 재조립작업장으로 등록된 기초재공품들의 품목군은 Z100. 산악용이다.
③ 작업공정(도색), 제품작업장(도색)으로 등록된 기초재공품들에 대한 안전재고수량은 20이다.
④ 작업공정(도색), 반제품작업장(도색)으로 등록된 품목들의 단가는 품목등록의 표준원가와 같다.

15

아래 [보기]의 조건으로 데이터를 조회한 후 물음에 답하시오.

┌─ 보기 ─────────────────────────────┐
- 사업장: 2000. (주)한국자전거지사
- 실적기간: 2024/11/03 ~ 2024/11/09
- 구분: 1. 공정
- 공정: L300. 작업공정(도색)
- 작업장: L211. 반제품작업장(바디)
- 수량조회기준: 0. 실적입고기준
- 검사기준: 검사 체크함
- 단가 OPTION: 조달구분 구매, 생산 모두 실제원가[품목등록] 체크함
└────────────────────────────────────┘

다음 [보기]의 조건에 해당하는 실적검사기준의 생산일보를 조회한 후 불량금액이 가장 적은 품목으로 옳은 것을 고르시오.

① 88-1002000. PRESS FRAME-Z
② 88-1001000. PRESS FRAME-W
③ 85-1020400. POWER TRAIN ASS'Y(MTB)
④ 81-1001000. BODY-알미늄(GRAY-WHITE)

16

아래 [보기]의 조건으로 데이터를 조회한 후 물음에 답하시오.

┌─ 보기 ─────────────────────────────┐
- 사업장: 2000. (주)한국자전거지사
- 지시기간: 2024/11/10 ~ 2024/11/16
- 지시공정: L200. 작업공정
- 지시작업장: L405. 프로젝트작업장
- 실적기간: 2024/11/10 ~ 2024/11/16
- 실적구분: 0. 적합
└────────────────────────────────────┘

다음 [보기] 조건에 대한 생산실적내역에 대하여 실적수량의 합이 가장 많은 품목으로 옳은 것을 고르시오.

① 83-2000100. 전장품 ASS'Y
② 87-1002001. BREAK SYSTEM
③ 88-1001000. PRESS FRAME-W
④ 81-1001000. BODY-알미늄(GRAY-WHITE)

17

아래 [보기]의 조건으로 데이터를 조회한 후 물음에 답하시오.

┌─ 보기 ─────────────────────────────┐
- 사업장: 2000. (주)한국자전거지사
- 공정: R200. 외주공정(제품)
- 지시기간: 2024/09/01 ~ 2024/09/07
└────────────────────────────────────┘

다음 [보기]의 조건으로 외주발주등록된 품목 NAX-A420. 산악자전거(P-20G)에 대한 외주단가가 가장 높은 단가로 발주등록된 외주처로 옳은 것을 고르시오.

① R201. (주)대흥정공   ② R231. (주)제일물산
③ R271. (주)하나상사   ④ R251. (주)형광램프

18

아래 [보기]의 조건으로 데이터를 조회한 후 물음에 답하시오.

┌─ 보기 ─────────────────────────────────┐
- 사업장: 2000. (주)한국자전거지사
- 공정: R300. 외주공정(반제품)
- 외주처: R302. 제동기어작업장
- 지시기간: 2024/09/08 ~ 2024/09/14
└──┘

다음 [보기] 조건의 외주발주확정내역에 대한 설명으로 옳은 것을 고르시오.

① 생산지시번호 WO2409000022의 청구요청한 자재들은 자재출고상태가 '출고중'이다.
② 생산지시번호 WO2409000023의 청구요청한 자재들의 금액 합은 지시품목의 금액과 같다.
③ 생산지시번호 WO2409000024의 청구요청한 자재 중에는 LOT 여부가 '사용'인 품목이 있다.
④ 생산지시번호 WO2409000025의 청구요청한 자재들은 생산, 외주자재사용등록에 등록되었다.

19

아래 [보기]의 조건으로 데이터를 조회한 후 물음에 답하시오.

┌─ 보기 ─────────────────────────────────┐
- 사업장: 2000. (주)한국자전거지사
- 출고기간: 2024/09/15 ~ 2024/09/21
- 청구기간: 2024/09/15 ~ 2024/09/21
- 청구공정: R200. 외주공정(제품)
- 청구작업장: R211. 다스산업(주)
- 출고일자: 2024/09/20
- 출고창고: M200. 부품창고_인천지점
- 출고장소: M201. 부품/반제품_부품장소
└──┘

다음 [보기] 조건으로 일괄적용 기능을 이용하여 외주자재출고처를 등록 후, 출고된 자재들의 모품목 정보로 옳지 않은 것을 고르시오.

① 83-2000100. 전장품 ASS'Y
② 87-1002001. BREAK SYSTEM
③ 81-1001000. BODY-알미늄(GRAY-WHITE)
④ 85-1020400. POWER TRAIN ASS'Y(MTB)

20

아래 [보기]의 조건으로 데이터를 조회한 후 물음에 답하시오.

┌─ 보기 ─────────────────────────────────┐
- 사업장: 2000. (주)한국자전거지사
- 지시(품목): 2024/09/22 ~ 2024/09/30
- 외주공정: R200. 외주공정(제품)
- 외주처: R231. (주)제일물산
└──┘

다음 [보기] 조건에 해당하는 외주실적내역에 대한 설명으로 옳지 않은 것을 고르시오.

① 외주실적에 대한 실적수량의 합의 가장 많은 작업팀은 '생산B팀'이다.
② 외주실적에 대한 실적담당으로는 김종욱, 이종현, 박용덕, 정영수 담당자가 등록되었다.
③ 외주실적에 대한 실적구분이 '적합'인 실적수량의 합보다 '부적합'인 실적수량의 합이 더 많이 발생한 작업지시번호는 WO2409000037이다.
④ 실적구분이 적합인 경우 입고장소는 P201. 제품_제품장소로 처리하였으며, 부적합인 경우 입고장소는 P209. 제품_제품장소_불량으로 처리되었다.

21

아래 [보기]의 조건으로 데이터를 조회한 후 물음에 답하시오.

┌─ 보기 ─────────────────────────────────┐
- 사업장: 2000. (주)한국자전거지사
- 구분: 2. 외주
- 외주공정: R300. 외주공정(반제품)
- 외주처: R304. 한영철강작업장
- 실적기간: 2024/10/01 ~ 2024/10/05
- 상태: 1. 확정
└──┘

(주)한국자전거지사 홍길동 사원은 외주실적에 대한 자재사용등록 시 청구적용 기능을 이용하여 자재를 사용하고 있다. 다음 [보기] 조건으로 청구적용 조회 시 잔량의 합이 가장 많이 남아있는 작업실적번호로 옳은 것을 고르시오.

① WR2410000032
② WR2410000033
③ WR2410000034
④ WR2410000035

22

아래 [보기]의 조건으로 데이터를 조회한 후 물음에 답하시오.

> ┌ 보기 ┐
> - 사업장: 2000. (주)한국자전거지사
> - 마감일: 2024/10/01 ~ 2024/10/05
> - 외주공정: R200. 외주공정(제품)
> - 실적일: 2024/10/01 ~ 2024/10/05
> - 마감일자: 2024/10/05
> - 과세구분: 0. 매입과세
> - 세무구분: 21. 과세매입
> - 외주단가 등록의 단가 적용: 체크안함

다음 [보기] 조건에 대한 외주실적내역에 대하여 실적일괄적용 기능을 이용하여 외주마감을 진행한 후, 마감처리된 외주처 중 공급가가 가장 큰 외주처로 옳은 것을 고르시오.

① 행복바이크
② 다스산업(주)
③ (주)세림와이어
④ (주)영동바이크

23

아래 [보기]의 조건으로 데이터를 조회한 후 물음에 답하시오.

> ┌ 보기 ┐
> - 사업장: 2000. (주)한국자전거지사
> - 기간: 2024/10/27 ~ 2024/10/31
> - 부가세사업장: 2000. (주)한국자전거지사

다음 [보기] 조건의 외주마감내역에 대하여 전표처리를 진행한 후, 계정과목 적요명이 외주가공비부가세대급금인 금액이 가장 많은 외주마감번호를 고르시오.

① OC2410000005
② OC2410000006
③ OC2410000007
④ OC2410000008

24

아래 [보기]의 조건으로 데이터를 조회한 후 물음에 답하시오.

> ┌ 보기 ┐
> - 사업장: 2000. (주)한국자전거지사
> - 사용기간: 2024/11/01 ~ 2024/11/09
> - 공정: R200. 외주공정(제품)
> - 작업장: R273. 행복바이크

다음 [보기] 조건의 제품별 자재사용내역에 대하여 자재의 사용수량의 합이 가장 적게 발생한 모품목 정보로 옳은 것을 고르시오.

① NAX-A421. 산악자전거(P-21G,A421)
② NAX-A422. 산악자전거(P-21G,A422)
③ NAX-A400. 일반자전거(P-GRAY WHITE)
④ NAX-A402. 일반자전거(P-GRAY BLACK)

25

아래 [보기]의 조건으로 데이터를 조회한 후 물음에 답하시오.

> ┌ 보기 ┐
> - 사업장: 2000. (주)한국자전거지사
> - 검사기간: 2024/11/10 ~ 2024/11/16
> - 계정: 4. 반제품

(주)한국자전거지사 홍길동 사원은 품목별 품질에 대한 전수검사 내역을 분석 중이다. 다음 [보기] 조건에 해당하는 품목 중 전수검사에 대한 합격률이 가장 높은 품목으로 옳은 것을 고르시오.

① 83-2000110. 전장품 ASS'Y (TYPE A)
② 87-1002011. BREAK SYSTEM (TYPE A)
③ 85-1020410. POWER TRAIN ASS'Y(MTB, TYPE A)
④ 81-1001010. BODY-알미늄 (GRAY-WHITE, TYPE A)

기출 문제 1급 | 2024년 5회

이론 해설 특강　실무 해설 특강

회독 CHECK | ☐ 1회독　☐ 2회독　☐ 3회독

이론

01

'Best Practice'를 목적으로 ERP 패키지를 도입하여 시스템을 구축하고자 할 경우 가장 적절하지 않은 방법은?

① BPR과 ERP 시스템 구축을 병행하는 방법
② ERP 패키지에 맞추어 BPR을 추진하는 방법
③ 기존 업무처리에 따라 ERP 패키지를 수정하는 방법
④ BPR을 실시한 후에 이에 맞도록 ERP 시스템을 구축하는 방법

02

기업에서 ERP 시스템을 도입하기 위해 분석, 설계, 구축, 구현 등의 단계를 거친다. 이 과정에서 필수적으로 거쳐야하는 'GAP 분석' 활동의 의미를 적절하게 설명한 것은?

① TO−BE 프로세스 분석
② TO−BE 프로세스에 맞게 모듈을 조합
③ 현재업무(AS−IS) 및 시스템 문제 분석
④ 패키지 기능과 TO−BE 프로세스와의 차이 분석

03

ERP 시스템 투자비용에 관한 개념 중 '시스템의 전체 라이프 사이클(Life−Cycle)을 통해 발생하는 전체 비용을 계량화한 비용'에 해당하는 것은?

① 유지보수비용(Maintenance Cost)
② 시스템 구축비용(Construction Cost)
③ 총소유비용(Total Cost of Ownership)
④ 소프트웨어 라이선스비용(Software License Cost)

04

e−Business 지원 시스템을 구성하는 단위 시스템에 해당되지 않는 것은?

① 성과측정관리(BSC)
② EC(전자상거래) 시스템
③ 의사결정지원 시스템(DSS)
④ 고객관계관리(CRM) 시스템

05

효과적인 ERP 교육을 위한 고려 사항으로 가장 적절하지 않은 것은?

① 다양한 교육도구를 이용하라.
② 교육에 충분한 시간을 배정하라.
③ 비즈니스 프로세스가 아닌 트랜잭션에 초점을 맞춰라.
④ 조직 차원의 변화관리 활동을 잘 이해하도록 교육을 강화하라.

06

(주)생산은 공정개선 및 작업시간 단축으로 생산성 향상을 달성하였다. [보기] 조건을 확인하여 얼마만큼의 작업시간이 단축되었는지 고르시오.

> **보기**
>
> A 회사는 10시간의 작업시간을 들여 제품 10개를 만들었다. 공정개선 이후는 기존 작업시간보다 (　　　)시간을 단축시켜서 생산성이 25% 향상되었다. 공정개선으로 인하여 단축된 작업시간을 구하시오.

① 1시간　　　　　　② 1.5시간
③ 2시간　　　　　　④ 2.5시간

07

제품군을 구성하는 제품 또는 제품을 구성하는 부품의 양을 정수로 표현하는 것이 아니라 백분율로 표현하는 BOM을 고르시오.

① Inverted BOM　　② Planning BOM
③ Phantom BOM　　④ Percentage BOM

08

Job Shop의 특징에 관한 설명으로 가장 적절하지 않은 것은?

① 공정별 기계 배치
② 특수 기계의 생산 라인
③ 공장의 구성이 유동적
④ 주문자 요구에 의한 방식

총괄생산계획에 대한 설명으로 적절한 것은?

① 총괄생산계획은 완제품의 수요량만 알고 있으면 수립이 가능하다.
② 총괄생산계획은 기업의 전반적 계획을 MPS와 연결짓는 역할을 한다.
③ 총괄생산계획은 MPS나 MRP와는 무관하게 독립적으로 수립되어야 한다.
④ 총괄생산계획은 일단 수립되고 나면 계획기간 동안은 변경되어서는 안 된다.

10

일정계획 수립 시 지켜야 할 방침으로 가장 적절하지 <u>않은</u> 것은?

① 생산 기간의 단축
② 생산 활동의 동기화
③ 작업 흐름의 신속화
④ 작업의 안정화를 위한 가동률 저하

11

[보기]를 참고하여, 공정계획표에 따른 주공정(Critical Path)을 찾으려고 한다. 주공정을 순서대로 나열한 것은?

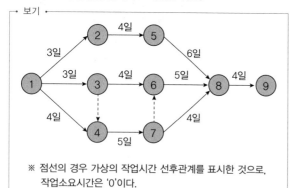

┌ 보기 ┐

※ 점선의 경우 가상의 작업시간 선후관계를 표시한 것으로, 작업소요시간은 '0'이다.

① 1-2-5-8-9
② 1-4-7-8-9
③ 1-3-4-7-8-9
④ 1-4-7-6-8-9

12

[보기]는 프로젝트 X의 활동리스트이다. 이 활동리스트로 네트워크 다이어그램을 완성할 수 있다. 이때 주공정은 몇 주인가? (정답은 단위(주)를 제외한 숫자만 입력하시오.)

┌ 보기 ┐

활동	직전 선행활동	활동시간(주)
A	–	4
B	–	3
C	A	5
D	A	6
E	B	7
F	C	6
G	D, F	3
H	E	6
I	G, H	2

(답: 주)

13

자재 명세서(Bill Of Materials)가 [보기]와 같은 구조를 가질 때, A 제품의 주문량이 20개이다. 부품 S의 현재고량이 40개일 때, 추가로 필요한 소요량은 몇 개인가? (정답은 단위(개)를 제외한 숫자만 입력하시오.)

┌ 보기 ┐

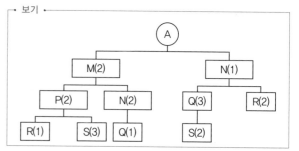

(답: 개)

14

공정관리 목표로 적절하지 **않은** 것은?

① 납기의 이행 및 단축
② 생산 및 조달시간의 최소화
③ 기계 및 인력 이용률의 최대화
④ 대기시간의 최대화와 유휴시간의 최소화

15

절차계획에 대한 설명으로 적절하지 **않은** 것은?

① 원가를 계산할 때 기초 자료로 활용된다.
② 특정 제품을 만드는 데 필요한 공정순서를 정의한 것이다.
③ 특정 제품이 어떤 부품들로 구성되는가에 대한 데이터이다.
④ 작업의 순서, 표준시간, 각 작업이 행해질 장소를 결정하고 할당한다.

16

[보기]의 내용을 참고하여 작업효율(Efficiency)을 구하시오.

┌─ 보기 ─────────────────────────┐
· 교대 수: 3교대/일
· 주당 작업일수: 5일
· 기계 불가동시간: 40시간
· 1교대 작업시간: 8시간
· 기계대수: 20대
· 작업표준시간: 1888시간
└────────────────────────────┘

① 80%　　　　　② 85%
③ 75%　　　　　④ 70%

17

계획된 실제의 작업량을 작업일정이나 시간으로 견주어 가로선으로 표시함으로써, 계획과 통제의 기능을 동시에 수행하는 전통적인 일정관리 기법은 무엇인가?

① Kanban
② PERT/CPM
③ Gantt Chart
④ Project Scheduling

18

JIT 생산 방식에 대한 설명으로 옳지 **않은** 것은?

① 생산 통제는 당기기 방식(Pull System)이다.
② 제조/생산 과정의 낭비를 제거하여 최적화를 추구한다.
③ 한 번에 대량 생산하여 재고로 보유하기 위해 큰 로트 규모가 필요하다.
④ 매일 소량씩 원료, 혹은 부품이 필요하므로 공급자와의 밀접한 관계가 요구된다.

19

[보기]의 내용을 참고하여 인적능력을 구하시오. ([보기]에 주어진 자료만을 활용하여 구하시오. 정답은 단위(인시: MH)를 제외한 숫자만 입력하시오.)

┌─ 보기 ─────────────────────────┐
· 1일 작업시간: 8시간
· 1개월 작업일수: 20일
· 작업인원: 5명
· 가동률: 95%
└────────────────────────────┘

(답:　　　　　　　　　　MH)

20

[보기]의 (　　)에 들어갈 용어는 무엇인가? (정답은 한글로 입력하시오.)

┌─ 보기 ─────────────────────────┐
(　　　)공정이란 작업장에 능력 이상의 부하가 적용되어 전체 공정의 흐름을 막고 있는 것을 말한다. 전체 라인의 생산 속도를 좌우하는 작업장을 의미하기도 한다.
└────────────────────────────┘

(답:　　　　　　　　　　공정)

21

[보기]에서 설명하는 시스템은 무엇인가? (정답은 한글로 입력하시오.)

→ 보기

- 제조업 및 서비스업에서 작업 흐름을 관리하고 최적화하기 위해 사용되는 시각적 관리 도구로 일본의 도요타 생산 시스템에서 유래함
- 이것의 역할은 작업 흐름 시각화, 작업의 흐름 개선, 재고관리, 작업의 투명성 및 협업 강화, 지속적 개선을 달성할 수 있음

(답: 시스템)

22

능력소요계획(CRP)의 입력 정보가 가장 적절하지 <u>않은</u> 것은?

① 작업 상태 정보
② 절차계획 정보
③ 연간 수요예측 정보
④ MRP에서 산출된 발주계획 정보

23

[보기]에서 설명하는 재고 종류로 가장 적절한 것은?

→ 보기

계절적 요인, 가격의 변화 등을 예상하고 대비하기 위해 보유하는 재고

① 예상재고   ② 안전재고
③ 침몰재고   ④ 파이프라인재고

24

EOQ(Economic Order Quantity, 경제적 주문량)에 대한 설명으로 적절하지 <u>않은</u> 것은?

① EOQ 모델은 수요와 비용이 일정하다는 가정을 바탕으로 한 것이라는 한계를 가짐
② 재고를 주문할 때 주문비용과 보관비용을 최소화할 수 있는 최적의 주문량을 말함
③ 재고가 부족할 경우를 방지하기 위해 저렴할 때 다량 구매하여 확보하기 위한 재고량임
④ 주요 목적은 재고 관리비용을 최소화하고, 재고가 부족하거나 과잉으로 인해 발생하는 문제를 방지하는 것임

25

공급사슬과 SCM에 대한 설명으로 가장 적절하지 <u>않은</u> 것은?

① 제품/서비스의 흐름은 공급자들로부터 고객으로의 상품 이동을 말한다.
② 재정의 흐름은 신용조건, 지불계획, 위탁판매, 권리소유권의 합의 등으로 구성된다.
③ 공급망은 공급자, 제조업자, 창고업자, 소매상, 고객과 같은 거래 파트너들로 구성되어 있다.
④ 주문 전달과 배송 상황의 갱신 등의 정보의 흐름은 공급자에서 고객으로 일방향적으로 흐른다.

26

[보기]에 주어진 자료를 바탕으로 1회 주문비용을 구하시오. (정답은 단위(원)를 제외한 숫자만 입력하시오.)

→ 보기

제조회사인 (주)생산성의 제품 X에 대한 정보이다.
- 연간 수요량: 10,000개
- 1개당 가격: 5,000원
- 연간 단위당 재고유지비율: 25%
- 경제적 발주량(EOQ): 600개

(답: 원)

27

[보기]는 무엇에 대한 설명인가?

→ 보기

계획된 MPS(Planned Master Production Schedule)를 실행하는데 필요한 자원 요구량(Capacity)을 계산하는 모듈이다. 주로 기준생산계획에서 주어진 자원이 용량을 넘어서는지 아닌지를 계산하는 모듈이다.

(답:)

28

요구품질을 실현하기 위해 제품을 기획하고 그 결과를 시방서(스펙, Specification)로 정리하여 도면화한 품질은?

① 요구품질   ② 설계품질
③ 제조품질   ④ 시장품질

29

[보기]의 설명은 QC의 7가지 도구 중 무엇에 해당하는가?

┌─ 보기 ─────────────────────────────────────┐
- 길이, 무게, 시간, 정도 등을 측정하는 데이터의 계량치가 어떠한 분포를 하고 있는지 한눈에 알아보기 쉬운 도표
- 어떤 조건하에서 주어진 데이터를 몇 개의 구간으로 나누어 각 구간에 포함되는 데이터의 분포를 쉽게 파악하기 위한 용도로 작성
└──┘

① 산점도   ② 파레토도
③ 히스토그램   ④ 특성요인도

30

통계적 품질관리(SQC)에 대한 설명으로 적절하지 <u>않은</u> 것은?

① 가장 보편적이고 핵심적인 기법은 도수분포법이다.
② 처음 사용한 나라는 미국이며 그 이후 일본에서 사용하기 시작하였다.
③ 흔히 이용되는 기법에는 관리도법, 샘플링검사법, 실험계획법 등이 있다.
④ 1980년대에 들어 SQC를 발전시켜 TQM 활동이라는 광범위한 개념으로 발전시켰다.

31

[보기]는 6시그마의 네 단계(MAIC) 중 어느 단계에 대한 설명인가? (정답은 한글로 입력하시오.)

┌─ 보기 ─────────────────────────────────────┐
- 주요 제품의 특성치와 최고수준의 타 회사 특성치를 벤치마킹한다.
- 최고 수준의 제품이 성공적인 성능을 내기 위한 요인이 무엇인가를 조사하고 목표를 설정한다.
└──┘

(답: 단계)

32

[보기]에서 설명하는 관리도를 영문으로 입력하시오.

┌─ 보기 ─────────────────────────────────────┐
- 데이터 군을 나누지 않고 한 개의 측정치를 그대로 사용하여 공정을 관리할 때 사용
- 데이터의 발생 간격이 긴 공정관리나 데이터 측정에 시간과 비용이 많이 소요될 때 사용
└──┘

(답: 관리도)

실무 시뮬레이션

프로그램 버전	iCUBE 핵심ERP ver.2024
로그인 정보	• 회사: 4001. 생산1급, 회사A • 사원명: ERP13P01. 홍길동
DB 파일명	[백데이터] 2025 에듀윌 ERP 생산 1 · 2급 > PART 04 최신 기출문제_2024년 5회

01

아래 [보기]의 조건으로 데이터를 조회한 후 물음에 답하시오.

┌─ 보기 ─────────────────────────────────────┐
- 계정구분: 4. 반제품
- 조달구분: 1. 생산
- 검사여부: 1. 검사
└──┘

다음 [보기]의 조건에 해당하는 품목 중에서 표준원가가 가장 큰 품목을 고르시오.

① 85-1020410. POWER TRAIN ASS'Y(MTB, TYPE A)
② 85-1020420. POWER TRAIN ASS'Y(MTB, TYPE B)
③ 87-1002011. BREAK SYSTEM (TYPE A)
④ 87-1002021. BREAK SYSTEM (TYPE B)

02

아래 [보기]의 조건으로 데이터를 조회한 후 물음에 답하시오.

┌─ 보기 ─────────────────────────────────────┐
가. 현영철강(주)의 외주담당자는 박상미이며 지역은 서울이다.
나. 다스산업(주)의 거래처분류는 일반으로 되어 있다.
다. PRESS FRAME-Z (TYPE A) 품목의 생산담당자는 양의지이다.
라. PRESS FRAME-W (TYPE B)의 단위는 EA이며 자재담당자와 생산담당자가 동일하다.
└──┘

(주)한국자전거지사에서는 물류실적(품목/고객)담당자등록을 확인하고 있다. 다음 중 [보기]의 설명으로 올바른 설명의 수를 고르시오.

① 1   ② 2
③ 3   ④ 4

03

아래 [보기]의 조건으로 데이터를 조회한 후 물음에 답하시오.

> ─ 보기 ─
> • 사업장: 2000. (주)한국자전거지사

다음 [보기]의 조건에 해당하는 창고/공정(생산)/외주공정등록에 대한 설명으로 옳지 **않은** 것을 고르시오.

① 외주공정 R200. 외주공정의 외주거래처에는 00026. (주)재하정밀이 있다.
② 생산공정 L200. 작업공정에 대한 작업장 L201. 제품작업장(완제품)의 적합여부는 '부적합'이다.
③ 창고 P200. 제품창고_인천지점에 대한 위치 P209. 제품_제품장소_불량은 '대전 불량창고' 위치이다.
④ 창고 M200. 부품창고_인천지점에 대한 위치 M201. 부품/반제품_부품장소는 가용재고여부가 '여'이다.

04

아래 [보기]의 조건으로 데이터를 조회한 후 물음에 답하시오.

> ─ 보기 ─
> • 모품목: NAX-A401. 일반자전거(P-GRAY RED)
> • 기준일자: 2024/08/15
> • 사용여부: 1. 사용

다음 [보기]의 조건에 해당하는 모품목 NAX-A401. 일반자전거(P-GRAY RED)의 자재 명세서에 대한 설명으로 옳지 **않은** 것을 고르시오.

① 자품목 21-3001610. PEDAL (TYPE A)의 계정구분은 '원재료'이다.
② 자품목 83-2000110. 전장품 ASS'Y (TYPE A)의 외주구분은 '무상'이다.
③ 자품목 88-1001010. PRESS FRAME-W (TYPE A)의 사급구분은 '자재'이다.
④ 자품목 85-1020410. POWER TRAIN ASS'Y(MTB, TYPE A)의 주거래처는 '(주)제일물산'이다.

05

(주)한국자전거지사에서 R200. 외주공정에 속한 R272. (주)재하정밀에 대하여 2024년도 상반기에는 10% 실제원가대비 기준으로 외주단가를 등록하여 사용하였다. 2024년 하반기에는 20% 비율로 표준원가대비 기준으로 외주단가를 산정하려고 한다. 해당 비율로 변경 후 외주단가가 가장 큰 품목을 고르시오.

① 83-2000100. 전장품 ASS'Y
② 85-1020400. POWER TRAIN ASS'Y(MTB)
③ 87-1002001. BREAK SYSTEM
④ 88-1001000. PRESS FRAME-W

06

(주)한국자전거지사에서 제품인 품목에 대해서 생산계획을 등록하고 있다. 작업예정일이 2024/08/01 ~ 2024/08/31 기간 동안 등록된 내용 중 옳은 것을 고르시오.

① NAX-A400. 일반자전거(P-GRAY WHITE)의 8월 생산계획수량 총합이 300이다.
② NAX-A402. 일반자전거(P-GRAY BLACK)의 작업예정일 2024/08/25 계획수량은 일생산량과 동일하다.
③ NAX-A421. 산악자전거(P-21G,A421)의 작업예정일 2024/08/12 계획수량은 일생산량과 동일하다.
④ NAX-A422. 산악자전거(P-21G,A422)의 계획수량은 모두 일생산량을 초과한다.

07

아래 [보기]의 조건을 수행한 후 데이터를 조회하여 물음에 답하시오.

> ─ 보기 ─
> • 사업장: 2000. (주)한국자전거지사
> • 공정: L200. 작업공정
> • 작업장: L201. 제품작업장(완제품)
> • 지시기간: 2024/08/01 ~ 2024/08/31
> • 계획기간: 2024/08/01 ~ 2024/08/31

(주)한국자전거지사 홍길동 사원은 작업지시등록을 생산계획조회 버튼을 사용하여 신규로 작업지시등록을 하려고 한다. 다음 중 계획잔량의 합이 가장 많이 남아있는 품목으로 옳은 것을 고르시오.

① NAX-A400. 일반자전거(P-GRAY WHITE)
② NAX-A402. 일반자전거(P-GRAY BLACK)
③ NAX-A421. 산악자전거(P-21G,A421)
④ NAX-A422. 산악자전거(P-21G,A422)

08

아래 [보기]의 조건으로 데이터를 조회한 후 물음에 답하시오.

> ─ 보기 ─
> • 사업장: 2000. (주)한국자전거지사
> • 공정: L200. 작업공정
> • 작업장: L203. 제품작업장(반제품)
> • 지시기간: 2024/08/01 ~ 2024/08/04

다음 [보기] 조건의 작업지시확정내역 중 확정수량의 합이 가장 작은 작업지시번호를 고르시오.

① WO2408000014
② WO2408000015
③ WO2408000016
④ WO2408000017

09

(주)한국자전거지사의 홍길동 사원은 2024년 8월 10일 생산자재출고된 내역 중 모품목 정보에 대하여 확인하고 있다. 다음 중 자재출고된 자재내역 중 모품목 정보로 옳지 <u>않은</u> 것을 고르시오.

① 88-1001020. PRESS FRAME-W (TYPE B)
② 88-1002020. PRESS FRAME-Z (TYPE B)
③ 87-1002021. BREAK SYSTEM (TYPE B)
④ 83-2000120. 전장품 ASS'Y (TYPE B)

10

아래 [보기]의 조건으로 데이터를 조회한 후 물음에 답하시오.

> 보기
> • 사업장: 2000. (주)한국자전거지사
> • 지시(품목): 2024/08/01 ~ 2024/08/31
> • 지시공정: L200. 작업공정
> • 지시작업장: L201. 제품작업장(완제품)

다음 [보기] 조건에 해당하는 작업실적내역 중 실적구분이 '부적합'이면서 실적수량이 가장 많은 작업지시번호로 옳은 것을 고르시오.

① WO2408000003   ② WO2408000006
③ WO2408000009   ④ WO2408000010

11

아래 [보기]의 조건으로 데이터를 조회한 후 물음에 답하시오.

> 보기
> • 사업장: 2000. (주)한국자전거지사
> • 구분: 1. 생산
> • 실적공정: L200. 작업공정
> • 실적작업장: L201. 제품작업장(완제품)
> • 실적기간: 2024/08/01 ~ 2024/08/31
> • 상태: 1. 확정
> • 실적구분: 1. 부적합

다음 [보기] 조건의 생산자재사용내역 중 작업실적번호별 자재들의 사용수량 합이 가장 작은 작업실적번호로 옳은 것을 고르시오.

① WR2408000002   ② WR2408000004
③ WR2408000006   ④ WR2408000008

12

아래 [보기]의 조건으로 데이터를 조회한 후 물음에 답하시오.

> 보기
> • 사업장: 2000. (주)한국자전거지사
> • 실적일: 2024/08/01 ~ 2024/08/04
> • 공정: L200. 작업공정
> • 작업장: L203. 제품작업장(반제품)

다음 [보기] 조건의 생산실적검사내역에 대한 설명으로 옳지 <u>않은</u> 것을 고르시오.

① 품목 81-1001010. BODY-알미늄 (GRAY-WHITE, TYPE A)은 실적수량 100EA만큼 전수검사를 진행하였다.
② 품목 81-1001020. BODY-알미늄 (GRAY-WHITE, TYPE B)에 대하여 권재희 검사담당자가 휠조립검사를 진행하였다.
③ 품목 85-1020410. POWER TRAIN ASS'Y(MTB, TYPE A)는 도색불량으로 인하여 불합격수량이 10EA 발생하였다.
④ 품목 85-1020420. POWER TRAIN ASS'Y(MTB, TYPE B)는 샘플검사를 진행하였으며 불합격수량이 합격수량보다 많아 최종 합격여부는 불합격으로 되었다.

13

아래 [보기]의 조건으로 데이터를 조회한 후 물음에 답하시오.

> 보기
> • 사업장: 2000. (주)한국자전거지사
> • 실적기간: 2024/08/01 ~ 2024/08/04
> • 공정: L200. 작업공정
> • 작업장: L203. 제품작업장(반제품)

(주)한국자전거지사 홍길동 사원은 반제품 실적품목에 대하여 생산품창고입고처리를 하고 있다. 입고장소를 '부품/반제품_부품장소'로 등록하여야 하는데 잘못된 입고장소로 등록하였다. 다음 중 입고장소를 잘못 등록한 입고번호로 옳은 것을 고르시오.

① IW2407000001   ② IW2407000002
③ IW2407000003   ④ IW2407000004

14

아래 [보기]의 조건으로 데이터를 조회한 후 물음에 답하시오.

> 보기
> • 사업장: 2000. (주)한국자전거지사
> • 공정: R200. 외주공정
> • 지시기간: 2024/08/01 ~ 2024/08/01

(주)한국자전거지사 홍길동 사원은 자사 제품 일반자전거(P-GRAY WHITE) 품목에 대하여 외주발주등록을 진행하였다. 다음 중 외주발주등록된 일반자전거(P-GRAY WHITE)에 대한 외주단가가 가장 높은 단가로 적용된 외주처명으로 옳은 것을 고르시오.

① (주)대흥정공
② (주)영동바이크
③ (주)제일물산
④ (주)세림와이어

15

아래 [보기]의 조건으로 데이터를 조회한 후 물음에 답하시오.

> 보기
> • 사업장: 2000. (주)한국자전거지사
> • 공정: R200. 외주공정
> • 외주처: R211. 다스산업(주)
> • 지시기간: 2024/08/05 ~ 2024/08/05

다음 중 외주발주내역에 대한 품목별로 청구한 자재에 대한 설명으로 옳지 않은 것을 고르시오.

① NAX-A400. 일반자전거(P-GRAY WHITE)의 청구자재들은 모두 무상자재이다.
② NAX-A401. 일반자전거(P-GRAY RED)의 청구자재들의 정미수량의 합과 확정수량의 합은 같지 않다.
③ NAX-A422. 산악자전거(P-21G,A422)의 총외주금액은 580,000이다.
④ NAX-A421. 산악자전거(P-21G,A421)의 LOSS(%)율이 없다.

16

아래 [보기]의 조건으로 데이터를 조회한 후 물음에 답하시오.

> 보기
> • 사업장: 2000. (주)한국자전거지사
> • 출고기간: 2024/08/10 ~ 2024/08/10

다음 중 [보기] 조건으로 외주자재출고를 조회한 후 품목별 출고수량의 합이 가장 많은 품목을 고르시오.

① 21-1030600. FRONT FORK(S)
② 21-1060700. FRAME-NUT
③ 21-1060950. WHEEL REAL-MTB
④ 21-3001610. PEDAL (TYPE A)

17

아래 [보기]의 조건으로 데이터를 조회한 후 물음에 답하시오.

> 보기
> • 사업장: 2000. (주)한국자전거지사
> • 지시(품목): 2024/08/05 ~ 2024/08/05
> • 외주공정: R200. 외주공정

다음 [보기]의 조건에 해당하는 외주실적내역에 대하여 실적담당자별 실적수량의 합이 가장 많은 실적담당을 고르시오.

① 이혜리
② 권재희
③ 양의지
④ 박상미

18

아래 [보기]의 조건으로 데이터를 조회한 후 물음에 답하시오.

> 보기
> • 사업장: 2000. (주)한국자전거지사
> • 구분: 2. 외주
> • 외주공정: R200. 외주공정
> • 외주처: R211. 다스산업(주)
> • 실적기간: 2024/08/05 ~ 2024/08/05
> • 상태: 선택전체

(주)한국자전거지사에서는 외주자재사용등록 메뉴에 등록된 내역을 바탕으로 적합 품목에 대해 사용된 자재를 확인하려고 한다. 다음 중 품목별로 사용된 자재의 사용수량의 합이 가장 적게 발생한 품목을 고르시오.

① NAX-A400. 일반자전거(P-GRAY WHITE)
② NAX-A401. 일반자전거(P-GRAY RED)
③ NAX-A422. 산악자전거(P-21G,A422)
④ NAX-A421. 산악자전거(P-21G,A421)

19

아래 [보기]의 조건으로 데이터를 조회한 후 물음에 답하시오.

> **보기**
> - 사업장: 2000. (주)한국자전거지사
> - 마감일: 2024/08/20 ~ 2024/08/20
> - 외주공정: R300. 외주공정(2 Part)
> - 외주처: R301. 한돈형공
> - 실적일: 2024/08/20 ~ 2024/08/20
> - 마감일자: 2024/08/20

다음 [보기]의 조건에 대한 외주실적내역에 대하여 실적적용 기능을 이용하여 외주마감을 진행한 후 마감처리된 품목 중 공급가가 가장 큰 품목으로 옳은 것을 고르시오.

① 81-1001000. BODY-알미늄(GRAY-WHITE)
② 83-2000100. 전장품 ASS'Y
③ 85-1020400. POWER TRAIN ASS'Y(MTB)
④ 21-1070700. FRAME-티타늄

20

(주)한국자전거지사 홍길동 사원은 2024년 8월 20일에 외주처인 태경스틸(주)에 대한 회계처리 내용을 확인하려 한다. 해당 건에 대해 적요명이 외주가공비부가세대급금으로 옳은 금액을 고르시오.

① 374,000   ② 254,850
③ 174,250   ④ 154,365

21

아래 [보기]의 조건으로 데이터를 조회한 후 물음에 답하시오.

> **보기**
> - 사업장: 2000. (주)한국자전거지사
> - 지시기간: 2024/08/05 ~ 2024/08/05
> - 공정: R200. 외주공정
> - 작업장: R211. 다스산업(주)
> - 단가 OPTION: 조달구분 구매, 생산 모두 실제원가[품목등록] 체크함

다음 중 [보기] 조건으로 자재청구대비 투입사용현황 조회 시 사용금액의 합이 가장 많은 지시번호로 옳은 것을 고르시오.

① WO2401000029   ② WO2401000030
③ WO2401000031   ④ WO2401000032

22

(주)한국자전거지사의 홍길동 사원은 2024년 8월 한 달 동안 제품에 대한 품목별 실적수량을 확인하고 있다. 다음 중 품목별 실적수량의 합이 가장 많은 품목을 고르시오.

① NAX-A400. 일반자전거(P-GRAY WHITE)
② NAX-A401. 일반자전거(P-GRAY RED)
③ NAX-A421. 산악자전거(P-21G,A421)
④ NAX-A422. 산악자전거(P-21G,A422)

23

(주)한국자전거지사에서 자재사용기간이 2024년 8월 한 달 동안 사용된 자재를 확인하려고 한다. 다음 중 지시구분은 외주발주이고 지시품목 계정구분이 제품인 품목을 품목별로 소계 시 사용수량의 합이 가장 많은 품명을 고르시오.

① NAX-A400. 일반자전거(P-GRAY WHITE)
② NAX-A401. 일반자전거(P-GRAY RED)
③ NAX-A421. 산악자전거(P-21G,A421)
④ NAX-A422. 산악자전거(P-21G,A422)

24

(주)한국자전거지사에서 2024년 8월 생산일보를 통해 실적검사기준의 검사기준이 전체인 검사대기금액을 확인하려고 한다. 다음 중 구분은 전체이고, 수량조회기준이 실적입고기준으로 조회 시 검사대기금액이 가장 작은 품목을 고르시오. (단가OPTION: 구매, 생산 모두 표준원가[품목등록])

① NAX-A400. 일반자전거(P-GRAY WHITE)
② NAX-A401. 일반자전거(P-GRAY RED)
③ NAX-A421. 산악자전거(P-21G,A421)
④ NAX-A422. 산악자전거(P-21G,A422)

25

(주)한국자전거지사에서 2024년 8월 생산월보를 통해 실적기준의 부적합 수량을 확인하려 한다. 다음 중 구분이 공정이면서 집계기준이 입고인 품목 중 부적합 수량이 가장 큰 품목을 고르시오.

① NAX-A400. 일반자전거(P-GRAY WHITE)
② NAX-A402. 일반자전거(P-GRAY BLACK)
③ NAX-A421. 산악자전거(P-21G,A421)
④ NAX-A422. 산악자전거(P-21G,A422)

기출 문제

2급 | 2025년 1회

이론 해설 특강

실무 해설 특강

회독 CHECK I ☐ 1회독 ☐ 2회독 ☐ 3회독

이론

01

기계학습에 대한 설명으로 옳지 <u>않은</u> 것은?

① 비지도학습 방법에는 분류모형과 회귀모형이 있다.
② 비지도학습은 입력값에 대한 목표치가 주어지지 않는다.
③ 지도학습은 학습 데이터로부터 하나의 함수를 유추해내기 위한 방법이다.
④ 강화학습은 선택 가능한 행동들 중 보상을 최대화하는 행동 혹은 순서를 선택하는 방법이다.

02

[보기]는 무엇에 대한 설명인가?

> 보기
> 제품, 공정, 생산설비와 공장에 대한 실제 세계와 가상 세계의 통합시스템이며 제조 빅데이터를 기반으로 사이버모델을 구축하고 이를 활용하여 최적의 설계 및 운영을 수행하는 것

① 비즈니스 애널리틱스(Business Analytics)
② 사이버물리 시스템(Cyber Physical System, CPS)
③ 공급사슬관리(Supply Chain Management, SCM)
④ 전사적 자원관리(Enterprise Resource Planning, ERP)

03

ERP 아웃소싱(Outsourcing)에 대한 설명으로 적절하지 <u>않은</u> 것은?

① ERP 자체개발에서 발생할 수 있는 기술력 부족을 해결할 수 있다.
② ERP 아웃소싱을 통해 기업이 가지고 있지 못한 지식을 획득할 수 있다.
③ ERP 개발과 구축, 운영, 유지보수에 필요한 인적 자원을 절약할 수 있다.
④ ERP 시스템 구축 후에는 IT 아웃소싱 업체로부터 독립적으로 운영할 수 있다.

04

'Best Practice'를 목적으로 ERP 패키지를 도입하여 시스템을 구축하고자 할 경우 가장 적절하지 <u>않은</u> 방법은?

① BPR과 ERP 시스템 구축을 병행하는 방법
② ERP 패키지에 맞추어 BPR을 추진하는 방법
③ 기존 업무처리에 따라 ERP 패키지를 수정하는 방법
④ BPR을 실시한 후에 이에 맞도록 ERP 시스템을 구축하는 방법

05

3명의 작업자가 8시간 동안 바닥의 타일을 1,080제곱미터 설치하였을 때 노동 생산성은?

① 30제곱미터/시간
② 35제곱미터/시간
③ 40제곱미터/시간
④ 45제곱미터/시간

06

BOM에 대한 설명으로 적절하지 <u>않은</u> 것은?

① 제품의 기능적 특성만 관리된다.
② 주생산계획(MPS)과 연계되어 있다.
③ 모품목을 위해 필요한 수량을 제품구조 정보로 보여준다.
④ 모품목을 만드는 데 필요한 조립품, 부품, 원자재의 목록이다.

07

문제에 대해 전문가 집단에게 실적이나 예측데이터에 대한 설문을 여러 차례 실시하여 전문가의 의견을 수집하고, 전문가의 의견을 요약하여 수요를 예측하는 기법은?

① 회귀분석법
② 지수평활법
③ 델파이분석법
④ 단순이동평균법

08

주로 항공기, 선박, 금형 등 고가제품이면서 고객의 요구사항이 설계 단계에 반영되어야 하는 제품의 생산에 사용되는 제조 전략은?

① MTS(Make-To-Stock)
② MTO(Make-To-Order)
③ ATO(Assemble-To-Order)
④ ETO(Engineer-To-Order)

09

생산 및 재고 시스템을 위한 총괄계획의 수립에 있어서 수요 변동에 능동적으로 대처하기 위한 전략 방안에 적합하지 <u>않은</u> 것은?

① 생산율의 조정　　　　② 재고수준의 조정
③ 제품품질의 조정　　　④ 고용수준의 변동

10

[보기]의 설명으로 가장 적절한 것은?

┌─ 보기 ─
생산계획에 따라서 실제로 작업을 수행하기 위하여 작업을 언제 시작할 것인지, 언제까지 완료할 것인지 등의 계획을 수립하는 것
└

① 일정계획　　　　　　② 기준생산계획
③ 총괄생산계획　　　　④ 수요예측계획

11

공정관리의 대내적인 목표로 가장 적절한 것은?

① 주문자 또는 수요자의 요건을 충족시켜야 한다.
② 자재의 투입에서 제품이 출하되기까지의 시간을 증가시킨다.
③ 작업자의 대기나 설비의 유휴에 의한 손실시간을 감소시킨다.
④ 생산량 요구 조건을 준수하기 위해 생산 과정을 합리화하는 것이다.

12

공수계획의 기본적인 방침에 가장 적합한 것은?

① 긴급성
② 부하와 능력의 집중화
③ 일정별 부하 변동 강화
④ 적성배치와 전문화 촉진

13

전체 작업자가 실제 가동시간 중에서 정미작업을 하는 시간의 비율을 나타내는 것은?

① 환산율　　　　　　　② 여유율
③ 가동률　　　　　　　④ 실제가동시간

14

간트차트(Gantt Chart)에 대한 설명으로 적절하지 <u>않은</u> 것은?

① 각 작업의 완료시간을 알 수 있다.
② 각 작업의 전체 공정시간을 알 수 있다.
③ 복잡하거나 대규모 공사에 적용하기 용이하다.
④ 작업자별, 부문별 업무 성과의 상호 비교가 가능하다.

15

JIT(Just In Time) 생산 방식을 달성하기 위한 5S 개념의 설명에서 [보기]는 무엇에 대한 설명인가?

┌─ 보기 ─
필요한 것을 즉시 사용할 수 있도록 항상 지정된 장소에 위치시키는 것
└

① 정리(SEIRI)　　　　　② 청소(SEISO)
③ 정돈(SEITON)　　　　④ 청결(SEIKETSU)

16

첫 번째 제품을 생산하는데 100시간이 소요되었다. 학습률이 80%일 때 제품 4개에 대한 생산시간은 몇 시간인가? 제시된 조건만을 이용하여 구하시오.

① 64시간　　　　　　　② 160시간
③ 224시간　　　　　　　④ 256시간

17

[보기]에서 설명하는 재고관리 용어는?

┌ 보기 ─────────────────────────────
• 자재나 제품의 구입에 따른 제비용과 재고유지비용 등을 고려하여, 주문비용과 단위당 재고유지비용의 합계가 최소가 되도록 하는 자재 또는 제품의 최적 주문량을 의미함
• 기업은 얼마나 자주 주문을 해야 하는지, 그리고 주문할 때마다 얼마만큼의 양을 주문해야 하는지를 결정할 수 있음
└────────────────────────────────

① MRP　　　　　　　② ERP
③ EOQ　　　　　　　④ CRP

18

자재소요계획(MRP; Material Requirement Planning) 시스템의 입력(Input)에 해당하는 구성 요소로 적합하지 않은 것은?

① 자재 명세서　　　　② 기간별수요량
③ 재고기록파일　　　　④ 기준생산계획

19

[보기]의 내용은 무엇에 관한 설명인가?

┌ 보기 ─────────────────────────────
기준생산계획(MPS)이 주어진 제조자원의 용량을 넘어서는지를 계산하는 모듈이다. 다시 말해서 기준생산계획과 제조자원 간의 크기를 비교하여 자원 요구량을 계산해내는 것이다.
└────────────────────────────────

① 총괄생산계획(APP; Aggregate Production Planning)
② 자재소요계획(MRP; Material Requirement Planning)
③ 개략능력요구계획(RCCP; Rough Cut Capacity Planning)
④ 생산능력소요계획(CRP; Capacity Requirement Planning)

20

공급망관리(SCM; Supply Chain Management)의 추진 효과로 가장 적절한 것은?

① 생산 효율화　　　　　② 구매비용 증가
③ 시장 변화 대응력 감소　④ 분산적 정보 시스템 운영

실무 시뮬레이션

프로그램 버전	iCUBE 핵심ERP ver.2024
로그인 정보	• 회사: 4002. 생산2급, 회사A • 사원명: ERP13P02. 홍길동
DB 파일명	[백데이터] 2025 에듀윌 ERP 생산 1·2급 > PART 04 최신 기출문제_2025년 1회

01

아래 [보기]의 조건으로 데이터를 조회한 후 물음에 답하시오.

┌ 보기 ─────────────────────────────
• 계정구분: 4. 반제품
• 조달구분: 1. 생산
• 검사여부: 1. 검사
└────────────────────────────────

다음 중 [보기]의 조건에 해당하는 품목에 대한 설명으로 옳지 않은 것을 고르시오.

① 품목 81-1001000. BODY-알미늄(GRAY-WHITE)의 안전재고량은 20이다.
② 품목 83-2000110. 전장품 ASS'Y (TYPE A)의 LOT여부는 1. 사용이다.
③ 품목 87-1002001. BREAK SYSTEM의 대분류는 100. 조립반제품이다.
④ 품목 88-1001010. PRESS FRAME-W (TYPE A)의 주거래처는 00006. (주)형광램프이다.

02

아래 [보기]의 조건으로 데이터를 조회한 후 물음에 답하시오.

┌ 보기 ─────────────────────────────
• 사업장: 2000. (주)한국자전거지사
└────────────────────────────────

다음 중 [보기]의 조건에 해당하는 창고/공정(생산)/외주공정등록에 대한 설명으로 옳지 않은 것을 고르시오.

① 생산공정 L300. 작업공정(도색)의 입고기본위치는 L303. 도색작업장(반제품)이다.
② 생산공정 L200. 작업공정의 작업장 L202. 반제품작업장의 사용여부는 '미사용'이다.
③ 창고 M200. 부품창고_인천지점의 위치 M201. 부품/반제품_부품장소의 위치설명은 '김포공항'이다.
④ 창고 P200. 제품창고_인천지점의 위치 P202. 제품장소_대전대기의 적합여부는 '적합'이다.

03

아래 [보기]의 조건으로 데이터를 조회한 후 물음에 답하시오.

> ── 보기 ──
> • 계정: 2. 제품
> • 구매담당자: A400. 박찬영
> • 생산담당자: A500. 김유리

(주)한국자전거지사의 홍길동 사원은 품목별로 물류실적 담당자등록을 하였다. 다음 중 [보기]의 조건에 해당하는 품목으로 옳은 것을 고르시오.

① NAX-A421. 산악자전거(P-21G,A421)
② NAX-A422. 산악자전거(P-21G,A422)
③ NAX-A402. 일반자전거(P-GRAY BLACK)
④ NAX-A400. 일반자전거(P-GRAY WHITE)

04

아래 [보기]의 조건으로 데이터를 조회한 후 물음에 답하시오.

> ── 보기 ──
> • 모품목: NAX-A400. 일반자전거(P-GRAY WHITE)
> • 기준일자: 2025/01/31
> • 사용여부: 1. 사용

다음 중 [보기]의 조건에 해당하는 모품목 NAX-A400. 일반자전거(P-GRAY WHITE)의 자재 명세서에 대한 설명으로 옳지 않은 것을 고르시오.

① 필요수량의 합계는 16이다.
② 자품목 83-2000100. 전장품 ASS'Y의 계정구분은 '반제품'이다.
③ 자품목 88-1001000. PRESS FRAME-W의 사급구분은 '자재'이다.
④ 자품목 85-1020400. POWER TRAIN ASS'Y(MTB)의 LOSS(%)가 가장 적다.

05

아래 [보기]의 조건으로 데이터를 조회한 후 물음에 답하시오.

> ── 보기 ──
> • 자품목: 21-1060851. WHEEL FRONT-MTB (TYPE A)
> • 기준일자: 2025/01/31
> • 사용여부: 전체

다음 중 [보기]의 조건의 자품목 21-1060851. WHEEL FRONT-MTB (TYPE A)에 대하여 1LEVEL 상위 모품목 정보로 옳지 않은 것을 고르시오.

① NAX-A401. 일반자전거(P-GRAY RED)
② 81-1001000. BODY-알미늄(GRAY-WHITE)
③ 83-2000110. 전장품 ASS'Y (TYPE A)
④ 88-1002010. PRESS FRAME-Z (TYPE A)

06

아래 [보기]의 조건으로 데이터를 조회한 후 물음에 답하시오.

> ── 보기 ──
> • 사업장: 2000. (주)한국자전거지사
> • 작업예정일: 2025/01/01 ~ 2025/01/10
> • 계정구분: 2. 제품

다음 중 [보기]의 조건에 해당하는 생산계획내역 중 품목별 일생산량을 초과하여 생산계획된 품명과 작업예정일을 연결한 것으로 옳은 것을 고르시오.

① 산악자전거(P-21G,A421) - 2025/01/05
② 산악자전거(P-21G,A422) - 2025/01/09
③ 일반자전거(P-GRAY WHITE) - 2025/01/01
④ 일반자전거(P-GRAY BLACK) - 2025/01/04

07

아래 [보기]의 조건으로 데이터를 조회한 후 물음에 답하시오.

> ── 보기 ──
> • 사업장: 2000. (주)한국자전거지사
> • 공정: L200. 작업공정
> • 작업장: L201. 제품작업장
> • 지시기간: 2025/01/01 ~ 2025/01/08

다음 중 [보기]의 조건에 해당하는 작업지시등록내역 중 작업지시를 직접 등록한 작업지시번호로 옳은 것을 고르시오.

① WO2501000006   ② WO2501000007
③ WO2501000008   ④ WO2501000009

08

아래 [보기]의 조건으로 데이터를 조회한 후 물음에 답하시오.

> 보기
>
> - 사업장: 2000. (주)한국자전거지사
> - 공정: L200. 작업공정
> - 작업장: L202. 반제품작업장
> - 지시기간: 2025/01/05 ~ 2025/01/05

다음 중 [보기]의 조건에 해당하는 작업지시확정내역 중 확정수량의 합이 가장 적은 지시품목으로 옳은 것을 고르시오.

① 81-1001000. BODY-알미늄(GRAY-WHITE)
② 83-2000100. 전장품 ASS'Y
③ 85-1020400. POWER TRAIN ASS'Y(MTB)
④ 87-1002001. BREAK SYSTEM

09

아래 [보기]의 조건으로 데이터를 조회한 후 물음에 답하시오.

> 보기
>
> - 사업장: 2000. (주)한국자전거지사
> - 출고기간: 2025/01/10 ~ 2025/01/10
> - 공정: L200. 작업공정
> - 작업장: L201. 제품작업장

다음 중 [보기]의 조건에 해당하는 생산자재출고내역에 존재하는 모품목명을 고르시오.

① 88-1001010. PRESS FRAME-W (TYPE A)
② 85-1020400. POWER TRAIN ASS'Y(MTB)
③ NAX-A402. 일반자전거(P-GRAY BLACK)
④ 88-1002000. PRESS FRAME-Z

10

아래 [보기]의 조건으로 데이터를 조회한 후 물음에 답하시오.

> 보기
>
> - 사업장: 2000. (주)한국자전거지사
> - 지시(품목): 2025/01/05 ~ 2025/01/05
> - 지시공정: L200. 작업공정
> - 지시작업장: L202. 반제품작업장

다음 중 [보기]의 조건에 해당하는 작업실적내역에 대한 설명으로 옳지 않은 것을 고르시오.

① 작업실적번호 WR2501000001에 대한 작업조는 작업 A조이다.
② 작업실적번호 WR2501000002에 대한 생산설비는 생산설비 4호이다.
③ 작업실적번호 WR2501000003에 대한 입고장소는 부품/반제품_부품장소_부적합이다.
④ 작업실적번호 WR2501000004에 대한 실적담당자는 박찬영이다.

11

아래 [보기]의 조건으로 데이터를 조회한 후 물음에 답하시오.

> 보기
>
> - 사업장: 2000. (주)한국자전거지사
> - 구분: 1. 생산
> - 실적공정: L200. 작업공정
> - 실적작업장: L202. 반제품작업장
> - 실적기간: 2025/01/15 ~ 2025/01/15
> - 상태: 1. 확정

다음 중 [보기]의 조건에 해당하는 실적품목에 대한 자재사용내역 중 청구적용 조회 시 잔량의 합이 가장 많이 남아 있는 작업실적번호로 옳은 것을 고르시오.

① WR2501000005
② WR2501000006
③ WR2501000007
④ WR2501000008

12

아래 [보기]의 조건으로 데이터를 조회한 후 물음에 답하시오.

┌─ 보기 ─────────────────────────────┐
- 사업장: 2000. (주)한국자전거지사
- 실적일: 2025/01/05 ~ 2025/01/05
- 공정: L200. 작업공정
- 작업장: L202. 반제품작업장
└────────────────────────────────────┘

다음 중 [보기]의 조건에 해당하는 생산실적검사내역에 대한 설명으로 옳지 <u>않은</u> 것을 고르시오.

① 작업실적번호 WR2501000001의 검사담당자는 이혜리이며 바디조립검사를 실시하였다.
② 작업실적번호 WR2501000002는 샘플검사를 실시하였고 최종합격여부는 불합격이다.
③ 2025/01/05 진행된 생산실적검사내역에 대한 검사담당자로는 이혜리, 문승효, 최승재, 김유리 검사담당자가 검사를 진행하였다.
④ 작업실적번호 WR2501000004의 불량수량이 가장 많이 발생한 불량명으로는 브레이크(BREAK)불량이 가장 많이 발생하였다.

13

아래 [보기]의 조건으로 데이터를 조회한 후 물음에 답하시오.

┌─ 보기 ─────────────────────────────┐
- 사업장: 2000. (주)한국자전거지사
- 실적기간: 2025/01/15 ~ 2025/01/15
- 공정: L200. 작업공정
- 작업장: L202. 반제품작업장
└────────────────────────────────────┘

(주)한국자전거지사 홍길동 사원은 생산품창고 입고처리 시 생산실적검사를 진행한 실적내역에 대하여서는 직접 입고처리를 등록하고 있다. 다음 중 [보기]의 조건에 실적번호 중 생산실적검사를 진행한 실적번호로 옳게 짝지어진 것을 고르시오.

① WR2501000007, WR2501000008
② WR2501000005, WR2501000008
③ WR2501000006, WR2501000007
④ WR2501000005, WR2501000006

14

아래 [보기]의 조건으로 데이터를 조회한 후 물음에 답하시오.

┌─ 보기 ─────────────────────────────┐
- 사업장: 2000. (주)한국자전거지사
- 지시일: 2025/01/20 ~ 2025/01/20
- 공정구분: 선택전체
- 공정: L200. 작업공정
- 작업장: L201. 제품작업장
└────────────────────────────────────┘

다음 중 [보기]의 조건에 해당하는 작업지시 내역 중 마감처리가 가능하면서 실적잔량이 가장 적게 남아있는 작업지시번호를 고르시오.

① WO2501000014 ② WO2501000015
③ WO2501000016 ④ WO2501000017

15

아래 [보기]의 조건으로 데이터를 조회한 후 물음에 답하시오.

┌─ 보기 ─────────────────────────────┐
- 사업장: 2000. (주)한국자전거지사
- 등록일: 2025/01/01 ~ 2025/01/31
└────────────────────────────────────┘

다음 중 [보기]의 조건으로 등록된 기초재공에 대한 설명으로 옳은 것을 고르시오.

① 등록번호 OW2501000001은 원재료만 입력되어 있다.
② 작업공장(도색), 제품작업장(완성품)에 속한 품목은 모두 제품들이다.
③ 등록번호 OW2501000003은 2025년 1월 한 달 동안 입력된 기초재공내역 중 기초수량 합이 가장 크다.
④ 작업공정(포장), 기본작업장(포장)에 등록된 내역이 2025년 1월 한 달 동안 입력된 기초재공내역 중 금액의 합이 가장 크다.

16

아래 [보기]의 조건으로 데이터를 조회한 후 물음에 답하시오.

┌─ 보기 ─────────────────────────────┐
- 사업장: 2000. (주)한국자전거지사
- 지시기간: 2025/01/05 ~ 2025/01/05
└────────────────────────────────────┘

다음 중 [보기]의 조건에 해당하는 작업실적내역 중 실적수량이 가장 적은 실적번호를 고르시오.

① WR2501000001 ② WR2501000002
③ WR2501000003 ④ WR2501000004

17

아래 [보기]의 조건으로 데이터를 조회한 후 물음에 답하시오.

┌─ 보기 ─────────────────────────────┐
- 사업장: 2000. (주)한국자전거지사
- 지시기간: 2025/01/15 ~ 2025/01/15
- 공정: L200. 작업공정
- 작업장: L202. 반제품작업장
└────────────────────────────────────┘

다음 중 [보기] 조건의 자재청구내역 중 사용금액의 합이 올바르지 않은 것을 고르시오.

① PRESS FRAME-W (TYPE A): 19,408,720
② PRESS FRAME-W (TYPE B): 24,330,000
③ PRESS FRAME-Z (TYPE A): 11,670,000
④ PRESS FRAME-Z (TYPE B): 11,810,000

18

아래 [보기]의 조건으로 데이터를 조회한 후 물음에 답하시오.

┌─ 보기 ─────────────────────────────┐
- 사업장: 2000. (주)한국자전거지사
- 지시기간: 2025/01/01 ~ 2025/01/31
- 계정: 2. 제품
└────────────────────────────────────┘

다음 중 [보기]의 조건에 해당하는 지시대비실적내역에 대하여 품목별 잔량의 합이 일치하는 것으로 옳은 것을 고르시오.

① 일반자전거(P-GRAY WHITE): 205
② 일반자전거(P-GRAY BLACK): 190
③ 산악자전거(P-21G,A421): 330
④ 산악자전거(P-21G,A422): 160

19

아래 [보기]의 조건으로 데이터를 조회한 후 물음에 답하시오.

┌─ 보기 ─────────────────────────────┐
- 사업장: 2000. (주)한국자전거지사
- 검사기간: 2025/01/05 ~ 2025/01/05
└────────────────────────────────────┘

다음 중 [보기]의 조건에 샘플검사 기준의 품목별 품질현황 조회 시 샘플 합격률이 가장 높은 품목을 고르시오.

① 81-1001000. BODY-알미늄(GRAY-WHITE)
② 83-2000100. 전장품 ASS'Y
③ 85-1020400. POWER TRAIN ASS'Y(MTB)
④ 87-1002001. BREAK SYSTEM

20

아래 [보기]의 조건으로 데이터를 조회한 후 물음에 답하시오.

┌─ 보기 ─────────────────────────────┐
- 사업장: 2000. (주)한국자전거지사
- 실적기간: 2025/01/05 ~ 2025/01/05
- 구분: 0. 전체
- 수량조회기준: 0. 실적입고기준
- 단가 OPTION: 조달구분 구매, 생산 모두 실제원가[품목등록] 체크함
└────────────────────────────────────┘

다음 중 [보기]의 조건에 해당하는 실적기준의 생산일보를 조회한 후 양품금액이 가장 작은 품목으로 옳은 것을 고르시오.

① 81-1001000. BODY-알미늄(GRAY-WHITE)
② 83-2000100. 전장품 ASS'Y
③ 85-1020400. POWER TRAIN ASS'Y(MTB)
④ 87-1002001. BREAK SYSTEM

기출 문제

2급 | 2024년 6회

이론

01

스마트 팩토리의 주요 구축 목적이 아닌 것은?

① 생산성 향상
② 유연성 향상
③ 고객 서비스 향상
④ 제품 및 서비스의 이원화

02

[보기]에서 설명하는 RPA 적용 단계는 무엇인가?

> ─ 보기 ─
> 빅데이터 분석을 통해 사람이 수행한 복잡한 의사결정을 내리는 수준이다. 이것은 RPA가 업무 프로세스를 스스로 학습하면서 자동화하는 단계이다.

① 인지자동화
② 데이터 전처리
③ 기초프로세스 자동화
④ 데이터 기반의 머신러닝(기계학습) 활용

03

ERP 구축 전에 수행되는 단계적으로 시간의 흐름에 따라 비즈니스 프로세스를 개선해가는 점증적 방법론은 무엇인가?

① ERD(Entity Relationship Diagram)
② BPI(Business Process Improvement)
③ MRP(Material Requirement Program)
④ SFS(Strategy Formulation & Simulation)

04

차세대 ERP의 비즈니스 애널리틱스(Business Analytics)에 관한 설명으로 가장 적절하지 않은 것은?

① 비즈니스 애널리틱스는 구조화된 데이터(Structured Data)만 분석대상으로 한다.
② ERP 시스템의 방대한 데이터 분석을 위해 비즈니스 애널리틱스가 차세대 ERP의 핵심 요소가 되고 있다.
③ 비즈니스 애널리틱스는 리포트, 쿼리, 대시보드, 스코어카드뿐만 아니라 예측모델링과 같은 진보된 형태의 분석기능도 제공한다.
④ 비즈니스 애널리틱스는 질의 및 보고와 같은 기본적 분석기술과 예측 모델링과 같은 수학적으로 정교한 수준의 분석을 지원한다.

05

생산성 측정의 설명에서 가장 적절하지 않은 것은?

① 표준생산성은 생산성의 기준이 된다.
② 부분생산성은 단일의 투입 요소로 측정된다.
③ 총요소생산성은 모든 투입 요소로 측정된다.
④ 다요소생산성은 하나 이상의 투입 요소로 측정된다.

06

자재 명세서(BOM; Bill Of Material)의 용도에 대한 설명으로 가장 적절하지 않은 것은?

① 제품 성능 개선
② 제품 원가 산정
③ 자재 불출 목록표 생성
④ 구매 및 생산일정 수립

07

수요예측 기법 중 정량적 수요예측(객관적) 기법에 해당하는 것은?

① 시장조사법　　　　② 인과모형분석법
③ 판매원 의견종합법　④ 델파이(Delphi)분석법

08

투입(Input)이 변환을 거쳐 산출(Output)되는 생산 시스템에서 'Feedback'의 기능으로 적절하지 않은 것은?

① 문제를 조기에 발견할 수 있다.
② 시장의 변화에 대응하기 어렵다.
③ 타부문과 정보를 공유할 수 있다.
④ 지속적인 개선 등을 추구할 수 있다.

09

기준생산계획(MPS; Master Production Scheduling) 수립 요소 중 주문정책의 하나로서 필요한 만큼만 생산 및 구매하며, 재고를 최소화하는 방법은 무엇인가?

① LFL(Lot for Lot)
② FOQ(Fixed Order Quantity)
③ EOQ(Economic Order Quantity)
④ POQ(Periodic Order Quantity)

10

작업의 우선순위를 정할 때 고려해야 하는 원칙으로 적절하지 않은 것은?

① 최소 공정 수　　　② 최소 여유시간
③ 최장 가공시간　　　④ 선입선출법(FIFO)

11

공정관리의 대외적인 목표로 가장 적절한 것은?

① 기계 및 인력 이용률을 최대화한다.
② 주문자 또는 수요자의 요건을 충족시킨다.
③ 작업자의 대기 및 설비의 유휴시간을 최소화 한다.
④ 자재투입부터 제품 출하까지의 시간을 단축시킨다.

12

[보기]에서 설명하는 공정은 무엇인가?

┌─ 보기 ─────────────────────────────┐
│ 대기와 저장의 상태를 말한다. 대기는 일시적으로 기다리는 상태 │
│ 이며, 저장은 계획적인 보관을 의미한다. │
└────────────────────────────────────┘

① 가공공정　　　　② 운반공정
③ 검사공정　　　　④ 정체공정

13

A작업장의 직원 40명 중 28명이 출근하였고, 작업에 소요되는 간접작업율이 20%일 때, 이 작업장의 가동율(%)은 얼마인가? 제시된 조건만 활용하여 구하시오.

① 54%　　　　② 55%
③ 56%　　　　④ 57%

14

애로공정(Bottleneck Operation)에 관한 설명으로 적절하지 않은 것은?

① 병목공정 또는 병목현상이라고도 한다.
② 전체 공정의 흐름을 막고 있는 공정이다.
③ 생산 라인에서 작업시간이 가장 긴 공정이다.
④ 전체 라인의 생산 속도를 좌우하지는 못한다.

15

칸반(Kanban) 시스템에 대한 설명으로 가장 적절하지 않은 것은?

① 결품방지와 과잉 생산으로 인한 낭비 방지가 목적이다.
② 생산이 필요하다는 특정 신호에 Pull System으로 작업이 진행된다.
③ 작업을 할 수 있는 여력이 있다면 수요가 발생하지 않아도 작업을 진행한다.
④ 한 장의 종이에 현품표의 기능, 운반지시의 기능, 생산지시의 기능을 각각 포함시킨다.

16

JIT(Just In Time)의 7가지 낭비 요소에 해당하지 <u>않는</u> 것은?

① 불량의 낭비
② 동작의 낭비
③ 대기의 낭비
④ 시간의 낭비

17

경제적 주문량(EOQ)을 계산하기 위해 필요한 가정으로 가장 적절하지 <u>않은</u> 것은?

① 단위당 구입가격은 일정하다.
② 연간 자재 사용량이 일정하다.
③ 연간 자재 사용량이 불규칙하다.
④ 연간 자재 사용량이 연속적이다.

18

MRP 시스템의 기본 구조인 Input 요소에 해당하지 <u>않은</u> 것은?

① 재고기록철(IRF)
② 자재 명세서(BOM)
③ 능력소요계획(CRP)
④ 주생산일정계획(MPS)

19

공급망관리(SCM; Supply Chain Management)에 포함되지 <u>않는</u> 것은?

① 제품관리
② 생산계획
③ 재고관리
④ 경영정보 시스템

20

KPC공업사는 선풍기를 조립하는 데 1년에 24,000개의 모터를 사용한다. 이 모터는 자체생산 품목으로 하루 400개를 생산할 수 있다. 모터는 매일 일정한 수량을 소비하며, 모터의 단위당 재고유지비는 100원, 한 번의 작업 준비비는 2,250원이다. 이 회사의 연간 가동일수는 240일일 경우에 경제적 생산량(EPQ, Economic Production Quantity)은 얼마인가?

① 1,050개
② 1,100개
③ 1,180개
④ 1,200개

실무 시뮬레이션

프로그램 버전	iCUBE 핵심ERP ver.2024
로그인 정보	• 회사: 4005. 생산2급, 회사B • 사원명: ERP13P02. 홍길동
DB 파일명	[백데이터] 2025 에듀윌 ERP 생산 1·2급 > PART 04 최신 기출문제_2024년 6회

01

아래 [보기]의 조건으로 데이터를 조회한 후 물음에 답하시오.

> 보기
> • 조달구분: 1. 생산
> • 검사여부: 1. 검사

다음 [보기]의 조건에 해당하는 품목에 대한 설명으로 옳지 <u>않은</u> 것을 고르시오.

① 품목 NAX-A401. 일반자전거(P-GRAY RED)의 안전재고량은 25이다.
② 품목 NAX-A420. 산악자전거(P-20G)의 LOT여부는 0. 미사용이다.
③ 품목 87-1002001. BREAK SYSTEM의 품목군은 S100. 반조립품이다.
④ 품목 87-1002011. BREAK SYSTEM (TYPE A)의 주거래처는 00007. (주)제일물산이다.

02

아래 [보기]의 조건으로 데이터를 조회한 후 물음에 답하시오.

> 보기
> • 사업장: 2000. (주)한국자전거지사

다음 [보기]의 조건에 해당하는 창고/공정(생산)/외주공정등록에 대한 설명으로 옳은 것을 고르시오.

① 생산공정 L300. 작업공정(도색)의 입고기본위치는 L301. 제품작업장(완성품)이다.
② 생산공정 L200. 작업공정의 작업장 L204. 반제품작업장_부적합의 사용여부는 '미사용'이다.
③ 창고 M200. 부품창고_인천지점의 위치 M201. 부품/반제품_부품장소의 가용재고여부는 '부'이다.
④ 창고 P200. 제품창고_인천지점의 위치 P202. 제품 장소_인천지점_가용의 적합 여부는 '부적합'이다.

03

아래 [보기]의 조건으로 데이터를 조회한 후 물음에 답하시오.

> **보기**
> - 계정: 2. 제품
> - 구매담당자: 4000. 최일영
> - 자재담당자: 5000. 방석환

다음 [보기]의 조건에 해당하는 품목으로 옳은 것을 고르시오.

① NAX-A421. 산악자전거(P-21G,A421)
② NAX-A422. 산악자전거(P-21G,A422)
③ NAX-A402. 일반자전거(P-GRAY BLACK)
④ NAX-A400. 일반자전거(P-GRAY WHITE)

04

아래 [보기]의 조건으로 데이터를 조회한 후 물음에 답하시오.

> **보기**
> - 모품목: NAX-A400. 일반자전거(P-GRAY WHITE)
> - 기준일자: 2024/09/01
> - 사용여부: 1. 사용

다음 [보기]의 조건에 해당하는 모품목 NAX-A400. 일반자전거 (P-GRAY WHITE)의 자재 명세서에 대한 설명으로 옳지 <u>않은</u> 것을 고르시오.

① 자품목 21-3001600. PEDAL의 주거래처는 'YK PEDAL'이다.
② 자품목 83-2000100. 전장품 ASS'Y의 계정구분은 '반제품' 이다.
③ 자품목 88-1001000. PRESS FRAME-W의 사급구분은 '사급' 이다.
④ 자품목 85-1020400. POWER TRAIN ASS'Y(MTB)의 LOSS(%)가 가장 적다.

05

아래 [보기]의 조건으로 데이터를 조회한 후 물음에 답하시오.

> **보기**
> - 자품목: 21-1060851. WHEEL FRONT-MTB (TYPE A)
> - 기준일자: 2024/10/01
> - 사용여부: 1. 여

다음 [보기] 조건의 자품목 21-1060851. WHEEL FRONT-MTB (TYPE A)에 대한 1LEVEL 기준의 상위 모품목 정보로 옳지 <u>않은</u> 것을 고르시오.

① 83-2000110. 전장품 ASS'Y (TYPE A)
② 21-1080810. FRAME-알미늄 (TYPE A)
③ 21-9000211. HEAD LAMP(LED TYPE A)
④ 88-1002010. PRESS FRAME-Z (TYPE A)

06

아래 [보기]의 조건으로 데이터를 조회한 후 물음에 답하시오.

> **보기**
> - 사업장: 2000. (주)한국자전거지사
> - 작업예정일: 2024/09/01 ~ 2024/09/07
> - 계정구분: 4. 반제품
> - 생산계획 등록 품목만 조회: 체크함

다음 [보기]의 조건에 해당하는 생산계획내역 중 품목별 일생산량을 초과하여 계획한 수량에 대한 품목과 작업예정일을 연결한 것으로 옳은 것을 고르시오.

① 83-2000100. 전장품 ASS'Y - 2024/09/06
② 87-1002001. BREAK SYSTEM - 2024/09/03
③ 88-1002000. PRESS FRAME-Z - 2024/09/05
④ 88-1001000. PRESS FRAME-W - 2024/09/07

07

아래 [보기]의 조건으로 데이터를 조회한 후 물음에 답하시오.

> **보기**
> - 사업장: 2000. (주)한국자전거지사
> - 공정: L400. 포장공정
> - 작업장: L401. 제1작업장
> - 지시기간: 2024/09/08 ~ 2024/09/14

(주)한국자전거지사 홍길동 사원은 작업지시등록 시 검사구분을 직접 수정하여 등록하고 있다. 다음 중 품목등록의 검사여부와 다른 검사구분으로 등록되어진 작업지시품목으로 옳은 것을 고르시오.

① NAX-A420. 산악자전거(P-20G)
② NAX-A421. 산악자전거(P-21G,A421)
③ NAX-A401. 일반자전거(P-GRAY RED)
④ NAX-A402. 일반자전거(P-GRAY BLACK)

08

아래 [보기]의 조건으로 데이터를 조회한 후 물음에 답하시오.

> **보기**
> • 사업장: 2000. (주)한국자전거지사
> • 공정: L200. 작업공정
> • 작업장: L202. 반제품작업장
> • 지시기간: 2024/09/15 ~ 2024/09/21
> • 사용일: 2024/09/19

다음 [보기]의 작업지시내역에 대하여 '확정'처리를 진행한 후, 청구된 자재들의 확정수량의 합이 가장 많은 작업지시품목으로 옳은 것을 고르시오.

① 87-1002001. BREAK SYSTEM
② 88-1001000. PRESS FRAME-W
③ 85-1020400. POWER TRAIN ASS'Y(MTB)
④ 81-1001000. BODY-알미늄(GRAY-WHITE)

09

아래 [보기]의 조건으로 데이터를 조회한 후 물음에 답하시오.

> **보기**
> • 사업장: 2000. (주)한국자전거지사
> • 출고기간: 2024/09/22 ~ 2024/09/30
> • 청구기간: 2024/09/22 ~ 2024/09/30
> • 청구공정: L300. 작업공정(도색)
> • 청구작업장: L302. 반제품작업장(조립품)

(주)한국자전거지사 홍길동 사원은 생산자재 출고처리 시 출고요청 기능을 이용하여 자재를 출고하고 있다. 다음 [보기]의 조건으로 출고요청 조회 시 출고요청된 자재들의 모품목 정보로 옳지 <u>않은</u> 것을 고르시오.

① 83-2000110. 전장품 ASS'Y (TYPE A)
② 87-1002011. BREAK SYSTEM (TYPE A)
③ 85-1020410. POWER TRAIN ASS'Y(MTB, TYPE A)
④ 81-1001010. BODY-알미늄 (GRAY-WHITE, TYPE A)

10

아래 [보기]의 조건으로 데이터를 조회한 후 물음에 답하시오.

> **보기**
> • 사업장: 2000. (주)한국자전거지사
> • 지시(품목): 2024/10/01 ~ 2024/10/05
> • 지시공정: L400. 포장공정
> • 지시작업장: L403. 제3작업장

다음 [보기] 조건에 해당하는 작업실적내역에 대한 설명으로 옳지 <u>않은</u> 것을 고르시오.

① 작업실적번호 WR2410000004의 실적구분은 '부적합'이다.
② 작업실적번호 WR2410000001의 프로젝트는 '일반용자전거'이다.
③ 작업실적번호 WR2410000003의 생산설비는 '생산설비 3호'이다.
④ 작업실적번호 WR2410000002의 LOT번호는 '20241002-001'이다.

11

아래 [보기]의 조건으로 데이터를 조회한 후 물음에 답하시오.

> **보기**
> • 사업장: 2000. (주)한국자전거지사
> • 구분: 1. 생산
> • 실적공정: L300. 작업공정(도색)
> • 실적작업장: L304. 코팅작업장
> • 실적기간: 2024/10/06 ~ 2024/10/12
> • 상태: 1. 확정

다음 [보기] 조건에 대한 생산자재사용내역 중 청구적용 조회 시 잔량의 합이 가장 많이 남아 있는 작업실적번호로 옳은 것을 고르시오.

① WR2410000005
② WR2410000006
③ WR2410000007
④ WR2410000008

12

아래 [보기]의 조건으로 데이터를 조회한 후 물음에 답하시오.

┌─ 보기 ─────────────────────────────┐
- 사업장: 2000. (주)한국자전거지사
- 실적일: 2024/10/13 ~ 2024/10/19
- 공정: L200. 작업공정
- 작업장: L201. 제품작업장
- 검사여부: 1. 검사완료
└────────────────────────────────────┘

다음 [보기]의 조건에 해당하는 생산실적검사내역에 대한 설명으로 옳지 **않은** 것을 고르시오.

① 작업실적번호 WR2410000009는 박상우 담당자가 검사를 진행하였으며, 휠조립검사를 실시하였다.
② 작업실적번호 WR2410000010은 핸들조합검사에 대하여 전수검사를 진행하였으며, 실적수량과 합격수량이 동일하였다.
③ 작업실적번호 WR2410000012는 최종 합격여부가 불합격처리되었으며, 도색불량으로 불량수량이 5EA가 발생하였다.
④ 작업실적번호 WR2410000011은 자전거 Ass'y 최종검사에 대하여 샘플검사를 진행하였으며, 시료수 5EA 중 불량시료 4EA가 발생하였다.

13

아래 [보기]의 조건으로 데이터를 조회한 후 물음에 답하시오.

┌─ 보기 ─────────────────────────────┐
- 사업장: 2000. (주)한국자전거지사
- 실적기간: 2024/10/20 ~ 2024/10/26
- 공정: L400. 포장공정
- 작업장: L402. 제2작업장
└────────────────────────────────────┘

(주)한국자전거지사 홍길동 사원은 생산품창고 입고처리 시 생산실적검사를 진행한 실적내역에 대하여서는 직접 입고처리를 등록하고 있다. 다음 [보기] 조건의 실적번호 중 생산실적검사를 진행한 실적번호로 옳게 짝지어진 것을 고르시오.

① WR2410000013, WR2410000014
② WR2410000014, WR2410000015
③ WR2410000015, WR2410000016
④ WR2410000013, WR2410000016

14

아래 [보기]의 조건으로 데이터를 조회한 후 물음에 답하시오.

┌─ 보기 ─────────────────────────────┐
- 사업장: 2000. (주)한국자전거지사
- 지시일: 2024/10/27 ~ 2024/10/31
- 공정구분: 1. 생산
- 공정: L200. 작업공정
- 작업장: L201. 제품작업장
└────────────────────────────────────┘

다음 [보기] 조건의 작업지시번호 중 실적잔량이 가장 많이 남아 있으면서 마감처리가 가능한 작업지시번호로 옳은 것을 고르시오.

① WO2410000017
② WO2410000018
③ WO2410000019
④ WO2410000020

15

아래 [보기]의 조건으로 데이터를 조회한 후 물음에 답하시오.

┌─ 보기 ─────────────────────────────┐
- 사업장: 2000. (주)한국자전거지사
- 실적기간: 2024/11/01 ~ 2024/11/02
- 조건 1: (주)한국자전거지사 홍길동 사원은 2024년 11월 2일 출고공정, 출고작업인 L300. 작업공정(도색), L305. 도색작업장(서울)에서 품목 87-1002001. BREAK SYSTEM을 재공이동처리하였다.
- 조건 2: 재공이동 처리 시의 입고공정, 입고작업장은 L200. 작업공정, L202. 반제품작업장으로 이동처리하였으며, 이동수량은 10EA 이동하였다.
- 조건 3: 재공품에 대한 이동 시 프로젝트로는 M100. 일반용자전거로 처리하였다.
└────────────────────────────────────┘

다음 [보기]의 조건에 해당하는 재공이동에 대한 이동번호로 옳은 것을 고르시오.

① WM2402000001
② WM2402000002
③ WM2402000003
④ WM2402000004

16

아래 [보기]의 조건으로 데이터를 조회한 후 물음에 답하시오.

> **보기**
> • 사업장: 2000. (주)한국자전거지사
> • 지시기간: 2024/11/03 ~ 2024/11/09
> • 공정: L300. 작업공정(도색)
> • 작업장: L302. 반제품작업장(조립품)

다음 [보기] 조건의 자재청구 내역에 대한 청구수량의 합보다 투입수량의 합이 더 많이 발생한 품목으로 옳은 것을 고르시오.

① 83-2000100. 전장품 ASS'Y
② 87-1002001. BREAK SYSTEM
③ 85-1020400. POWER TRAIN ASS'Y(MTB)
④ 81-1001000. BODY-알미늄(GRAY-WHITE)

17

아래 [보기]의 조건으로 데이터를 조회한 후 물음에 답하시오.

> **보기**
> • 사업장: 2000. (주)한국자전거지사
> • 지시기간: 2024/11/10 ~ 2024/11/16
> • 지시공정: L400. 포장공정
> • 지시작업장: L401. 제1작업장

다음 [보기] 조건에 해당하는 작업실적내역에 대하여 실적수량의 합이 가장 많은 작업팀으로 옳은 것을 고르시오.

① P2A. 작업 1팀   ② P2B. 작업 2팀
③ P2C. 작업 3팀   ④ P2D. 작업 4팀

18

아래 [보기]의 조건으로 데이터를 조회한 후 물음에 답하시오.

> **보기**
> • 사업장: 2000. (주)한국자전거지사
> • 사용기간: 2024/11/17 ~ 2024/11/23
> • 공정: L300. 작업공정(도색)
> • 작업장: L302. 반제품작업장(조립품)

다음 [보기] 조건의 제품별 자재사용내역에 대하여 자재의 사용수량의 합이 가장 많이 발생한 지시번호로 옳은 것을 고르시오.

① WO2411000010   ② WO2411000011
③ WO2411000012   ④ WO2411000013

19

아래 [보기]의 조건으로 데이터를 조회한 후 물음에 답하시오.

> **보기**
> • 사업장: 2000. (주)한국자전거지사
> • 실적기간: 2024/11/10 ~ 2024/11/16
> • 구분: 1. 공정
> • 공정: L200. 작업공정
> • 작업장: L201. 제품작업장
> • 수량조회기준: 0. 실적입고기준
> • 단가 OPTION: 조달구분 구매, 생산 모두 실제원가[품목등록] 체크함

(주)한국자전거지사 홍길동 사원은 2024년 11월 10일부터 2024년 11월 16일간 생산된 생산일보내역을 확인하고 있다. 다음 중 실적기준의 양품금액이 가장 많은 품목으로 옳은 것을 고르시오.

① NAX-A421. 산악자전거(P-21G,A421)
② NAX-A422. 산악자전거(P-21G,A422)
③ NAX-A400. 일반자전거(P-GRAY WHITE)
④ NAX-A402. 일반자전거(P-GRAY BLACK)

20

아래 [보기]의 조건으로 데이터를 조회한 후 물음에 답하시오.

> **보기**
> • 사업장: 2000. (주)한국자전거지사
> • 공정: L400. 포장공정
> • 해당년도: 2024
> • 계정: 2. 제품
> • 재공유무: 1. 유

다음 [보기]의 조건으로 조회되는 현재공내역 중 품목 NAX-A422. 산악자전거(P-21G,A422) 의 재공수량이 가장 적게 남아 있는 작업장을 고르시오.

① L401. 제1작업장   ② L402. 제2작업장
③ L403. 제3작업장   ④ L404. 제4작업장

기출 문제

2급 | 2024년 5회

이론 해설 특강　실무 해설 특강

이론

01

클라우드 서비스 기반 ERP와 관련된 설명으로 가장 적절하지 <u>않은</u> 것은?

① PaaS에는 데이터베이스 클라우드 서비스와 스토리지 클라우드 서비스가 있다.
② ERP 소프트웨어 개발을 위한 플랫폼을 클라우드 서비스로 제공받는 것을 PaaS라고 한다.
③ ERP 구축에 필요한 IT 인프라 자원을 클라우드 서비스로 빌려 쓰는 형태를 IaaS라고 한다.
④ 기업의 핵심 애플리케이션인 ERP, CRM 솔루션 등의 소프트웨어를 클라우드 서비스를 통해 제공받는 것을 SaaS라고 한다.

02

ERP 시스템이 SCM 기능과 연계함으로써 얻는 장점으로 가장 적절하지 <u>않은</u> 것은?

① 공급사슬에서의 가시성 확보로 공급 및 수요 변화에 대한 신속한 대응이 가능하다.
② 정보투명성을 통해 재고수준 감소 및 재고회전율(Inventory Turnover) 증가를 달성할 수 있다.
③ 공급사슬에서의 계획(Plan), 조달(Source), 제조(Make) 및 배송(Deliver) 활동 등 통합 프로세스를 지원한다.
④ 마케팅(Marketing), 판매(Dales) 및 고객 서비스(Customer Service)를 자동화함으로써 현재 및 미래 고객들과 상호작용할 수 있다.

03

ERP 도입 전략 중 ERP 자체 개발 방법에 비해 ERP 패키지를 선택하는 방법의 장점으로 가장 적절하지 <u>않은</u> 것은?

① 커스터마이징을 최대화할 수 있다.
② 검증된 기술과 기능으로 위험 부담을 최소화할 수 있다.
③ 검증된 방법론 적용으로 구현기간의 최소화가 가능하다.
④ 향상된 기능과 최신의 정보기술이 적용된 버전(Version)으로 업그레이드(Upgrade)가 가능하다.

04

ERP 시스템의 기능적 특징 중에서 오픈 멀티-벤더(Open Multi-Vendor) 지원 기능에 대한 설명으로 적절하지 <u>않은</u> 것은?

① ERP는 특정 하드웨어 업체에 의존하지 않는다.
② ERP는 커스터마이징이 최대한 가능하도록 지원한다.
③ ERP는 어떠한 운영체제에서도 운영될 수 있도록 설계되어 있다.
④ ERP는 다양한 소프트웨어와 병행하여 사용할 수 있도록 지원한다.

05

채찍 효과(Bullwhip Effect)에 대한 설명으로 적절하지 <u>않은</u> 것은?

① 공급망상에서 수요 정보를 왜곡시키는 결과를 야기한다.
② 공급망 전반에 걸쳐 수요 정보가 중앙집중화된 결과이다.
③ 공급사슬관리의 조정활동이 잘 되지 않고 전체 공급망에서 수익성이 떨어지게 된다.
④ 소비자로부터 시작된 변화가 소매상, 도매상을 거쳐 제조업체로 넘어오며 그 양이 상당히 부풀려지는 것이다.

06

생산성에 관련된 설명으로 적절한 것은?

① 부분생산성은 단일의 투입 요소로 측정되는 생산성 측정이다.
② 생산성 척도는 주로 측정 목적에 상관없이 동일하게 선택된다.
③ 생산성의 측정 목표가 노동 생산성이라면 설비사용시간이 주된 투입 척도가 된다.
④ 생산성 척도로 사용되고 있는 산출단위는 수행되는 직무의 유형에 따라 같게 나타난다.

07

과거의 관습과 경험에 의존하던 작업관리에 시간연구와 동작연구 등을 적용하여 작업 과정의 능률과 노동 생산성을 높이기 위한 관리방안을 제시한 사람은?

① 데밍
② 포드
③ 슈하르트
④ F. W. 테일러

08

제품의 수명주기에 따른 예측기법 중에서 '도입기'에 활용하기에 가장 적합한 방법은?

① 이동평균법
② 지수평활법
③ 가중평균법
④ 델파이분석법

09

액체, 기체 혹은 분말 성질을 갖는 석유, 화학, 가스, 음료수, 주류 등의 제품을 생산하기에 적합한 생산 방식은?

① 개별 생산 방식(Job Shop)
② 흐름 생산 방식(Flow Shop)
③ 프로젝트 생산 방식(Project Shop)
④ 연속 생산 방식(Continuous Production)

10

PERT와 CPM에 대한 설명으로 옳은 것은?

① 주일정공정이 포함된 계획내용은 원가계산에 활용한다.
② 네트워크를 사용하므로 전체적인 활동을 파악할 수 없다.
③ 네트워크를 작성하여 분석하므로 상세한 계획수립이 용이하다.
④ 소규모 공사관리에 적합한 방법으로 주로 토목/건설공사에 활용한다.

11

아무리 작은 시스템이라도 일정(Schedule)과 작업의 우선 순위가 존재해야 하는 가장 적절한 이유는?

① 작업자와 기계공정에는 시간의 한정이 없기 때문이다.
② 동시에 수행할 수 있는 능력에는 한계가 없기 때문이다.
③ 작업자와 기계공정에는 자원의 한정이 없기 때문이다.
④ 작업자와 기계공정이 모인 시스템의 규모가 클수록 규모의 경제를 달성하여 일정과 우선 순위의 영향이 커지기 때문이다.

12

일반적으로 할당되는 작업의 양을 최대 작업량과 평균 작업양의 비율인 부하율(평균 작업양÷최대 작업량)이 최적으로 유지되도록 작업량을 할당하는 것은?

① 부하계획
② 능력계획
③ 일정계획
④ 절차계획

13

계획적인 보관으로 다음의 가공조립으로는 허가 없이 이동하는 것이 금지되어 있는 상태는?

① 대기
② 운반
③ 저장
④ 검사

14

40명의 작업자가 근무하는 작업장의 출근율이 90%이고 잡작업율(간접작업율)이 20%일 때 가동률(%)은?

① 70%
② 72%
③ 75%
④ 80%

15

간트차트의 사용 목적에 따른 분류로 가장 적절하지 <u>않은</u> 것은?

① 진도관리를 위한 작업진도도표
② 작업계획을 위한 작업할당도표
③ 자원활용을 위한 자원할당도표
④ 작업기록을 위한 작업자 및 기계기록도표

16

[보기] 자료를 바탕으로 라인 밸런스 효율(Eb) 및 불균형률(d)을 순서대로 구하시오.

보기

작업장	1	2	3	4
작업시간	40분	37분	35분	32분

① 80%, 20%
② 85%, 25%
③ 90%, 10%
④ 95%, 05%

17

A 부품의 연간 수요량은 200개이고, 1회 주문비용은 80원이며, 단가는 200원, 연간 재고유지비율이 0.1일 경우 경제적 주문량(EOQ)은 몇 개인가?

① 40개
② 50개
③ 60개
④ 80개

18

자재소요계획(MRP)의 효과로 가장 적절하지 <u>않은</u> 것은?

① 생산소요시간이 감소한다.
② 납기준수를 통해 생산 서비스가 개선된다.
③ 재고수준이 감소되어 자재 재고비용이 낮아진다.
④ 자재 부족 최대화로 공정의 가동효율이 낮아진다.

19

다음 중 [보기]에 대한 설명으로 가장 적합한 것은 무엇인가?

┌ 보기 ┐

주요 입력 데이터는 MRP Record이며, 개략생산능력계획(RCCP)보다 현실적인 자원 요구량계획을 생성할 수 있다.

① 기준생산계획(MPS)
② 총괄생산계획(APP)
③ 자재소요계획(MRP)
④ 생산능력소요계획(CRP)

20

SCM에 포함되는 사항으로 적절하지 <u>않은</u> 것은?

① 현금흐름
② 창고관리
③ 고객관리
④ 제품관리

실무 시뮬레이션

프로그램 버전	iCUBE 핵심ERP ver.2024
로그인 정보	• 회사: 4002. 생산2급, 회사A • 사원명: ERP13P02. 홍길동
DB 파일명	[백데이터] 2025 에듀윌 ERP 생산 1·2급 > PART 04 최신 기출문제_2024년 5회

01

아래 [보기]의 조건으로 데이터를 조회한 후 물음에 답하시오.

┌ 보기 ┐

• 계정구분: 4. 반제품
• 검사여부: 1. 검사
• LEAD TIME: 3DAYS

다음 [보기]의 조건에 해당하는 품목으로 옳은 것을 고르시오.

① 81-1001000. BODY-알미늄(GRAY-WHITE)
② 83-2000110. 전장품 ASS'Y (TYPE A)
③ 87-1002001. BREAK SYSTEM
④ 88-1001010. PRESS FRAME-W (TYPE A)

02

(주)한국자전거지사의 홍길동 사원은 해외에서 생산한 제품들을 창고에 입고시키기 위하여 장소를 선택하고 있다. 사용 가능한 창고/장소 중에서 대전에 위치한 장소를 선택하려고 한다. 해당 위치코드로 옳은 것을 고르시오.

① M201
② M202
③ P201
④ P202

03

아래 [보기]의 조건으로 데이터를 조회한 후 물음에 답하시오.

┌ 보기 ┐

• 계정: 2. 제품
• 구매담당자: A400. 박찬영
• 생산담당자: A500. 김유리

(주)한국자전거지사의 홍길동 사원은 품목별로 물류실적 담당자등록을 하였다. 다음 중 [보기]의 조건에 해당하는 품목으로 옳은 것을 고르시오.

① NAX-A421. 산악자전거(P-21G,A421)
② NAX-A422. 산악자전거(P-21G,A422)
③ NAX-A402. 일반자전거(P-GRAY BLACK)
④ NAX-A400. 일반자전거(P-GRAY WHITE)

04

아래 [보기]의 조건으로 데이터를 조회한 후 물음에 답하시오.

> ─ 보기 ─
> • 자품목: 21-1030600. FRONT FORK(S)
> • 기준일자: 2024/08/01
> • 사용여부: 전체

다음 [보기]의 자품목 21-1030600. FRONT FORK(S)에 대한 상위 모품목 정보로 옳지 않은 것을 고르시오. (단, LEVEL 기준은 1LEVEL을 기준으로 한다.)

① 81-1001000. BODY-알미늄(GRAY-WHITE)
② 83-2000100. 전장품 ASS'Y
③ NAX-A402. 일반자전거(P-GRAY BLACK)
④ NAX-A401. 일반자전거(P-GRAY RED)

05

아래 [보기]의 조건으로 데이터를 조회한 후 물음에 답하시오.

> ─ 보기 ─
> • 검사구분: 41. 공정검사
> • 사용여부: 1. 사용

다음 [보기]의 공정검사내역에 대하여 입력필수 항목이 '필수'인 검사유형 질문이 없는 검사유형명으로 옳은 것을 고르시오.

① 바디조립검사
② 휠조립검사
③ 핸들조합검사
④ 자전거 Ass'y 최종검사

06

아래 [보기]의 조건으로 데이터를 조회한 후 물음에 답하시오.

> ─ 보기 ─
> • 사업장: 2000. (주)한국자전거지사
> • 작업예정일: 2024/08/01 ~ 2024/08/31
> • 계정구분: 2. 제품

다음 [보기]의 조건에 해당하는 생산계획내역 중 품목별 일생산량을 초과하여 생산계획된 품명과 작업예정일을 연결한 것으로 옳은 것을 고르시오.

① 산악자전거(P-21G,A421)-2024/08/01
② 산악자전거(P-21G,A422)-2024/08/06
③ 일반자전거(P-GRAY WHITE)-2024/08/11
④ 일반자전거(P-GRAY BLACK)-2024/08/17

07

아래 [보기]의 조건으로 데이터를 조회한 후 물음에 답하시오.

> ─ 보기 ─
> • 사업장: 2000. (주)한국자전거지사
> • 공정: L600. 재생산공정
> • 작업장: L601. 제품재생산
> • 지시기간: 2024/08/01 ~ 2024/08/31

다음 [보기]의 조건에 해당하는 작업지시등록내역 중 작업지시를 직접 등록한 작업지시번호로 옳은 것을 고르시오.

① WO2408000019
② WO2408000020
③ WO2408000021
④ WO2408000022

08

아래 [보기]의 조건으로 데이터를 조회한 후 물음에 답하시오.

> ─ 보기 ─
> • 사업장: 2000. (주)한국자전거지사
> • 공정: L200. 작업공정
> • 작업장: L202. 반제품작업장
> • 지시기간: 2024/08/15 ~ 2024/08/15

다음 [보기]의 조건에 해당하는 작업지시확정내역 중 확정수량의 합이 가장 많은 지시품목으로 옳은 것을 고르시오.

① 81-1001000. BODY-알미늄(GRAY-WHITE)
② 83-2000100. 전장품 ASS'Y
③ 85-1020400. POWER TRAIN ASS'Y(MTB)
④ 87-1002001. BREAK SYSTEM

09

아래 [보기]의 조건으로 데이터를 조회한 후 물음에 답하시오.

> ─ 보기 ─
> • 사업장: 2000. (주)한국자전거지사
> • 출고기간: 2024/08/01 ~ 2024/08/01
> • 공정: L200. 작업공정
> • 작업장: L201. 제품작업장

다음 [보기]의 조건에 해당하는 생산자재출고내역 중 존재하지 않는 모품목명을 고르시오.

① NAX-A400. 일반자전거(P-GRAY WHITE)
② NAX-A401. 일반자전거(P-GRAY RED)
③ NAX-A402. 일반자전거(P-GRAY BLACK)
④ NAX-A420. 산악자전거(P-20G)

10

아래 [보기]의 조건으로 데이터를 조회한 후 물음에 답하시오.

┌─ 보기 ──────────────────────────┐
- 사업장: 2000. (주)한국자전거지사
- 지시(품목): 2024/08/30 ~ 2024/08/30
- 지시공정: L200. 작업공정
- 지시작업장: L202. 반제품작업장
└────────────────────────────────┘

다음 [보기]의 조건에 해당하는 **작업실적내역**에 대한 설명으로 옳지 **않은** 것을 고르시오.

① 작업지시번호 WO2408000042에 대한 실적담당은 문승효이다.
② 작업지시번호 WO2408000043에 대한 자재사용유무는 '유'이다.
③ 작업지시번호 WO2408000045에 대한 입고장소는 M201. 부품/반제품_부품장소이다.
④ 작업지시번호 WO2408000046에 대한 입고/이동 구분은 '이동'이다.

11

아래 [보기]의 조건으로 데이터를 조회한 후 물음에 답하시오.

┌─ 보기 ──────────────────────────┐
- 사업장: 2000. (주)한국자전거지사
- 구분: 1. 생산
- 실적공정: L200. 작업공정
- 실적작업장: L202. 반제품작업장
- 실적기간: 2024/08/20 ~ 2024/08/20
- 상태: 1. 확정
└────────────────────────────────┘

다음 [보기]의 조건에 해당하는 실적품목에 대한 자재사용내역 중 청구적용 조회 시 잔량의 합이 가장 많이 남아 있는 작업실적번호로 옳은 것을 고르시오.

① WR2408000010   ② WR2408000013
③ WR2408000011   ④ WR2408000012

12

아래 [보기]의 조건으로 데이터를 조회한 후 물음에 답하시오.

┌─ 보기 ──────────────────────────┐
- 사업장: 2000. (주)한국자전거지사
- 실적일: 2024/08/30 ~ 2024/08/30
- 공정: L200. 작업공정
- 작업장: L202. 반제품작업장
└────────────────────────────────┘

다음 [보기]의 조건에 해당하는 **생산실적검사내역**에 대한 설명으로 옳지 **않은** 것을 고르시오.

① 작업실적번호 WR2408000001의 검사담당자는 이혜리이며 바디조립검사를 실시하였다.
② 작업실적번호 WR2408000002는 전수검사를 실시하였고 최종 합격여부는 합격이다.
③ 2024/08/30 진행된 생산실적검사내역에 대한 검사담당자로는 이혜리, 문승효, 박찬영, 김유리 검사담당자가 검사를 진행하였다.
④ 작업실적번호 WR2408000005의 불량수량이 가장 많이 발생한 불량명으로는 브레이크(BREAK)불량이 가장 많이 발생하였다.

13

아래 [보기]의 조건으로 데이터를 조회한 후 물음에 답하시오.

┌─ 보기 ──────────────────────────┐
- 사업장: 2000. (주)한국자전거지사
- 실적기간: 2024/08/07 ~ 2024/08/07
- 공정: L200. 작업공정
- 작업장: L201. 제품작업장
└────────────────────────────────┘

다음 [보기]의 조건에 해당하는 **생산품창고입고내역**에 대한 설명으로 옳지 **않은** 것을 고르시오.

① 실적번호 WR2408000019의 기입고수량이 가장 많다.
② 실적번호 WR2408000020의 입고가능수량이 가장 적게 남아 있다.
③ 실적번호 WR2408000021의 입고장소는 부품/반제품_부품장소이다.
④ 실적번호 WR2408000022는 부분 입고되어 있다.

14

아래 [보기]의 조건으로 데이터를 조회한 후 물음에 답하시오.

┌─ 보기 ──────────────────────────┐
- 사업장: 2000. (주)한국자전거지사
- 지시일: 2024/08/11 ~ 2024/08/11
- 공정구분: 선택전체
- 공정: L200. 작업공정
- 작업장: L201. 제품작업장
└────────────────────────────────┘

다음 [보기]의 조건에 해당하는 작업지시내역 중 마감처리가 가능하면서 실적잔량이 가장 많이 남아있는 작업지시번호를 고르시오.

① WO2408000049   ② WO2408000050
③ WO2408000051   ④ WO2408000052

15

아래 [보기]의 조건으로 데이터를 조회한 후 물음에 답하시오.

> **보기**
> • 사업장: 2000. (주)한국자전거지사
> • 등록일: 2024/08/01 ~ 2024/08/31

다음 [보기]의 조건으로 등록된 기초재공에 대한 설명으로 옳지 않은 것을 고르시오.

① 등록번호 OW2408000001은 원재료만 입력되어 있다.
② 작업공장(도색), 제품작업장(완성품)에 속한 품목은 모두 제품들이다.
③ 등록번호 OW2408000003은 2024년 8월 한 달 동안 입력된 기초재공내역 중 기초수량 합이 가장 크다.
④ 작업공정(포장), 기본작업장(포장)에 등록된 내역이 2024년 8월 한 달 동안 입력된 기초재공내역 중 금액의 합이 가장 크다.

16

아래 [보기]의 조건으로 데이터를 조회한 후 물음에 답하시오.

> **보기**
> • 사업장: 2000. (주)한국자전거지사
> • 지시기간: 2024/08/01 ~ 2024/08/31
> • 검사진행: 1. 검사완료
> • 계정: 2. 제품

다음 중 [보기]의 조건에 해당하는 작업실적내역 중 실적수량이 가장 적은 실적번호를 고르시오.

① WR2408000019
② WR2408000020
③ WR2408000021
④ WR2408000022

17

아래 [보기]의 조건으로 데이터를 조회한 후 물음에 답하시오.

> **보기**
> • 사업장: 2000. (주)한국자전거지사
> • 실적기간: 2024/08/01 ~ 2024/08/31
> • 구분: 전체
> • 공정: L200. 작업공정
> • 작업장: L202. 반제품작업장
> • 수량조회기준: 0. 실적입고기준
> • 검사기준: 검사 체크함
> • 단가 OPTION: 조달구분 구매, 생산 모두 실제원가[품목등록] 체크함

다음 [보기]의 조건에 해당하는 실적검사기준의 생산일보를 조회한 후 검사대기금액이 가장 큰 품목으로 옳은 것을 고르시오.

① 81-1001010. BODY-알미늄 (GRAY-WHITE, TYPE A)
② 83-2000110. 전장품 ASS'Y (TYPE A)
③ 85-1020410. POWER TRAIN ASS'Y(MTB, TYPE A)
④ 87-1002011. BREAK SYSTEM (TYPE A)

18

아래 [보기]의 조건으로 데이터를 조회한 후 물음에 답하시오.

> **보기**
> • 사업장: 2000. (주)한국자전거지사
> • 지시기간: 2024/08/01 ~ 2024/08/31
> • 계정: 2. 제품

다음 중 [보기]의 조건에 해당하는 지시대비실적내역에 대하여 품목별 잔량의 합이 가장 적게 남아 있는 품목으로 옳은 것을 고르시오.

① NAX-A400. 일반자전거(P-GRAY WHITE)
② NAX-A402. 일반자전거(P-GRAY BLACK)
③ NAX-A421. 산악자전거(P-21G, A421)
④ NAX-A422. 산악자전거(P-21G, A422)

19

아래 [보기]의 조건으로 데이터를 조회한 후 물음에 답하시오.

> **보기**
> • 사업장: 2000. (주)한국자전거지사
> • 검사기간: 2024/08/01 ~ 2024/08/31

다음 중 [보기]의 조건에 샘플검사 기준의 품목별 품질현황 조회 시 샘플검사를 진행하지 않은 품목을 고르시오.

① 88-1001020. PRESS FRAME-W (TYPE B)
② 88-1001010. PRESS FRAME-W (TYPE A)
③ NAX-A400. 일반자전거(P-GRAY WHITE)
④ NAX-A421. 산악자전거(P-21G, A421)

20

아래 [보기]의 조건으로 데이터를 조회한 후 물음에 답하시오.

> **보기**
> • 사업장: 2000. (주)한국자전거지사
> • 사용기간: 2024/08/20 ~ 2024/08/20
> • 공정: L200. 작업공정
> • 작업장: L202. 반제품작업장

다음 [보기] 조건의 작업별 자재사용내역에 대하여 작업지시번호별 자재사용수량의 합이 가장 많이 발생한 작업지시번호를 고르시오.

① WO2408000030
② WO2408000033
③ WO2408000036
④ WO2408000039

여러분의 작은 소리 에듀윌은 크게 듣겠습니다.

본 교재에 대한 여러분의 목소리를 들려주세요.
공부하시면서 어려웠던 점, 궁금한 점,
칭찬하고 싶은 점, 개선할 점, 어떤 것이라도 좋습니다.

에듀윌은 여러분께서 나누어 주신 의견을
통해 끊임없이 발전하고 있습니다.

에듀윌 도서몰 book.eduwill.net
· 부가학습자료 및 정오표: 에듀윌 도서몰 → 도서자료실
· 교재 문의: 에듀윌 도서몰 → 문의하기 → 교재(내용, 출간) / 주문 및 배송

2025 에듀윌 ERP 정보관리사 생산 1·2급
한권끝장 + 무료특강

발 행 일	2025년 4월 25일 초판
편 저 자	최주영
펴 낸 이	양형남
개 발	정상욱, 배소진
펴 낸 곳	(주)에듀윌
등록번호	제25100-2002-000052호
주 소	08378 서울특별시 구로구 디지털로34길 55 코오롱싸이언스밸리 2차 3층
I S B N	979-11-360-3693-3(13320)

www.eduwill.net
대표전화 1600-6700

100개월, 1663회
베스트셀러 1위

합격비법이 담긴 교재로
합격의 차이를 직접 경험해보세요.

회계 1, 2급

인사 1, 2급

물류 1·2급

생산 1·2급

베스트셀러 1위
합산 기준

2025 최신판

에듀윌 ERP 정보관리사
생산 1·2급 한권끝장
+무료특강

최신 기출문제

정답 및 해설

eduwill

2025 최신판

에듀윌 ERP 정보관리사
생산 1·2급 한권끝장
+무료특강

에듀윌 ERP 정보관리사

생산 1·2급 한권끝장 + 무료특강

정답 및 해설

이론

01	③	02	③	03	③	04	③	05	③	06	③	07	③	08	①	09	①	10	②
11	④	12	1	13	7	14	③	15	③	16	④	17	③	18	①	19	간트	20	90
21	80	22	④	23	③	24	②	25	④	26	623	27	RCCP			28	③	29	①
30	③	31	c	32	관리														

01   ③

2018년 9월 세계경제포럼(World Economic Forum)에서 발표한 인공지능 규범(AI Code)의 5개 원칙에 따르면 인공지능이 개인, 가족, 지역 사회의 데이터 권리 또는 개인정보를 감소시켜서는 안 된다.

02   ③

기계학습(머신러닝) 워크플로우 6단계는 '데이터 수집 → 점검 및 탐색 → 전처리 및 정제 → 모델링 및 훈련 → 평가 → 배포'이다.

03   ③

효과적인 ERP 교육을 위하여 트랜잭션(Transaction)이 아닌 비즈니스 프로세스에 초점을 맞춘다.

04   ③

ERP 시스템에 대한 투자비용을 의미하며 투자의 적정성을 평가하기 위한 개념으로, 시스템의 전체 라이프 사이클(Life – Cycle)을 통해 발생하는 전체 비용을 계량화하는 것은 총소유비용(Total Cost of Ownership)이다.

05   ③

파라미터(Parameter)는 ERP 프로그램의 사용자가 원하는 방식으로 자료를 처리하도록 특정 기능을 추가하거나 변경하여 반영하는 정보를 말한다. 따라서 다양한 사용자들의 요구를 조정하는 것은 아니다.

06 ③

• 공정개선 전 생산성: $\dfrac{\text{산출량}}{\text{투입량}} = \dfrac{\text{제품 생산량 120개}}{\text{작업인원 12명}} = 10$개/명

• 공정 변경 후 생산성: $\dfrac{\text{산출량}}{\text{투입량}} = \dfrac{\text{제품 생산량 120개}}{\text{작업인원 10명}} = 12$개/명

⇒ 생산성이 10에서 12가 되어 기존 생산성에서 2만큼 증가하였다. 따라서 생산성은 $20\%(=\dfrac{2}{10} \times 100)$ 향상되었다.

07 ③

흐름 생산(Flow Shop)은 액체, 기체, 분말 성질을 가진 석유, 화학, 가스, 주류, 철강 등의 제품에 적용된다. 특수 기계의 생산 라인, 전용 기계, 낮은 유연성, 적은 물자 이송량, 연속 생산이 특징이며, 반복 생산보다 더 많은 자동화가 이루어져 작업자의 손을 많이 거치지 않는다.

08 ①

총괄생산계획은 생산비(생산율 조정), 재고수준 조정, 인력수준(고용수준 변동), 하청의 네 가지 전략을 바탕으로 수립해야 한다.

09 ①

ROP(Reorder Point System, 재주문 시점)는 다시 주문하는 시점까지 재고가 떨어지면 주문하는 방식으로 '조달기간 동안의 수요 + 안전재고'로 계산한다.

10 ②

① 제품의 수요가 증가하여 생산능력이 부족할 경우 제품의 품질유지를 위해 하청을 늘린다.
③ 제품의 수요가 증가하여 작업자의 조업시간이 증가하는 것이므로 이에 따라 잔업수당이 발생하고 증가하는 것이다. 조업을 단축하면 수요 증가에 대응할 수 없다.
④ 제품의 수요가 증가하면 부족한 인원을 고용하여야 한다. 인원의 해고는 수요가 줄어드는 경우의 대응방안이다.

11 ④

일반적으로 대규모의 비반복적인 생산활동에 적용되며, 일회성을 갖는 것은 프로젝트 생산(Project Shop)이다.

12 1

• 단계 7의 여유시간을 구하기 위하여 주공정의 일정을 구한다. 각 활동시간의 합이 가장 긴 공정이 주공정이다.
  ① → ② → ④ → ⑥ → ⑧ : $5 + 2 + 7 + 6 = 20$
  ① → ② → ④ → ⑦ → ⑧ : $5 + 2 + 6 + 6 = 19$
  ① → ③ → ④ → ⑥ → ⑧ : $3 + 6 + 7 + 6 = 22$ ⇒ 주공정
  ① → ③ → ④ → ⑦ → ⑧ : $3 + 6 + 6 + 6 = 21$
  ① → ③ → ⑤ → ⑦ → ⑧ : $3 + 6 + 2 + 6 = 17$
• 단계 7의 TL: $TL_7 = TL_8 - 22 - d_{7-8} - 6 = 16$
• 단계 7의 TE: $TE_7 = d_{1-3} - 3 + d_{3-4} - 6 + d_{4-7} - 6 = 15$
∴ 단계 7의 단계여유 S: $TL_7 - 16 - TE_7 - 15 = 1$

13 7

$$기대\ 시간치\ 6 = \frac{낙관\ 시간치\ 5 + 4 \times 정상\ 시간치\ 6 + 비관\ 시간치}{6}$$

∴ 비관 시간치＝7일

14 ③

공정관리의 목표는 재공품의 감소와 생산 속도 향상 및 자재 투입부터 제품 출하까지의 시간을 단축시키는 것이다.

15 ③

- 사이클 타임: 40분(작업장 D, 가장 긴 작업시간)
- 라인 밸런싱 효율(%): $\dfrac{라인의\ 작업시간의\ 합계}{작업장\ 수\ 사이클\ 타임(C\ or\ t_{max})} \times 100$

$$= \frac{30 + 27 + 23 + 40}{4 \times 40} \times 100 = 75\%$$

- 불균형률: 100 − 라인 밸런싱 효율(%) 75＝25%

16 ④

JIT 생산 방식은 '필요한 것을 필요할 때 필요한 만큼 생산하는 방식'으로, 재고를 없애기 위해 노력하며, 약간의 불량률도 허용하지 않는다.

17 ③

미국 기계기사협회(ASME)에서의 공정관리 정의는 공장에서 원재료부터 최종 제품에 이르기까지의 자재, 부품의 조립 및 종합 조립의 흐름을 순서 정연하게 능률적인 방법으로 계획하고(Planning), 결정된 공정(Routing)을 토대로 일정을 세워(Scheduling) 작업을 할당하여(Dispatching), 신속하게 처리하는(Expediting) 절차이다.

18 ①

작업장에 능력 이상의 부하가 적용되어 전체 공정의 흐름을 막고 있는 것을 애로공정(Bottleneck Operation)이라고 한다.

② 정체공정: 대기와 저장의 상태로, 대기는 제품이나 부품이 다음의 가공 및 조립을 위하여 일시적으로 기다리는 상태이며, 저장은 계획적인 보관을 의미한다.

③ 공수체감: 인간이 경험을 쌓아 감에 따라 작업수행능력이 향상되면서 생산 시스템에서 생산을 반복할수록 작업 능률이 향상되는 것을 의미한다.

④ 라인 밸런싱: 생산 가공이나 조립 라인에서 공정 간에 균형을 이루지 못하여 상대적으로 시간이 많이 소요되는 애로 공정으로 인해 공정의 유휴율이 높아지고 능률이 떨어지는 경우에 각 공정의 소요시간이 균형이 되도록 작업장이나 작업 순서를 배열하는 것이다.

19 간트

간트차트는 계획된 실제 작업량을 작업 일정이나 시간으로 구분하여 가로선으로 표시함으로써, 계획된 작업량과 실제로 달성한 작업량을 동일 도표상에 표시하여 계획의 기능과 통제의 기능을 동시에 수행하는 전통적인 일정관리 기법이다.

20 90

- 작업장 이용 가능시간: 교대 수 4교대/일 × 1교대 작업시간 6시간 × 주당 작업일수 5일 × 기계대수 4대 = 480시간
- 실제 작업시간: 이용 가능시간 480시간 − 기계 불가동시간 48시간 = 432시간
- 작업효율: $\dfrac{\text{실제 작업시간 432시간}}{\text{작업장 이용 가능시간 480시간}} \times 100 = 90\%$

21 80

- 사이클 타임: 9분(작업장 E, 가장 긴 작업시간)
- 라인 밸런싱 효율(%): $\dfrac{\text{라인의 작업시간의 합계}}{\text{작업장 수 사이클 타임}(C \text{ or } t_{\max})} \times 100$

$$= \dfrac{6+6+8+7+9}{5 \times 9} \times 100 = 80\%$$

22 ④

① 순환재고: 일시에 필요한 양보다 더 많이 주문하는 경우에 생기는 재고
② 수송재고: 수입품과 같이 수송 기간이 긴 재고, 정유회사의 수송용 파이프로 이동 중인 재고
③ 안전재고: 기업의 운영에서 발생할 수 있는 여러 가지 불확실한 상황(조달 기간의 불확실, 생산의 불확실, 수요량의 불확실 등)에 대처하기 위해 미리 확보하고 있는 재고

23 ③

연간 수요량(D): 2,000개, 1회 주문비용(S): 400원, 단가(P): 100원, 연간 재고유지비율(i): 0.4

- 경제적 주문량 $Q^* = \sqrt{\dfrac{2DS}{H}} = \sqrt{\dfrac{2DS}{P \times i}}$, $200 = \sqrt{\dfrac{2 \times 2{,}000 \times 400}{10 \times 0.4}} = 200$개

24 ②

SCM(공급망관리) 도입으로 공급망이 통합되고 효율성이 증대됨에 따라 생산비용이 감소하고 효율성이 증가한다.

25 ④

④는 자재소요계획(MRP; Material Requirement Planning)에 대한 설명이다.

26 623

부품 G의 필요 소요량을 구하는 문제로 G에 해당하는 내용만을 계산한다.
- K 제품 주문량: 9개
- A(2): 모품목 K 생산에 A 2개가 필요 ⇒ 9개(K)×2개=18개
  D(2): 모품목 A 생산에 D 2개가 필요 ⇒ 18개(A)×2개=36개
  F(4): 모품목 D 생산에 F 4개가 필요 ⇒ 36개(D)×4개=144개
  G(3): 모품목 F 생산에 G 3개가 필요 ⇒ 144개(F)×3개=432개 ✓
- B(1): 모품목 K 생산에 B 1개가 필요 ⇒ 9개(K)×1개=9개
  E(1): 모품목 B 생산에 E 1개가 필요 ⇒ 9개(B)×1개=9개
  G(4): 모품목 E 생산에 G 4개가 필요 ⇒ 9개(E)×4개=36개 ✓
- C(2): 모품목 K 생산에 C 2개가 필요 ⇒ 9개(K)×2개=18개
  D(2): 모품목 C 생산에 D 2개가 필요 ⇒ 18개(C)×2개=36개
  G(5): 모품목 D 생산에 G 5개가 필요 ⇒ 36개(D)×5개=180개 ✓
  ⇒ 부품 G의 필요량은 432＋36＋180=648개이다. 부품 G의 현재고량이 25개이므로 필요량 648개에서 현재고량 25개를 차감한 623개가 부품 G의 추가로 필요한 소요량이다.

27 RCCP

개략능력요구계획(RCCP; Rough Cut Capacity Planning)은 자재소요계획(생산계획) 활동 중에서 기준생산계획(MPS)이 주어진 제조자원의 용량을 넘어서는지 아닌지를 계산하는 모듈이다.

28 ③

판정대상에 의한 분류 검사 방법
- 전수검사: 모든 품목을 검사하는 것
- 로트별 샘플링검사: 시료를 로트별로 샘플링하고, 샘플링한 품목을 조사하여 로트의 합격이나 불합격을 결정하는 검사
- 관리 샘플링검사: 제조공정관리, 공정검사의 조정, 검사 체크가 목적인 검사

29 ①

계수치 관리도는 불량개수, 불량률, 결점 수 등과 같이 셀 수 있는 측정치를 관리하기 위한 관리도로, 이항분포 또는 포아송 분포와 같은 형태를 취한다. 연속적인 값을 갖는 길이, 무게, 강도, 온도 등의 데이터를 관리하는 것은 계량치 관리도이다.

30 ③

QC 7가지 도구 중 길이, 무게, 시간, 경도, 두께 등을 측정하는 데이터(계량치)가 어떠한 분포를 하고 있는지를 알아보기 쉽게 나타낸 그림은 히스토그램이다.
① 특성요인도: 제품의 품질, 상태, 특성 등의 결과에 대하여 그 원인이 어떠한 관계로 영향을 미치게 되었는지를 한눈에 알 수 있도록 계통적으로 정리하여 표시한 그림이다. 물고기 모양의 그림으로 생선뼈 도표(Fishbone Diagram)라고도 한다.
② 파레토차트(파레토도): 공정의 불량, 고장, 결점 등의 발생 건수 혹은 손실 금액을 항목별로 분류하여 크기 순서대로 나열해 놓은 그림으로 중점관리 대상을 식별하는 데 사용한다. 문제를 유발하는 여러 가지 요인들 중 가장 중요한 요인을 추출하기 위한 기법이며, 누적 그래프와 히스토그램을 합한 형태이다.

④ 관리도그래프: 공정의 이상 유무를 조기에 파악하기 위해 사용하는 것으로, 가장 보편적이고 핵심적인 통계적 품질관리 기법이다. 그래프 안에서 점의 이상 여부를 판단하기 위한 중심선이나 한계선을 기입하여 관리상한선과 관리하한선을 두고 시간의 흐름에 따라 불량률의 추이를 보면서 정상 구간을 벗어난 구간의 점들을 중요 문제요인으로 인식하고 관리한다.

31 c

품목 한 단위에서 나타나는 결점 수를 관리할 경우 사용하는 관리도는 c관리도이다.

32 관리

DMAIC 추진 단계는 '정의(Define) − 측정(Measure) − 분석(Analyze) − 개선(Improve) − 관리(Control)'이며, 새 표준으로 공정이 안정되면 공정능력을 재평가하는 단계는 관리(Control) 단계이다.

01	③	02	④	03	①	04	③	05	④	06	④	07	①	08	①	09	②	10	③
11	①	12	④	13	③	14	②	15	①	16	③	17	④	18	③	19	②	20	②
21	①	22	④	23	③	24	④	25	①										

01 ③

📍 [시스템관리] – [기초정보관리] – [품목등록]

'ORDER/COST' 탭에서 [보기]의 조건으로 조회한 후 각 품목의 등록되어 있는 표준원가와 실제원가를 확인한다.

③ 품목 '87-1002011. BREAK SYSTEM (TYPE A)'의 표준원가는 59,000원, 실제원가는 65,000원으로 실제원가가 표준원가보다 크다.

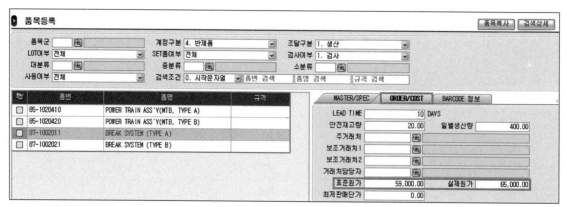

02 ④

📍 [시스템관리] – [기초정보관리] – [물류실적(품목/고객)담당자등록]

가, 나는 '거래처' 탭, 다, 라는 '품목' 탭에서 조회한 후 등록되어 있는 내역을 확인한다.

가. (주)제일물산의 외주담당자는 '이혜리'이며 지역은 '서울'이다. (○)

나. (주)제동기어의 거래처분류는 '일반'으로 되어 있다. (○)

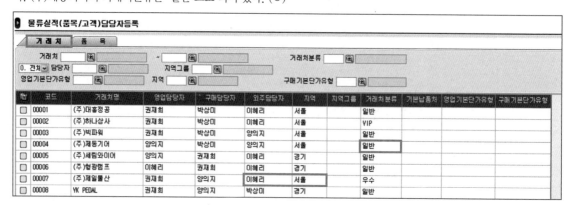

다. BODY-알미늄 (GRAY-WHITE, TYPE A)의 생산담당자는 양의지이다. (○)

라. BODY-알미늄 (GRAY-WHITE)의 단위는 'EA'이며 자재담당자와 생산담당자가 '이혜리'로 동일하다. (O)

⇒ 올바른 설명은 가, 나, 다, 라(4가지)이다.

03 ①

📍 [시스템관리] – [기초정보관리] – [검사유형등록]

[보기]의 검사구분과 사용여부로 조회한 후 각 검사유형명을 클릭하여 하단의 검사유형질문을 확인한다.

① 검사유형질문 '각 인치별 정확하게 조립되어있나요?'는 검사유형명 'LQB. 휠조립검사'의 하단에 등록되어 있다.

04 ③

📍 [생산관리공통] – [기초정보관리] – [BOM등록]

[보기]의 조건으로 조회되는 품목의 내역을 확인한다.

① 자품목 'PEDAL (TYPE A)'의 종료일자는 '2026/12/31'이며 주거래처는 'YK PEDAL'이다.

② 자품목 '전장품 ASS'Y (TYPE A)'는 '사급자재'이면서 조달구분이 '생산'이다.

③ 전체 LOSS(%)가 40%로 가장 큰 품목은 'POWER TRAIN ASS'Y(MTB, TYPE A)'이고, 10%로 가장 작은 품목은 'PEDAL (TYPE A)'이다.

④ 전체 자품목의 필요수량 합은 14EA이다.

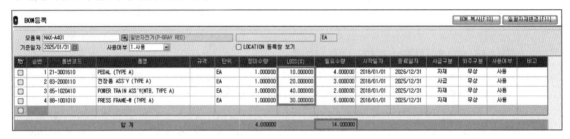

05 ④

📍 [생산관리공통] – [기초정보관리] – [외주단가등록]

[보기]의 조건으로 조회한 후 '품번' 칸에서 'F2' 또는 더블클릭한다. 팝업창에 '계정구분: 2. 제품'으로 조회되는 품목에 체크한 후 확인을 눌러 등록한다.

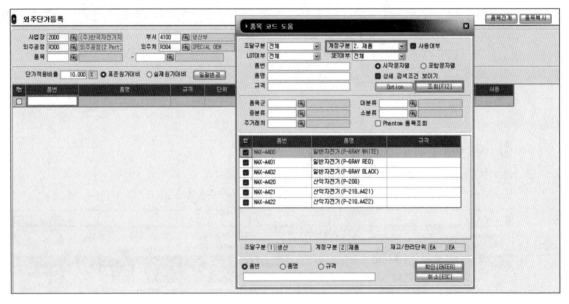

모든 품목의 시작일 2025/01/01과 종료일 2025/01/31을 입력한 후 단가를 변경할 품목에 체크한다. 단가적용비율 20%를 입력하고 '실제원가대비'에 체크한 후 '일괄변경'을 클릭하면 품목의 외주단가가 변경되어 등록된다.
④ 품목 'NAX-A422. 산악자전거(P-21G,A422)'의 외주단가가 90,000원으로 가장 크다.

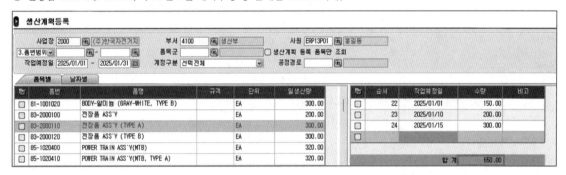

06 ④

📍 [생산관리공통] – [생산관리] – [생산계획등록]

[보기]의 조건으로 조회되는 내역을 확인한다.

① 전장품 ASS'Y (TYPE A)의 25년 1월 계획수량 총 합계는 650EA이다.

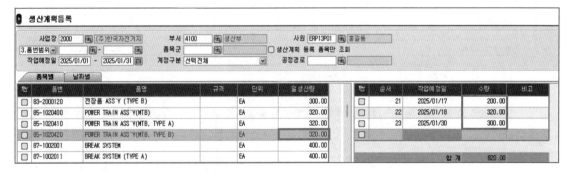

② 품목 'POWER TRAIN ASS'Y(MTB, TYPE B)'의 일생산량은 320EA이고, 25년 1월 작업예정수량은 200EA, 320EA, 300EA이므로 작업예정일에는 일생산량을 초과하는 일자가 없다.

③ 품목 '일반자전거(P-GRAY WHITE)'의 25년 1월 1일 작업예정수량 200EA는 일생산량 180EA보다 많다.

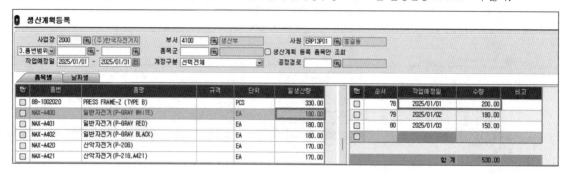

④ 제품인 모든 품목 중에서 '일반자전거(P-GRAY RED)'의 25년 1월 작업예정수량의 합계가 430EA로 가장 작다.

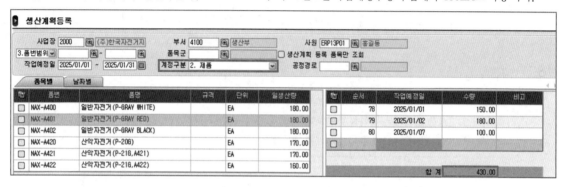

07 ①

📍 [생산관리공통] – [생산관리] – [작업지시등록]

[보기]의 조건으로 조회한 후 각 생산설비별 지시수량의 합을 확인한다. ① 생산설비 1호의 지시수량의 합이 1,000으로 가장 많다.

① 생산설비 1호: 300 + 300 + 400 = 1,000 ⇒ 가장 많다.
② 생산설비 2호: 300 + 320 + 130 = 750
③ 생산설비 3호: 150 + 200 + 330 = 680
④ 생산설비 4호: 250 + 300 + 200 = 750

참고 단위가 EA와 PCS로 다르므로 지시수량만을 비교하면 된다.

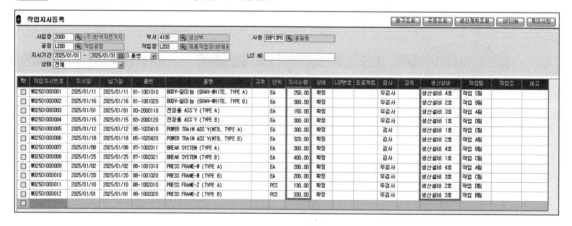

◉ [생산관리공통] – [생산관리] – [작업지시확정]

[보기]의 조건으로 조회한 후 각 작업지시번호 상단의 모품목과 하단에 등록되어 있는 내역을 확인한다.

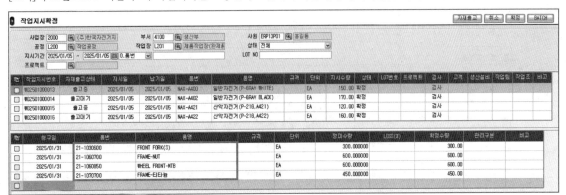

◉ [생산관리공통] – [기초정보관리] – [BOM등록]

[작업지시확정] 메뉴에 등록되어 있는 각 작업지시번호 상단의 품목이 [BOM등록] 메뉴의 모품목이며, 기준일자는 [작업지시확정] 메뉴의 지시일로 한다. [BOM등록] 메뉴에서 각각의 모품목으로 조회되는 내역과 [작업지시확정] 메뉴의 하단에 청구된 내역을 비교한다.

②, ③, ④는 [BOM등록] 메뉴에서 조회되는 내역과 [작업지시확정] 메뉴의 하단에 청구된 내역이 일치한다. 그러나 ① 모품목 'NAX-A400. 일반자전거(P-GRAY WHITE)'의 청구요청된 품목이, [BOM등록]의 사용여부가 '1. 사용'인 자재 명세와 다르게 등록되어 있다.

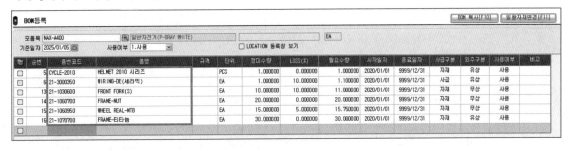

②

📍 [생산관리공통] – [생산관리] – [생산자재출고]

'사업장: (주)한국자전거지사, 출고기간: 2025/01/31 ~ 2025/01/31'로 조회한 후 등록되어 있는 품목을 클릭하여 하단에서 모품목을 확인한다.

② 품목 '87-1002011. BREAK SYSTEM (TYPE A)'은 등록되어 있지 않다.

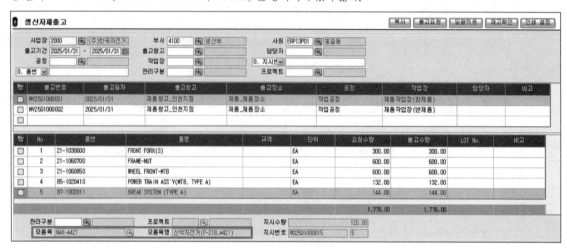

10

③

📍 [생산관리공통] – [생산관리] – [작업실적등록]

[보기]의 조건으로 조회한 후 각 작업지시번호의 하단에서 실적구분과 실적수량을 확인한다.

③ 작업지시번호 WO2501000015의 부적합 실적수량은 70EA, 적합 실적수량은 50EA로 부적합 실적수량이 적합 실적수량보다 더 많이 발생하였다.

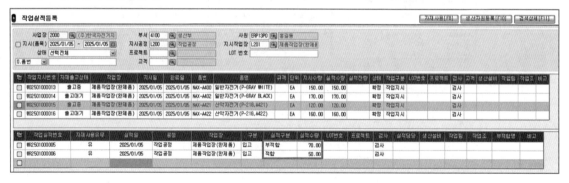

11 ①

📍 [생산관리공통] – [생산관리] – [생산자재사용등록]

[보기]의 조건으로 조회한 후 각 작업실적번호 하단에서 사용수량의 합을 확인한다.

① 작업실적번호 WR2501000002의 사용수량 합이 650EA로 가장 많다.

12 ④

📍 [생산관리공통] – [생산관리] – [생산실적검사]

[보기]의 조건으로 조회한 후 등록되어 있는 내역을 확인한다.

① 작업실적번호 WR2501000009의 검사담당자는 '이혜리', 검사구분은 '바디조립검사'이고, 바디(BODY)불량 25개가 있었지만 최종적 합격여부는 '합격'이다.

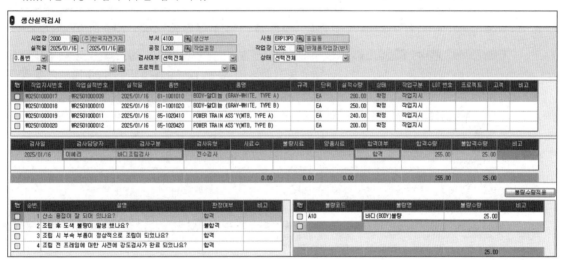

② 품목 'BODY-알미늄 (GRAY-WHITE, TYPE B)'의 하단 설명 '휠(WHEEL)불량'이 10EA, '각 인치별 정확하게 조립되어있나요?'의 판정여부는 '불합격'이다.

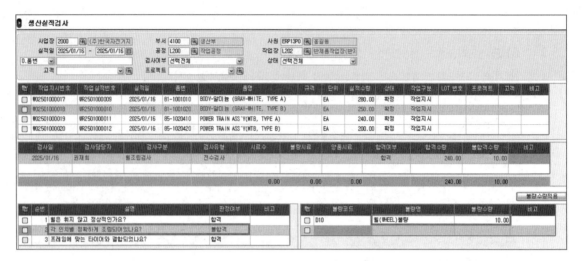

③ 작업실적번호 WR2501000011의 검사담당자는 '양의지', 검사유형은 '샘플검사'이다. 시료수 50EA 중에서 '도색불량' 7EA가 있었지만 '검사자 재도색'으로 불합격수량 0EA로 하였으며, 전부 합격처리하였다.

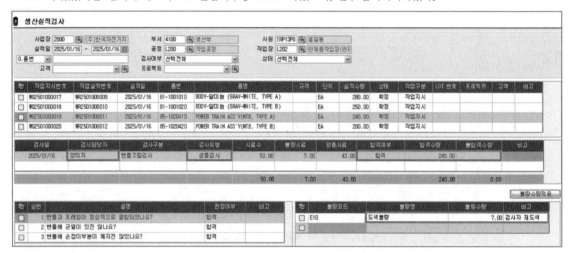

④ 품목 'POWER TRAIN ASS'Y(MTB, TYPE B)'는 검사구분 '자전거ASS'Y최종검사'를 진행하였고, 불량은 등록되어 있지 않다.

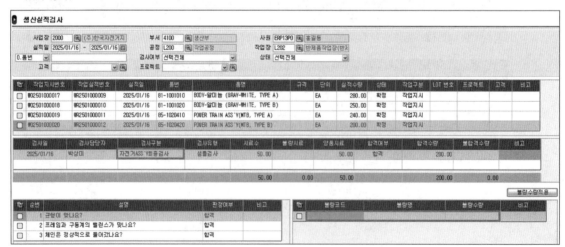

13 ③

📍 [생산관리공통] – [생산관리] – [생산품창고입고처리]

[보기]의 조건으로 조회한 후 각 입고번호별 입고창고/입고장소를 확인한다.

③ 지시번호 WO2501000019의 하단에 등록되어 있는 입고번호 IW2501000001의 입고창고는 '부품창고_인천지점', 입고장소는 '부품/반제품_부품장소_불량'으로 입력되어 입고처리하였다.

14 ②

📍 [생산관리] – [재공관리] – [기초재공등록]

[보기]의 조건으로 조회한 후 등록되어 있는 내역을 확인한다.

① 등록번호 OW2501000001은 '작업공정, 제품작업장(완제품)'이고 프로젝트가 '일반용자전거'이면서 여기에 속한 품목 중 'NAX-A401. 일반자전거(P-GRAY RED)'는 LOT NO가 등록되어 있어 LOT관리를 하는 품목이다.

② 프로젝트가 '산악용자전거'인 등록번호는 OW2501000002이며, 하단 품목의 금액 총합은 500,000원이다.

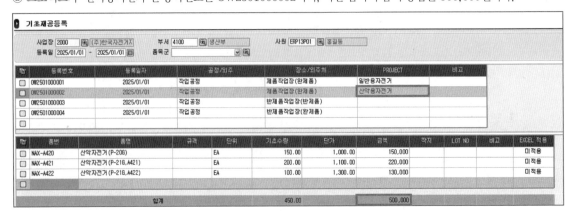

③ 등록번호 OW2501000003의 기초수량 총합은 1,750EA이다.

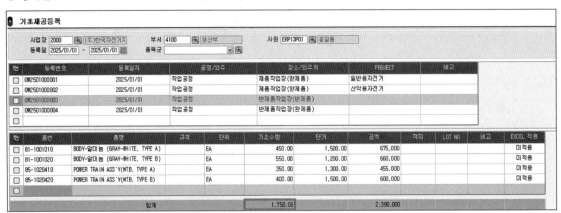

④ '반제품작업장(완제품)'이 등록되어 있는 등록번호는 OW2501000004이며, 하단에 등록되어 있는 품목의 단위는 EA 와 PCS 두 가지이다.

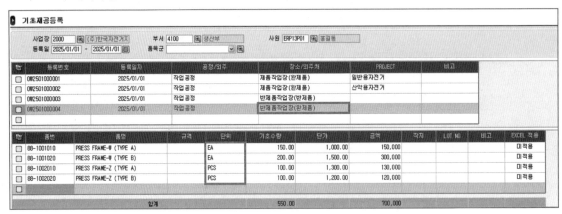

15 ①

📍 [생산관리] – [외주관리] – [외주발주등록]

[보기]의 조건과 각 외주처로 조회한 후 각 외주처별로 단가를 확인한다. ① (주)대흥정공의 단가가 150,000원으로 가장 낮다.

① (주)대흥정공 단가: 150,000원 ⇒ 가장 낮다.
② (주)영동바이크 단가: 250,000원
③ (주)제일물산 단가: 180,000원
④ (주)세림와이어 단가: 200,000원

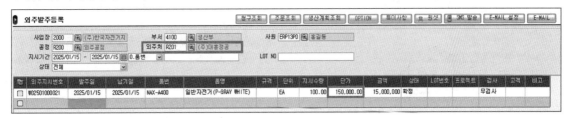

16 ③

📍 [생산관리] – [외주관리] – [외주발주확정]

[보기]의 조건으로 조회한 후 등록되어 있는 내역을 확인한다.

① 'NAX-A400. 일반자전거(P-GRAY WHITE)'의 하단에 등록되어 있는 청구자재들의 구분은 '유상'과 '무상'이 혼합되어 있다.

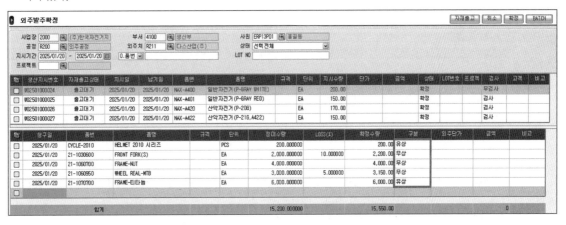

② 'NAX-A401. 일반자전거(P-GRAY RED)'의 하단에 등록되어 있는 청구자재들의 정미수량의 합은 450EA, 확정수량의 합은 1,650EA로 다르다.

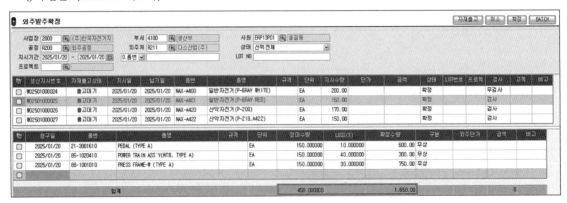

③ 'NAX-A420. 산악자전거(P-20G)'의 하단에 등록되어 있는 외주금액의 총합은 2,380,000원이다.

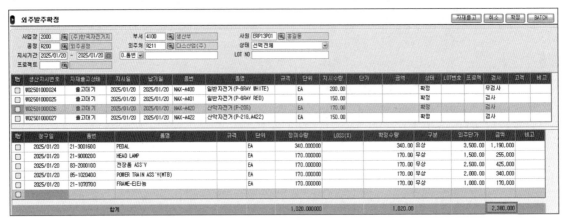

④ 품목 'NAX-A421. 산악자전거(P-21G,A421)'는 등록되어 있지 않으며, 품목 'NAX-A420. 산악자전거(P-20G)'와 'NAX-A422. 산악자전거(P-21G,A422)'의 LOSS(%)율은 없다.

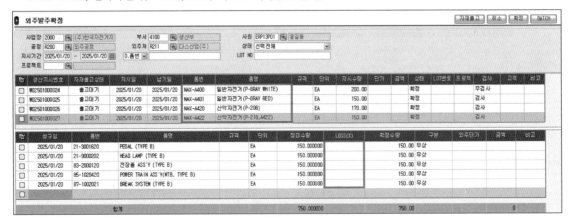

17 ④

📍 [생산관리] – [외주관리] – [외주자재출고]

[보기]의 조건으로 조회한 후 등록되어 있는 품목을 클릭하여 하단에서 모품목을 확인한다. ④ 품목 '88-1002010. PRESS FRAME-Z (TYPE A)'는 모품목으로 등록되어 있지 않다.

- 출고번호 MV2501000004의 모품목: 88-1001010. PRESS FRAME-W (TYPE A)
- 출고번호 MV2501000005의 모품목: 81-1001010. BODY-알미늄 (GRAY-WHITE, TYPE A)
- 출고번호 MV2501000006의 모품목: 87-1002011. BREAK SYSTEM (TYPE A)
- 출고번호 MV2501000007의 모품목: 85-1020410. POWER TRAIN ASS'Y(MTB, TYPE A)

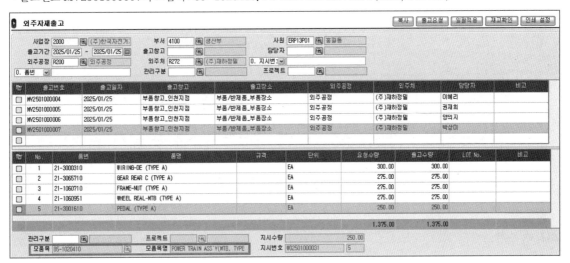

18 ③

📍 [생산관리] – [외주관리] – [외주실적등록]

[보기]의 조건으로 조회한 후 각 작업지시번호 하단에 등록되어 있는 작업실적번호의 실적수량과 실적담당을 확인한다. 실적담당 '양의지'의 실적수량 합이 105EA로 가장 작다.

① 이혜리 실적수량 합: 60 + 40 + 30 = 130EA
② 권재희 실적수량 합: 55 + 20 + 40 = 115EA
③ 양의지 실적수량 합: 30 + 25 + 30 + 20 = 105EA ⇒ 가장 작다.
④ 박상미 실적수량 합: 70 + 70 + 80 = 220EA

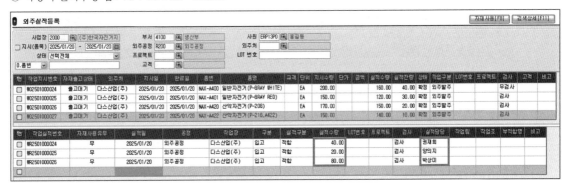

19 ②

◉ [생산관리] – [외주관리] – [외주자재사용등록]

[보기]의 조건으로 조회한 후 각 품목의 하단에서 사용수량의 합을 확인한다. ② 품목 '81-1001010. BODY-알미늄 (GRAY-WHITE, TYPE A)'의 사용수량 합이 1,020EA로 가장 적다.

① 88-1001010. PRESS FRAME-W (TYPE A) 사용수량 합: 1,320EA

② 81-1001010. BODY-알미늄 (GRAY-WHITE, TYPE A) 사용수량 합: 1,020EA ⇒ 가장 적다.

③ 87-1002011. BREAK SYSTEM (TYPE A) 사용수량 합: 2,047.5EA

④ 85-1020410. POWER TRAIN ASS'Y(MTB, TYPE A) 사용수량 합: 1,375EA

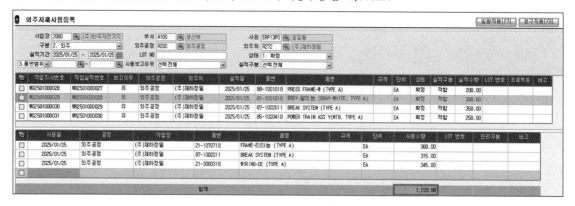

20 ②

◉ [생산관리공통] – [외주관리] – [외주마감]

[보기]의 조건으로 조회한 후 각 외주비마감번호의 하단에서 합계액을 확인한다.

② 외주비마감번호 OC2501000002의 합계액이 16,500,000원으로 가장 크다.

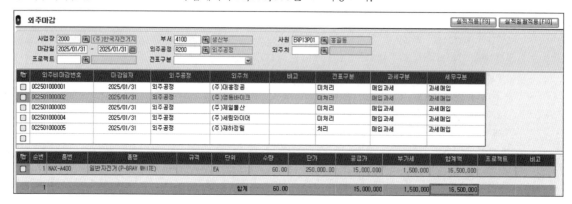

21 ①

📍 [생산관리공통] – [외주관리] – [회계처리(외주마감)]

'회계전표' 탭에서 '사업장: 2000. (주)한국자전거지사, 기간: 2025/01/31 ~ 2025/01/31'로 조회한 후 '(주)재하정밀'에 등록되어 있는 내역을 확인한다. 적요명이 '외주가공비부가세대급금'인 금액은 60,000원이다.

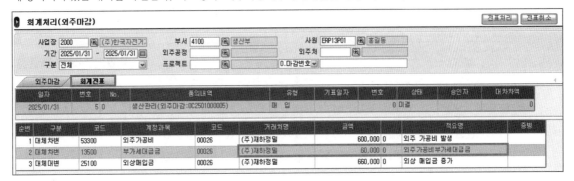

22 ④

📍 [생산관리공통] – [생산/외주/재공현황] – [자재사용현황(작업별)]

[보기]의 조건으로 조회한 후 각 지시번호의 사용수량의 합을 확인한다. ④ 작업지시번호 WO2501000016의 사용수량 합이 200EA로 가장 적게 발생하였다.

① WO2501000013 사용수량 합: $100 + 200 + 200 + 150 = 650EA$
② WO2501000014 사용수량 합: $77 + 84 + 98 + 91 = 350EA$
③ WO2501000015 사용수량 합: $77 + 84 + 77 + 77 + 84 = 399EA$
④ WO2501000016 사용수량 합: $40 + 40 + 40 + 40 + 40 = 200EA$ ⇒ 가장 적다.

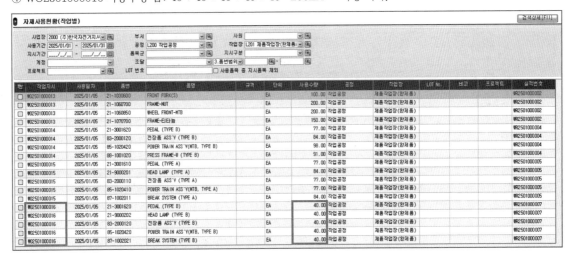

23 ③

📍 [생산관리공통] – [생산/외주/재공현황] – [자재청구대비투입/사용현황]

[보기]의 조건으로 조회한 후 오른쪽 상단의 '단가 OPTION[F10]'을 클릭하여 '실제원가[품목등록]'로 설정한다. 각 지시번호를 클릭하여 하단에서 투입금액 합을 확인한다.

③ 지시번호 WO2501000030의 투입금액 합이 16,810,500원으로 가장 작다.

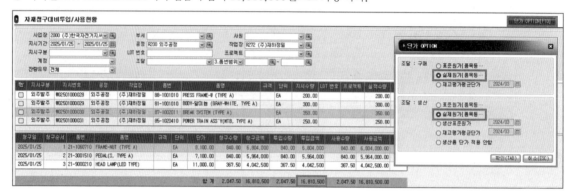

24 ④

①, ② 품목은 [품목별품질현황(전수검사)] 메뉴에, ③, ④ 품목은 [품목별품질현황(샘플검사)] 메뉴에 등록되어 있다.

📍 [생산관리공통] – [생산/외주/재공현황] – [품목별품질현황(전수검사)]

[보기]의 조건으로 조회한 후 각 품목별 합격률을 확인한다.

① BODY-알미늄 (GRAY-WHITE, TYPE A) 합격률: 91.071%

② BODY-알미늄 (GRAY-WHITE, TYPE B) 합격률: 96.000%

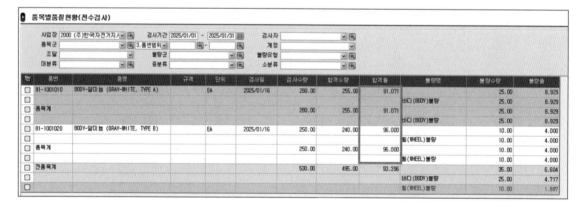

📍 [생산관리공통] – [생산/외주/재공현황] – [품목별품질현황(샘플검사)]

[보기]의 조건으로 조회한 후 각 품목별 합격률을 확인한다.

③ POWER TRAIN ASS'Y(MTB, TYPE A) 샘플합격률: 86.000%

④ POWER TRAIN ASS'Y(MTB, TYPE B) 샘플합격률: 100.000%

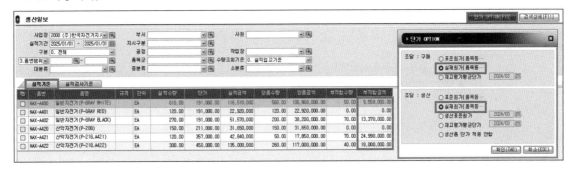

25 ①

📍 [생산관리공통] – [생산/외주/재공현황] – [생산일보]

'실적기준' 탭에서 [보기]의 사업장, 실적기간, 구분으로 조회한 후 오른쪽 상단의 '단가 OPTION[F10]'을 클릭하여 '실제원가[품목등록]'로 설정한다. [보기]의 '계정: 2. 제품'은 오른쪽 상단의 '검색상세[F11]'에서 설정할 수 있다.

① 부적합금액이 있는 품목 중에서 품목 'NAX-A400. 일반자전거(P-GRAY WHITE)'의 부적합금액이 9,550,000원 으로 가장 작다.

이론

01	③	02	①	03	④	04	③	05	③	06	③	07	③	08	④	09	③	10	④
11	④	12	31	13	21	14	④	15	②	16	④	17	④	18	③	19	5	20	공수
21	60	22	④	23	②	24	③	25	④	26	생산능력소요계획			27	정보	28	③	29	②
30	④	31	평가	32	계수치 또는 계수형														

01 ③

서버 인프라를 서비스로 제공하는 것으로, 클라우드를 통해 저장 장치 또는 컴퓨팅 능력을 인터넷을 통한 서비스 형태로 제공하는 서비스 모델은 IaaS(Infrastructure as a Service, 인프라형 서비스)이다.

02 ①

인공지능 비즈니스 적용 프로세스(5단계)는 '비즈니스 영역 탐색 → 비즈니스 목표 수립 → 데이터 수집 및 적재 → 인공지능 모델 개발 → 인공지능 배포 및 프로세스 정비'이다.

03 ④

ERP 구축 절차 중 설계 단계에서는 TO-BE Process 도출, GAP 분석, 패키지 설치 및 파라미터 설정, 추가 개발 및 수정 보완 문제 논의, 인터페이스 문제 논의, 커스터마이징(Customizing, 사용자 요구)의 선정 등을 한다.

04 ③

① 지식경영: 조직 내의 인적 자원들이 축적하고 있는 개별적인 지식을 체계화하고 공유하기 위한 정보 시스템
② 벤치마킹: 경쟁 기업뿐만 아니라 특정한 프로세스에 대한 강점을 지니고 있는 조직을 대상으로 적극적으로 학습하는 것
④ 리스트럭처링: 기업 환경의 변화에 대응하기 위하여 조직의 구조를 경쟁력 있게 재편하는 것

05 ③

ERP는 각각 별개의 시스템으로 관리하는 것이 아니라 통합적으로 관리하는 시스템이다.

06 ③

생산계획 수립에 있어서 변화하는 수요에 대처하기 위한 전략 방안으로 생산율 수준, 고용 수준, 하청 수준, 재고 수준 등이 있다.

07 ③

생산관리 시대적 단계는 '호환성 부품 → 과학적 관리(테일러) → TQM(전사적 품질경영) → 친환경 생산관리' 순이다.

08 ④

①은 시장조사법, ②는 수명주기 유추법, ③은 델파이 분석법이며 수요예측의 정성적 방법에 해당한다.
④는 지수평활법이며 수요예측의 정량적 방법에 해당한다.

09 ③

총괄생산계획의 수립에 있어서 하청 및 설비 확장은 수요가 증가하여 생산능력이 부족한 경우에 선택할 수 있는 방법이다.

10 ④

PERT/CPM 네트워크 작성 시 꼭 필요한 정보 두 가지는 활동들과 그들 사이의 선행관계이다.

11 ④

프로젝트 일정계획 순서는 다음과 같다.
첫 번째, 프로젝트에서 수행되어야 할 활동을 파악한다.
두 번째, 활동 간의 선행관계를 결정하고, 각 활동 및 활동 간의 선행관계를 네트워크 모형으로 작성한다.
세 번째, 프로젝트의 일정을 계산한다.
네 번째, 주공정(Critical Path)을 결정한다.

12 31

9월의 예측치: 전기(8월)의 실제값 35만원 × 평활상수 0.2 + 전기(8월)의 예측치 30만원 × (1 - 평활상수 0.2) = 31만원

13 21

① 각 제품에서 가장 짧은 작업시간을 찾는다. 그것이 제조시간(1단계)에 속하면 그 제품을 제일 앞으로 보내고 테스트시간(2단계)에 속하면 그 제품을 제일 뒤로 보낸다.
- 가장 짧은 작업시간은 1이며, 이는 손전등의 테스트시간이므로 제일 뒤로 보낸다. ⇒ (− − − − 손전등)
- 손전등을 제외하고 가장 짧은 작업시간은 2이다. 2는 무선 충전기의 제조시간과 테스트시간에 해당하므로 제일 앞으로 보낸다. ⇒ (무선 충전기 − − − 손전등)
- 손전등, 무선 충전기를 제외하고 가장 짧은 작업시간은 3이다. 3은 미니 선풍기의 제조시간과 테스트시간이므로 앞으로 보내고, USB의 테스트시간이므로 뒤로 보낸다. ⇒ (무선 충전기, 미니 선풍기, − USB, 손전등)
- 나머지 제품인 이어폰을 빈칸에 채운다. ⇒ (무선 충전기, 미니 선풍기, 이어폰, USB, 손전등)

② 작업의 순서대로 시간을 나열하며, 각 작업단계에서 긴 시간을 모두 더하여 총 작업 완료시간을 계산한다.

제조시간	2	3	5	7	2	
테스트시간		2	3	5	3	1

∴ 총작업시간: 2 + 3 + 5 + 7 + 3 + 1 = 21시간

14 ④

(가) 운반 ⇨, (나) 저장 ▽, (다) 수량검사 ☐, (라) 품질검사 ◇

15 ②

간트차트는 작업 상호 간의 유기적인 관계가 명확하지 못하여 사전 예측, 사후 통제가 곤란하다.

16 ④

애로공정의 관리 및 개선으로 전체 생산라인의 생산성 향상, 제품 품질의 일관성 유지, 불량률 감소, 자원의 효율적인 사용을 도와 공정의 효율성을 높일 수 있다.

17 ④

부품의 생산과 운반을 지시하거나 승인하는 카드로 결품 방지와 과잉 생산의 낭비 방지를 목적으로 사용하는 것은 칸반 시스템이다.

18 ③

JIT(Just In Time) 생산 방식은 현재 필요한 것만 만들고 더 이상은 생산하지 않으므로 큰 로트 규모가 필요 없으며 생산이 시장 수요만을 따라가기 때문에 High – Speed의 자동화는 필요하지 않다.

19 5

- 실제 가동시간: 1개월 작업일수 20일 × 1일 작업시간 8시간＝160시간
- 인적능력 3,200＝ 환산인원 × 실제가동시간 160시간 × 가동률 80% ⇒ 환산인원 25명
- 환산인원 25명＝(숙련공 17명 × 1) + (미숙련공 × 0.8) ⇒ 미숙련공 10명

∴ 인적능력을 3,200으로 끌어올리기 위하여 미숙련공 10명이 필요하다. 현재 미숙련공이 5명이므로 추가로 5명을 채용해야 한다.

20 공수

주어진 생산예정표에 의해 결정된 생산량에 대해서 작업량을 구체적으로 결정하여 이것을 현 인원과 기계설비능력을 고려하여 양자를 조정하는 기능은 공수계획이다. 공수계획에는 부하계획과 능력계획이 있다.

21 60

- A 라인 라인 밸런싱 효율(%): $\dfrac{\text{라인의 작업시간의 합계 } 3 + 1 + 2 + 1 + 1}{\text{작업장 수 } 4 \times \text{사이클 타임}(C \text{ or } t_{max}) \, 50} \times 100 ≒ 53.3\%$

  A 라인 불균형률: 100 − 라인 밸런싱 효율(%) 53.3＝46.7%

- B 라인 라인 밸런싱 효율(%): $\dfrac{1 + 2 + 2 + 2 + 2}{5 \times 2} \times 100 = 90\%$

  B 라인 불균형률: 100 − 90＝10%

- C 라인 라인 밸런싱 효율(%): $\dfrac{4+1+1+1+1}{5\times 4}\times 100 = 40\%$

  C 라인 불균형률: $100-40=60\%$

- D 라인 라인 밸런싱 효율(%): $\dfrac{1+1+2+4+1}{5\times 4}\times 100 = 45\%$

  D 라인 불균형률: $100-45=45\%$

  ⇒ 불균형률이 60%로 가장 높은 C 라인의 불균형을 먼저 제거한다.

22 ④

A 타입이 B 타입보다 두 배 많이 판매되고 있으므로 두 원두의 총 연간 소비량 3,000kg 중 A 타입은 2,000kg, B 타입은 1,000kg이다.

- A 타입 – 연간 수요량(D): 2,000kg, 1회 주문비용(S): 10,000원, 단가(P): 20,000원, 연간 재고유지비율(i): 0.2

  경제적 주문량 $Q^* = \sqrt{\dfrac{2DS}{H}} = \sqrt{\dfrac{2DS}{P\times i}}, \sqrt{\dfrac{2\times 2,000\times 10,000}{20,000\times 0.2}} = 100\text{kg}$

- B 타입 – 연간 수요량(D): 1,000kg, 1회 주문비용(S): 10,000원, 단가(P): 40,000원, 연간 재고유지비율(i): 0.2

  경제적 주문량 $Q^* = \sqrt{\dfrac{2DS}{H}} = \sqrt{\dfrac{2DS}{P\times i}}, \sqrt{\dfrac{2\times 1,000\times 10,000}{40,000\times 0.2}} = 50\text{kg}$

23 ②

A. J. Arrow의 재고보유 동기는 거래 동기, 예방 동기, 투기 동기이다.

24 ③

- (A) 기준생산일정(MPS): 총괄생산계획을 수립한 뒤 이를 기준으로 보다 구체적으로 각 제품에 대한 생산 시기와 수량을 수립하는 생산계획이다.
- 자재소요계획(MRP) 시스템의 주요 입력 요소는 기준생산계획(MPS), 자재 명세서(BOM), 재고기록철(IRF)이다. 따라서 (B)는 자재 명세서(BOM), (C)는 재고기록철(IRF)이다.
- (D) 일정계획: 생산계획에 따라 실제로 작업을 실시하기 위해 작업을 언제 시작할 것인지, 언제까지 완료할 것인지 등의 계획을 수립하는 것이다.
- (E) (생산)능력소요계획(CRP): MRP 전개에 의해 생성된 계획이 얼마만큼의 제조자원을 요구하는지를 계산하는 모듈이다.

25 ④

공급망관리(SCM)는 변화에 빠르게 대응할 수 있고, 불확실한 상황에서도 공급망을 안정적으로 유지할 수 있다.

26 생산능력소요계획

생산능력소요계획(CRP; Capacity Requirement Planning)은 자재소요계획(생산계획) 활동 중에서 MRP 전개에 의해 생성된 계획이 얼마만큼의 제조자원을 요구하는지를 계산하는 모듈이다.

27 **정보**

SCM의 주요 흐름 세 가지에는 제품/서비스 흐름, 재정 흐름, 정보 흐름이 있다.

28 ③

품질관리의 초점이 생산자에서 소비자로 바뀌면서 TQM(전사적 품질관리)은 고객의 니즈(Needs)를 파악하는 것이 중요하다.

29 ②

6시그마는 생산자가 아닌 고객의 관점에서 출발한다.

30 ④

가치를 떨어뜨리지 않고 검사의 목적을 달성할 수 있는 검사는 비파괴검사이다.

31 **평가**

측정, 평가, 검사에 수반되어 발생하는 비용이며, 제품의 품질을 정식으로 평가하는 데 발생하는 비용은 평가비용이다.

32 **계수치 또는 계수형**

불량개수, 불량률, 결점 수 등과 같이 셀 수 있는 측정치를 관리하기 위한 관리도는 계수치 관리도이다.

01	④	02	②	03	②	04	③	05	④	06	④	07	①	08	②	09	①	10	④
11	②	12	④	13	①	14	③	15	①	16	②	17	③	18	④	19	③	20	③
21	①	22	①	23	②	24	②	25	④										

01 ④

📍 [시스템관리] – [기초정보관리] – [품목등록]

'ORDER/COST' 탭에서 [보기]의 조건으로 조회되는 품목의 표준원가를 확인한다. ④ 품목 'NAX-A400. 일반자전거 (P-GRAY WHITE)'의 표준원가가 190,000원으로 가장 낮다.

① NAX-A420. 산악자전거(P-20G) 표준원가: 210,000원

② NAX-A421. 산악자전거(P-21G,A421) 표준원가: 229,000원

③ NAX-A401. 일반자전거(P-GRAY RED 표준원가: 191,000원

④ NAX-A400. 일반자전거(P-GRAY WHITE) 표준원가: 190,000원 ⇒ 가장 낮다.

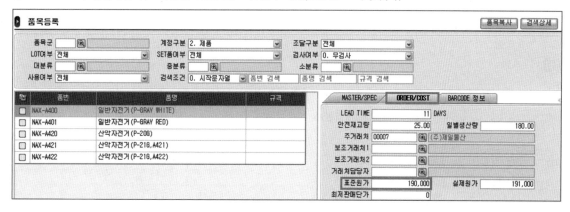

02 ②

📍 [시스템관리] – [기초정보관리] – [검사유형등록]

[보기]의 조건으로 조회한 후 각 검사유형명의 하단에 등록되어 있는 검사유형질문을 확인한다.
② '바디조립검사'의 하단에 검사유형질문 '프레임에 크랙이 있지 않는가?'가 등록되어 있다.

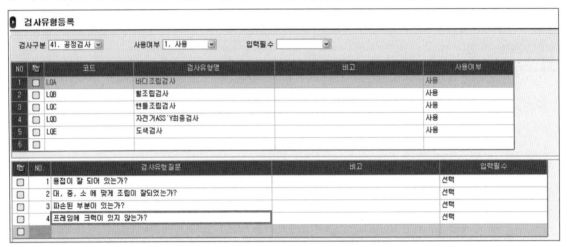

03 ②

📍 [시스템관리] – [기초정보관리] – [물류실적(품목/고객)담당자등록]

'거래처' 탭에서 [보기]의 조건으로 조회한다.
② 외주담당자가 '오진형'인 거래처는 '런닝정밀(주)'이다.

04 ③

📍 [생산관리공통] – [기초정보관리] – [BOM등록]

[보기]의 조건으로 조회되는 품목의 내역을 확인한다.

① 자품목 '21-3001610. PEDAL (TYPE A)'의 조달구분은 '구매'이다.

② 자품목 '83-2000110. 전장품 ASS'Y (TYPE A)'의 외주구분은 '유상'이다.

③ 자품목 '88-1001010. PRESS FRAME-W (TYPE A)'의 주거래처는 '(주)제일물산'이다.

④ 자품목 '85-1020410. POWER TRAIN ASS'Y(MTB, TYPE A)'의 사급구분은 '자재'이다.

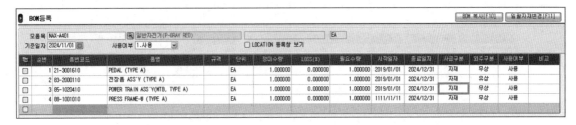

05 ④

◉ [생산관리공통] – [기초정보관리] – [외주단가등록]

[보기]의 조건으로 조회한다. 단가를 변경할 품목에 체크하고 단가적용비율 85%를 입력하여 '표준원가대비'와 '일괄변경'을 클릭하면 품목의 외주단가가 변경된다.

① 87-1002001. BREAK SYSTEM 외주단가: 29,750원
② 88-1001000. PRESS FRAME-W 외주단가: 39,100원
③ 85-1020400. POWER TRAIN ASS'Y(MTB) 외주단가: 50,660원
④ 81-1001000. BODY-알미늄(GRAY-WHITE) 외주단가: 17,850원

06 ④

◉ [생산관리공통] – [생산관리] – [생산계획등록]

[보기]의 조건으로 조회되는 내역을 확인한다.

① 생산계획에 등록된 각 품목에서 마우스 오른쪽 버튼을 클릭하여 '부가기능–품목상세정보'를 확인한다. 품목 'NAX-A400. 일반자전거(P-GRAY WHITE)', 'NAX-A401. 일반자전거(P-GRAY RED)', 'NAX-A402. 일반자전거(P-GRAY BLACK)'의 품목군은 'Y100. 일반용'이며, 'NAX-A420. 산악자전거(P-20G)', 'NAX-A421. 산악자전거(P-21G,A421)', 'NAX-A422. 산악자전거(P-21G,A422)'의 품목군은 'Z100. 산악용'이다.

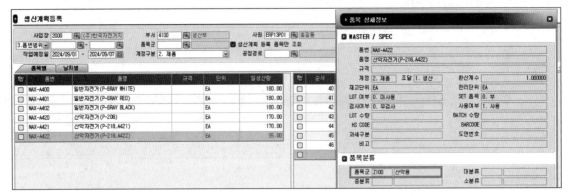

② 품목 'NAX-A401. 일반자전거(P-GRAY RED)'의 작업예정일 2024/09/07에 170EA의 생산계획된 내역이 있다.

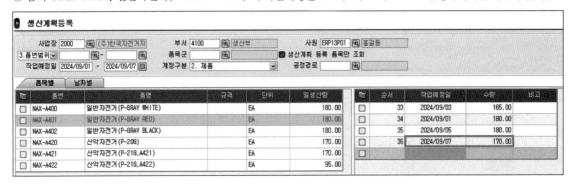

③ 품목 'NAX-A400. 일반자전거(P-GRAY WHITE)'의 일생산량은 180EA이며, 일생산량보다 초과된 수량 185EA의
생산계획이 작업예정일 2024/09/04에 등록되어 있다.

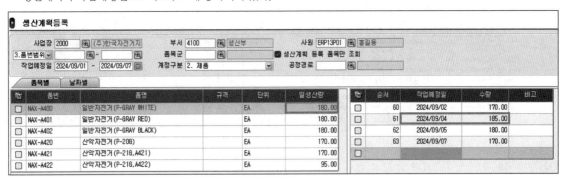

④ 생산계획에 등록된 품목 중 계획수량의 총합이 705EA로 가장 많은 품목은 'NAX-A400. 일반자전거(P-GRAY
WHITE)'이다.

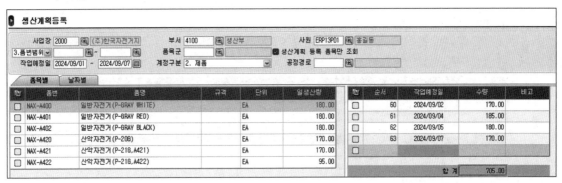

07 ①

📍 [생산관리공통] – [생산관리] – [작업지시등록]

[보기]의 조건으로 조회한 후 각 생산설비별로 지시수량의 합을 확인한다. ① '생산설비 1호'의 지시수량 합이 40EA로 가장 많다.

① 생산설비 1호 지시수량 합: 20 + 20 = 40 ⇒ 가장 많다.

② 생산설비 2호 지시수량 합: 10 + 20 = 30

③ 생산설비 3호 지시수량 합: 15 + 10 = 25

④ 생산설비 4호 지시수량 합: 15 + 20 = 35

참고 단위가 EA와 PCS로 다르므로 지시수량만을 비교하면 된다.

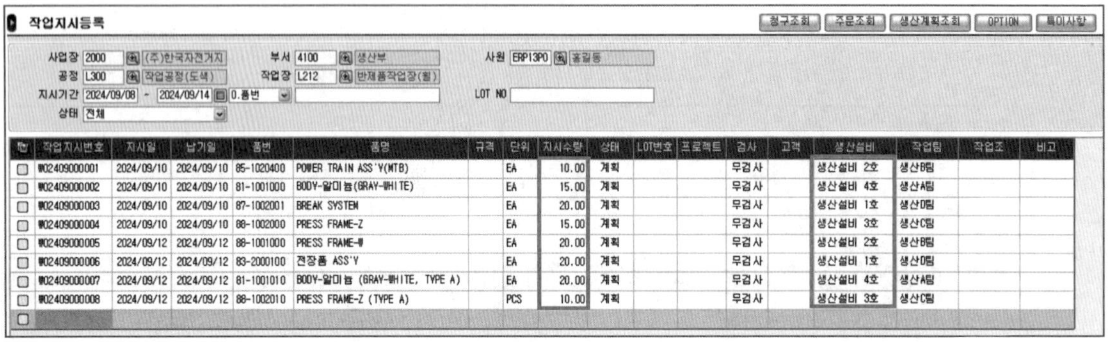

08 ②

📍 [생산관리공통] – [생산관리] – [작업지시확정]

[보기]의 조건으로 조회한 후 각 작업지시번호 상단의 모품목과 하단에 등록되어 있는 내역을 확인한다.

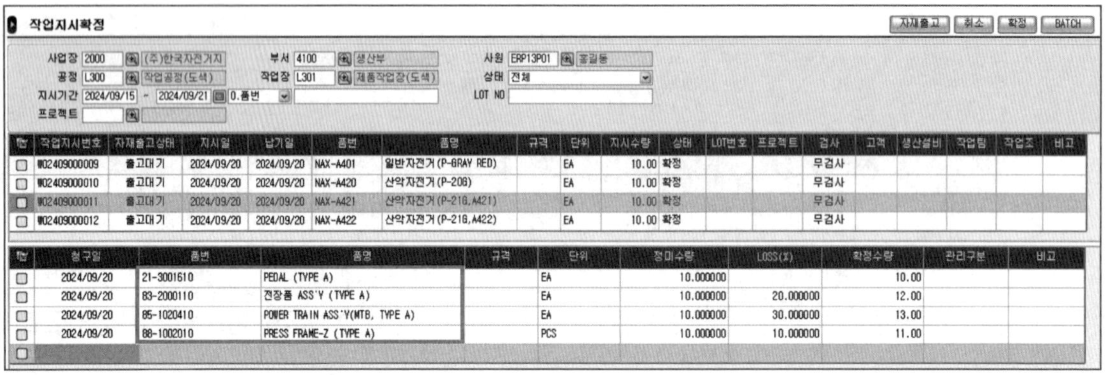

📍 [생산관리공통] – [기초정보관리] – [BOM등록]

[작업지시확정] 메뉴에 등록되어 있는 각 작업지시번호 상단의 품목이 [BOM등록] 메뉴의 모품목이며, 기준일자는 [작업지시확정] 메뉴의 지시일로 한다. [BOM등록] 메뉴에서 각각의 모품목으로 조회되는 내역과 [작업지시확정] 메뉴의 하단에 청구된 내역을 비교한다.

①, ③, ④는 [BOM등록] 메뉴에 조회되는 내역과 [작업지시확정] 메뉴의 하단에 청구된 내역이 일치한다. 그러나 ② 모품목 'NAX-A421, 산악자전거(P-21G,A421)'의 청구품목은 [BOM등록] 메뉴에는 '88-1001010, PRESS FRAME-W (TYPE A)', [작업지시확정] 메뉴에는 '88-1002010, PRESS FRAME-Z (TYPE A)'로 다르게 등록되어 있다.

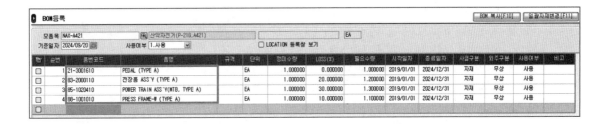

09 ①

◉ [생산관리공통] - [생산관리] - [생산자재출고]

[보기]의 사업장, 출고기간으로 조회한 후 오른쪽 상단의 '일괄적용'을 클릭하여 팝업창에 [보기]의 청구기간, 청구공정, 청구작업장으로 조회한다. 조회되는 모든 품목에 체크한 후 하단의 '일괄적용'을 클릭한다.

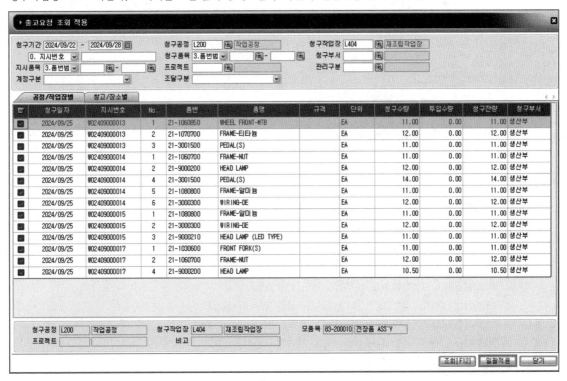

팝업창에 [보기]의 출고일자, 출고창고, 출고장소를 입력하고 '확인[ENTER]'을 클릭하면 생산자재출고가 등록된다.

품목 '21-3001500. PEDAL(S)'의 출고수량 합이 25EA로 가장 많다.

① 21-3001500. PEDAL(S) 출고수량 합: 11 + 14＝25EA ⇒ 가장 많다.

② 21-3000300. WIRING-DE 출고수량 합: 12 + 12＝24EA

③ 21-1060700. FRAME-NUT 출고수량 합: 11 + 12＝23EA

④ 21-1080800. FRAME-알미늄 출고수량 합: 11 + 11＝22EA

10 ④

📍 [생산관리공통] – [생산관리] – [작업실적등록]

[보기]의 조건으로 조회한 후 각 작업지시번호의 하단에 등록되어 있는 실적구분과 실적수량을 확인한다. ④ 작업지시번호 WO2410000004의 적합수량이 20EA, 부적합수량이 30EA로 '적합'인 실적수량 합보다 '부적합'인 실적수량의 합이 더 많이 발생하였다.

① WO2410000001: 적합 30EA, 부적합 10 + 10＝20EA

② WO2410000002: 적합 10 + 25＝35EA, 부적합 10 + 5＝15EA

③ WO2410000003: 적합 15 + 10＝25EA, 부적합 15 + 10＝25EA

④ WO2410000004: 적합 10 + 10＝20EA, 부적합 10 + 10 + 10＝30EA

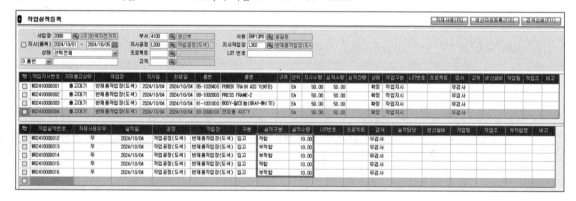

11 ②

📍 [생산관리공통] – [생산관리] – [생산자재사용등록]

[보기]의 조건으로 조회한 후 각 작업실적번호에서 오른쪽 상단의 '청구적용[F8]'을 클릭한다.

② 작업실적번호 WR2410000018의 적용예정량보다 적용수량이 많이 등록되어 있어 잔량이 음수(−)이다.

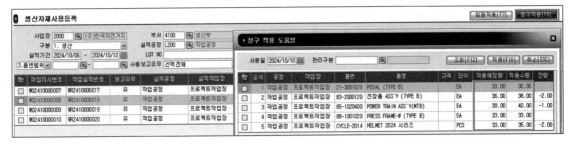

12 ④

📍 [생산관리공통] – [생산관리] – [생산실적검사]

[보기]의 조건으로 조회되는 내역을 확인한다.

① 작업실적번호 WR2410000022는 박용덕 검사담당자가 '전수검사'를 진행하였다.

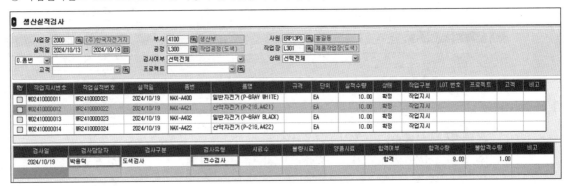

② 작업실적번호 WR2410000023의 불합격수량 2EA는 '도색불량'으로 발생하였으며, 합격여부는 '합격'으로 처리하였다.

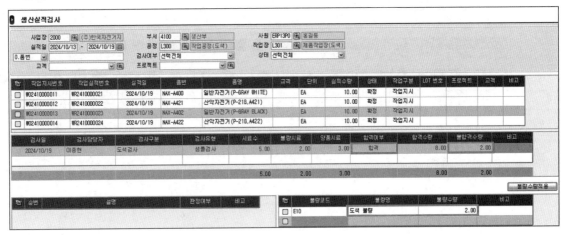

③ 작업실적번호 WR2410000021의 검사유형은 '샘플검사'이며 시료수 5EA 중 불량시료 2EA, 양품시료 3EA가 발생하였다.

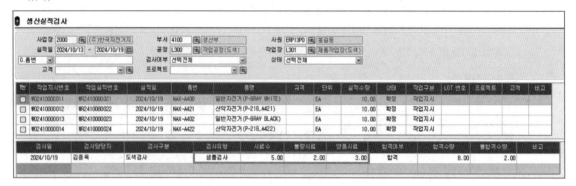

④ 작업실적번호 WR2410000024는 '도색검사'를 진행하였으며, 불합격수량은 3EA이고 합격여부는 '합격'이다.

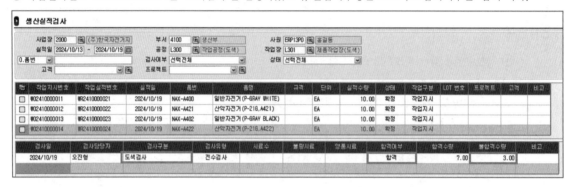

13 ①

📍 [생산관리공통] – [생산관리] – [생산품창고입고처리]

[보기]의 조건과 '검사구분: 1. 검사'로 조회한다. '검사구분: 1. 검사'로 조회되는 내역이 생산실적검사를 진행한 내역이며 조회되는 입고번호는 IW2410000024이다.

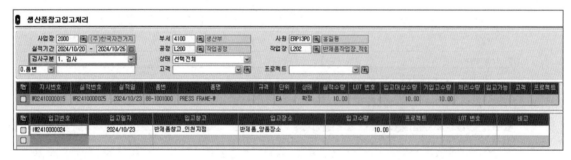

14 ③

📍 [생산관리공통] – [재공관리] – [기초재공등록]

[보기]의 조건으로 조회되는 내역을 확인한다.

① 작업공정, 프로젝트작업장의 하단 품목에 LOT NO가 등록되어 있으며, 이는 LOT관리를 하는 것이다.

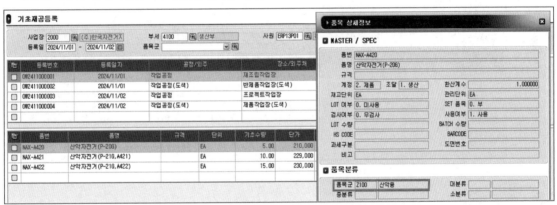

② '작업공정, 재조립작업장'의 하단에 등록되어 있는 모든 품목에서 마우스 오른쪽 버튼을 클릭하여 '부가기능–품목상세 정보'를 확인한다. 품목군은 모두 'Z100. 산악용'이다.

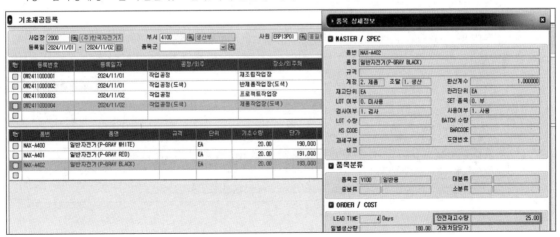

③ '작업공정(도색), 제품작업장(도색)'의 하단에 등록되어 있는 모든 품목에서 마우스 오른쪽 버튼을 클릭하여 '부가 기능–품목상세정보'를 확인한다. 모든 품목의 안전재고수량은 25EA이다.

④ '작업공정(도색), 반제품작업장(도색)'의 하단에 등록되어 있는 모든 품목들의 단가와 [품목등록] 메뉴의 각 품목의 표준원가는 같게 등록되어 있다.

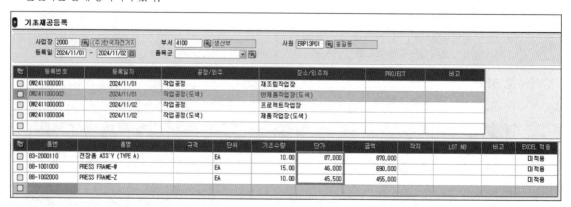

📍 [시스템관리] – [기초정보관리] – [품목등록]

'ORDER/COST' 탭에서 [기초정보등록] 메뉴에 등록되어 있는 각 품목의 표준원가를 확인한다. 등록되어 있는 품목이 많으므로 품번이나 품명으로 조회하면 확인하기 편리하다.

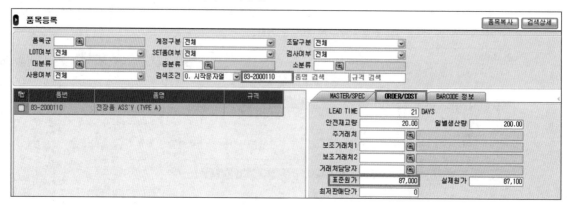

15 ①

📍 [생산관리공통] – [생산/외주/재공현황] – [생산일보]

'실적검사기준' 탭에서 [보기]의 조건으로 조회한 후 오른쪽 상단의 '단가 OPTION[F10]'을 클릭하여 '실제원가[품목등록]'로 설정한다.

① 품목 '88-1002000. PRESS FRAME-Z'의 불량금액이 325,500원으로 가장 적다.

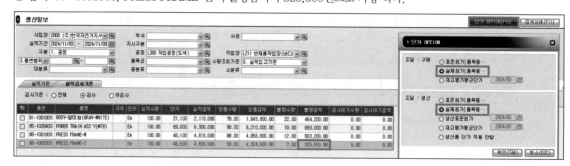

16 ②

📍 [생산관리공통] – [생산/외주/재공현황] – [실적현황]

[보기]의 조건으로 조회한 후 각 품목의 실적수량의 합을 확인한다. ② 품목 '87-1002001. BREAK SYSTEM'의 실적수량 합이 100EA로 가장 많다.

① 83-2000100. 전장품 ASS'Y 실적수량 합: 85EA

② 87-1002001. BREAK SYSTEM 실적수량 합: 100EA ⇒ 가장 많다.

③ 88-1001000. PRESS FRAME-W 실적수량 합: 70EA

④ 81-1001000. BODY-알미늄(GRAY-WHITE) 실적수량 합: 90EA

> **참고** 전체적으로 확인해도 되지만 각 품번이나 품명으로 조회하면 한눈에 확인하기 편리하다.

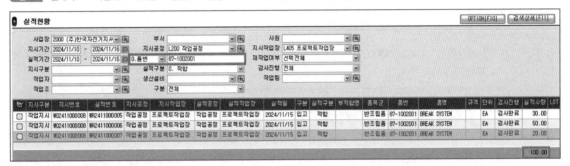

17 ③

📍 [생산관리공통] – [외주관리] – [외주발주등록]

[보기]의 조건과 각 외주처로 조회한 후 품목 '산악자전거(P-20G)'의 단가를 확인한다. 'R271. (주)하나상사'의 외주단가가 220,000원으로 가장 높다.

① R201. (주)대흥정공 외주단가: 209,000원

② R231. (주)제일물산 외주단가: 210,000원

③ R271. (주)하나상사 외주단가: 220,000원 ⇒ 가장 높다.

④ R251. (주)형광램프 외주단가: 215,000원

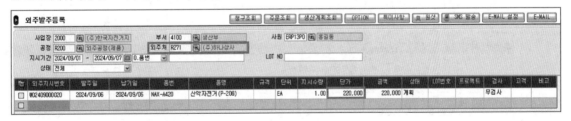

📍 [생산관리공통] – [외주관리] – [외주발주확정]

[보기]의 조건으로 조회되는 내역을 확인한다.

① 생산지시번호 WO2409000022의 청구요청한 자재들은 자재출고상태가 '출고완료'이다.

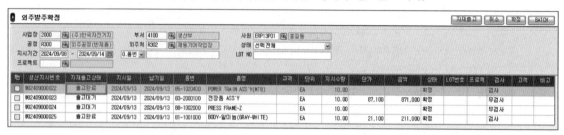

② 생산지시번호 WO2409000023의 청구요청한 자재들의 금액 합은 867,000원이며, 지시품목의 금액은 871,000원으로 다르게 등록되어 있다.

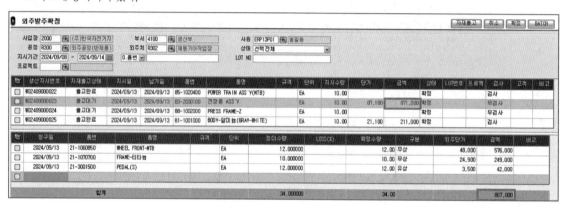

③ 생산지시번호 WO2409000024의 청구요청한 자재에는 LOT번호가 등록되어 있지 않아 LOT여부가 '사용'인 품목이 없다.

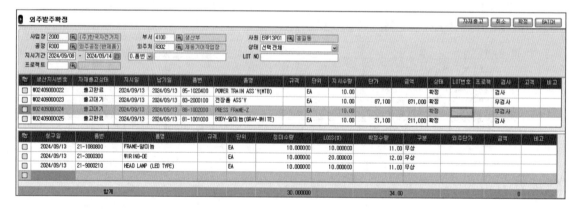

④ 생산지시번호 WO2409000025의 하단에 등록된 모든 품목에서 마우스 오른쪽 '[외주발주확정] 이력정보'를 클릭하여 이력정보를 확인한다. 이전 이력에 '생산자재사용등록'이 있어 생산, 외주자재사용등록에 등록된 것을 알 수 있다.

19 ③

◎ [생산관리공통] – [외주관리] – [외주자재출고]

[보기]의 사업장, 출고기간으로 조회한 후 오른쪽 상단의 '일괄적용'을 클릭하여 팝업창에 청구기간, [보기]의 청구공정, 청구작업장으로 조회한다. 조회되는 모든 품목에 체크한 후 하단의 '일괄적용'을 클릭한다.

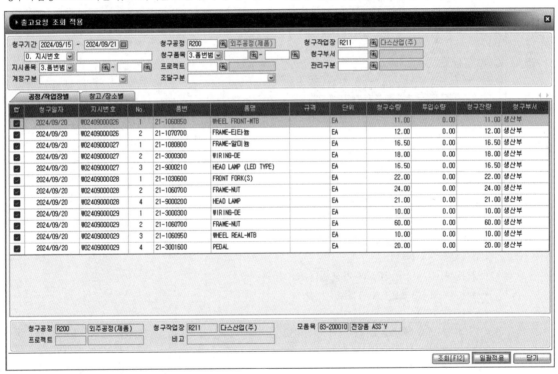

팝업창에 [보기]의 출고일자, 출고창고, 출고장소를 입력하고 '확인[ENTER]'을 클릭하면 외주자재출고가 등록된다.

출고등록된 각 품목들을 클릭하여 하단의 모품목을 확인하면 ①, ②, ④는 모품목으로 등록되어 있으나 ③ 품목 '81-1001000. BODY-알미늄(GRAY-WHITE)'은 등록되어 있지 않다.

20   ③

📍 [생산관리공통] – [외주관리] – [외주실적등록]

[보기]의 조건으로 조회되는 내역을 확인한다.

① 각 작업지시번호 하단에 작업팀이 등록되어 있으며, 각 작업팀의 실적수량의 합을 확인한다. 외주실적에 대한 실적수량의 합이 15EA로 가장 많은 작업팀은 '생산B팀'이다.
- 생산A팀: 7 + 4 = 11EA
- 생산B팀: 10 + 5 = 15EA ⇒ 가장 많다.
- 생산C팀: 3 + 3 + 2 + 3 = 11EA
- 생산D팀: 3EA

② 각 작업지시번호 하단에 실적담당이 등록되어 있으며, 외주실적에 대한 실적담당으로는 김종욱, 이종현, 박용덕, 정영수 담당자가 등록되었다.

③ 외주실적에 대한 실적구분이 '적합'인 실적수량의 합보다 '부적합'인 실적수량의 합이 더 많이 발생한 작업지시번호는 WO2409000036이다.
- 작업지시번호 WO2409000034: 적합 7EA 〉 부적합 3EA
- 작업지시번호 WO2409000035: 적합 10EA
- 작업지시번호 WO2409000036: 적합 4EA 〈 부적합 3 + 3 = 6EA
- 작업지시번호 WO2409000037: 적합 5EA = 부적합 2 + 3 = 5EA

④ 각 작업실적번호를 클릭하면 하단에서 입고장소를 확인할 수 있다. 실적구분이 '적합'인 경우 입고장소는 'P201. 제품_제품장소'로, '부적합'인 경우 입고장소는 'P209. 제품_제품장소_불량'으로 처리되었다.

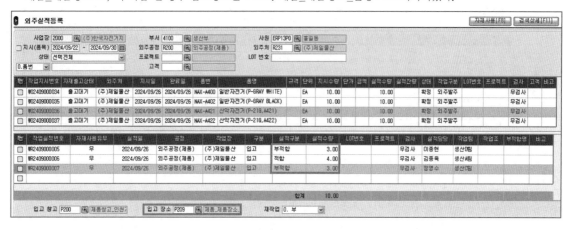

21 ①

📍 [생산관리공통] – [외주관리] – [외주자재사용등록]

[보기]의 조건으로 조회한 후 각 작업실적번호에서 오른쪽 상단의 '청구적용[F8]'을 클릭한다.
① 작업실적번호 WR2410000032의 잔량 합이 340EA로 가장 많다.
① WR2410000032 잔량: 110 + 110 + 120 = 340EA ⇒ 가장 많다.
② WR2410000033 잔량: 110 + 120 = 230EA
③ WR2410000034 잔량: 110 + 120 + 105 = 335EA
④ WR2410000035 잔량: 110 + 110 + 110 = 330EA

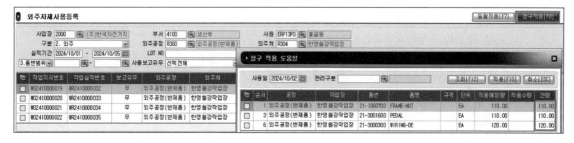

22 ①

📍 [생산관리공통] – [외주관리] – [외주마감]

[보기]의 사업장, 마감일, 외주공정으로 조회한 후 오른쪽 상단의 '실적일괄적용[F10]'을 클릭한다. 팝업창에 [보기]의 조건을 입력한 후 '적용[F10]'을 클릭하면 외주마감이 등록된다.
① 외주처 '행복바이크'의 공급가가 1,930,000원으로 가장 크다.
① 행복바이크 공급가: 1,930,000원 ⇒ 가장 크다.
② 다스산업(주) 공급가: 1,920,000원
③ (주)세림와이어 공급가: 1,925,000원
④ (주)영동바이크 공급가: 1,910,000원

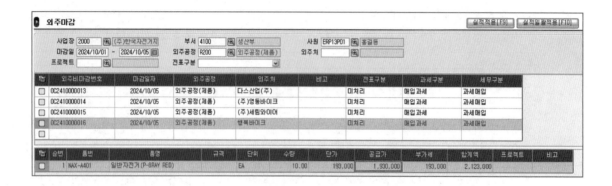

23 ②

 [생산관리공통] – [외주관리] – [회계처리(외주마감)]

'외주마감' 탭에서 [보기]의 사업장, 기간으로 조회되는 모든 마감번호에 체크한 후 오른쪽 상단의 '전표처리'를 클릭하여 [보기]의 부가세사업장을 입력하고 전표처리를 진행한다.

'회계전표' 탭에서 조회하면 각 외주마감번호의 부가세대급금액을 확인할 수 있다. ② 외주마감번호 OC2410000006의 외주가공비부가세대급금이 96,500원으로 가장 많다.

① OC2410000005 외주가공비부가세대급금: 96,250원
② OC2410000006 외주가공비부가세대급금: 96,500원 ⇒ 가장 많다.
③ OC2410000007 외주가공비부가세대급금: 95,500원
④ OC2410000008 외주가공비부가세대급금: 95,750원

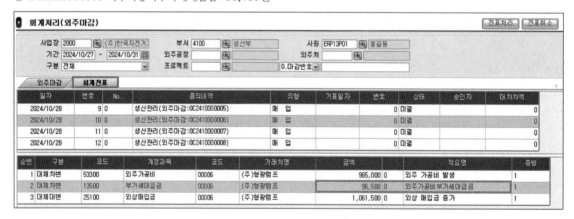

24 ②

◉ [생산관리공통] – [생산/외주/재공현황] – [자재사용현황(제품별)]

[보기]의 조건으로 조회한 후 각 모품목별 자재사용수량의 합을 확인한다. ② 모품목 'NAX-A422. 산악자전거(P-21G, A422)'의 사용수량 합이 43EA로 가장 적다.

① NAX-A421. 산악자전거(P-21G,A421) 사용수량 합: 45EA

② NAX-A422. 산악자전거(P-21G,A422) 사용수량 합: 43EA ⇒ 가장 적다.

③ NAX-A400. 일반자전거(P-GRAY WHITE) 사용수량 합: 48EA

④ NAX-A402. 일반자전거(P-GRAY BLACK) 사용수량 합: 57EA

TIP 전체적으로 확인해도 되지만 지시품번이나 지시품명으로 조회하면 한눈에 확인하기 편리하다.

25 ④

◉ [생산관리공통] – [생산/외주/재공현황] – [품목별품질현황(전수검사)]

[보기]의 조건으로 조회한 후 각 품목의 합격률을 확인한다. ④ 품목 '81-1001010. BODY-알미늄 (GRAY-WHITE, TYPE A)'의 합격률이 97%로 가장 높다.

① 83-2000110. 전장품 ASS'Y (TYPE A) 합격률: 94%

② 87-1002011. BREAK SYSTEM (TYPE A) 합격률: 95%

③ 85-1020410. POWER TRAIN ASS'Y(MTB, TYPE A) 합격률: 93%

④ 81-1001010. BODY-알미늄 (GRAY-WHITE, TYPE A) 합격률: 97% ⇒ 가장 높다.

品 품목별품질현황(전수검사)

품번	품명	규격	단위	검사일	검사수량	합격수량	합격률	불량명	불량수량	불량률
81-1001010	BODY-알미늄 (GRAY-WHITE, TYPE A)		EA	2024/11/14	100.00	97.00	97		3.00	3
								도색 불량	3.00	3
품목계					100.00	97.00	97	도색 불량	3.00	3
								도색 불량	3.00	3
83-2000110	전장품 ASS'Y (TYPE A)		EA	2024/11/14	100.00	94.00	94		6.00	6
								휠(WHEEL)불량	6.00	6
품목계					100.00	94.00	94	휠(WHEEL)불량	6.00	6
								휠(WHEEL)불량	6.00	6
85-1020410	POWER TRAIN ASS'Y(MTB, TYPE A)		EA	2024/11/14	100.00	93.00	93		7.00	7
								바디(BODY)불량	7.00	7
품목계					100.00	93.00	93	바디(BODY)불량	7.00	7
								바디(BODY)불량	7.00	7
87-1002011	BREAK SYSTEM (TYPE A)		EA	2024/11/14	100.00	95.00	95		5.00	5
								브레이크(BREAK)불량	5.00	5
품목계					100.00	95.00	95	브레이크(BREAK)불량	5.00	5
								브레이크(BREAK)불량	5.00	5
전품목계					400.00	379.00	95		21.00	5
								바디(BODY)불량	7.00	2
								브레이크(BREAK)불량	5.00	1
								휠(WHEEL)불량	6.00	2
								도색 불량	3.00	1

이론

01	③	02	④	03	③	04	①	05	③	06	③	07	④	08	②	09	②	10	④
11	④	12	20	13	320	14	④	15	③	16	①	17	③	18	③	19	760	20	애로
21	칸반	22	③	23	①	24	③	25	④	26		22,500		27		개략능력요구계획 또는 RCCP			
28	②	29	③	30	①	31	분석	32	x										

01 ③

기존 업무를 개선하기 위하여 ERP를 도입하는 것이지, 기존 업무처리에 따라 ERP 패키지를 수정하는 것은 아니다.

02 ④

ERP의 구축 절차 중 GAP 분석은 설계 단계에서 행해지며, 패키지 기능과 TO-BE 프로세스의 차이점을 분석하는 것이다.

03 ③

ERP 시스템에 대한 투자비용을 의미하며 투자의 적정성을 평가하기 위한 개념으로, 시스템의 전체 라이프 사이클(Life-Cycle)을 통해 발생하는 전체 비용을 계량화하는 것은 총소유비용(Total Cost of Ownership)이다.

04 ①

성과측정관리(BSC)는 SEM(전략적 기업경영) 시스템의 단위 시스템에 해당한다.

05 ③

효과적인 ERP 교육을 위하여 트랜잭션(Transaction)이 아닌 비즈니스 프로세스에 초점을 맞춘다.

06 ③

- 공정개선 전 생산성: $\dfrac{\text{산출량}}{\text{투입량}} = \dfrac{\text{제품 생산량 10대}}{\text{작업시간 10시간}} = 1\text{대/시간}$
- 공정개선 후 생산성이 25% 향상되었으므로 공정개선 후의 생산성은 1.25대/시간이 된다.
- 공정 변경 후 생산성: $\dfrac{\text{산출량}}{\text{투입량}} = \dfrac{\text{제품 생산량 10대}}{\text{작업시간 } x\text{시간}} = 1.25\text{대/시간}$

⇒ 공정개선 후의 작업시간(x)은 8시간이 되므로, 공정개선 전 작업시간인 10시간보다 2시간 단축되었다.

07 ④

Planning BOM의 일종으로 제품군을 구성하는 제품 또는 제품을 구성하는 부품의 양을 백분율로 표현한 BOM은 Percentage BOM이다.
① Inverted BOM: 일반적인 BOM은 여러 종류의 부품들을 조립하여 단일의 상위 부품이나 제품을 만드는 형태인 반면, 화학이나 제철과 같은 산업에서는 단일 부품에서 여러 종류의 최종 제품을 만든다. 이처럼 Inverted BOM은 나무가 뒤집힌 형태인 역삼각형 형태이다.
② Planning BOM: 생산관리 부서 및 판매, 마케팅 부서 등에서 생산계획이나 기준 일정계획에 사용된다.
③ Phantom BOM: 조립공정에서 일시적으로 생성되었다가 사라지며, 실제로는 보관 장소에 존재하지 않는 품목이나 조립의 순서를 나타내기 위해 사용한다. MRP 전개 시 '조달 기간(Lead Time) = 0'을 사용한다.

08 ②

개별 생산(Job Shop)은 범용 설비가 사용되며, 흐름 생산(Flow Shop)은 특수 기계의 생산 라인이 사용된다.

09 ②

기준생산계획(MPS)은 총괄생산계획을 수립한 뒤 이를 기준으로 보다 구체적으로 각 제품에 대한 생산시기와 수량을 수립하는 생산계획으로, 총괄생산계획은 기업의 전반적 계획을 MPS와 연결짓는 역할을 한다.

10 ④

일정계획 수립 시 원칙에는 작업 흐름의 신속화, 생산 기간의 단축, 작업의 안정화와 가동률의 향상, 애로공정의 능력 증강, 생산활동의 동기화 등이 있다.

11 ④

각 활동시간의 합이 가장 긴 공정이 주공정이다.
① → ② → ⑤ → ⑧ → ⑨: 3 + 4 + 6 + 4 = 17
① → ③ → ⑥ → ⑧ → ⑨: 3 + 4 + 5 + 4 = 16
① → ④ → ⑦ → ⑧ → ⑨: 4 + 5 + 4 + 4 = 17
① → ③ → ④ → ⑦ → ⑧ → ⑨: 3 + 5 + 4 + 4 = 17
① → ④ → ⑦ → ⑥ → ⑧ → ⑨: 4 + 5 + 5 + 4 = 18
∴ 각 활동시간의 합이 가장 긴 ① → ④ → ⑦ → ⑥ → ⑧ → ⑨가 주공정이다.

12 20

각 활동과 직전 선행활동, 활동시간 등을 참고하여 네트워크 경로를 그려보면 다음과 같다.
각 단계는 편의상 ① ~ ⑧로 한다.

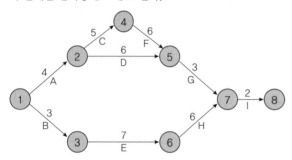

① → ② → ④ → ⑤ → ⑦ → ⑧: 4 + 5 + 6 + 3 + 2 = 20
① → ② → ⑤ → ⑦ → ⑧: 4 + 6 + 3 + 2 = 15
① → ③ → ⑥ → ⑦ → ⑧: 3 + 7 + 6 + 2 = 18
각 활동시간의 합이 가장 긴 ① → ② → ④ → ⑤ → ⑦ → ⑧이 주공정이며, 20주이다.

13 320

부품 S의 필요 소요량을 구하는 문제로 S에 해당하는 내용만을 계산한다.
• A 제품: 20개
• M(2): 모품목 A 생산에 M 2개가 필요 ⇒ 20개(A) × 2개 = 40개
  P(2): 모품목 M 생산에 P 2개가 필요 ⇒ 40개(M) × 2개 = 80개
  S(3): 모품목 P 생산에 S 3개가 필요 ⇒ 80개(P) × 2개 = 240개 ✓
• N(1): 모품목 A 생산에 N 1개가 필요 ⇒ 20개(A) × 1개 = 20개
  Q(2): 모품목 N 생산에 Q 3개가 필요 ⇒ 20개(N) × 3개 = 60개
  S(2): 모품목 Q 생산에 S 2개가 필요 ⇒ 60개(Q) × 2개 = 120개 ✓
  ⇒ 부품 S의 필요량은 240 + 120 = 360개이다. 부품 S의 현재고량이 40개이므로 필요량 360개에서 현재고량 40개를
    차감한 320개가 추가로 필요한 부품 S의 소요량이다.

14 ④

공정관리의 목표에는 작업자의 대기 및 설비의 유휴시간을 최소화하여 설비 가동률을 향상시키는 것이 있다.

15 ③

특정 제품이 어떤 부품들로 구성되는가에 대한 데이터는 자재 명세서(BOM; Bill of Material)이다.

16 ①

• 작업장 이용 가능시간: 교대 수 3교대 × 1교대 작업시간 8시간 × 주당 작업일수 5일 × 기계대수 20대 = 2,400시간
• 실제 작업시간: 이용 가능시간 2,400시간 − 기계 불가동시간 40시간 = 2,360시간
• 작업효율: $\dfrac{\text{작업 표준시간 } 1,888\text{시간}}{\text{실제 작업시간 } 2,360\text{시간}} \times 100 = 80\%$

17 ③

계획된 실제 작업량을 작업일정이나 시간으로 구분하여 가로선으로 표시함으로써, 계획된 작업량과 실제로 달성한 작업량을 동일 도표상에 표시하여 계획의 기능과 통제의 기능을 동시에 수행하는 전통적인 일정관리 기법은 간트차트(Gantt Chart)이다.

① Kanban: 카드나 기록을 의미하는 일본어로 Just In Time을 실현시키기 위한 일종의 정보 시스템이자 눈으로 보는 관리의 도구이다. 부품의 생산과 운반을 지시하거나 승인하는 카드로 결품 방지와 과잉 생산의 낭비 방지를 목적으로 사용하며, 1매의 종이에 현품표(현재 있는 물품)의 기능, 작업 지시의 기능(운반 지시의 기능, 생산 지시의 기능), 부적합품 방지기능을 포함시킨 것이라 할 수 있다.

② PRET/CRM: PERT(Program Evaluation & Review Technique, 프로그램 평가 및 검토 기법)와 CPM(Critical Path Method, 임계 경로 기법 또는 주경로 기법)을 총괄하여 'PERT/CPM'이라고 한다. 비용을 적게 사용하면서 최단 시간 내 계획을 완성하기 위한 프로젝트 일정 방법으로 작업들을 논리적으로 배열하고 관계를 도식화한다. 프로젝트를 구성하는 각 분야를 보다 세분화된 작업으로 분할하여 작업의 순서, 소요 기간, 기타 제반 사항들을 네트워크 형태로 표시함으로써 일의 순서를 계획적으로 상세하게 정리할 수 있다.

④ Project Scheduling: 프로젝트의 일정을 계획하고 조정하는 것이다.

18 ③

JIT(Just In Time) 생산 방식은 현재 필요한 것만 만들고 더 이상은 생산하지 않으므로 큰 로트 규모가 필요 없으며 생산이 시장 수요만을 따라가기 때문에 High – Speed의 자동화는 필요하지 않다.

19 760

- 실제 가동시간: 1개월 작업일수 20일 × 1일 작업시간 8시간＝160시간
- 인적능력: 환산인원 5명 × 실제가동시간 160시간 × 가동률 95%＝760MH

20 애로

애로공정(Bottleneck Operation)은 병목공정 또는 병목현상이라고도 하며, 전체 공정의 흐름을 막고 있는 공정이다.

21 칸반

칸반(Kanban)은 카드나 기록을 의미하는 일본어로 Just In Time을 실현시키기 위한 일종의 정보 시스템이자 눈으로 보는 관리의 도구이다.

22 ③

CRP의 입력 정보는 MRP에서 산출된 발주계획 정보, 절차계획 정보, 확정주문 정보, 작업공정표 정보, 작업 상태 정보이다.

23 ①

계절적인 수요의 변화, 가격의 변화, 파업 등을 예상하고 대비하기 위한 재고는 예상재고 또는 비축재고이다.

② 안전재고: 기업의 운영에서 발생할 수 있는 여러 가지 불확실한 상황(조달 기간의 불확실, 생산의 불확실, 수요량의 불확실 등)에 대처하기 위해 미리 확보하고 있는 재고를 말한다.

④ 파이프라인재고(수송재고): 이동 중인 재고 등 유통 과정 중에 있는 제품이나 생산 중인 재공품으로 수입품과 같이 수송 기간이 긴 재고, 정유회사의 수송용 파이프가 해당한다.

24 ③

EOQ(Economic Order Quantity, 경제적 주문량)의 주문량은 조달 기간이 지나면 전량 일시에 입고되며 재고 부족은 없다. 단위당 구입가격은 발주량에 상관없이 일정하며 대량 구매에 따른 가격 할인 또한 없다.

25 ④

정보의 흐름은 공급자에서 고객으로 일방향적이 아닌 쌍방향으로 흐른다.

26 22,500

연간 수요량(D): 10,000개, 단가(P): 5,000원, 연간 재고유지비율(i): 0.25

- 경제적 주문량 $Q^* = \sqrt{\dfrac{2DS}{H}} = \sqrt{\dfrac{2DS}{P \times i}}, \sqrt{\dfrac{2 \times 10,000 \times S}{5,000 \times 0.25}} = 600$개

$600 = \sqrt{16S} = 4\sqrt{S}$, $\sqrt{S} = 150$이므로 양변을 제곱하면, 1회 주문비용(S) = 22,500원이다.

27 개략능력요구계획 또는 RCCP

개략능력요구계획(RCCP; Rough Cut Capacity Planning)은 기준생산계획과 제조자원 간의 크기를 비교하여 자원 요구량을 계산해 내는 것이다.

28 ②

① 요구품질: 소비자의 기대품질로 당연히 갖추어야 할 품질(목표품질)

③ 제조품질: 실제로 제조되어 실현되는 품질(합치의 품질)

④ 시장품질: 소비자가 원하는 기간 동안 제품의 품질이 지속적으로 유지될 때 소비자가 만족하게 되는 품질(사용품질)

29 ③

히스토그램은 길이, 무게, 시간, 경도, 두께 등을 측정하는 데이터(계량치)가 어떠한 분포를 하고 있는지를 알아보기 쉽게 나타낸 그림이다.

① 산점도: 점의 흩어진 상태를 표시함으로써 요인들의 상관관계와 경향을 파악하고 품질문제의 원인을 발견하거나 확인하여 불량이나 고장 등에 필요한 조치를 취하도록 하는 것이다.

② 파레토도: 공정의 불량, 고장, 결점 등의 발생 건수 혹은 손실 금액을 항목별로 분류하여 크기 순서대로 나열해 놓은 그림으로 중점관리 대상을 식별하는 데 사용한다. 문제를 유발하는 여러 가지 요인들 중 가장 중요한 요인을 추출하기 위한 기법이며, 누적 그래프와 히스토그램을 합한 형태이다.

④ 특성요인도: 제품의 품질, 상태, 특성 등의 결과에 대하여 그 원인이 어떠한 관계로 영향을 미치게 되었는지를 한눈에 알 수 있도록 계통적으로 정리하여 표시한 그림이다.

30 ①

가장 보편적이고 핵심적인 통계적 품질관리기법은 관리도법이다.

31 분석

6시그마의 측정, 분석, 개선, 관리 네 가지 단계 중 분석 단계에 대한 설명이다.

• 1단계 – 측정(Measurement): 주요 제품 특성치(종속변수)를 선택한 후 그에 필요한 측정을 실시하여 품질수준을 조사하며, 그 결과를 공정관리 카드에 기록하고 단기 또는 장기의 공정능력을 추정한다.

• 2단계 – 분석(Analysis): 주요 제품의 특성치와 최고 수준의 타 회사 특성치를 벤치마킹하고, 차이 분석을 통하여 최고 수준의 제품이 성공적인 성능을 내기 위한 요인이 무엇인가를 조사하여 목표를 설정한다. 경우에 따라 제품 또는 공정의 재설계가 필요할 수 있다.

• 3단계 – 개선(Improvement): 여러 요인의 개선을 통해 프로세스를 최적화하고 성과를 검증하는 단계이다. 개선이 필요한 성능의 특성치를 정하고 이 특성치의 변동 요인을 진단한 후 실험계획법과 같은 통계적 방법을 이용해 공정변수를 찾아 공정조건을 개선한다. 이를 통해 공정변수 간의 영향 관계를 파악하고, 공정변수의 규격을 정한다.

• 4단계 – 관리(Control): 새로운 공정조건을 표준화시키고 통계적 공정관리 방법을 통하여 그 변화를 탐지한 후 새표준으로 공정이 안정되면 공정능력을 재평가한다. 분석 결과에 따라 1단계, 2단계, 3단계로 다시 돌아갈 수도 있다.

32 $\bar{x}$

$\bar{x}$ 관리도는 데이터를 군으로 나누어도 별로 의미가 없는 경우나 정해진 공정으로부터 한 개의 측정치밖에 얻을 수 없는 경우 등에 사용한다.

01	③	02	③	03	②	04	④	05	②	06	③	07	④	08	①	09	④	10	②
11	①	12	④	13	②	14	①	15	③	16	①	17	④	18	①	19	③	20	④
21	②	22	④	23	④	24	①	25	②										

01 ③

◉ [시스템관리] – [기초정보관리] – [품목등록]

'ORDER/COST' 탭에서 [보기]의 조건으로 조회한 후 각 품목의 표준원가를 확인한다. ③ 품목 '87-1002011. BREAK SYSTEM (TYPE A)'의 표준원가가 59,000원으로 가장 크다.

① 85-1020410. POWER TRAIN ASS'Y(MTB, TYPE A) 표준원가: 58,000원

② 85-1020420. POWER TRAIN ASS'Y(MTB, TYPE B) 표준원가: 55,000원

③ 87-1002011. BREAK SYSTEM (TYPE A) 표준원가: 59,000원 ⇒ 가장 크다.

④ 87-1002021. BREAK SYSTEM (TYPE B) 표준원가: 51,000원

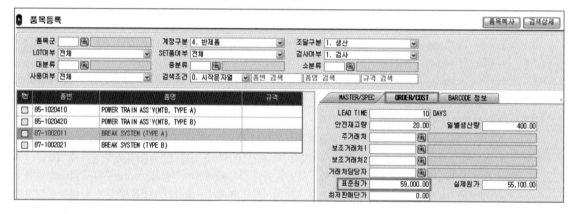

02 ③

⊙ [시스템관리] – [기초정보관리] – [물류실적(품목/고객)담당자등록]

가, 나는 '거래처' 탭, 다, 라는 '품목' 탭에서 조회한다.
가. 현영철강(주)의 외주담당자는 박상미이며 지역은 서울이다. (O)
나. 다스산업(주)의 거래처분류는 일반으로 되어 있다. (O)

다. PRESS FRAME-Z (TYPE A) 품목의 생산담당자는 양의지이다. (O)
라. PRESS FRAME-W (TYPE B)의 단위는 EA이며 자재담당자는 이혜리, 생산담당자는 박상미로 다르다. (×)

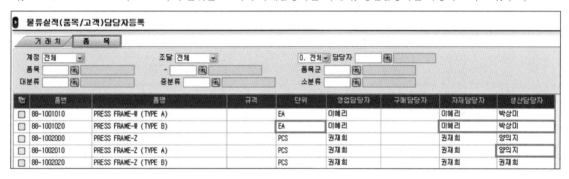

⇒ 올바른 설명은 가, 나, 다(3가지)이다.

03 ②

◉ [시스템관리] – [기초정보관리] – [창고/공정(생산)/외주공정등록]

①은 '외주공정/작업장' 탭, ②는 '생산공정/작업장' 탭, ③, ④는 '창고/장소' 탭에서 조회한다.

① 외주공정 'R200. 외주공정'의 하단에 외주거래처 '00026. (주)재하정밀'이 등록되어 있다.

② 생산공정 'L200. 작업공정'에 대한 작업장 'L201. 제품작업장(완제품)'의 적합여부는 '적합'이다.

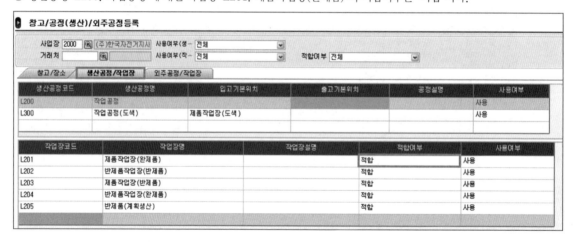

58 · 정답 및 해설

③ 창고 'P200. 제품창고_인천지점'에 대한 위치 'P209. 제품_제품장소_불량'은 '대전 불량창고'이다.

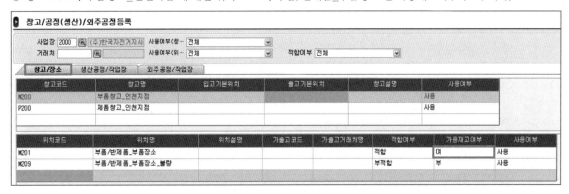

④ 창고 'M200. 부품창고_인천지점'에 대한 위치 'M201. 부품/반제품_부품장소'는 가용재고여부가 '여'이다.

04 ④

◉ [생산관리공통] – [기초정보관리] – [BOM등록]

[보기]의 조건으로 조회되는 내역을 확인한다.

① 자품목 '21-3001610. PEDAL (TYPE A)'의 계정구분은 '원재료'이다.

② 자품목 '83-2000110. 전장품 ASS'Y (TYPE A)'의 외주구분은 '무상'이다.

③ 자품목 '88-1001010. PRESS FRAME-W (TYPE A)'의 사급구분은 '자재'이다.

④ 자품목 '85-1020410. POWER TRAIN ASS'Y(MTB, TYPE A)'의 주거래처는 등록되어 있지 않다.

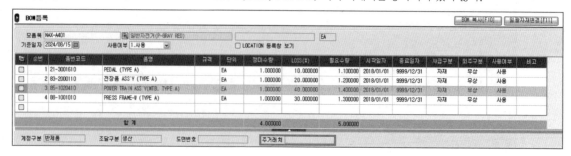

②

◉ [생산관리공통] – [기초정보관리] – [외주단가등록]

'사업장: 2000. (주)한국자전거지사, 외주공정: R200. 외주공정, 외주처: R272. (주)재하정밀'로 조회한다. 단가를 변경할 품목에 체크하고 단가적용비율 20%를 입력하여 '표준원가대비'와 '일괄변경'을 클릭하면 품목의 외주단가가 변경된다. ② 품목 '85-1020400. POWER TRAIN ASS'Y(MTB)'의 외주단가가 11,600원으로 가장 크다.

① 83-2000100. 전장품 ASS'Y 외주단가: 2,600원

② 85-1020400. POWER TRAIN ASS'Y(MTB) 외주단가: 11,600원 ⇒ 가장 크다.

③ 87-1002001. BREAK SYSTEM 외주단가: 11,000원

④ 88-1001000. PRESS FRAME-W 외주단가: 9,200원

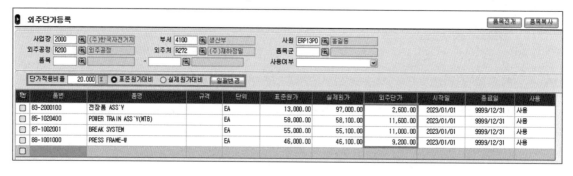

06 ③

◎ [생산관리공통] − [생산관리] − [생산계획등록]

'사업장: 2000. (주)한국자전거지사, 작업예정일: 2024/08/01 ~ 2024/08/31, 계정구분: 2. 제품'으로 조회되는 내역을 확인한다.

① 품목 'NAX-A400. 일반자전거(P-GRAY WHITE)'의 8월 생산계획 수량 총합이 420EA이다.

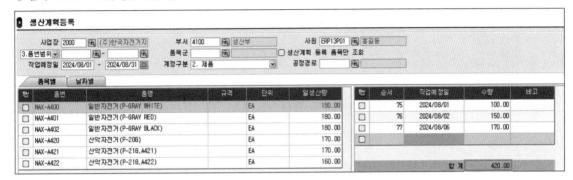

② 품목 'NAX-A402. 일반자전거(P-GRAY BLACK)'의 작업예정일 2024/08/25의 계획수량은 150EA, 일생산량은 180EA로 동일하지 않다.

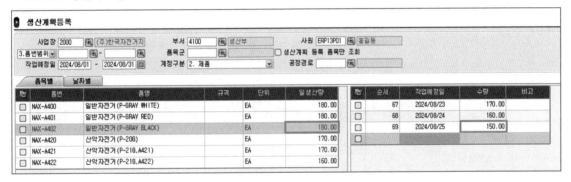

③ 품목 'NAX-A421. 산악자전거(P-21G,A421)'의 작업예정일 2024/08/12의 계획수량은 170EA, 일생산량은 170EA로 동일하다.

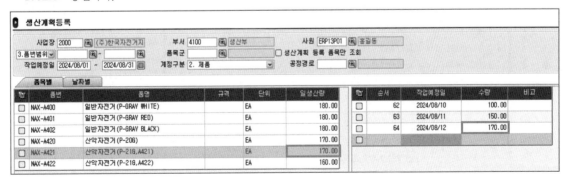

④ 품목 'NAX-A422. 산악자전거(P-21G,A422)'의 작업예정 계획수량은 150EA, 100EA, 120EA이며, 모두 일생산량 160EA를 초과하지 않는다.

07 ④

◉ [생산관리공통] - [생산관리] - [작업지시등록]

[보기]의 사업장, 공정, 작업장, 지시기간으로 조회한 후 오른쪽 상단의 '생산계획조회'를 클릭한다. 팝업창에 [보기]의 계획기간을 입력한 후 조회하여 각 품목의 계획잔량을 확인한다. ④ 품목 'NAX-A422. 산악자전거(P-21G,A422)'의 계획잔량의 합이 110EA로 가장 많다.

① NAX-A400. 일반자전거(P-GRAY WHITE) 계획잔량: 10 + 50 + 20=80EA
② NAX-A402. 일반자전거(P-GRAY BLACK) 계획잔량: 30 + 20 + 50=100EA
③ NAX-A421 산악자전거(P-21G,A421) 계획잔량: 20 + 10 + 30=60EA
④ NAX-A422. 산악자전거(P-21G,A422) 계획잔량: 20 + 30 + 60=110EA ⇒ 가장 많다.

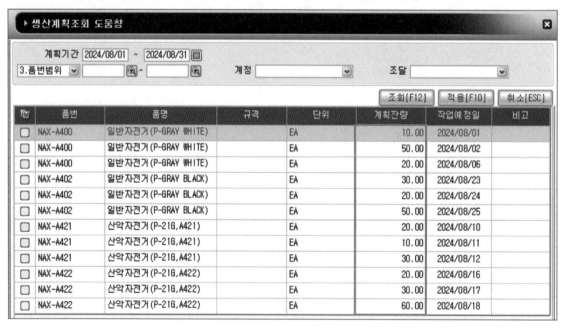

08 ①

📍 [생산관리공통] – [생산관리] – [작업지시확정]

[보기]의 조건으로 조회한 후 각 작업지시번호의 하단에서 확정수량의 합을 확인한다. ① 작업지시번호 WO2408000014 의 확정수량 합이 340EA로 가장 작다.

① WO2408000014 확정수량 합: 340EA ⇒ 가장 작다.
② WO2408000015 확정수량 합: 720EA
③ WO2408000016 확정수량 합: 550EA
④ WO2408000017 확정수량 합: 1,120EA

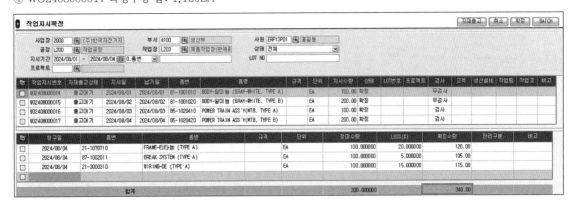

09 ④

📍 [생산관리공통] – [생산관리] – [생산자재출고]

'사업장: 2000. (주)한국자전거지사, 출고기간: 2024/08/10 ~ 2024/08/10'으로 조회한다. 각 출고 건의 하단 품목을 클릭하여 모품목을 확인한다.

④ 품목 '83-2000120. 전장품 ASS'Y (TYPE B)'는 모품목으로 등록되어 있지 않다.

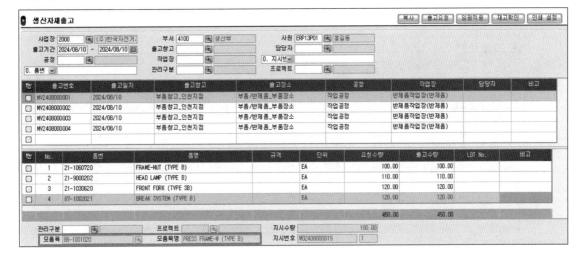

10 ②

⊙ [생산관리공통] – [생산관리] – [작업실적등록]

[보기]의 조건으로 조회한 후 각 작업지시번호의 하단에서 부적합 실적수량을 확인한다. ② 작업지시번호 WO2408000006의 부적합 수량이 60EA로 가장 많다.

① WO2408000003 부적합 수량: 50EA

② WO2408000006 부적합 수량: 60EA ⇒ 가장 많다.

③ WO2408000009 부적합 수량: 40EA

④ WO2408000010 부적합 수량: 30EA

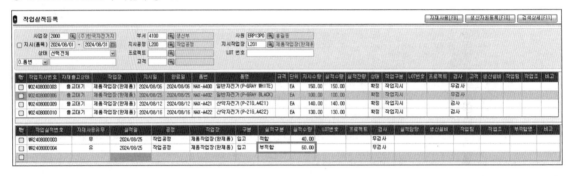

11 ①

⊙ [생산관리공통] – [생산관리] – [생산자재사용등록]

[보기]의 조건으로 조회한 후 각 작업실적번호 하단에서 사용수량의 합을 확인한다. ① 작업실적번호 WR2408000002의 사용수량 합이 140EA로 가장 작다.

① WR2408000002 사용수량 합: 140EA ⇒ 가장 작다.

② WR2408000004 사용수량 합: 300EA

③ WR2408000006 사용수량 합: 228EA

④ WR2408000008 사용수량 합: 150EA

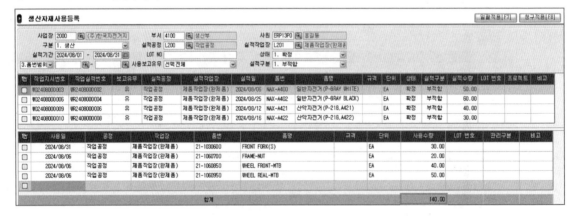

12 ④

◎ [생산관리공통] – [생산관리] – [생산실적검사]

[보기]의 조건으로 조회되는 내역을 확인한다.

① 품목 '81-1001010. BODY-알미늄 (GRAY-WHITE, TYPE A)'은 실적수량 100EA만큼 전수검사를 진행하였다.

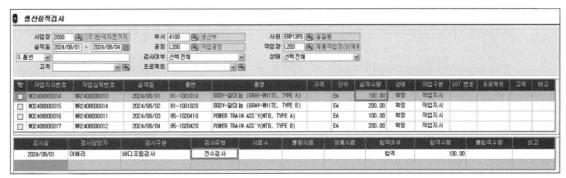

② 품목 '81-1001020. BODY-알미늄 (GRAY-WHITE, TYPE B)'에 대하여 권재희 검사담당자가 휠조립검사를 진행하였다.

③ 품목 '85-1020410. POWER TRAIN ASS'Y(MTB, TYPE A)'는 도색불량으로 인하여 불합격수량 10EA가 발생하였다.

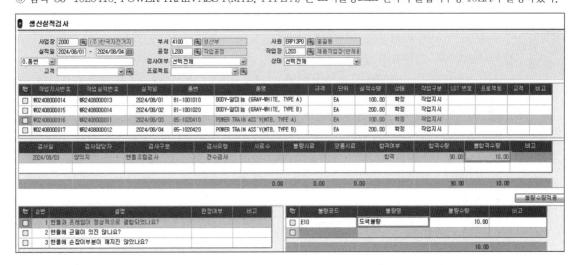

④ 품목 '85-1020420. POWER TRAIN ASS'Y(MTB, TYPE B)'는 전수검사를 진행하였으며 불합격수량이 110EA로 합격수량 90EA보다 많아 최종 합격여부는 불합격으로 되었다.

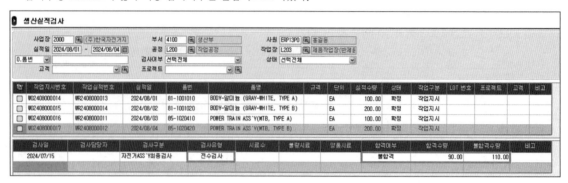

13 ②

⊙ [생산관리공통] – [생산관리] – [생산품창고입고처리]

[보기]의 조건으로 조회한 후 입고장소를 확인한다.

④ 하단에 등록되어 있는 입고번호 IW2407000002의 입고장소가 '부품/반제품_부품장소_불량'으로 잘못 등록되어 있다.

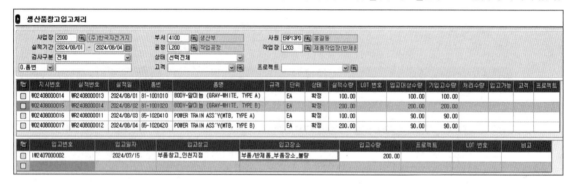

14 ①

⊙ [생산관리공통] – [외주관리] – [외주발주등록]

[보기]의 조건과 각 외주처로 조회한 후 품목 '일반자전거(P-GRAY WHITE)'의 단가를 확인한다. ① '(주)대흥정공'의 외주단가가 156,000원으로 가장 높다.

① (주)대흥정공 외주단가: 156,000원 ⇒ 가장 높다.

② (주)영동바이크 외주단가: 17,600원

③ (주)제일물산 외주단가: 14,000원

④ (주)세림와이어 외주단가: 13,500원

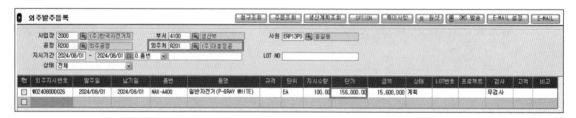

15 ③

📍 [생산관리공통] – [외주관리] – [외주발주확정]

[보기]의 조건으로 조회되는 내역을 확인한다.

① 품목 'NAX-A400. 일반자전거(P-GRAY WHITE)'의 청구자재들의 구분은 모두 '무상'이다.

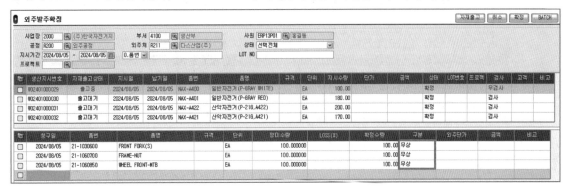

② 품목 'NAX-A401. 일반자전거(P-GRAY RED)'의 청구자재들의 정미수량의 합은 720EA, 확정수량의 합은 900EA 로 같지 않다.

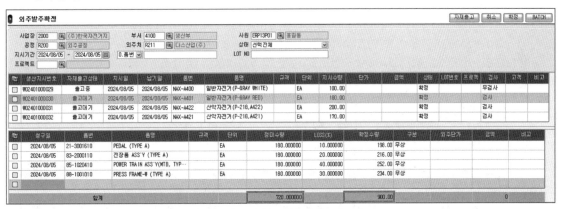

③ 품목 'NAX-A422. 산악자전거(P-21G,A422)'의 총외주금액은 280,000원이다.

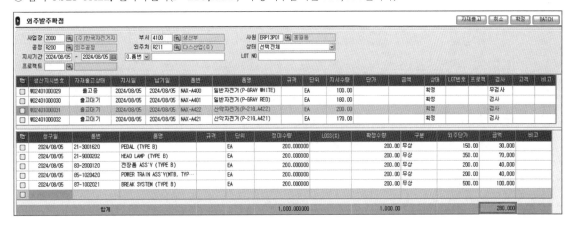

④ 품목 'NAX-A421. 산악자전거(P-21G,A421)'는 LOSS(%)율이 등록되어 있지 않다.

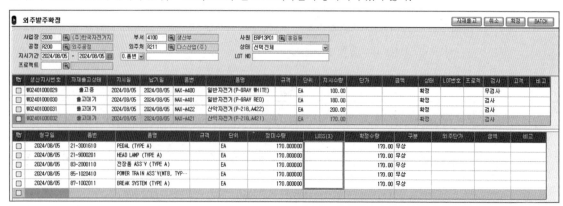

16 ①

📍 [생산관리공통] – [외주관리] – [외주자재출고]

[보기]의 조건으로 조회되는 출고건의 하단에 등록되어 있는 품목별 출고수량을 확인한다. ① 품목 '21-1030600.
FRONT FORK(S)'의 출고수량 합이 240EA로 가장 많다.

① 21-1030600. FRONT FORK(S) 출고수량 합: 110 + 130=240EA ⇒ 가장 많다.

② 21-1060700. FRAME-NUT 출고수량 합: 100 + 100=200EA

③ 21-1060950. WHEEL REAL-MTB 출고수량 합: 55 + 157.5=212.5EA

④ 21-3001610. PEDAL (TYPE A) 출고수량 합: 187 + 11=198EA

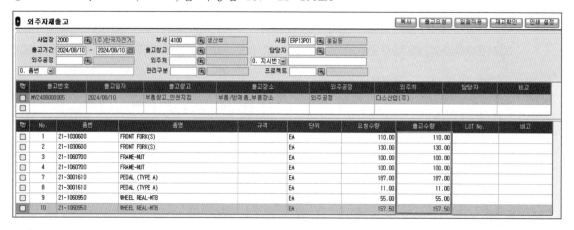

17 ④

📍 [생산관리공통] – [외주관리] – [외주실적등록]

[보기]의 조건으로 조회되는 모든 작업 건의 하단에서 실적담당과 실적수량을 확인한다. ④ 실적담당 박상미의 실적수량
합이 250EA로 가장 많다.

① 이혜리: 70 + 80=150EA

② 권재희: 30 + 50=80EA

③ 양의지: 80 + 90=170EA

④ 박상미: 100 + 150=250EA ⇒ 가장 많다.

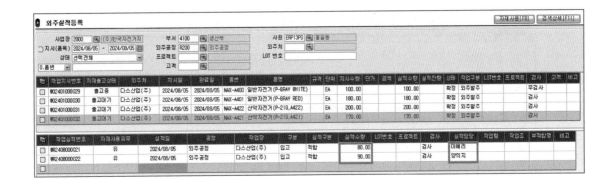

18 ①

◉ [생산관리공통] - [외주관리] - [외주자재사용등록]

[보기]의 조건으로 조회한 후 각 품목의 하단에서 사용수량의 합을 확인한다. ① 품목 'NAX-A400. 일반자전거(P-GRAY WHITE)'는 두 건이 등록되어 있으며 하단의 사용수량 합이 300EA로 가장 적다.

① NAX-A400. 일반자전거(P-GRAY WHITE) 사용수량 합: 210 + 90=300EA ⇒ 가장 적다.

② NAX-A401. 일반자전거(P-GRAY RED) 사용수량 합: 400 + 500=900EA

③ NAX-A422. 산악자전거(P-21G,A422) 사용수량 합: 250 + 750=1000EA

④ NAX-A421. 산악자전거(P-21G,A421) 사용수량 합: 400 + 450=850EA

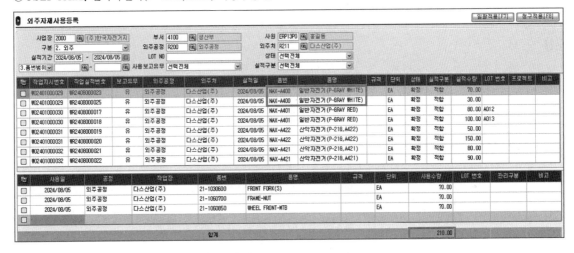

19 ③

◉ [생산관리공통] - [외주관리] - [외주마감]

[보기]의 사업장, 마감일, 외주공정, 외주처로 조회한 후 오른쪽 상단의 '실적적용[F9]'을 클릭한다. 팝업창에 [보기]의 실적일로 조회되는 품목에 체크한 후 '선택적용[F10]'을 클릭하여 외주마감을 진행 후 마감일자를 입력한다. ③ 품목 '85-1020400. POWER TRAIN ASS'Y(MTB)'의 공급가가 200,000원으로 가장 크다.

① 81-1001000. BODY-알미늄(GRAY-WHITE) 공급가: 180,000

② 83-2000100. 전장품 ASS'Y 공급가: 170,000

③ 85-1020400. POWER TRAIN ASS'Y(MTB) 공급가: 200,000 ⇒ 가장 크다.

④ 21-1070700. FRAME-티타늄 공급가: 190,000

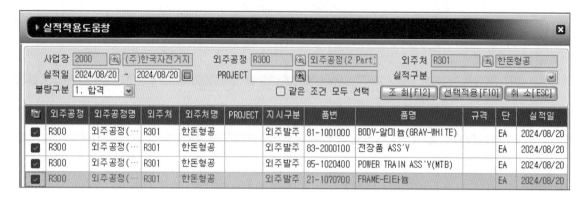

20 ④

◉ [생산관리공통] – [외주관리] – [회계처리(외주마감)]

'회계전표' 탭에서 '사업장: 2000. (주)한국자전거지사, 기간: 2024/08/20 ~ 2024/08/20'으로 조회한다.
④ '태경스틸(주)'의 외주가공비부가세대급금은 154,365원이다.

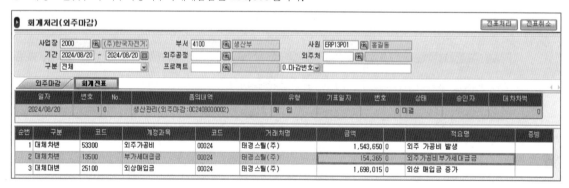

21 ②

◉ [생산관리공통] – [생산/외주/재공현황] – [자재청구대비투입/사용현황]

[보기]의 조건으로 조회한 후 오른쪽 상단의 '단가 OPTION[F10]'을 클릭하여 '실제원가[품목등록]'로 설정한다. 조회되는 각 품목을 클릭하여 하단에서 사용금액 합을 확인한다. ② 지시번호 WO2401000030의 사용금액 합이 46,818,000원으로 가장 많다.

① WO2401000029 사용금액 합: 4,720,000원

② WO2401000030 사용금액 합: 46,818,000원 ⇒ 가장 많다.

③ WO2401000031 사용금액 합: 43,460,000원

④ WO2401000032 사용금액 합: 37,978,000원

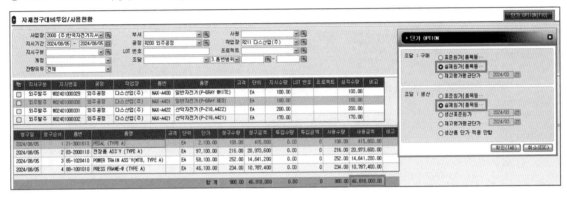

22 ④

◉ [생산관리공통] – [생산/외주/재공현황] – [실적현황]

'사업장: 2000. (주)한국자전거지사, 지시기간: 2024/08/01 ~ 2024/08/31'로 조회한 후 각 품목의 실적수량의 합을 확인한다. ④ 품목 'NAX-A422. 산악자전거(P-21G, A422)'의 실적수량 합이 330EA로 가장 많다.

① NAX-A400. 일반자전거(P-GRAY WHITE) 실적수량 합: 250EA

② NAX-A401. 일반자전거(P-GRAY RED) 실적수량 합: 180EA

③ NAX-A421. 산악자전거(P-21G, A421) 실적수량 합: 310EA

④ NAX-A422. 산악자전거(P-21G, A422) 실적수량 합: 330EA ⇒ 가장 많다.

참고 전체적으로 확인해도 되지만 각 품번이나 품명으로 조회하면 확인하기 편리하다.

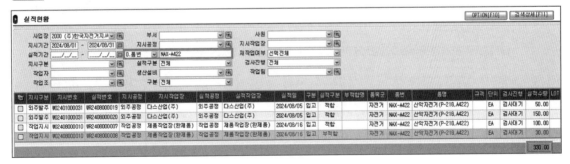

23 ④

📍 [생산관리공통] – [생산/외주/재공현황] – [자재사용현황(제품별)]

'사업장: 2000. (주)한국자전거지사, 사용기간: 2024/08/01 ~ 2024/08/31, 지시구분: 4. 외주발주, 지시품목계정: 2. 제품'으로 조회한 후 각 품목의 사용수량의 합을 확인한다. ④ 품목 'NAX-A422. 산악자전거(P-21G,A422)'의 사용수량 합이 1,000EA로 가장 많다.

① NAX-A400. 일반자전거(P-GRAY WHITE) 사용수량 합: 300EA

② NAX-A401. 일반자전거(P-GRAY RED) 사용수량 합: 900EA

③ NAX-A421. 산악자전거(P-21G,A421) 사용수량 합: 850EA

④ NAX-A422. 산악자전거(P-21G,A422) 사용수량 합: 1,000EA ⇒ 가장 많다.

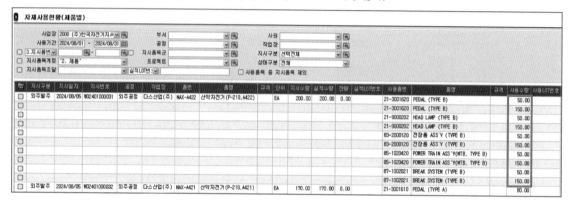

24 ①

📍 [생산관리공통] – [생산/외주/재공현황] – [생산일보]

'사업장: 2000. (주)한국자전거지사, 실적기간: 2024/08/01 ~ 2024/08/31, 구분: 0. 전체, 수량조회기준: 0. 실적입고기준'으로 '실적검사기준' 탭에서 '전체'로 조회한 후 오른쪽 상단의 '단가 OPTION[F10]'을 클릭하여 '표준원가[품목등록]'으로 설정한다.

① 품목 'NAX-A400. 일반자전거(P-GRAY WHITE)'의 검사대기금액이 30,000,000원으로 가장 작다.

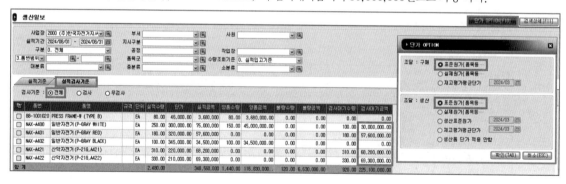

25 ②

[생산관리공통] – [생산/외주/재공현황] – [생산월보]

'사업장: 2000. (주)한국자전거지사, 해당년도: 2024, 구분: 0. 공정'으로 '실적기준' 탭에서 '부적합, 집계기준: 입고'
로 조회한다.

② 8월의 품목 중 'NAX-A402. 일반자전거(P-GRAY BLACK)'의 수량이 60EA로 가장 크다.

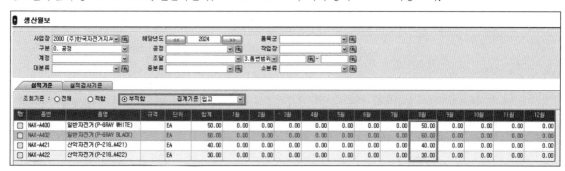

이론

01	①	02	②	03	④	04	③	05	④	06	①	07	③	08	④	09	③	10	①
11	③	12	④	13	③	14	③	15	③	16	④	17	③	18	②	19	③	20	①

01   ①

비지도학습 방법에는 군집분석, 오토인코더, 생성적적대신경망(GAN) 등이 있으며, 지도학습 방법에는 분류모형과 회귀모형이 있다.

02   ②

제품, 공정, 생산설비와 공장에 대한 실제 세계와 가상 세계의 통합 시스템이며 제조 빅데이터를 기반으로 사이버모델을 구축하고 이를 활용하여 최적의 설계 및 운영을 수행하는 것은 사이버물리 시스템(CPS; CyberPhysical System)이다.
① 비즈니스 애널리틱스: 의사결정을 위한 데이터 및 정량 분석과 광범위한 데이터 이용을 의미한다. 구조화된 데이터(Structured Data)와 비구조화된 데이터(Unstructured Data)를 동시에 이용한다
③ 공급사슬관리(SCM): 제품 생산에 필요한 원자재 조달에서부터 고객에게 제품을 전달하는 전체 과정의 정보를 실시간으로 수집하여 효율적인 물류 시스템 운영, 고객만족을 목적으로 하며, SCM 등의 기술이 이용된다.
④ 전사적 자원관리(ERP): 선진 업무 프로세스를 기반으로 최신의 정보 기술을 통해 설계한 고기능성 업무용 소프트웨어로, 최신의 IT 기술을 활용하여 생산, 판매, 인사, 회계 등 기업 내 모든 업무를 통합적으로 관리하도록 도와주는 전사적 자원관리 시스템이다.

03   ④

ERP 아웃소싱은 ERP 개발과 구축, 운영, 유지 보수 등을 전문회사에서 관리하는 것으로 구축 후에 IT 아웃소싱업체로부터 독립적으로 운영하는 것은 아니다.

04   ③

기존의 업무를 개선하기 위하여 ERP를 도입하는 것이지, 기존 업무처리에 따라 ERP 패키지를 수정하는 것은 아니다.

05   ④

$$노동\ 생산성 = \frac{산출량}{투입량} = \frac{타일설치규모}{작업시간} = \frac{1,080m^2}{3명 \times 8시간} = 45m^2/시간$$

06   ①

BOM은 특정 제품이 어떤 부품들로 구성되어 만들어지는지에 대한 정보를 나타내며, 기능적 특성만 관리하는 것이 아니다.

07 ③

델파이분석법은 문제에 대한 여러 전문가들의 의견을 수집한 다음 이 의견들을 요약·정리한 뒤 다시 전문가들에게 배부하여 일반적인 합의가 이루어질 때까지 반복적으로 서로의 아이디어에 대해 논평하게 하는 방법이다.

① 회귀분석법: 상품이나 서비스의 수요와 그 수요에 크게 영향을 미칠 것이라고 생각되는 요인과의 관계를 상관 분석을 통해 산포도나 상관 계수 등으로 밝히고 그 관계를 선형 모형으로 만들어 미래 수요를 예측하는 방법으로, 3년 이상의 장기 수요예측에 적합하다.

② 지수평활법: 일정 기간의 평균을 이용하는 이동평균법과는 달리 주어진 모든 판매량 자료를 이용하며 기간에 따라 가중치를 두어 평균을 계산하고 추세를 통해 미래 수요를 예측하는 것으로, 가중이동평균법을 발전시킨 기법이다.

④ 단순이동평균법: 최근의 일정 기간에 대해 시계열의 단순 평균을 계산하여 예측치로 사용한다.

08 ④

고객의 주문에 따라 설계부터 자재 구입·제조·조립을 하는 전략은 ETO(Engineer-To-Order)이다.

① Make-To-Stock(MTS): 완제품 재고를 보유하여 고객의 주문에 따라 공급한다. 대부분의 공산품이 해당하며, 저가품에 적합한 전략이다.

② Make-To-Order(MTO): 고객의 주문이 확정되면 원자재를 가공하거나, 반제품의 생산 및 완제품의 조립 등을 하는 전략이다.

③ Assemble-To-Order(ATO): 반제품을 재고로 보관하고 있다가 고객의 주문에 따라 조립한 후에 제품을 공급한다. 자동차, 페인트와 같이 옵션의 종류가 많고 고가인 제품에 적용한다.

09 ③

고용수준 변동, 생산율 조정, 재고수준 조정, 하청의 네 가지 전략을 바탕으로 생산-재고 시스템을 위한 총괄생산계획을 수립해야 한다. 수요 변동에 대비하여 이 네 가지 전략 변수들을 적절하게 사용할 수 있다.

10 ①

일정계획은 부품의 가공이나 제품 조립에 자재가 적기에 조달되고 지정된 시기까지 생산이 완료될 수 있도록 기계나 작업의 시간을 배정하고 일시를 결정하여 생산 일정을 계획하는 것이다.

② 기준생산계획: 총괄생산계획을 수립한 뒤 이를 기준으로 보다 구체적으로 각 제품에 대한 생산 시기와 수량을 수립하는 생산계획이다.

③ 수요예측계획: 기업이 수요나 주문의 시간적·수량적 요건을 만족시키기 위해 생산 시스템의 능력을 전체의 입장에서 파악하여 조정해 나가는 계획이다.

11 ③

①, ④는 공정관리의 대외적인 목표에 해당한다.

② 자재의 투입에서 제품이 출하되기까지의 시간을 증가시키는 것이 아니라 단축시킨다.

12 ④

공수계획의 기본 방침은 부하와 능력의 균형화, 가동률의 향상, 일정별 부하 변동 방지, 적성 배치와 전문화 촉진, 여유성이다.

13 ③

전체 작업자가 실제 가동시간 중 정미작업(순수작업)을 하는 시간의 비율은 가동률이다.

14 ③

간트차트(Gantt Chart)는 일정계획에 있어서 정밀성을 기대하기 어려우므로 복잡하거나 대규모 공사에 적용하기 어렵다.

15 ③

5S란 JIT 생산 방식을 달성하기 위한 현장 개선의 기초로 정리(SEIRI), 정돈(SEITON), 청소(SEISO), 청결(SEIKETSU), 마음가짐(SHITSUKE)의 일본어 첫 발음 'S'를 따서 5S라 불린다.
① 정리(SEIRI): 필요한 것과 불필요한 것을 구분하여 불필요한 것은 과감히 버린다.
② 청소(SEISO): 먼지, 이물질, 더러움 등을 제거해 더러움이 없는 깨끗한 상태로 만들어 기분 좋게 일할 수 있는 직장 환경을 조성하여 능률을 향상시킨다.
④ 청결(SEIKETSU): 먼지, 쓰레기 등 더러움이 없이 깨끗하고 산뜻한 상태를 유지한다(정리, 정돈, 청소의 3S 유지).

16 ④

학습률이 80%이므로 누적 생산량이 2배가 될 때마다 평균 생산시간이 80%가 된다.
• 제품 2개에 대한 생산시간: (100시간 × 0.8) × 2 = 160시간
• 제품 4개에 대한 생산시간: (100시간 × 0.8 × 0.8) × 4 = 256시간

17 ③

재고 관련 비용인 주문비용과 재고유지비용의 합을 최소화하기 위한 1회 주문량은 경제적 주문량(EOQ; Economic Order Quantity)이다.
① MRP(자재소요계획): 완제품의 생산계획에 따라 재료, 부품, 반제품 등의 종속적 수요를 갖는 자재의 소요량 및 조달 시기에 대한 관리를 통하여 주문과 생산계획을 효율적으로 처리하도록 만들어진 자재관리 기법이다.
② ERP: 선진 업무 프로세스를 기반으로 최신의 정보 기술을 통해 설계한 고기능성 업무용 소프트웨어로, 최신의 IT 기술을 활용하여 생산, 판매, 인사, 회계 등 기업 내 모든 업무를 통합적으로 관리하도록 도와주는 전사적 자원관리 시스템이다.
④ CRP(생산능력소요계획): 자재소요계획(생산계획) 활동 중에서 MRP 전개에 의해 생성된 계획이 얼마만큼의 제조자원을 요구하는지를 계산하는 모듈이다.

18 ②

자재소요계획(MRP) 시스템의 주요 입력 요소는 기준생산계획(MPS), 자재 명세서(BOM), 재고기록파일(IRF)이다.

19 ③

자재소요계획(생산계획) 활동 중에서 기준생산계획(MPS)이 주어진 제조자원의 용량을 넘어서는지 아닌지를 계산하는 모듈은 개략능력요구계획(RCCP; Rough Cut Capacity Planning)이다.

① 총괄생산계획(APP): 본질은 기업이 수요나 주문의 시간적·수량적 요건을 만족시키기 위해 생산 시스템의 능력을 전체의 입장에서 파악하여 조정해 나가는 계획이다.

② 자재소요계획(MRP): 완제품의 생산계획에 따라 재료, 부품, 반제품 등의 종속적 수요를 갖는 자재의 소요량 및 조달시기에 대한 관리를 통하여 주문과 생산계획을 효율적으로 처리하도록 만들어진 자재관리 기법이다.

④ 생산능력소요계획(CRP): 기업의 현실적인 생산능력에 맞추어 자재소요계획을 수립하기 위해 작업장의 능력 소요량을 시간대별로 예측하는 기법으로, 이미 발주된 예정 입고와 발주 예정의 계획발주량을 완성하는 데 필요한 작업부하를 산정하기 위해서 이용한다.

20 ①

SCM(공급망관리)의 추진 효과는 통합적 정보 시스템 운영, 물류비용 절감, 구매비용 절감, 고객만족, 시장 변화에 대한 대응력 강화, 생산 효율화, 업무 처리시간 단축, 공급의 안정화, 재고수준 감소, 총체적 경쟁 우위 확보이다.

01	④	02	②	03	②	04	④	05	①	06	②	07	④	08	④	09	③	10	③
11	①	12	④	13	②	14	③	15	③	16	④	17	①	18	②	19	①	20	③

01 ④

◉ [시스템관리] – [기초정보관리] – [품목등록]

[보기]의 조건으로 조회한 후 각 품목의 등록되어 있는 내역을 확인한다. ①, ③, ④는 'ORDER/COST' 탭, ②는 'MASTER/SPEC' 탭에서 조회한다.

① 품목 '81-1001000. BODY-알미늄(GRAY-WHITE)'의 안전재고량은 20EA이다.

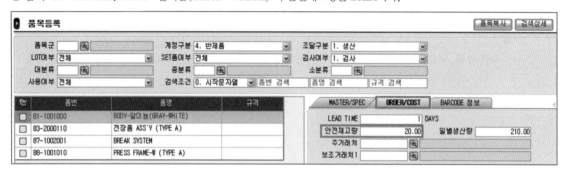

② 품목 '83-2000110. 전장품 ASS'Y (TYPE A)'의 LOT여부는 '1. 사용'이다.

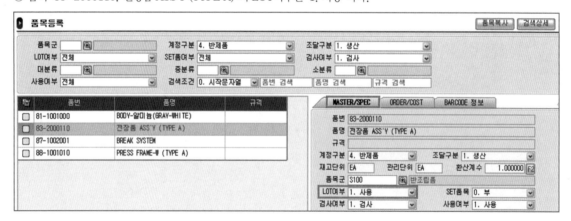

③ 품목 '87-1002001. BREAK SYSTEM'의 대분류는 '100. 조립반제품'이다.

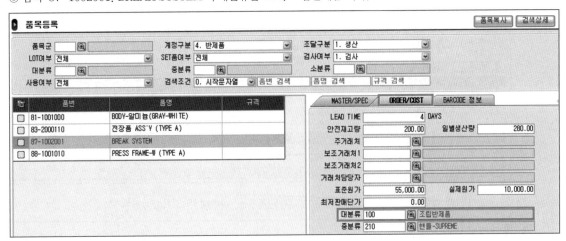

④ 품목 '88-1001010. PRESS FRAME-W (TYPE A)'의 주거래처는 '00008. YK PEDAL'이다.

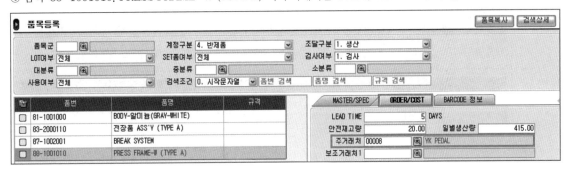

02 ②

📍 [시스템관리] – [기초정보관리] – [창고/공정(생산)/외주공정등록]

①, ②는 '생산공정/작업장' 탭, ③, ④는 '창고/장소' 탭에서 조회한다.
① 생산공정 'L300. 작업공정(도색)'의 입고기본위치는 'L303. 도색작업장(반제품)'이다.
② 생산공정 'L200. 작업공정'의 작업장 'L202. 반제품작업장'의 사용여부는 '사용'이다.

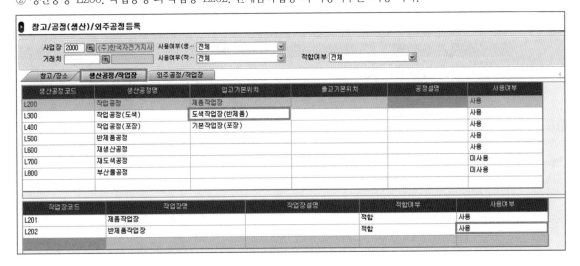

③ 창고 'M200. 부품창고_인천지점'의 위치 'M201. 부품/반제품_부품장소'의 위치설명은 '김포공항'이다.

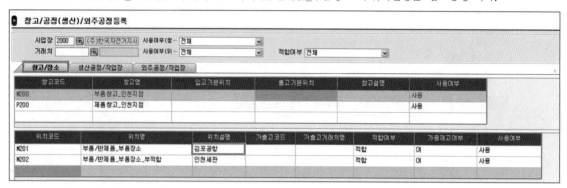

④ 창고 'P200. 제품창고_인천지점'의 위치 'P202. 제품장소_대전대기'의 적합여부는 '적합'이다.

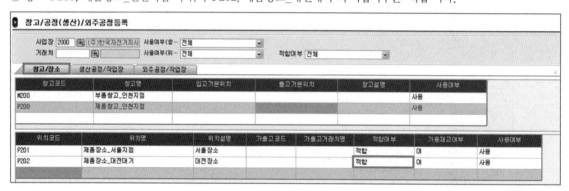

03 ②

◎ [시스템관리] – [기초정보관리] – [물류실적(품목/고객)담당자등록]

'품목' 탭에서 [보기]의 계정과 구매담당자와 생산담당자 중 하나로 조회한 후 나머지 조건에 맞는 품목을 확인한다. [보기]의 조건에 해당하는 품목은 'NAX-A422. 산악자전거(P-21G,A422)'이다.

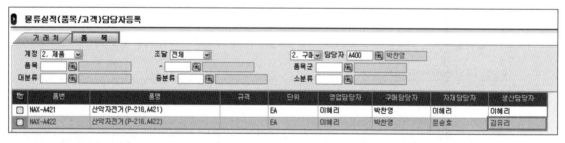

04 ④

◎ [생산관리공통] – [기초정보관리] – [BOM등록]

[보기]의 조건으로 조회되는 품목의 등록되어 있는 내역을 확인한다.
① 필요수량의 합계는 16EA이다.
② 자품목 '83-2000100. 전장품 ASS'Y'의 하단에 등록되어 있는 계정구분은 '반제품'이다.
③ 자품목 '88-1001000. PRESS FRAME-W'의 사급구분은 '자재'이다.
④ 자품목 '85-1020400. POWER TRAIN ASS'Y(MTB)'의 LOSS(%)가 60%로 가장 크다.

05 ①

◎ [생산관리공통] – [기초정보관리] – [BOM역전개]

[보기]의 조건으로 조회되는 품목을 확인한다.

① 품목 'NAX-A401. 일반자전거(P-GRAY RED)'는 1LEVEL에 등록되어 있지 않다.

06 ②

◎ [생산관리공통] – [생산관리] – [생산계획등록]

[보기]의 조건으로 조회한 후 각 품목의 일생산량과 작업예정수량을 확인한다.

② 품목 '산악자전거(P-21G,A422)'의 일생산량은 60EA, 작업예정일 2025/01/09의 수량은 90EA로 일생산량을 초과하여 작업예정을 계획하였다.

07 ④

◉ [생산관리공통] – [생산관리] – [작업지시등록]

[보기]의 조건으로 조회한 후 각 작업지시번호에서 마우스 오른쪽 '[작업지시등록] 이력정보'를 확인한다.
①, ②, ③의 이전 이력은 '생산계획등록'으로 생산계획을 적용받아 등록한 것을 알 수 있으며, ④ 작업지시번호
WO2501000009는 이력정보가 등록되어 있지 않아 적용받지 않고 직접 등록한 것을 알 수 있다.

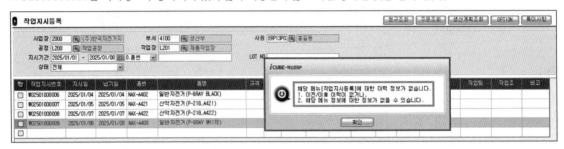

08 ④

◉ [생산관리공통] – [생산관리] – [작업지시확정]

[보기]의 조건으로 조회한 후 각 품목의 하단에서 확정수량의 합을 확인한다. ④ 품목 '87-1002001. BREAK SYSTEM'
의 확정수량 합이 1,290EA로 가장 적다.
① 81-1001000. BODY-알미늄(GRAY-WHITE) 확정수량 합: 1,785
② 83-2000100. 전장품 ASS'Y 확정수량 합: 3,066
③ 85-1020400. POWER TRAIN ASS'Y(MTB) 확정수량 합: 4,025
④ 87-1002001. BREAK SYSTEM 확정수량 합: 1,290 ⇒ 가장 적다.

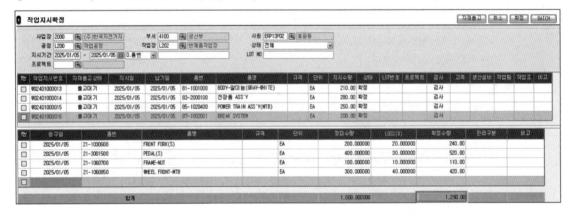

09 ③

📍 [생산관리공통] – [생산관리] – [생산자재출고]

[보기]의 조건으로 조회한 후 등록되어 있는 품목을 클릭하여 하단에서 모품목을 확인한다. 등록되어 있는 모품목은 'NAX-A402. 일반자전거(P-GRAY BLACK)', 'NAX-A421. 산악자전거(P-21G,A421)', 'NAX-A422. 산악자전거 (P-21G,A422)', 'NAX-A400. 일반자전거(P-GRAY WHITE)'이다.

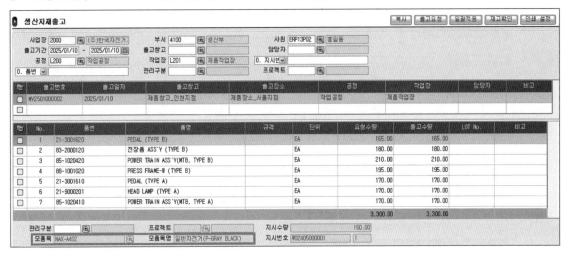

10 ③

📍 [생산관리공통] – [생산관리] – [작업실적등록]

[보기]의 조건으로 조회한 후 각 작업실적번호의 등록되어 있는 내역을 확인한다. 작업지시번호를 클릭하면 하단에 작업 실적번호가 등록되어 있다.

① 작업실적번호 WR2501000001에 대한 작업조는 '작업 A'이다.

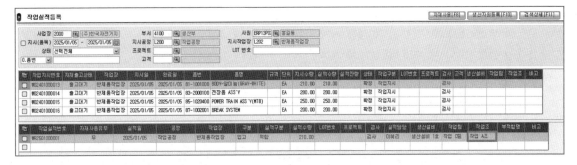

② 작업실적번호 WR2501000002에 대한 생산설비는 '생산설비 4호'이다.

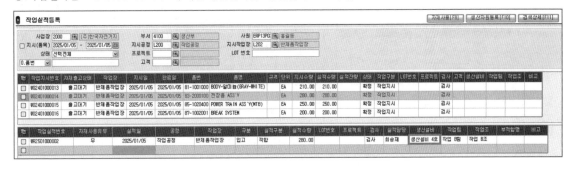

③ 작업실적번호 WR2501000003을 클릭하면 하단에서 입고장소 'M201. 부품/반제품_부품장소'를 확인할 수 있다.

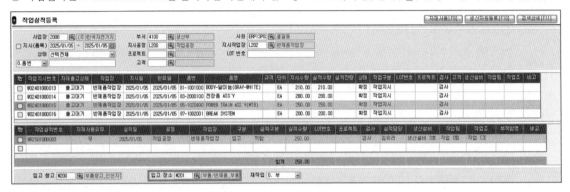

④ 작업실적번호 WR2501000004에 대한 실적담당자는 '박찬영'이다.

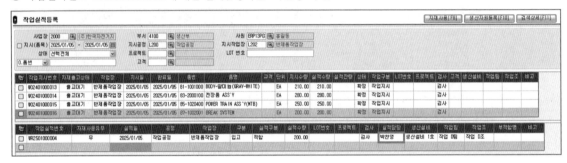

11 ①

📍 [생산관리공통] – [생산관리] – [생산자재사용등록]

[보기]의 조건으로 조회한 후 각 작업실적번호에서 오른쪽 상단의 '청구적용[F8]'을 클릭하여, 팝업창에서 잔량의 합을 확인한다. ① 작업실적번호 WR2501000005의 잔량 합이 205EA로 가장 많다.

① WR2501000005 잔량 합: 60 + 50 + 55 + 40 = 205EA ⇒ 가장 많다.
② WR2501000006 잔량 합: 40 + 20 + 80 + 20 = 160EA
③ WR2501000007 잔량 합: 40 + 20 + 80 + 10 = 150EA
④ WR2501000008 잔량 합: 20 + 70 + 60 + 20 = 170EA

12 ④

📍 [생산관리공통] – [생산관리] – [생산실적검사]

[보기]의 조건으로 조회한 후 등록되어 있는 내역을 확인한다.

④ 작업실적번호 WR2501000004의 불량수량이 가장 많이 발생한 불량명으로는 '휠(WHEEL)불량 17인치'가 3EA로 가장 많이 발생하였다.

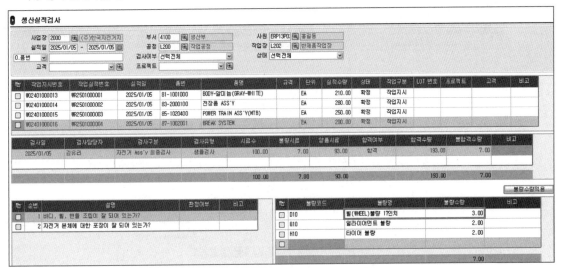

13 ②

📍 [생산관리공통] – [생산관리] – [생산품창고입고처리]

[보기]의 조건으로 조회한 후 등록되어 있는 내역을 확인한다.

[보기]와 '검사구분: 1. 검사'로 조회한다. 조회되는 실적번호는 WR2501000005, WR2501000008이다.

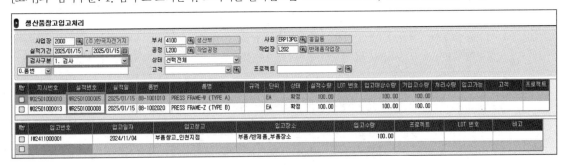

14 ③

📍 [생산관리공통] – [생산관리] – [작업지시마감처리]

[보기]의 조건으로 조회되는 각 작업지시번호의 상태와 하단의 실적잔량을 확인한다. 상태가 '확정'인 작업지시번호가 마감처리가 가능한 것이며 이 작업지시번호에 체크하면 오른쪽 상단의 '마감처리[F6]'가 활성화된다.

작업지시번호 WO2501000015의 실적잔량이 5EA로 가장 적게 남아있으나, 상태가 '확정'이 아니므로 마감처리를 할 수 없다. 따라서 상태가 '확정'인 작업지시번호 중 실적잔량이 10EA로 가장 적은 작업지시번호 WO2501000016이 마감처리가 가능하면서 실적잔량이 가장 적게 남아있는 작업지시번호이다.

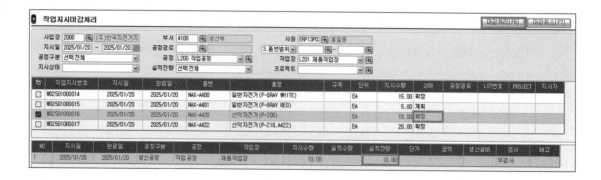

15 ③

📍 [생산관리공통] – [재공관리] – [기초재공등록]

[보기]의 조건으로 조회되는 내역을 확인한다.

① 등록번호 OW2501000001의 하단에 등록되어 있는 모든 품목에서 마우스 오른쪽 버튼을 클릭하여 '부가기능 – 품목 상세정보'를 확인한다. 계정은 모두 '2. 제품'이다.

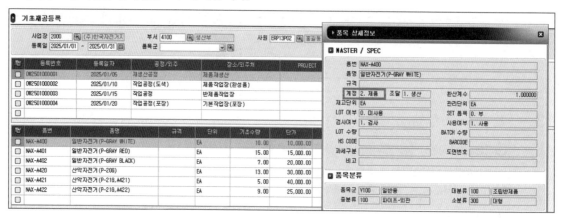

② 작업공장(도색), 제품작업장(완성품)은 등록번호 OW2501000002에 등록되어 있으며, 하단에 등록되어 있는 모든 품목에서 마우스 오른쪽 버튼을 클릭하여 '부가기능 – 품목상세정보'를 확인한다. 계정은 모두 '4. 반제품'이다.

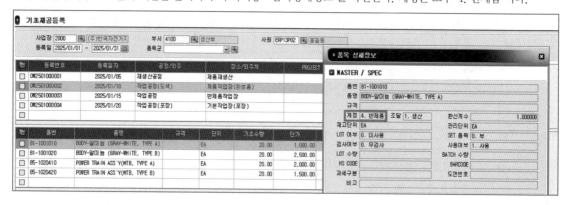

③ 등록번호 OW2501000003은 2025년 1월 한 달 동안 입력된 기초재공내역 중 기초수량 합이 300EA로 가장 크다.

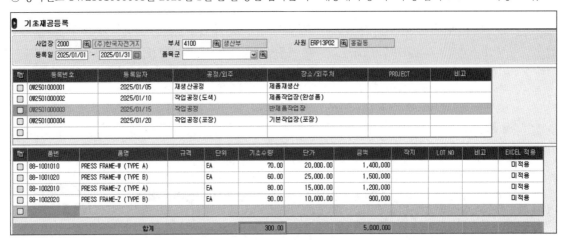

④ 2025년 1월 한 달 동안 입력된 기초재공내역 중 금액의 합이 5,000,000원으로 가장 큰 등록번호는 OW2501000003 이며, 작업공정/반제품작업장에 등록되어 있다.

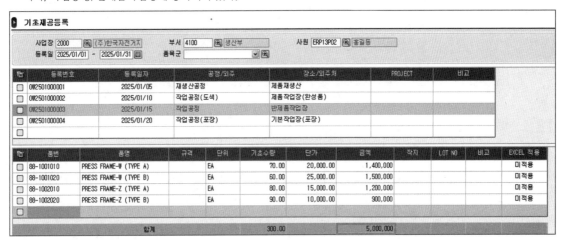

16 ④

📍 [생산관리공통] – [생산/외주/재공현황] – [실적현황]

[보기]의 조건으로 조회한 후 각 실적번호의 실적수량을 확인한다.

④ 실적번호 WR2501000004의 실적수량이 200EA로 가장 적다.

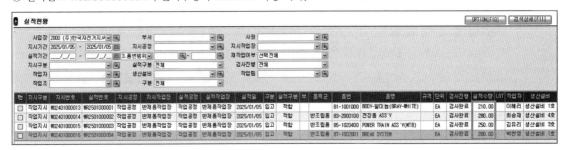

17 ①

🔍 [생산관리공통] – [생산/외주/재공현황] – [자재청구대비투입/사용현황]

[보기]의 조건으로 조회한 후 각 품목을 클릭하여 하단에서 사용금액 합을 확인한다. 문제에서 '단가 OPTION' 조건이 주어지지 않았으므로 주어진 선택지에 맞는 것이 어느 것인지 확인할 필요가 있다. 오른쪽 상단의 '단가 OPTION'을 클릭하여 조달구분 구매, 생산 모두 '표준원가[품목등록]'으로 적용해야 문제를 풀 수 있다.

① 품목 'PRESS FRAME-W (TYPE A)'의 사용금액 합은 29,408,720원이다.

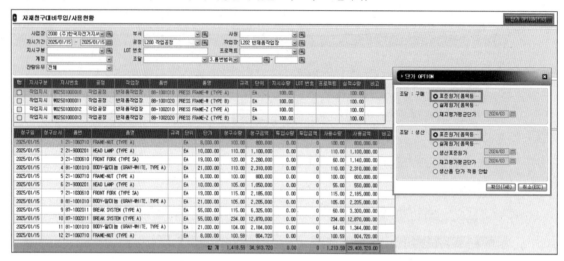

18 ②

🔍 [생산관리공통] – [생산/외주/재공현황] – [지시대비실적현황]

[보기]의 조건으로 조회한 후 품목별 잔량의 합을 확인한다. '계정: 2. 제품'은 오른쪽 상단의 '검색상세'에서 검색할 수 있다.

① 일반자전거(P-GRAY WHITE) 잔량 합: 105EA
② 일반자전거(P-GRAY BLACK) 잔량 합: 190EA
③ 산악자전거(P-21G,A421) 잔량 합: 230EA
④ 산악자전거(P-21G,A422) 잔량 합: 130EA

참고 여러 품목이 섞여 있으므로 각 품목별로 조회하는 것이 한눈에 확인하기 편리하다.

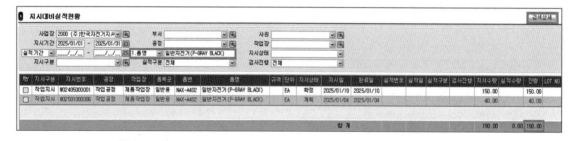

19 ①

📍 [생산관리공통] – [생산/외주/재공현황] – [품목별품질현황(샘플검사)]

[보기]의 조건으로 조회한 후 각 품목의 샘플합격률을 확인한다.

① 품목 '81-1001000. BODY-알미늄(GRAY-WHITE)'의 샘플합격률이 95%로 가장 높다.

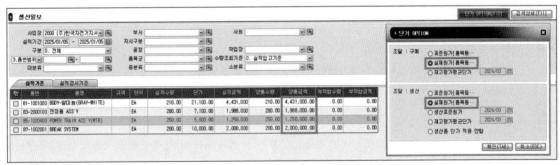

20 ③

📍 [생산관리공통] – [생산/외주/재공현황] – [생산일보]

'실적기준' 탭에서 [보기]의 조건으로 조회한 후 오른쪽 상단의 '단가 OPTION[F10]'을 클릭하여 '실제원가[품목등록]'로 설정한다. 품목 '85-1020400. POWER TRAIN ASS'Y(MTB)'의 양품금액이 1,250,000원으로 가장 작다.

이론

01	④	02	①	03	②	04	①	05	①	06	①	07	②	08	②	09	①	10	③
11	②	12	④	13	③	14	④	15	③	16	④	17	③	18	③	19	①	20	④

01   ④

스마트 팩토리의 구축 목적은 생산성 향상과 유연성 향상, 고객 서비스 향상, 비용 절감, 납기 향상, 품질 향상, 인력 효율화, 맞춤형 제품 생산, 통합된 협업생산 시스템, 최적화된 동적생산 시스템, 새로운 비즈니스 창출, 제품 및 서비스의 생산통합, 제조의 신뢰성 확보 등이다.

02   ①

로봇 프로세스 자동화(RPA; Robotic Process Automation)의 적용 단계는 (1단계) 기초프로세스 자동화, (2단계) 데이터 기반의 머신러닝 활용, (3단계) 인지자동화이며, 빅데이터 분석을 통해 그동안 사람이 수행한 복잡한 의사결정을 내리는 수준은 3단계인 인지자동화이다.

03   ②

점증적으로 비즈니스 프로세스를 개선하는 방식은 BPI(Business Process Improvement)이다.

04   ①

차세대 ERP의 비즈니스 애널리틱스(Business Analytics)는 구조화된 데이터와 비구조화된 데이터를 동시에 이용한다.

05   ①

생산성의 측정은 부분 생산성, 다요소 생산성, 총요소 생산성 등으로 측정할 수 있다.

06   ①

자재 명세서(BOM; Bill of Material)는 제품의 설계 사양, 제품 원가 산정, 자재 불출 목록표 생성, 특정 품목을 만드는 데 필요한 부품 정보 구매 및 생산 일정 수립 등에 활용된다.

07   ②

- 정성적 수요예측(주관적) 기법: 시장조사법, 판매원 의견종합법, 델파이(Delphi)분석법
- 정량적 수요예측(객관적) 기법: 인과모형분석법

08 ②

투입(Input)이 변환을 거쳐 산출(Output)되는 생산 시스템에서 Feedback의 기능에는 문제 조기 발견 가능, 타부문과 정보를 공유 가능, 지속적인 개선 추구, 효율적이고 경쟁적으로 시장의 변화에 대응이 있다.

09 ①

LFL(Lot-for-Lot)은 각 기간 동안 필요한 수요량과 같은 양을 주문하는 방식으로 기말재고가 없다.
② FOQ(Fixed Order Quantity, 고정 주문량): 매 주문 시 고정된 주문 단위로 주문하는 방식이다.
③ EOQ(Economic Order Quantity, 경제적 주문량): 총재고비용이 최소가 되도록 하는 1회 주문량을 말한다.
④ POQ(Periodic Order Quantity, 기간 주문량): 일정한 기간 동안 필요한 소요량을 모아서 한꺼번에 주문하는 방식이다.

10 ③

작업의 우선순위를 정할 때 납기 우선순위, 선입선출법(FIFO), 최단 가공시간, 최소 공정 수, 최소 여유 시간, 긴급률 규칙 등을 고려해야 한다.

11 ②

①, ③, ④는 공정관리의 대내적인 목표에 해당한다.

12 ④

① 가공공정: 변질, 변형, 변색, 조립, 분해 등의 과정을 거쳐 제조의 목적을 직접적으로 달성하는 공정
② 운반공정: 제품 또는 부품이 한 작업 장소에서 타 작업 장소로의 이동을 위해 발생한 작업, 이동, 하역의 상태
③ 검사공정: 양적검사, 질적검사

13 ③

- 직원 40명 중 28명이 출근하였으므로 출근율은 $\frac{28}{40} \times 100 = 70\%$이다.

- 가동률: 출근율 $0.7 \times (1 - 간접작업률\ 0.2) = 0.56(56\%)$

14 ④

애로공정(Bottleneck Operation)은 전체 공정의 흐름을 막고 있는 공정으로 전체 라인의 생산 속도를 좌우한다.

15 ③

칸반 시스템에서 전공정은 후공정이 인수해 간 양만큼만 생산하므로, 수요가 발생하지 않으면 작업을 진행하지 않는다.

16 ④

JIT의 7가지 낭비는 과잉 생산의 낭비(낭비의 뿌리), 재고의 낭비, 운반의 낭비, 불량의 낭비, 가공 그 자체의 낭비, 동작의 낭비, 대기의 낭비이다.

17 ③

경제적 주문량(EOQ)의 기본 가정은 연간 자재 사용량이 일정하고 연속적이다.

18 ③

MRP 시스템의 Input(입력) 요소는 MPS(주생산일정계획), BOM(자재 명세서, Bill of Material), IRF(재고기록철)이다.

19 ①

SCM에 포함되는 사항은 경영정보 시스템, 공급 및 조달, 생산계획, 주문처리, 현금흐름, 재고관리, 창고관리, 고객관리이다.

20 ④

- 연간 가동일수가 240일, 1년에 24,000개의 모터를 사용하므로 1일 수요율은 $\dfrac{24,000}{240} = 100$이다.

- 연간 수요량(D): 24,000개, 생산 작업 준비비(S): 2,250원, 연간 단위당 재고유지비용(H): 100원, 일정 기간의 수요율(d): 100개, 일정 기간의 생산율(p): 400개

    경제적 생산량 Q^*: $\sqrt{\dfrac{2DS}{H(1-\dfrac{d}{p})}} = \sqrt{\dfrac{2 \times 24,000 \times 2,250}{100 \times (1-\dfrac{100}{400})}} = 1,200$개

01 ④

📍 [시스템관리] – [기초정보관리] – [품목등록]

[보기]의 조건으로 조회되는 품목의 내역을 확인한다.

①, ④는 'ORDER/COST' 탭, ②, ③은 'MASTER/SPEC' 탭에서 조회한다.

① 품목 'NAX-A401. 일반자전거(P-GRAY RED)'의 안전재고량은 25이다.

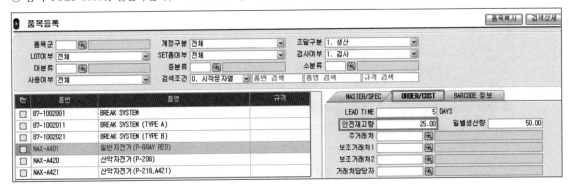

② 품목 'NAX-A420. 산악자전거(P-20G)'의 LOT여부는 '0. 미사용'이다.

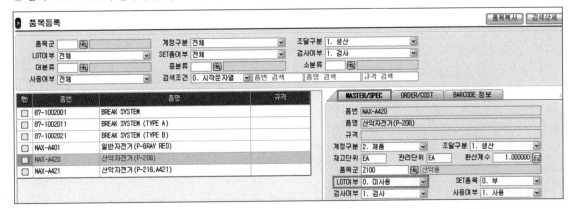

③ 품목 '87-1002001. BREAK SYSTEM'의 품목군은 'S100. 반조립품'이다.

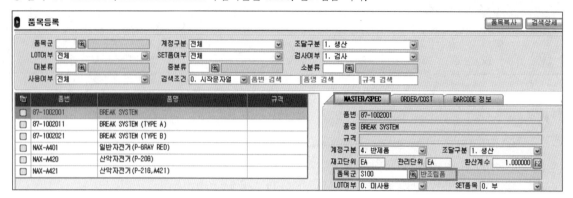

④ 품목 '87-1002011. BREAK SYSTEM (TYPE A)'의 주거래처는 '00009. (주)영동바이크'이다.

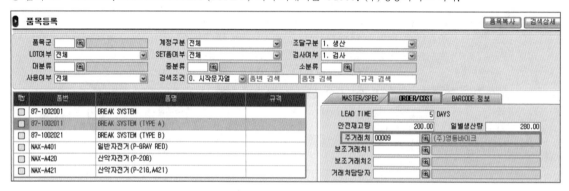

02 ②

📍 [시스템관리] – [기초정보관리] – [창고/공정(생산)/외주공정등록]

[보기]의 조건으로 조회되는 내역을 확인한다.

①, ②는 '생산공정/작업장' 탭, ③, ④는 '창고/장소' 탭에서 조회한다.

① 생산공정 'L300. 작업공정(도색)'의 입고기본위치는 'L302. 반제품작업장(조립품)'이다.

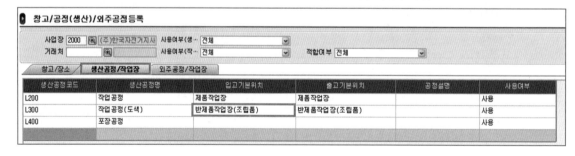

② 생산공정 'L200. 작업공정'의 하단에 등록되어 있는 작업장 'L204. 반제품작업장_부적합'의 사용여부는 '미사용'이다.

③ 창고 'M200. 부품창고_인천지점'의 하단에 등록되어 있는 위치 'M201. 부품/반제품_부품장소'의 가용재고여부는 '여'이다.

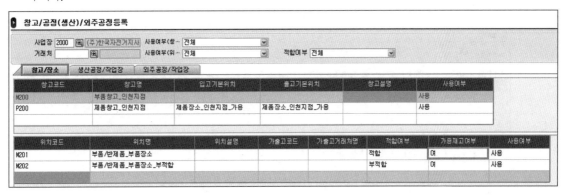

④ 창고 'P200. 제품창고_인천지점'의 하단에 등록되어 있는 위치 'P202. 제품장소_인천지점_가용'의 적합여부는 '적합'이다.

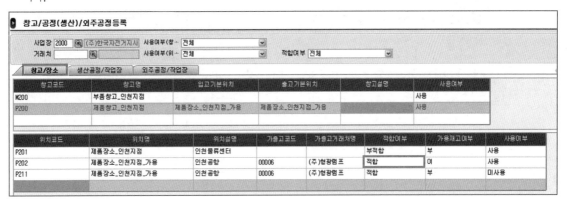

03 ①

📍 [시스템관리] – [기초정보관리] – [물류실적(품목/고객)담당자등록]

'품목' 탭에서 [보기]의 계정과 구매담당자와 자재담당자 중 하나로 조회한 후 나머지 조건에 맞는 품목을 확인한다. [보기]의 조건에 해당하는 품목은 'NAX-A421. 산악자전거(P-21G,A421)'이다.

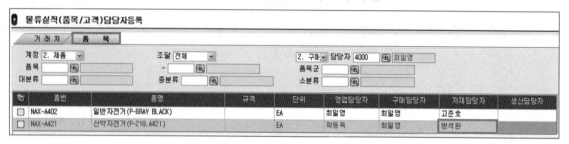

04 ④

📍 [생산관리공통] – [기초정보관리] – [BOM등록]

[보기]의 조건으로 조회되는 품목의 내역을 확인한다.

① 자품목 '21-3001600. PEDAL'의 하단에 등록되어 있는 주거래처는 'YK PEDAL'이다.

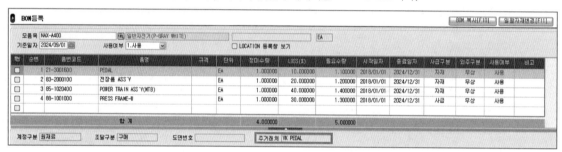

② 자품목 '83-2000100. 전장품 ASS'Y'의 하단에 등록되어 있는 계정구분은 '반제품'이다.

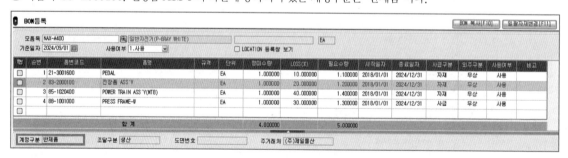

③ 자품목 '88-1001000. PRESS FRAME-W'의 사급구분은 '사급'이다.

④ 자품목 '85-1020400. POWER TRAIN ASS'Y(MTB)'의 LOSS(%)가 40%로 가장 크다.

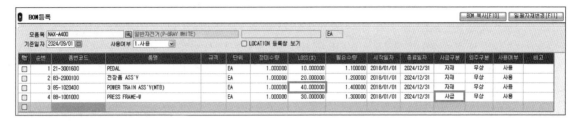

05　③

📍 [생산관리공통] – [기초정보관리] – [BOM역전개]

[보기]의 조건으로 조회되는 품목을 확인한다.

③ 품목 '21-9000211. HEAD LAMP(LED TYPE A)'는 1LEVEL에 등록되어 있지 않다.

06　④

📍 [생산관리공통] – [생산관리] – [생산계획등록]

[보기]의 조건으로 조회한 후 각 품목의 일생산량과 작업예정수량을 확인한다. 품목 '88-1001000. PRESS FRAME-W'의 일생산량은 40EA, 작업예정일 2024/09/07의 수량은 45EA로 일생산량을 초과하여 작업예정을 계획하였다.

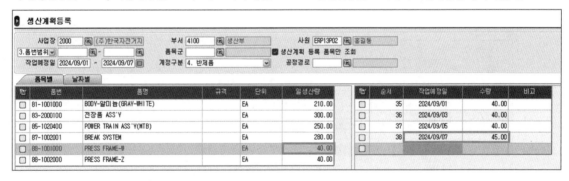

07

③

⊙ [생산관리공통] – [생산관리] – [작업지시등록]

[보기]의 조건으로 조회한 후 각 품목에서 마우스 오른쪽 버튼을 클릭하여 '부가기능 – 품목상세정보'를 확인한다.

③ 품목 'NAX-A401. 일반자전거(P-GRAY RED)'의 품목상세정보에 등록되어 있는 검사여부는 '1. 검사'이나 [작업지시등록] 메뉴에 등록되어 있는 검사여부는 '무검사'로 품목등록의 검사여부와 다른 검사구분으로 등록되어 있다.

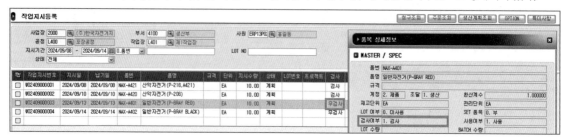

①

⊙ [생산관리공통] – [생산관리] – [작업지시확정]

[보기]의 조건으로 조회되는 모든 내역에 체크한 후 오른쪽 상단의 '확정'을 클릭하고 사용일을 입력한다.

품목 '87-1002001. BREAK SYSTEM'의 하단에 등록된 확정수량의 합이 115EA로 가장 많다.

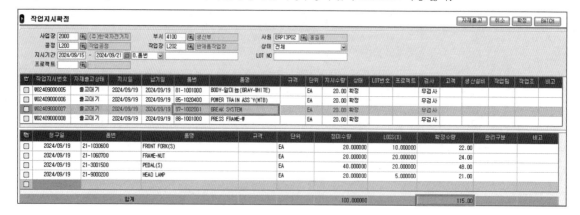

09 ②

📍 [생산관리공통] – [생산관리] – [생산자재출고]

[보기]의 사업장, 출고기간으로 조회한 후 오른쪽 상단의 '출고요청'을 클릭하여 팝업창에 청구기간, 청구공정, 청구작업장으로 조회한다. 조회되는 각 품목을 클릭하여 하단의 모품목을 확인하면 ①, ③, ④의 품목은 모품목으로 등록되어 있으나, ② 품목 '87-1002011, BREAK SYSTEM (TYPE A)'은 모품목으로 등록되어 있지 않다.

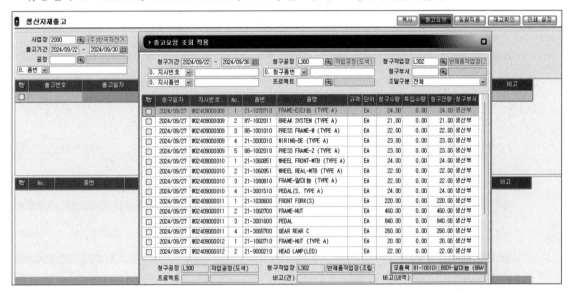

10 ③

📍 [생산관리공통] – [생산관리] – [작업실적등록]

[보기]의 조건으로 조회되는 내역을 확인한다. 작업실적번호는 각 작업지시번호의 하단에서 확인할 수 있다.

① 작업실적번호 WR2410000004는 작업지시번호 WO2410000004의 하단에 등록되어 있으며, 실적구분은 '부적합'이다.

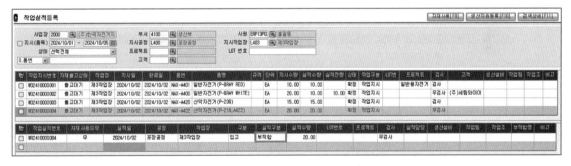

② 작업실적번호 WR2410000001은 작업지시번호 WO2410000001의 하단에 등록되어 있으며, 프로젝트는 '일반용자 전거'이다.

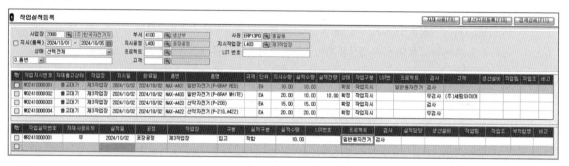

③ 작업실적번호 WR2410000003은 작업지시번호 WO2410000003의 하단에 등록되어 있으며, 생산설비는 '생산설비 1호'이다.

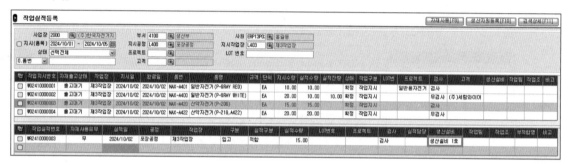

④ 작업실적번호 WR2410000002는 작업지시번호 WO2410000002의 하단에 등록되어 있으며, LOT번호는 '20241002-001'이다.

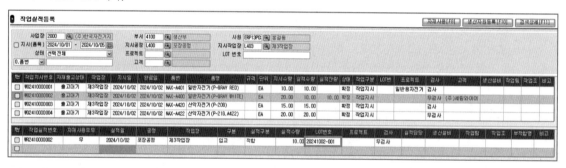

11 ①

📍 [생산관리공통] – [생산관리] – [생산자재사용등록]

[보기]의 조건으로 조회한 후 각 작업실적번호에서 오른쪽 상단의 '청구적용[F8]'을 클릭하여, 팝업창에서 잔량의 합을 확인한다. ① 작업실적번호 WR2410000005의 잔량의 합이 8EA로 가장 많다.

① WR2410000005 잔량 합: 1 + 4 + 3 = 8EA ⇒ 가장 많다.
② WR2410000006 잔량 합: 4 + 3 = 7EA
③ WR2410000007 잔량 합: 2 + 2 = 4EA
④ WR2410000008 잔량 합: 2 + 4 + 1 = 7EA

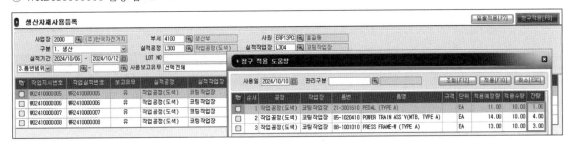

12 ④

📍 [생산관리공통] – [생산관리] – [생산실적검사]

[보기]의 조건으로 조회되는 각 작업실적번호의 내역을 확인한다.

① 작업실적번호 WR2410000009는 박상우 담당자가 검사를 진행하였으며, 휠조립검사를 실시하였다.

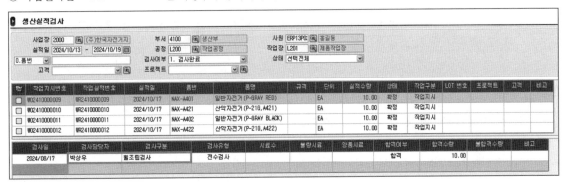

② 작업실적번호 WR2410000010은 핸들조합검사에 대하여 전수검사를 진행하였으며, 실적수량과 합격수량이 10EA로 동일하였다.

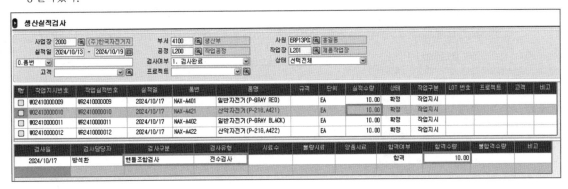

③ 작업실적번호 WR2410000012는 최종 합격여부가 불합격처리되었으며, 도색불량으로 불량수량이 5EA가 발생하였다.

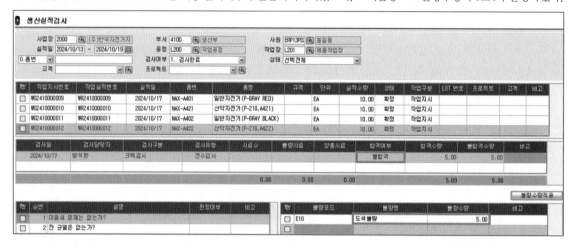

④ 작업실적번호 WR2410000011은 자전거 Ass'y 최종검사에 대하여 샘플검사를 진행하였으며, 시료수 5EA 중 불량시료 1EA가 발생하였다.

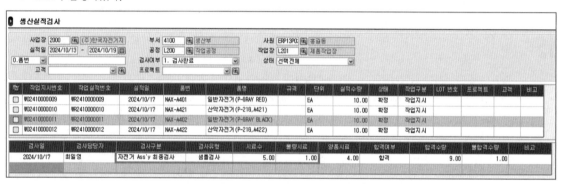

13 ②

◉ [생산관리공통] – [생산관리] – [생산품창고입고처리]

[보기]의 조건과 검사구분 '1. 검사'로 조회한다. 검사구분 '1. 검사'로 조회되는 내역이 생산실적검사를 진행한 내역이며 조회되는 실적번호는 WR2410000014, WR2410000015이다.

14 ③

📍 [생산관리공통] – [생산관리] – [작업지시마감처리]

[보기]의 조건으로 조회되는 각 작업지시번호의 하단에서 실적잔량을 확인한다. 또한 상태가 '확정'인 작업지시번호가 마감처리가 가능한 것이며 이 작업지시번호에 체크하면 오른쪽 상단의 '마감처리[F6]'가 활성화된다.

작업지시번호 WO2410000017과 WO2410000020의 실적잔량이 10EA로 가장 많이 남아있으나, 상태가 '확정'이 아니므로 마감처리를 할 수 없다. 따라서 상태가 '확정'인 작업지시번호 중 실적잔량이 7EA로 가장 많은 작업지시번호 WO2410000019가 실적잔량이 가장 많이 남아 있으면서 마감처리가 가능한 작업지시번호이다.

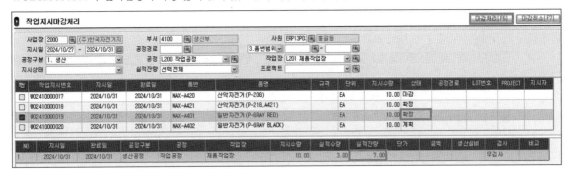

15 ②

📍 [생산관리공통] – [재공관리] – [재공창고입고/이동/조정등록]

'재공이동' 탭에서 [보기]의 사업장, 실적기간으로 조회되는 내역을 확인한다. 조건을 모두 만족하는 이동번호는 WM2411000002이다.

16 ④

📍 [생산관리공통] – [생산/외주/재공현황] – [자재청구대비투입/사용현황]

[보기]의 조건으로 조회되는 품목의 청구수량의 합과 투입수량의 합을 확인한다.

④ 품목 '81-1001000. BODY-알미늄(GRAY-WHITE)'의 청구수량의 합은 50EA, 투입수량의 합은 55EA로 청구수량의 합보다 투입수량의 합이 더 많다.

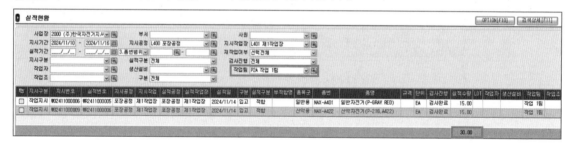

17 ①

📍 [생산관리공통] – [생산/외주/재공현황] – [실적현황]

[보기]의 조건으로 조회한 후 각 품목의 실적수량의 합을 확인한다. ① 'P2A. 작업 1팀'의 실적수량의 합이 30EA로 가장 많다.

① P2A. 작업 1팀 실적수량 합: 30EA ⇒ 가장 많다.

② P2B. 작업 2팀 실적수량 합: 25EA

③ P2C. 작업 3팀 실적수량 합: 25EA

④ P2D. 작업 4팀 실적수량 합: 20EA

참고 전체적으로 확인해도 되지만 각 작업팀으로 조회하면 한눈에 확인하기 편리하다.

18 ①

📍 [생산관리공통] – [생산/외주/재공현황] – [자재사용현황(제품별)]

[보기]의 조건으로 조회되는 각 지시번호의 사용수량의 합을 확인한다. ① 지시번호 WO2411000010의 사용수량 합이 60EA로 가장 많다.

① WO2411000010 사용수량 합: 10 + 10 + 10 + 10 + 10 + 10 = 60EA ⇒ 가장 많다.

② WO2411000011 사용수량 합: 11 + 12 + 24 + 10 = 57EA

③ WO2411000012 사용수량 합: 10 + 10 + 10 + 10 + 10 = 50EA

④ WO2411000013 사용수량 합: 20 + 10 + 10 + 10＝50EA

19 ②

📍 [생산관리공통] – [생산/외주/재공현황] – [생산일보]

'실적기준' 탭에서 [보기]의 조건으로 조회한 후 오른쪽 상단의 '단가 OPTION[F10]'을 클릭하여 '실제원가[품목등록]'로 설정한다.

② 품목 'NAX-A422. 산악자전거(P-21G,A422)'의 양품금액이 4,220,000원으로 가장 많다.

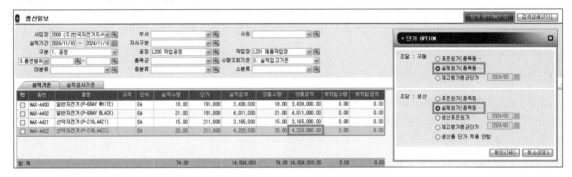

20 ④

📍 [생산관리공통] – [생산/외주/재공현황] – [현재공현황(공정/작업장)]

작업장을 구하는 문제이므로 '작업장' 탭에서 [보기]의 조건과 '품번: NAX-A422'로 조회한다.

④ 품목 'NAX-A422. 산악자전거(P-21G,A422)'의 'L404. 제4작업장'의 재공수량이 58EA로 가장 적다.

참고 전체적으로 확인해도 되지만 품번이나 품명으로 조회하면 확인하기 편리하다.

이론

| 01 | ① | 02 | ④ | 03 | ① | 04 | ② | 05 | ② | 06 | ① | 07 | ④ | 08 | ④ | 09 | ② | 10 | ③ |
| 11 | ④ | 12 | ① | 13 | ③ | 14 | ② | 15 | ③ | 16 | ③ | 17 | ① | 18 | ④ | 19 | ④ | 20 | ④ |

01 ①

데이터 클라우드 서비스와 스토리지 클라우드 서비스는 IaaS에 속한다.

02 ④

CRM(Customer Relationship Management, 고객관계관리)은 마케팅(Marketing), 판매(Sales) 및 고객 서비스 (Customer service)를 자동화함으로써 현재 및 미래 고객들과 상호작용할 수 있다.

03 ①

ERP를 자체 개발하는 방법이 ERP 패키지를 선택하는 방법에 비하여 커스터마이징의 최대화가 가능하다.

04 ②

ERP의 기능적 특징 중 오픈 멀티-벤더(Open Multi-Vendor)는 어떤 운영체제나 데이터베이스에서도 운영이 잘 될 수 있도록 설계되어 다른 시스템과의 연계가 쉬워 특정 하드웨어 및 소프트웨어 기술이나 업체에 의존하지 않고 다양한 하드웨어나 소프트웨어와 조합하여 사용할 수 있도록 지원하는 것이다.

05 ②

채찍 효과는 고객의 수요가 소매상, 도매상, 제조업체 방향으로 전달될수록 각 단계별 수요의 변동성이 증가하는 현상이다.

06 ①

② 생산성 척도는 주로 측정 목표에 따라 다르게 선택된다.
③ 부분 생산성에 의한 측정 목표가 노동 생산성이라면 노동력이 주된 투입 척도가 되며, 측정 목표가 기계 생산성이라면 기계 작동이 주된 투입 척도가 된다.
④ 생산성 척도로 사용되고 있는 산출단위는 수행되는 직무의 유형에 따라 다르게 나타난다.

07 ④

F.W.테일러는 과거의 관습과 경험에 의존하던 작업관리에 시간연구와 동작연구 등을 적용하여 작업과정의 능률과 노동생산성을 높이기 위한 관리방안을 제시하였다.

08 ④

제품수명주기 중 도입기에 적합한 수요예측 기법은 정성적 기법(델파이분석법, 시장조사법, 패널동의법 등)이다.

09 ②

① 개별 생산 방식(Job Shop): 항공기, 가구, 기계 장비 등 주문자의 요구에 의한 생산 방식이다.
③ 프로젝트 생산 방식(Project Shop): 건물이나 교량, 선박, 예술품, 영화 제작 등 주요 산출물 한 단위를 상당한 기간에 걸쳐 생산하는 방식이다.
④ 연속 생산 방식(Continuous Production): 자동차, 카메라, 컴퓨터 등의 제품을 생산하는 방식으로 대량으로 생산되며 많은 양의 데이터를 처리하고 시간을 단축시키는 MRP가 적용된다.

10 ③

PERT/CPM은 프로젝트를 구성하는 각 분야를 보다 세분화된 작업으로 분할하여 작업의 순서, 소요 기간, 기타 제반 사항들을 네트워크 형태로 표시함으로써 일의 순서를 계획적으로 상세하게 정리할 수 있다.

11 ④

아무리 작은 시스템이라도 일정과 작업의 우선순위는 존재하며, 수많은 사람과 기계 공정이 모인 시스템일수록 일정의 중요성은 높아진다.

12 ①

② 능력계획: 부하계획과 더불어 실제 조업도와 기준 조업도와의 비율을 최적으로 유지하기 위해 현재의 인원이나 기계의 능력을 계획하는 것
③ 일정계획: 생산에 필요한 원재료, 자재, 부품 등을 조달하여 제품을 완성하기까지 수행될 모든 작업을 구체적으로 할당하고, 각 작업이 수행되어야 할 시기를 결정하는 것
④ 절차계획: 작업 개시에 앞서 능률적이며 경제적인 작업절차를 결정하기 위한 것

13 ③

① 대기(체류, 지체): 제품 또는 부품이 다음 가공, 조립을 위해 일시적으로 기다리는 상태
② 운반: 제품 또는 부품이 한 작업 장소에서 타 작업 장소로의 이동을 위해 발생한 작업, 이동, 하역의 상태
④ 검사: 양적검사, 질적검사

14 ②

가동률: 출근율 0.9 × (1 - 간접작업률 0.2)=0.72(72%)

15 ③

간트차트를 사용 목적에 따라 작업 실적의 기록을 위한 작업자 및 기계기록도표, 작업계획을 위한 작업할당도표, 진도관리를 위한 작업진도표, 능력 활용을 위한 작업부하도표로 분류한다.

16 ③

- 사이클 타임: 작업시간이 가장 긴 1작업장의 40분
- 라인 밸런스 효율: $\dfrac{\text{라인의 작업시간의 합계 } 40+37+35+32}{\text{작업장 수 } 4 \times \text{사이클 타임}(C \text{ or } t_{max})\ 40} \times 100 = 90\%$
- 불균형률: $100 - \text{라인 밸런싱 효율}(\%)\ 90 = 10\%$

17 ①

연간 수요량(D): 200개, 1회 주문비용(S): 80원, 단가(P): 200원, 연간 재고유지비율(i): 0.1
- 경제적 주문량 $Q^* = \sqrt{\dfrac{2DS}{H}} = \sqrt{\dfrac{2DS}{P \times i}}, \sqrt{\dfrac{2 \times 200 \times 80}{200 \times 0.1}} = 40$개

18 ④

자재소요계획(MRP)은 생산소요시간 단축, 납기 준수를 통한 고객 서비스 개선, 재고수준의 감소로 인한 재고비용 절감, 자재부족 최소화로 인한 생산공정 가동효율 향상 등의 효과가 있다.

19 ④

RCCP의 주요 입력 데이터는 MPS Plan이고 CRP의 주요 입력 데이터는 MRP Record이다. 또한 CRP는 RCCP보다 현실적인 자원 요구량 계획을 생성할 수 있다.
① 기준생산계획(MPS): 총괄생산계획을 수립한 뒤 이를 기준으로 보다 구체적으로 각 제품에 대한 생산 시기와 수량을 수립하는 생산계획이다.
② 총괄생산계획(APP): 기업이 수요나 주문의 시간적·수량적 요건을 만족시키기 위해 생산 시스템의 능력을 전체의 입장에서 파악하여 조정해 나가는 계획이다.
③ 자재소요계획(MRP): 완제품의 생산계획에 따라 재료, 부품, 반제품 등의 종속적 수요를 갖는 자재의 소요량 및 조달 시기에 대한 관리를 통하여 주문과 생산계획을 효율적으로 처리하도록 만들어진 자재관리 기법이다.

20 ④

SCM에 포함되는 사항은 경영정보 시스템, 공급 및 조달, 생산계획, 주문처리, 현금흐름, 재고관리, 창고관리, 고객관리이다.

01	②	02	④	03	②	04	③	05	①	06	③	07	④	08	②	09	④	10	③
11	②	12	④	13	②	14	①	15	③	16	①	17	②	18	④	19	①	20	③

01 ②

◉ [시스템관리] – [기초정보관리] – [품목등록]

'ORDER/COST' 탭에서 [보기]의 계정구분과 검사여부로 조회한 후 각 품목의 LEAD TIME을 확인한다.

② LEAD TIME이 3DAYS인 품목은 '83-2000110. 전장품 ASS'Y (TYPE A)'이다.

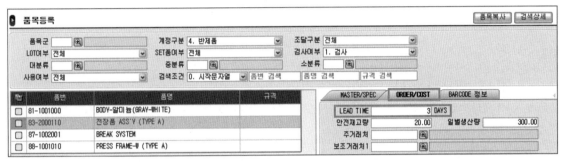

02 ④

◉ [시스템관리] – [기초정보관리] – [창고/공정(생산)/외주공정등록]

'창고/장소' 탭에서 '사업장: 2000.(주)한국자전거지사'로 조회한다. 사용여부가 '사용'이며 대전에 위치한 위치코드는 P202이다.

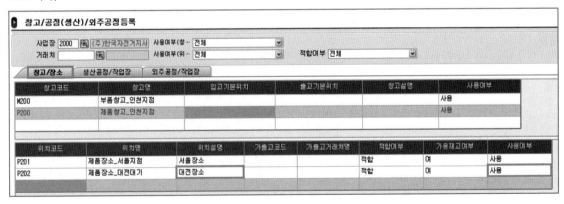

03 ②

⊙ [시스템관리] – [기초정보관리] – [물류실적(품목/고객)담당자등록]

'품목' 탭에서 [보기]의 계정과 구매담당자와 생산담당자 중 하나로 조회한 후 나머지 조건에 맞는 품목을 확인한다. [보기]의 조건에 해당하는 품목은 'NAX-A422. 산악자전거(P-21G,A422)'이다.

04 ③

⊙ [생산관리공통] – [기초정보관리] – [BOM역전개]

[보기]의 조건으로 조회되는 품목을 확인한다. ③ 품목 'NAX-A402. 일반자전거(P-GRAY BLACK)'는 1LEVEL에 등록되어 있지 않다.

05 ①

⊙ [시스템관리] – [기초정보관리] – [검사유형등록]

[보기]의 조건으로 조회한 후 각 검사유형명의 하단에 등록되어 있는 검사유형질문을 확인한다. '바디조립검사'의 하단에 등록되어 있는 검사유형질문은 모두 입력필수여부가 '선택'이다.

06 ③

📍 [생산관리공통] – [생산관리] – [생산계획등록]

[보기]의 조건으로 조회한 후 각 품목의 일생산량과 작업예정수량을 확인한다.

③ 품목 '일반자전거(P-GRAY WHITE)'의 일생산량은 50EA, 작업예정일 2024/08/11의 수량은 60EA로 일생산량을 초과하여 작업예정을 계획하였다.

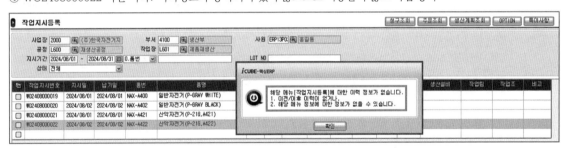

07 ④

📍 [생산관리공통] – [생산관리] – [작업지시등록]

[보기]의 조건으로 조회한 후 각 작업지시번호에서 마우스 오른쪽 버튼을 눌러 '[작업지시등록] 이력정보'를 확인한다.

① WO2408000019 이전 이력: 청구등록 – 청구 적용 받아 등록

② WO2408000020 이전 이력: 수주등록 – 수주 적용 받아 등록

③ WO2408000021 이전 이력: 생산계획등록 – 생산계획 적용 받아 등록

④ WO2408000022 이전 이력: 이력정보가 등록되어 있지 않으므로 적용받지 않고 직접 등록

08 ②

📍 [생산관리공통] – [생산관리] – [작업지시확정]

[보기]의 조건으로 조회한 후 각 품목의 하단에서 확정수량의 합을 확인한다. ② 품목 '83-2000100. 전장품 ASS'Y'의 확정수량 합이 600EA로 가장 많다.

① 81-1001000. BODY-알미늄(GRAY-WHITE) 확정수량 합: 455EA

② 83-2000100. 전장품 ASS'Y 확정수량 합: 600EA ⇒ 가장 많다.

③ 85-1020400. POWER TRAIN ASS'Y(MTB) 확정수량 합: 400EA

④ 87-1002001. BREAK SYSTEM 확정수량 합: 260EA

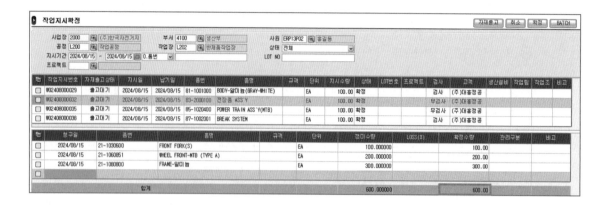

09 ④

[생산관리공통] – [생산관리] – [생산자재출고]

[보기]의 조건으로 조회한 후 모든 출고 건의 하단 품목을 클릭하여 모품목을 확인한다. ①, ②, ③의 품목은 모품목으로 등록되어 있으나, ④ 품목 'NAX–A420. 산악자전거(P–20G)'는 모품목으로 등록되어 있지 않다.

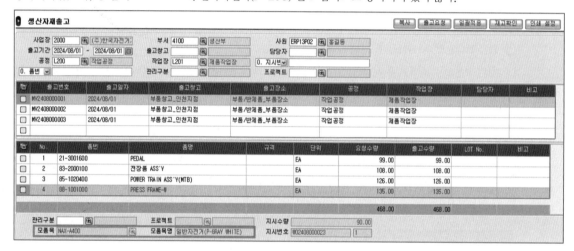

10 ③

[생산관리공통] – [생산관리] – [작업실적등록]

[보기]의 조건으로 조회되는 내역을 확인한다.
① 작업지시번호 WO2408000042에 대한 실적담당은 '문승효'이다.

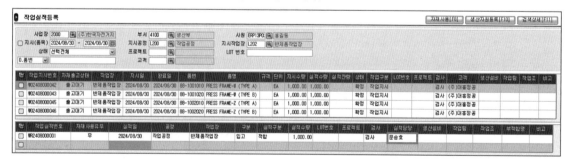

② 작업지시번호 WO2408000043에 대한 자재사용유무는 '유'이다.

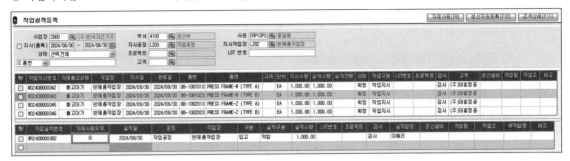

③ 작업지시번호 WO2408000045의 하단에 입고장소 'M202. 부품/반제품_부품장소_부적합'이 등록되어 있다.

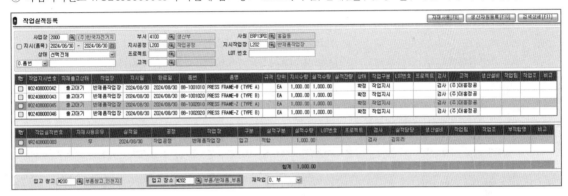

④ 작업지시번호 WO2408000046에 대한 입고/이동 구분은 '이동'이다.

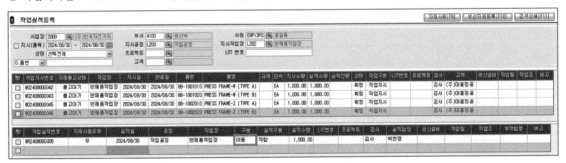

11 ②

📍 [생산관리공통] – [생산관리] – [생산자재사용등록]

[보기]의 조건으로 조회한 후 각 작업실적번호에서 오른쪽 상단의 '청구적용[F8]'을 클릭하여, 팝업창에서 잔량의 합을 확인한다. ② 작업실적번호 WR2408000013의 잔량 합이 60EA로 가장 많다.

① WR2408000010 잔량 합: 20 + 5 + 15 = 40EA
② WR2408000013 잔량 합: 20 + 10 + 10 + 20 = 60EA ⇒ 가장 많다.
③ WR2408000011 잔량 합: 10 + 10 + 10 + 10 = 40EA
④ WR2408000012 잔량 합: 10 + 20 + 20 + 5 = 55EA

12 ④

📍 [생산관리공통] – [생산관리] – [생산실적검사]

[보기]의 조건으로 조회되는 내역을 확인한다.

① 작업실적번호 WR2408000001의 검사담당자는 이혜리이며 바디조립검사를 실시하였다.

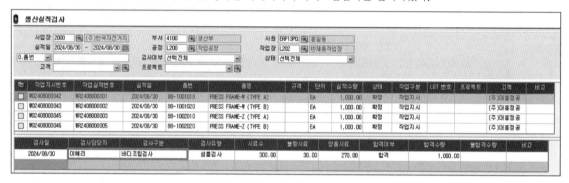

② 작업실적번호 WR2408000002는 전수검사를 실시하였고 최종 합격여부는 합격이다.

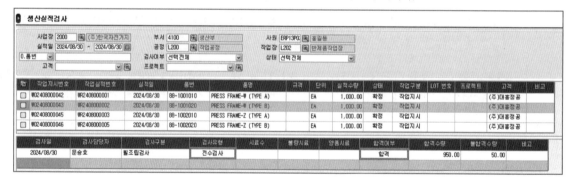

③ 실적일 '2024/08/30 ~ 2024/08/30'으로 조회하였으므로 2024/08/30에 진행된 생산실적검사내역이 조회되는 것이며, 모든 작업실적 건을 클릭하면 검사담당자를 확인할 수 있다. 검사담당자로는 이혜리, 문승효, 박찬영, 김유리가 등록되어 있다.

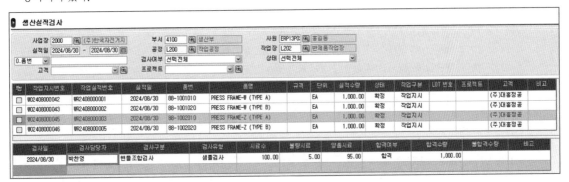

④ 작업실적번호 WR2408000005의 불량수량이 가장 많이 발생한 불량명은 '바디(BODY)불량' 15EA이다.

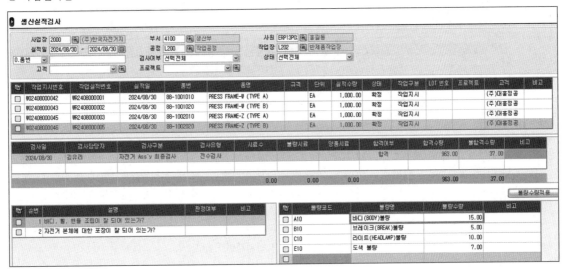

13 ②

◎ [생산관리공통] – [생산관리] – [생산품창고입고처리]

[보기]의 조건으로 조회되는 내역을 확인한다.

① 실적번호 WR2408000019의 기입고수량이 80EA로 가장 많다.

② 실적번호 WR2408000020의 입고가능수량이 130EA로 가장 많이 남아 있다.

③ 실적번호 WR2408000021의 하단에 등록되어 있는 입고장소는 '부품/반제품_부품장소'이다.

④ 실적번호 WR2408000022은 입고대상수량이 100EA이고 기입고수량이 70EA이므로 전체 수량이 아닌 부분 수량이 입고된 것을 알 수 있다.

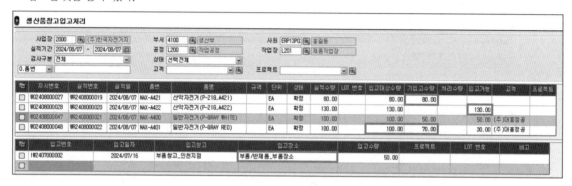

14 ①

◎ [생산관리공통] – [생산관리] – [작업지시마감처리]

[보기]의 조건으로 조회되는 각 작업지시번호의 상태와 하단의 실적잔량을 확인한다. 상태가 '확정'인 작업지시번호가 마감처리가 가능한 것이며 이 작업지시번호에 체크하면 오른쪽 상단의 '마감처리[F6]'가 활성화된다.

작업지시번호 WO2408000050의 실적잔량이 100EA로 가장 많이 남아있으나, 상태가 '확정'이 아니므로 마감처리를 할 수 없다. 따라서 상태가 '확정'인 작업지시번호 중 실적잔량이 90EA로 가장 많은 작업지시번호 WO2408000049가 마감처리가 가능하면서 실적잔량이 가장 많이 남아있는 작업지시번호이다.

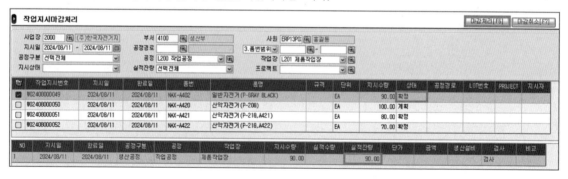

15 **③**

📍 [생산관리공통] – [재공관리] – [기초재공등록]

[보기]의 조건으로 조회되는 내역을 확인한다.

① 등록번호 OW2408000001의 하단에 등록되어 있는 모든 품목에서 마우스 오른쪽 버튼을 클릭하여 '부가기능 – 품목 상세정보'를 확인한다. 계정은 모두 '0. 원재료'이다.

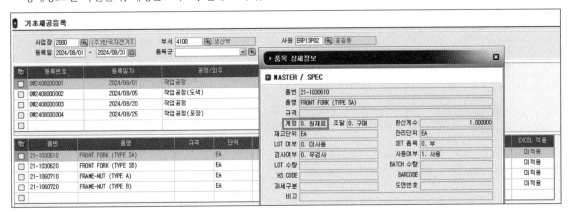

② '작업공장(도색), 제품작업장(완성품)'의 하단에 등록되어 있는 모든 품목에서 마우스 오른쪽 버튼을 클릭하여 '부가 기능 – 품목상세정보'를 확인한다. 계정은 모두 '2. 제품'이다.

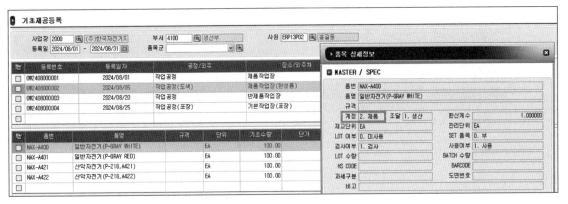

③ 등록번호 OW2408000003은 기초수량 합이 200EA로 2024년 8월 한 달 동안 입력된 기초재공내역 중 가장 작다.

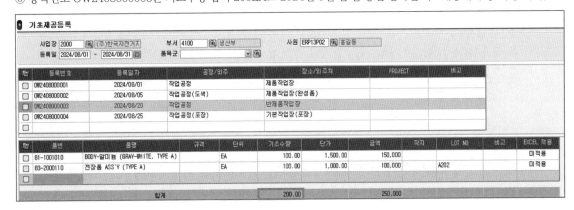

④ 작업공정(포장). 기본작업장(포장)에 등록된 내역의 금액 합이 500,000원으로 2024년 8월 한 달 동안 입력된 기초재공내역 중 가장 크다.

16 ①

◉ [생산관리공통] – [생산/외주/재공현황] – [실적현황]

[보기]의 조건으로 조회하고, 오른쪽 상단의 '검색상세[F11]'를 클릭하여 '계정: 2. 제품'으로 검색한다. 실적수량이 80EA로 가장 적은 실적번호는 WR2408000019이다.

17 ②

◉ [생산관리공통] – [생산/외주/재공현황] – [생산일보]

'실적검사기준' 탭에서 [보기]의 조건으로 조회한 후 오른쪽 상단의 '단가 OPTION[F10]'을 클릭하여 '실제원가[품목등록]'로 설정한다.

② 품목 '83-2000110. 전장품 ASS'Y (TYPE A)'의 검사대기금액이 8,610,000원으로 가장 크다.

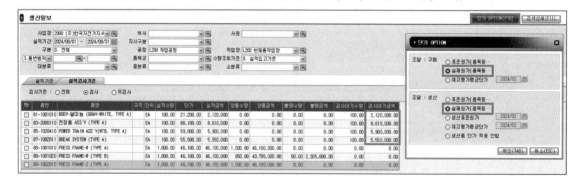

18 ④

○ [생산관리공통] – [생산/외주/재공현황] – [지시대비실적현황]

[보기]의 조건으로 조회하며, 오른쪽 상단의 '검색상세'를 클릭하여 '계정: 2. 제품'으로 검색한다. ④ 품목 'NAX–A422. 산악자전거(P–21G,A422)'의 잔량 합이 50EA로 가장 적다.

① NAX–A400. 일반자전거(P–GRAY WHITE) 잔량 합: 100EA
② NAX–A402. 일반자전거(P–GRAY BLACK) 잔량 합: 200EA
③ NAX–A421. 산악자전거(P–21G,A421) 잔량 합: 110EA
④ NAX–A422. 산악자전거(P–21G,A422) 잔량 합: 50EA ⇒ 가장 적다.

> **참고** 여러 품목이 섞여 있으므로 품번이나 품명으로 조회하는 것이 확인하기 편리하다.

19 ①

○ [생산관리공통] – [생산/외주/재공현황] – [품목별품질현황(샘플검사)]

[보기]의 조건으로 조회되는 품목을 확인한다. ②, ③, ④는 샘플검사 품목으로 등록되어 있으나, ① '88–1001020. PRESS FRAME-W (TYPE B)'는 등록되어 있지 않다.

품번	품명	규격	단위	검사일	검사수량	LOT합격수량	LOT합격률	LOT불량수량	LOT불량률	시료수	샘플합격수	샘플합격률	불량명	불량수량	불량률
88-1001010	PRESS FRAME-W (TYPE A)	EA		2024/08/30	1,000.00	1,000.00	100.000	0.00	0.000	300.00	270.00	90.000		30.00	10.000
													바디(BODY)불량	30.00	10.000
품목계					1,000.00	1,000.00	100.000	0.00	0.000	300.00	270.00	90.000		30.00	10.000
88-1002010	PRESS FRAME-Z (TYPE A)	EA		2024/08/30	1,000.00	1,000.00	100.000	0.00	0.000	100.00	95.00	95.000		5.00	5.000
품목계					1,000.00	1,000.00	100.000	0.00	0.000	100.00	95.00	95.000		5.00	5.000
NAX-A400	일반자전거(P-GRAY WHITE)	EA		2024/08/07	100.00	100.00	100.000	0.00	0.000	100.00	100.00	0.000		0.00	0.000
품목계					100.00	100.00	100.000	0.00	0.000	100.00	100.00	0.000		0.00	0.000
NAX-A401	일반자전거(P-GRAY RED)	EA		2024/08/07	100.00	100.00	100.000	0.00	0.000	100.00	0.00	0.000		0.00	0.000
품목계					100.00	100.00	100.000	0.00	0.000	100.00	0.00	0.000		0.00	0.000
NAX-A421	산악자전거(P-21G,A421)	EA		2024/08/07	80.00	80.00	100.000	0.00	0.000	80.00	65.00	81.250		15.00	18.750
													바디(BODY)불량	1.00	1.250
													브레이크(BREAK)불량	5.00	6.250
													라이트(HEADLAMP)불량	7.00	8.750
													도색 불량	2.00	2.500
품목계					80.00	80.00	100.000	0.00	0.000	80.00	65.00	81.250		15.00	18.750
NAX-A422	산악자전거(P-21G,A422)	EA		2024/08/07	130.00	130.00	100.000	0.00	0.000	130.00	120.00	92.308		10.00	7.692
													바디(BODY)불량	10.00	7.692
품목계					130.00	130.00	100.000	0.00	0.000	130.00	120.00	92.308		10.00	7.692

20 ③

📍 [생산관리공통] – [생산/외주/재공현황] – [자재사용현황(작업별)]

[보기]의 조건으로 조회한 후 각 작업지시의 사용수량의 합을 확인한다. ③ 작업지시번호 WO2408000036의 사용수량
합이 500EA로 가장 많다.

① WO2408000030 사용수량 합: 300EA

② WO2408000033 사용수량 합: 400EA

③ WO2408000036 사용수량 합: 500EA ⇒ 가장 많다.

④ WO2408000039 사용수량 합: 400EA

2025 최신판

에듀윌 ERP 정보관리사 생산 1·2급 한권끝장
+무료특강

고객의 꿈, 직원의 꿈, 지역사회의 꿈을 실현한다

에듀윌 도서몰
book.eduwill.net

· 부가학습자료 및 정오표: 에듀윌 도서몰 > 도서자료실
· 교재 문의: 에듀윌 도서몰 > 문의하기 > 교재(내용, 출간) / 주문 및 배송

꿈을 현실로 만드는
에듀윌

DREAM

공무원 교육
- 선호도 1위, 신뢰도 1위! 브랜드만족도 1위!
- 합격자 수 2,100% 폭등시킨 독한 커리큘럼

자격증 교육
- 9년간 아무도 깨지 못한 기록 합격자 수 1위
- 가장 많은 합격자를 배출한 최고의 합격 시스템

직영학원
- 검증된 합격 프로그램과 강의
- 1:1 밀착 관리 및 컨설팅
- 호텔 수준의 학습 환경

종합출판
- 온라인서점 베스트셀러 1위!
- 출제위원급 전문 교수진이 직접 집필한 합격 교재

어학 교육
- 토익 베스트셀러 1위
- 토익 동영상 강의 무료 제공

콘텐츠 제휴 · B2B 교육
- 고객 맞춤형 위탁 교육 서비스 제공
- 기업, 기관, 대학 등 각 단체에 최적화된 고객 맞춤형 교육 및 제휴 서비스

부동산 아카데미
- 부동산 실무 교육 1위!
- 상위 1% 고소득 창업/취업 비법
- 부동산 실전 재테크 성공 비법

학점은행제
- 99%의 과목이수율
- 17년 연속 교육부 평가 인정 기관 선정

대학 편입
- 편입 교육 1위!
- 최대 200% 환급 상품 서비스

국비무료 교육
- '5년우수훈련기관' 선정
- K-디지털, 산대특 등 특화 훈련과정
- 원격국비교육원 오픈

에듀윌 교육서비스 **공무원 교육** 9급공무원/소방공무원/계리직공무원 **자격증 교육** 공인중개사/주택관리사/손해평가사/감정평가사/노무사/전기기사/경비지도사/검정고시/소방설비기사/소방시설관리사/사회복지사1급/대기환경기사/수질환경기사/건축기사/토목기사/직업상담사/전기기능사/산업안전기사/건설안전기사/위험물산업기사/위험물기능사/유통관리사/물류관리사/행정사/한국사능력검정/한경TESAT/매경TEST/KBS한국어능력시험·실용글쓰기/IT자격증/국제무역사/무역영어 **어학 교육** 토익 교재/토익 동영상 강의 **세무/회계** 전산세무회계/ERP정보관리사/재경관리사 **대학 편입** 편입 영어·수학/연고대/의약대/경찰대/논술/면접 **직영학원** 공무원학원/소방학원/공인중개사 학원/주택관리사 학원/전기기사 학원/편입학원 **종합출판** 공무원·자격증 수험교재 및 단행본 **학점은행제** 교육부 평가인정기관 원격평생교육원(사회복지사2급/경영학/CPA) **콘텐츠 제휴·B2B 교육** 교육 콘텐츠 제휴/기업 맞춤 자격증 교육/대학취업역량 강화 교육 **부동산 아카데미** 부동산 창업CEO/부동산 경매 마스터/부동산 컨설팅 **주택취업센터** 실무 특강/실무 아카데미 **국비무료 교육(국비교육원)** 전기기능사/전기(산업)기사/소방설비(산업)기사/IT(빅데이터/자바프로그램/파이썬)/게임그래픽/3D프린터/실내건축디자인/웹퍼블리셔/그래픽디자인/영상편집(유튜브) 디자인/온라인 쇼핑몰광고 및 제작(쿠팡, 스마트스토어)/전산세무회계/컴퓨터활용능력/ITQ/GTQ/직업상담사

교육
문의 **1600-6700** www.eduwill.net